欧元怀校长与大夏大学

汤涛 主编

华东师大『丽娃档案』丛书

编委会主任 童世骏 陈群

EAST CHINA NORMAL UNIVERSITY

上海人民出版社　上海书店出版社

《欧元怀校长与大夏大学》编委会

主　　编　汤　涛
副 主 编　吴李国　林雨平
编　　委　包梅芳　俞玮琦　杨　婷

丛书总序

　　很少有一条小河那么有名,很少有一条名河那么小巧。华东师范大学的这条校河,虽然在上海市中心中山北路校区的地图以外难见踪影,却在遍布全球的师大校友的心里,时时激起浪花。

　　站在丽虹桥上望着丽娃河,那绿树鲜花簇拥着的、蓝天白云倒映着的清澈水面,也许有人会认为她过于清纯精致不够豪放,而与师大结缘于郊外新校区的老师和同学们,会觉得她与闵行新校区的樱桃河其实各有千秋。但是,一年又一年,一代又一代,有多少人,一提起她的名字,有说不完的话,却又常常不知从何说起……

　　华东师范大学成立于 1951 年 10 月 16 日,成立大会的地点就在离丽娃河不远的思群堂。华东师大的基础是成立于 1924 年的大夏大学和成立于 1925 年的光华大学,以及其他一些高校的部分系科,其中包括成立于 1879 年的上海圣约翰大学分解以后的理学院(数学系、物理系、化学系、生物系)和教育系,以及圣约翰的 11 万余册藏书。尽管按惯例我们可以把建校日确定在 20 世纪 20 年代,甚至还可以追溯到中国土地上第一所现代大学诞生的一百三十多年前,但我们更珍惜“新中国第一所师范大学”的荣誉,更珍惜曾经是中共中央指定的全国十六所重点高校之一的责任,也因此而更珍惜与这种荣誉和责任有独特缘分的那个校园,那条小河。

　　因此,“丽娃”是一种象征,象征着华东师大的荣誉,象征着华东师大的责任。编撰以“丽娃”命名的这套丛书,是为了表达我们对学校的荣誉和责任的珍惜,表达我们对获得这种荣誉和履行这种责任的前辈和学长们的怀念和景仰,也表达我们对不同时期支持学校战胜挑战、追求卓越的历届校友和各界人士的由衷感激。

　　这套丛书,应该忠实记载华东师大百余年的文脉传承和一甲子的办学历程,全面解读“平常时节自信而低调、进取而从容,关键时刻却挺身而出,义无反顾"的师大人气质,充分展现华东师大精神传统的各个侧面和形成过程。

这套丛书,应该生动讲述历代校友的精彩故事和不同时期的奋斗历程,让我们和我们的后代们知道,华东师大的前辈们是怎样用文化的传承来抵抗野蛮和苦难的,是怎样用知识的创造来追求光明和尊严的,又是怎样努力用卓越的学术追求与和谐的团体生活,来培养德智体美全面发展的社会主义建设者和接班人的。

这套丛书,更应该激励我们和我们的后代,永远继承"自强不息"、"格致诚正"的精神,发扬学思结合、中外汇通的传统,不断追求"智慧的创获,品性的陶熔,民族和社会的发展"的大学理想,忠实履行"求实创造,为人师表"的师生准则。

这样一套丛书,将不仅成为华东师大这个特定学术共同体的自我认识和集体记忆,而且也将成为人们了解现代中国高等教育曲折发展脉络、研究中华民族科教兴国艰苦历程的资料来源和研究参考。

从这个角度来看,编撰出版这样一套丛书,是以一种特殊方式续写着华东师大的历史,更新着华东师大的传统,丰富着华东师大的精神。

因此,我们有多种理由对丛书的诞生和成长充满期待,祝愿"丽娃档案"丛书编辑工作取得圆满成功。

华东师范大学党委书记

童世骏

编辑说明

一、本书辑录内容主要为欧元怀担任大夏大学校长期间形成的各种档案文献。所选材料主要来源于华东师范大学档案馆馆藏,其他来源的均注明出处。

二、本书主要按照专题汇总材料,在专题内根据时间顺序进行编辑,同一事件的材料相对集中。

三、本书所选材料,除繁体字全部转化为简体字外,为保持原貌,其他如国名、地名、人名、纪年表述、数字书写、表格内容、文字用法及标点运用,均原文照录。材料标题均按当代习惯重新拟写;原文无标点、不分段者,编者均做分段、加标点;若有删改,均注明。

四、本书所选档案史料,凡需更正原文中的显著错、别、衍字,及增补明显漏字,以[　]标明;字迹模糊、漏缺难以辨认及无法补正者,均以□代之;对原文中需要说明的问题,以注释[1][2]……标明。

目　录

第五编　学生管理

第一编

教育思想

导师制为今要图[1]

新陈代谢,利弊兼有,世闻之事,往往而然。至若事之有利而无弊者,吾固未之前闻;反之,如其有弊而无利者,吾亦未之见及也。其他可无论矣,试以学制言之:考唐明皇置丽正书院,集文学之士,是为设书院之始。宋时有白鹿、石鼓、应天、岳麓四大书院;元时,路、府、州,并设立书院;凡好事者之家,出钱粟赡学者,并立为书院;其后又别有私塾,日益增多;直至清末,始废科举,令各省书院,改校学校之制度,盖全为舶来品,吾国设立至今,亦既四十年所,虽其为时尚暂,然其效可睹矣!

若书院制之弊,与学校制之利,今人多能明焉。而书院制之利,与学校制之弊,亦当并注意及之。如今学校,过重形式,学生以求证书而上堂,教员以领薪水而授课,师生关系,止于一时。及其时过,即各一方,教师不知学生,指导之责遂失;学生不明教师,观法之念无存;既不相闻问,尚能有所训导耶?然犹未止于此。比年以来,簧序鼎沸,学潮汹汹,甚至有以学生而殴教师之事;即学生之杀校长者,亦非绝无仅有之事;师生之谊,荡然无存,此其为弊,可胜言哉!

至若旧书院制,则大不然。弟子既多慕先生之学行而来请受业,先生亦多因弟子之资性而授以心得,师之视生有若爱子,生之待师无殊亲父。此事虽出于古,然亦有足多者。

作者生长中国,留学西洋。书院制盛行于中国古时,学校制采用自西洋近代,清末因有见及于科举之流弊,学校遂代之而兴;而今学校制度亦弊端百出,又将采用何法,以补救之耶?作者怒焉忧之,盖非一日于此矣!再四思维,以为除改善师资,充实课程外,惟有实行导师制可以纠正之。

学校之弊,既如右述;而今在学校中,果能再辅以导师制,则可兼有其长,而并去其短矣!所谓利而不弊者,于此庶可语及焉?

至吾所倡行之导师制,其内容大抵使校中教员各担任指导学生数人,平日互相往来,有时加以集会,务使师生之间,感情尽得联络。而此类导师之职责,非独指导学生关于课内研究之事;盖为整个生活之指导,如升学问题,职业问题,家庭问题,个人修养问题等,

---

[1]　原载《大夏周报》,1929 年 11 月 13 日,第 65 期,第 3—4 页。

均在指导范围之内。换言之,导师非独为其学问之师,乃高尚人格之感化者。孔子曰:"子率以正,孰敢不正?"其斯之谓欤?否则,将恐如司马氏所谓"父母之教不先,子弟之率不谨"矣。

本校既以师生合作精神闻于时,今后又再实行导师制,是既特色,又将日益起色,此岂独一大夏大学之幸?即对教育上之贡献,亦非浅鲜也。

学分制与学年制之商榷[1]

自十一月十六日上海各报发表教育部通令大学改学年制的新闻之后,吾校同事对我谈起这件事的甚多。他们的意见大概可以归纳作三派:有的赞成改制,以为如是可以废除学分制的积弊;有的反对改制,以为学年制未必就有利无弊,也许弊比学分制的更多;还有消极派的人,以为这种改制,不过是政府朝令暮改的官样文章,大学区制既可改回来做教育厅,那么学分制即使改了,当然也可以再恢复,我们顶好还是实事求是的去办学,管他改制不改制。这种种的话,可谓公有公的道理,婆有婆的道理,媳妇也有她的道理。我个人觉得天下没有绝对有利无弊或有弊无利的事,也不应该有一成不变的制度。制度是人类进化的产物,人类不是制度的奴隶。下文所讨论的,不过就管见和经验所及,贡献给办教育的同志,并非有何主张,这是应当先声明的。

学分制盛行于美国的大学,已经有四十余年。美国大学把全部课程,分科别系。各科系又厘订若干性质类似和有关系的学程,用学分去表明各学程的教材数量,学生可以自由选读。美国的大学,多数以一百二十个学分计算普通大学 College 的教材数量,平均每年修习三十学分的学程,四年修毕,得学士学位。再以三十个学分计算研究院的教材数量。一年修毕,得硕士学位。至于博士学位,是比硕士加修三十个学分。有的普通大学,得学士是要做长篇论文的。进研究院去修硕士博士学的功课,都要有专门研究文字发表。博士的论文,往往是一本几百页的厚册,著成之后,经教授会审定及格,再通过一个很严肃的考试,便可得博士学位。

这种学分制利处甚多。高材生可以多选学程,多得学分,缩短肄业年限。对于资质平庸者,亦可量力选课,稍为延长修学的期间。所以在学分制之下,学业可以自由伸缩,无所谓升级留级。而且人类的兴趣好尚,个别差异很大。学生既有选课的自由,便可依照性情所近,才方所长地去求学问。愈有兴趣愈能努力,结果进步也愈迅速。做小学生的,整个的日课表,都是先生替他排的。中学行选课制的不多,中学生的日课表,也不要他自己费心去定。所以小学生和中学生的学校作业,总不免带被动性质。至于学分制下的大学生,他的日课表,是他自己选择的,排定的。这样自动的去计划有益的日常生活,不消说是可贵而应有的训练。学分制还有一种好处,就是它所代表的教材数量,比学年所代表的要精细得多,用学分去表志学业进程,比学年所表志的合于科学。学分制仿佛

---

[1]　原载《大夏周报》,1929 年 11 月 27 日,第 67 期,第 1—5 页。

是一把米突尺的精细,学年制是一把旧式中国尺的粗简罢。

不过在过渡时代的中国,社会充满着好新厌旧、欲速喜功的心理,什么制度都要腐化恶化。大学区制成于少数人之武断,宣告死刑于少数人之成见,是个例子。中国大学的学分制简直是仿效美国的。美国实行四十余年成绩卓著,到现今还是群策群力地去改善而推广。一到中国来,流弊就繁多。第一,学生变作学分的奴隶。求学不是求学问,乃是为了学分和文凭。学分满足,文凭拿到手,高兴得不亦乐乎。到毕业出校,才知道不学无术,无以应世。从前的士子,做八股的奴隶,近代的学生,做学分的奴隶,五十步不可以笑百步呢? 第二,国内各大学,对于毕业学分,从未有整一——或差不多整一的规定。学校各自为政,标准迥不相同,使人莫名其妙。我举一个例子来说,国立中央大学商学院定一百二十八个学分为毕业,私立光华大学商学院定一百五十二个学分毕业,私立持志大学商学院定一百六十个学分毕业,三校都授商学士学位。如以学分多寡来评判学士衔头的贵贱,那恐怕他们这三校的毕业生谁也不甘愿承认的,究竟标准在那里呢? 第三,学生在学分制下难有团结精神。在小学中学行学年制时,一班的学生同学几年,彼此相知有素,感情联络得好,精神便易团结,在学行上切磋琢磨是自然的。进了大学,受学分制之支配。各人班次不定,选课悬殊,同班学友接触的机会不多。除了同乡和旧游以外,往往同学数年,不相往来,到毕业还不相认识。遇有风潮,误会滋深,团体受学分制之瓜分,难得有合作和共同研究的精神。第四,在学分制下所得的学问,往往缺乏系统。学问应该循序而进,不应躐等;应该有联带关系,不应散漫。当今学生选课,往往没有统盘计划,读心理学的没有预修生物学,哲学系的学生选广告学,三四年级有功课,让一年级的学生修习。学问是零碎的、片段的,漫无系统。科主任、系主任和教授不负责指导学生选课,教学上发生莫大困难。这种紊乱情形,事实上很多。第五,学生选课,每避难就易。他们喜欢选初步概论的学程;选容易及格的学程;选放任教授,上班不点名,不举行考试的学程;选名目时髦的学程。因此以上各种学程,选修学生多超出名额。而大学理科、工科、医科学生特别少。功课容易及格,所以四年的功课做三年乃至于不到三年都修完。这种畏难偷安,欲速见效的习惯养成之后,当然没法再研究高深学问,或做伟大的奋斗。第六,任学生自由选课也会有偏枯的流弊。这一点和上面所说散漫的毛病正相反,散漫可比一只船在大海中,没有指南针,茫然不知方向。偏枯病就像坐井观天,所见不广。普通大学的课程和专修科的,性质有区别。前者除领导学生探讨一二门高深学问以外,还要使他获得一般比中学更进一步的普通学问,做成健全人格的基础。所以 College 的课程,好比一座埃及式的金字塔,塔基是学生应具的普通学问,塔顶是他应具的专门学问。不过登峰造极,尚有待于研究院。至于 Training School 的课程,可比一座中国式的宝塔,上下大小略同,从头到尾差不多尽是专科的训练。受学分制支配的学生,常常误会这一点,他们尽量选修主课专系的学程,别种功课,置之度外。教育系的学生,专选教育功课;国学系的学生偏重国学;数学系的学生,不肯修别系学程。在一个大学里面,每学系每学期是不能开许多专门学程,我知道有二三年级的学生转学,理由是某某大学没有功课给他念。转学到别校去,还是没有功课念,于是乎心满意足,以为一切高深功课都修完毕,余下的学年,只好干干所谓课外作业的事。

我们把学分制的流弊,都推到学生身上,似欠公允,事实上教职员也要负责,并且他们也吃亏不浅。担任指导学生选课的教授,不把学生的课表学历,详细审查,随便替他签字,流弊很大。教授非由学分制出身的,讲授教材,分配段落,殊觉棘手。原来定三个学分的学程,一学期不把它教完,第二学期任意拖下去,学生或因种种原因不续修,结果所得的学问是零碎不全。原来一种学程,教材不多,作两个学分算已够,而学校时或任意把它算作三四个学分,结果是教授无故请假太多,因为没有材料教。口才欠佳,教书认真的教授,班上学生太少,教学均欠兴味。还有初开课时,班上学生很多,到几星期后,多数学生退出,剩下的寥寥无几。办学者不加调查,以为学生退出班,尽是教授的错,这真是冤枉好教授。至于概论入门之课,班上学生过多,教书太卖力气,名也无从点起。教书几年,师生不相识,不是国内大学司空见惯的怪象吗? 教员不知学生,当然不能因材施教。全班学生程度参差不齐,采取教材,更加困难。所以在学分制下,教员也大有苦衷在。至于教务处职员对于排课表,定教室,登记学生选课、改课及增减功课的麻烦,可谓一言难尽,现在也不必赘述了。

照上述的各种积弊,似乎学分制非打倒不可。如今教育部已明令废止,并订学年制来代替,或许可以把学分制的奴隶,即刻解放,恢复自由。不过我们现在还不知所谓学年制的内容,自然不敢妄加判断。照愚见猜想,教育部决不会颁布顶旧式的学年升级制度。每年级有固定的课程,一门功课不及格,就要予以留级处分,除此以外,学年制可有四种解释:

(一) 大学各学系每学年有固定的课程,学生没有选课机会,按部就班,由浅入深,四学年修学完毕。

(二) 大学各学系每年大部分的课程是固定的,学生有选课机会,但须受严格指导,四学年修学完毕。

(三) 大学各学院或各学系第一二年级功课是固定的,到第三四年级,才有分系和选课的机会,四学年修学完毕。

(四) 大学各学院或各学系定若干门固定及选修功课,做四学年修完,但毕业前须通过几种最低限度的考试。

第一种是欧美工科医科大学订定课程的办法。第二种办法在美国有许多实行学分制的大学就是如此,在中国也并非完全没有。第三种便是美国 Junior College 的办法。第四种国内外大学,也有实行过的。总而言之,将来教育部无论是采用那一种的学年制,都是要确定四年修学的期间。

我们对于改学分制为学年制觉得有几点应该注意的:(一)大学肄业期限确定为四年,用意至善。不过在这四年之内,究竟学什么功课,这是根本问题。四年或许太短或许太长,全看大学课程标准如何。(二)查教育部已颁布之大学条例规程,并未规定一学年分两个学期或三个学期,也没有说在暑期学校所修的功课不得作毕业功课算。那么假使大学办暑期学校或把一学年分作三学期,可否把四年的期限缩短。(三)在学年制下总要有一个方法表志各种教材的数量,比方说在四年内修完多少学程,读完几本书,或学完多少绩点,或通过几种试验。这样一来,和现在行学年制而严定四年毕业的大学简直没有分别。(四)在学年制下功课应该适应学生的能力和兴趣,务使学生各取所需各尽所能去求学问,再不要做学年制的奴隶。(五)在某范围内应给学生选课的机会。(六)学年制影响学校经济很大,假如各学系都要开四学年全部的功课,经费必定大大增加,在经费困难的大学,或许绝对办不到。高年级开班功课,学生一定很少,或许开班不成,或许开班而教学上缺少兴味。(七)课程增加教室也增加,现有校舍及教具设备均有扩充之必要。

末了,我觉得现在中国大学教育的中心问题,是在课程标准和训练方法,并不在乎学分制或学年制。东京帝国大学本科修学期限定三年并且近来也行学分制。芝加哥大学每年分三学期,使学生得缩短修学期限,而不至减少活功课的量。英国的大学,有毕业最低限度和最高限度的课程标准,而学士学位也有普通和优等的分别。法国大学修学期限,文科二年以上,理科无年限,法科三年以上,医科四年以上。可见修学期限这件事,各国大学不同,也不是顶重要的事。如其课程无标准,训练不严格,管理不认真,即增加修业期限也不过使青年学生虚度光阴而已。学分制有它的好处和坏处。美国各大学,已经在积极改良,中国有许多大学,也在设法补救。方法很多,结果很好。将来我再做一篇报告,本文就此结束。

物质建设与心理建设[1]

　　社会建设的事业,要领袖人材去干,大学教育是培植领袖人材的,所以大学教育应该提倡。这种肯定的说话,在逻辑上是可以成立的,其实这个话根本有错误。大学教育范围极广,在性质上有种种的差异,在实际上有许多的区别。有死的大学教育,有活的大学教育;有官僚式的大学,有平民化的大学;有适合时代的大学,有反时代的大学;有不大不学的大学,有大而不学的大学,有学而不大的大学,有既大且学的大学。现今国内上列种种的大学和专门学校,将及一百个。有公立的,有私立的,或已立案,或未立案,五花八门,应有尽有,究竟要提倡那一种大学教育呢? 教育部在最近一年可算很积极地整理大学教育。第二届全国教育会议,对于高等教育计划,主张充实和整理现有的大学,在最近二十年内,只作质量的改进,不作数量的增加。我们大夏大学,成立不过六年。过去艰难缔造的成绩,虽已博得社会的同情和赞助,然而今后究竟应该如何发展,使她匪特名副其实,蒸蒸日上,不受淘汰,而且对于国计民生文化各方面,都做相当的贡献,这种重大问题,凡是大夏同人,都应该再三考虑。我现在就愚见所及,把今后大夏进展的方针,分做物质和心理两方面立论,供给关心大夏者参考。

　　物质建设,是吾校当今要图。不过我们目前所应努力的,是最低限度的建筑和设备,并非贵族式奢靡的铺张。现在建筑中的校舍,有大课堂一座,男生宿舍二座,女生宿舍一座,都是三层楼伟大坚固的建筑。此次建筑费和百余亩的地价,已达五十万元。当局筹措经费,颇感精疲力竭。暂时再没有力量建筑科学馆和图书馆,秋季开学,只好在群贤堂内辟数间做阅书报室,物理、生物和心理实验室。至于化学实验室,已决定另建平房数间。这当然是临时的办法。我觉得一个大学最低限度的建筑,除课堂宿舍之外,要有独立建筑物做科学馆、图书馆,并且我们切望在三五年内把这两座建筑物完成。至于体育馆呢,似乎可以缓一步,上海并不冷,冷的时间也不长,在操场可以运动,照体育原则来说,户外运动是比室内好的。与其盖体育馆不如造一个游泳池,还多一种健身的设备。听说南方某大学,有一个游泳池,是全体学生自己挖的。在劳工神圣呼声很高的时代,我们大夏同学们不妨胼手胝足来干一下,众擎易举,我相信在三个月内,这个游泳池一定成功,这岂不是一面运动,一面建设,一举两得吗?

---

[1] 原载《大夏周报》,1930 年 6 月 1 日,第 86 期:第 266—269 页。原题为《今后大夏进展的方针》。

我们目前虽不能有独立的建筑做科学馆图书馆，可是仪器图书的充实，是刻不容缓之图。今年四月底校中举行的募书运动，一星期内，师生捐书达六千本，这是何等慷慨的成绩。我盼望在暑假内，大家重整旗鼓，向社会乞援，募几本算几本，秋季返校，人人满载而归。至于学校每年预算，图书仪器两项，至少也得有四万元。几年之内，便可以有各种基本书籍和应用仪器。

以上物质的需求，都是起码货的。这个目标达到之后，我人应做大规模的基金运动，以达到五百万元为目的，使学校立于永久不拔的基础。这种计划，并非梦想。欧美著名大学的基金基产动辄千百万金，而考其来源无非出于资本家之热心输将，以建百世不朽之业。民国成立以来，政治不上轨道，军阀称兵构乱，前仆后继，每一战役，辄费千百万金之巨，大军阀大政客下台时候，搜刮民脂民膏的得数，往往是几百万金乃至于几千万金，难道他们的搜刮是应该的，我们募集大学基金是不应该的吗？难道中国人的钱，只有用杀人放火的方法去劫取，苦口婆心的募集是拿不到的吗？愚见以为海内外不乏贤豪之士，只要大夏办有成绩，全体师生和以往的六年一样的努力合作奋斗，社会一定有人解囊相助，五百万金的目的，有志似不难竟成。

其次要讲到心理方面的建设，这是一个大学的重心。倘是校舍宏丽，设备完全，经费充足，而全部设施没有一个重心，学生以求文凭而上课，教员以领薪水而授课，职员人浮于事，装饰门面，敷衍塞责，在形式上固然是极济济跄跄之盛，而实际不过是一个官僚化和大而不学的大学。受过这种大学教育的青年，在学问上当然没有好成绩，在德性上反养成奢侈懒惰，妄自夸大，不负责任等等的恶习惯。一出校门，就卷入恶社会的旋涡中，弱者到处受排挤，求一噉饭地而不可得，感受异常痛苦，厌世派出以自杀，激烈派流为共匪。强者到处钻营，极诡谀投机之能事，势利为上，资格次之，学问为轻，人格更可不要。近年来大学毕业生之堕落者，比比皆是，求其能洁身自好，对社会国家有贡献者，殆不可多得，这是无可讳言的。大夏成立不久，自然不敢夸耀成绩，并且我们重受经济压迫，力不从心之事，十居八九。所幸大夏师生，富有奋斗牺牲合作建设的精神，我们过去光荣的历史，猛进的情形和社会期望的殷切，更昭示我们应该继续努力。今后吾校的心理建设，可分作三点讨论。第一是健全人格的陶冶，第二是真知实学的修养，第三是领袖人才的鉴别和培植。

健全人格的标准，虽难确定，但看责令社会的积弊，和大学毕业生的堕落，我们可提出几件事来讲。第一要崇尚气节，淡泊势利。大学生可以做官，但是要光明磊落，廉洁为公。大学生可以入党，但动机要纯洁，不应趋炎附势，朝秦暮楚，自损人格。第二要有责任心。事无大小，既经承办，要鞠躬尽瘁，彻底干好。成则归功于己，败则归咎于人，只知权利，不知义务，都不是责任心的表现。第三要纪律化。近来国内整顿学风的声浪，来得很高。我以为大学生是富有自治能力的。整顿学风，要学生自动的守纪律,废除不规则的行动,教员也要以身作则,以诚相见,使师生之间,毫无隔膜才行。第四要节俭化。现在大学生一年至少要花三四百元,多的听说有花一千元以上的。大学教育愈贵族化,家长愈为胜其负担,奢侈习惯养成之后,毕业出校,必定钻营奔走于势利之途,以偿其欲望。在这民穷财尽的中国,提倡节俭,是救时良药,不应当做老生常谈。亲爱的同学们,你们不要以为穿洋装吃大菜跳舞看电影,就是得到西方的物质文明,这些勾当,是以养成奢侈习惯。第五要勤劳化。在生产过剩的国家,实行"三八制度"之后还怕工作时间太长,出品太多。中国经济早已破产,各省兵匪祸急,列强侵略日增,在在都呈亡国的朕兆,所望于大学生的,能够养成强健的体格,坚忍的魄力,耐劳吃苦的习惯,将来出校,做兼人的事业,解老百姓倒悬之苦,置国家于盘石之安,这是大学生的使命。

　　心理建设的第二点是真知实学的修养,这是全部大学课程标准和教学方法以及考试问题,在这短篇文字,不能详细发挥。现在大学学生,往往变做学分的奴隶,求学不是为学问,乃是为了学分和文凭,学分满足,文凭拿到手,高兴到无可不可。到毕业出校,才知道不学无术,无以应世。以前的士子,做八股的奴隶,近代的学生,做学分的奴隶,五十步不可以笑百步呢。本来大学教育的目标,第一在研究高深学术,处中国现在情形之下,高深学术,是要职业化的,就是读书人不可无出路。倒过来说,社会建设的事业,都要真知实学的人去做,才会有成绩,真正有学问的人,失业的也很少。真知实学的结果,还有改造社会,转移社会思想的能力。英国牛津大学常常夸口说:What Oxford thinks today, England will think tomorrow,因为牛津大学的教授和学生,具有真知卓识,他们有先见之明,他们能造成舆论,他们能转移全国思想。我们实在惭愧,大学教授学生,每随波逐流,投机于世俗之所好,自己没有主张。甚至于别人喊"打倒知识阶级",大学学生也跟着喊,这个口号还是犹在耳呢。这是学问虚伪错误,思想不彻底的表现,我盼望大夏同学,人人有求真知实学的决心,更盼望大夏教授,人人有领导真知实学的本领。

　　末了一点是领袖人才的鉴别和培植。王校长常对同学说,现在国家急需领袖人才,并鼓励大家应如何奋进。校中一千五百人同学,总有几个天才和成绩极优的学生。我觉得全体教授,对于这些领袖人才,应加以鉴别,并且特别领导他们做高深学问的研究。毕业后,学校还要给他们种种指导和援助,派送他们去外国留学。大学是培植领袖和专门人才的机关,这句话太笼统。真正的领袖专门人才不多,譬如在十年之内,大夏能够出一二个出类拔萃的科学家或政治家,或其他的领袖人物,就算我们对于社会文化有特殊贡献。现在我们要注意的,就是鉴别校中天才学生,领袖人才,给他们特别的教导和援助,使天才无埋没之忧,英雄有用武之地。

　　总括起来,今后大夏进展的方针,在物质建设方面,应该于三五年内完成科学馆和图书馆的建筑。这几年内须积极添购图书仪器，一俟最低限度建筑和设备达到后，就要做五百万元的基金筹集，使学校基础稳固。至于心理建设，更是学校重心问题，陶冶健全人格，修养真知实学，培植领袖人才，是大学教育的使命。我们在这六周纪念，欢腾庆祝之中，一则以喜，一则以惧，我们惟有念"风雨如晦，鸡鸣不已"的古诗，以自强不息自勉而已。

复兴民族的教育[1]

诸位同学,今天讲的题目很大,我只将我的意见供献于诸位,对不对还望诸位去研究去批评。自从九一八的炮火响了之后,四百余万方里的土地变了颜色,三千六百万同胞做了亡国奴,就是上海亦曾遭炮火的蹂躏,甚至我们今天在这里说话的一所房子,也一样受过炮弹的毁炸,平津亦有几次极度的危急,亡国之声,满布朝野,国人受了这样重大的打击,应如何发愤为雄,誓雪国耻。不过九一八好容易度过了,所谓事过境迁,国人又归于麻木不仁的状态;华北汉奸依然遍地充斥,上海租界的跳舞场依然充满着中学生大学生的足迹。试看人家积极的做侵略的工作,而我们则天天醉生梦死,这是何等痛心的事!我们晓得:要国家复兴,必定要复兴民族,联合全民族新兴的力量,去抵抗外侮必定成功的。今天拿这题目来讲,并不是为了时髦,也不是投机,因为这是一种新潮流,我们需要彻底的认识。凡是一种新潮流要到来,我们是无法抗拒的,处于现代新潮流中的我们,纵不能推波助澜,亦应乘风破浪,否则必定要落伍。

复兴民族教育这题目可分三段来讲:第一,养成国民自存的能力;第二,养成国民自治的能力;第三,养成国民自卫的能力,现在就依次讲下去:

一、养成国民自存的能力

人类在世界上是有生存的权利。儿童不能自立,要做父母的去保育他,及长成之后,总是要自立的。所以世界上的人类,除了特殊的时候,要"杀身成仁,舍生取义"以外,照一般的说是要尽量发展其生命,儒家所以说:"养生送死而无憾,五道之始也。"达尔文以生存竞争为进化的原则,也就是这个意思。中华民国教育宗旨谓:"中华民国之教育根据三民主义,以充实人民生活,扶植社会生存,发展国民生计,延续民族生命为目的,务期民族独立,民权普遍,民生发展,以促进世界大同。"这里所谓"生存""生命"与"生计"也就是自存的意思。生存在古今中外既是这样重要,因此我在这里提出三个问题:(一)学校教育能否养成学生自存的能力?(二)目前中国生存的环境是如何?(三)国民生存靠外人供给到了什么程度?

先说学校教育能否养成学生自存的能力?——前年五月南京开国民会议,通过方案

---

[1]　原载《大学杂志》,1934年1月1日,第1卷第6期,第761—766页。

有"教育设施之趋向案",内有许多方案,如生产教育,职业教育等,这个方案的开首说得非常的淋漓痛快而使我们警惕:

"中国目前之教育,无论在数量上与质量上均不足以适应国家之需要,而弊害之最显著者,尤莫如教育设施与国民实际生活不相应,以致未受教育者,尚能秉其家庭社会递相传习之知能道德。各自安于艰苦之生活,而既受教育者,则知识技能之修养既不成熟,性行气习又往往深于浮夸与游惰,驯至学校多一毕业之学生,社会即增一失业之份子,家庭即少一有用之子弟,诟病交起,弊害丛生,及此不为适当之矫正,将见教育愈普及,而公私受之祸害愈烈。……"

这几句话,我们应该把它当作晨钟暮鼓听。许多人说:中国从前的教育是轮回制度的,这就是说,小学毕业生到中学去读书,中学毕业生到大学去读书;同样,大学毕业生到中学去教书,中学毕业生到小学去教书,其实这种轮回还算好。新近有人说:十多年前,中学生没有出路,五六年前,大学生没有出路,在最近,留学生也没有出路。我有一次遇见上海银行界的一位朋友,他对我说,他们银行里有一次招考职员,资格是要大学毕业的,报名的有一百四十多个,国文和英文的卷子通通都是他自己看,国文卷子没有一本没有别字的,一百四十多本卷子除了三本稍为通顺以外,其余都是看不下去,英文卷子也只有一本看得的。考经济学时,竟有不知亚丹斯密是什么人的。在我们学教育的人不知亚丹斯密,还不算什么大不了的事,如果学商科的学生不知亚丹斯密,实在是一件极大的羞辱。最后他说,为了这件事他想召集上海各大学的校长与教授开一个讨论会,看看这究竟是什么一回事,后来怕给与教育界的人太难堪,没有开成。我听了这些话之后,非常的难过,可是这又是不可辩驳的事实。还有一次,我在乡下遇见一个朋友,他对于学校教育表示非常的不满,他不愿再送子弟到学校去。据说他曾送过他的儿子入学校读书,一直到中学毕业,可是自从受了几年学校教育之后,变成一个文不文武不武的人了,要他去割草、挑粪固然不会,就要他写对子,写文契也不知道。站在教育界的我们听了这些话,是何等的难过! 这虽不能一定的责于某人去做,然而至少应该当作一个问题去研究,是无可疑义的。近年来有所谓生产教育,这是想推倒旧有的局面,造成教育的新局面。在这里我有一点意见:一个健全的社会,生产的人才固然重要,同时,服务社会的人才也是要有的。所以能在大自然中去开发生产的人才,对于社会固有无限的利益,但是其本身并不是生产的人,在社会上亦有存在的价值,如医生,新闻记者,警察以及学校中的教员等。所以在教育界的人,不要以为自身不能生产,便妄自菲薄,如杜威、桑代克诺辈的生产,实在不是平常的物资生产所可比拟的。

其次说到目前中国自存的环境是如何的? ——中国目前的环境,除了经济到了极度的危机之外,还受着三种恐怖:(甲)红的恐怖;(乙)绿的恐怖;(丙)黑的恐怖。红的恐怖是指共匪的骚扰,江西一省三分之二的土地已为共匪所占据,其他如四川、安徽等省也有共匪的祸患。绿的恐怖是指绿林强盗的猖獗,这是各省极其普遍的现象。有一个外国人在伦敦发表一篇文章,说我国土匪的数目有四千万人之多,以全国人口四万万的数目来计算,则十个人中人一个土匪。这个数目是否确当,因为我们没有去调查统计,固然无法证实,但据从内地出来的学生的报告,各地土匪之普遍,却是真实的情形。黑的恐怖是指鸦片的流毒。有人说:民国二十多年来军阀的战争,就是鸦片战争。在四川、陕西等处确可找到这样的事实。至于水灾的祸患,更为惨痛。民国十八年的大水灾有九千四百万灾民;民国二十年的水灾,有八千万灾民。因此农民不能生产,便流入都市。农村经济之流入都市,逐年入超。以上海一个都市论,去年每月经济之流入达六百万元,一年共约七千余万元,但是输出的不过两千多万元。可见农村经济之破产,已到了十分严重的时期。近来政府当局有复兴农村的计划,上海银行界也有救济农村金融的措举,我们希望能有良好的收获。中国历史上的贤明君主,素来都懂得安定农村的重要,因为在历史上各种起义革命,都是集合农民而起的,所以要安定中国的社会,必定要安定中国的农村。

再次说到国民的生存靠外人供给到什么程度? ——中国对外贸易,年年都是入超的,根据中国银行的报告,去年贸易入超达五万万五千六百零五万两,表面上看,我们以为这是工业品的输入,其实最大宗的还是农产品,其中米麦面粉棉花烟叶五种农产品的价值竟达三万万五千八百九十万两,素称以农立国的中华民国,将何以自处? 其所以招致对外贸易之入超,一方面是因为教育不教人去生产,他方面是中国的环境之混乱不容许人去生产,这两者互相因果,以致愈贫愈乱,愈乱愈贫。因此复兴民族的教育之第一要素,便要养成国民自存的能力。

二、养成国民自治的能力

在这项目之下,举出两件关于中国人民没有自治能力的事实来说:第一不守秩序;第二不顾公德。谈到不守秩序,我们可以先看外人有秩序的国家,它的人民无论在买邮票、兑钱,纵使就在水泄不通的人群中,都是依着先后的秩序而没有争先的。但回看我们中国的人民,无论上电车、买邮花,都一齐争先恐后地乱攒。最近南京开全国运动会,政府当局恐怕新运动场初落成,无人参加未免不好看,故在第一日公布不买票,并且请了许多外国的公使人员参加,目的在使会场热闹,可是南京的民众对于体育的兴味太浓厚了,开幕的那天,参加的人,源源不绝;最后竟至不能收容,于是将门关起来。后来有一个学校要进去表演,群众也随之一拥而入,因此一时秩序大乱,在座的外国人士的眼光中无不表示惊愕和讥讽,这是一个例子。又如我们在普通开会时,这种没有秩序的事实,更可看得明明白白,所以有人说中国人开会是开而不会,会而不议,议而不决,决而不行,行而不通。例如一般人在初来组织团体的时候,大家都兴高采烈,等到讨论时,假如张先生提出他的意见,而李先生接着也提出他的意见,并将张先生的意见批评了一下,这时有为张先生辩护的第三者出来，又将李先生的意见不客气的批评，而为李先生抱不平的第四者又出来说话，反将为张先生辩护的第三者的意见更其不客气地下攻击，于是乎循环不已，你排斥我，我排斥你，终于勉强的通过几条决议案，模糊散会，等到下次召集开会时，恐怕正式会议开不成，预先召集一个谈话会，惟恐谈话也开不成，便购备一些茶点，开会之后，为要做纪念，共同拍一个照，到了那时便算完了。我在美国也参加过各种会议，美国学生并不见得如何的高明，所发的言论也并不见得是如何的正确，可是他们一种决议的条件，一定要实行，在会场时，不论各人的意见是如何纷杂，但是散会后，全没有私人彼此间的私恨，从这点可证明他们是有组织的有秩序的国家。

不顾公德就是公私分不清。我有一个朋友，五年前是在南京某机关做职员，现在他写信给我，还是用那个机关的信封信笺，我真不知道他偷了该部的信封与信笺有多少。像这样的不顾公道，就是由于公私分不清的结果。自私的扩大，便成汉奸，在我国过去的历史上，有过"夜不闭户，路不拾遗"的太平天下，可是这种风气在中国不见已久。不过在现代的世界上仍有不少地方是保存这种风气的。我从前有一次到南洋去旅行，由槟榔屿上车到新加坡，依旧中国普通的惯例，行李交托火车代寄，是要写一张收条的，但是我在槟榔屿上车时，行李虽交火车代寄，可是没有写回收条，因为他们说没有写回收条的习惯，当我到新加坡时，所交托的行李没有一件不齐。从前我在美国的时候，四个人住一间房子，锁钥只有一个，所以不能任那一个带在身边，而不得不放在门楣上，所以这种锁门，不是为了防盗贼，乃是为防风雨与猫狗等。外国的报纸上，常有"Lost and Found"的广告，人家拾了物件，为寻找失主而登广告，我们却百般设计去做偷窃的行为，从这样相比之下，便晓得我们的国家是何等的可耻！关于不守秩序不顾公德的事，研究教育的人负的责任很大。学校教育，对于学生的学问，和怎样为人要一样的看重。现在的学校教育，天天只知听了钟声上课与下课，学问也许可以学得一点，可是为人之道，却抛到九霄云外。我常常去问教员在学校中干些什么，他们的回答，只是说他担任着什么功课，而从没有听过他说对于学生是如何的陶冶。所以对不守秩序与不顾公德的缺点，学校、家庭和社会，应协同负改进的责任。

三、养成国民自卫的能力

人类的本能，有反抗他人支配的能力，（也许诸位听了本能的名词不高兴，其实人类有没有本能我们不必去置论，然而人类的确具有这种内心发出来的倾向，吴伟士（Woodworfh）称之为"基本动机"，桑代克（Thorndike）称之为"欲望"）中华民族在历史上已证明有自卫的能力。五千年前，黄帝与蚩尤战于涿鹿之野，黄帝能制造指南针打败蚩尤。一千五百年前，五胡乱华，孝武帝遣谢玄把他们征服。八九百年前，金兵犯宋，岳飞率军五百把他们击败。七百年前,成吉思汗兴兵,西至地中海,东统一全中国,气势虽强,但后来终为明太祖所灭。最近上海十九路军抗日,与东三省的义勇军,都是证明我们的民族是有自卫的能力。在本能上和历史上,均已证明中华民族是有自卫的能力,故我们要锻炼和发展这种能力。但是我们真正要锻炼和发展这样能力,要注意下面两个条件:

A　体育的训练

我们知道:要自卫必定要身体健康,这是必然的。我们中国一向都是文人太多,近来才有渐渐改变的趋势。最近的全国运动会有二千四百余运动员参加,比上次的人数增加多了,而且男女各项的成绩,亦比上次大有进步,可见国人对于体育的训练,渐有相当的认识。但是完全偏重于学校的体育,又是不成的,今后要把体育大众化。试看苏俄体育的进步,实在是一日千里,一九二八年的运动会只有八十万人参加,一九三〇年的运动会,有一百零十万人参加,一九三一年的运动会,增至三百一十万人,及至去年的运动会,竟增至六百万人。我们不要以为这次全国运动会有二千四百人参加,是怎样可歌可颂的事,我们如果和苏俄作一比较,便会觉得惭愧。所以苏俄的体育可谓大众化,可谓与民众打成一片。苏俄的运动会,不是用运动会的名称,而称为"国防与生产"之考试,规定参加的资格有两条:

a. 有特殊之生产技能,及能受长期刻苦训练者。

b. 有某种特殊战争的技能者。

所以我国的体育训练,要打破底限于学校以内,应扩大到全社会去。

B　军事的训练

军事训练是为要养成自卫的能力。可是像现在各学校的军事训练,但为奉行故事,潦草敷衍,是不行的。真正的军事训练要完全军队化,在天热天寒的时候施行极严格的特殊的训练,然后才可以供国家的应用。像现在的军事训练,据我所见,不特不穿制服,而且有穿长衫的,每天只学些"立正""稍息""向左转""向右转""开步走"的动作,试问怎样能够谈得上去抵御外侮?

自然要养成国民自存、自治、自卫的能力,不是单纯学校教育可能奏效的,而且有人说,这么许多的能力,恐怕等不到养成,国已经亡了。关于这点,我们不要灰心,试看革命前的苏俄的识字人数只有百分之二十二,不识字的人数,占百分之七十八,可是到现在不过二十年的光景,识字的人数竟增至百分之八十。我们如果努力去做,纵然不能如苏俄那样迅速,但在三十年或四十年后,总是有效果的。

近七八十年来我国所受帝国主义的压迫,日趋尖锐化,国人均知不复兴民族就要亡国,所以我希望大家对于这个问题要切实去研究,尤其是我们教育界的人,应作复兴民族的先锋队。

对于学校体育之意见[1]

　　我国自清季创办新教育以来,学校课程中即设有体操一门,教学生以强身之各种技术。民国纪元初年,感于外侮日迫,教育部明令规定军国民教育为教育宗旨之一项。于是各级学校学生荷枪军操,俨然一兵士式之学生。民四颁定教育宗旨第二项尚武一段之令文谓:"国何以强? 强于民;民何以强? 强于民之身;民之身何以强? 强于尚武。尚武之道分为二:曰卫身,曰卫国;合之则为一,卫身即卫国,卫国即卫身也。何谓卫身? 风寒暑湿,有时为病,莫不求医。然医于既病之后,毋宁医于未病之先,未病而医,莫若尚武。……故今之言国民教育者,于德育智育外,并重体育;使幼稚从事游戏,活泼其精神;稍长进习兵操,锻炼其体格;极至掷球角力,习为常课,运动竞走,时开大会,凡所以图国民之发育者无所不至,此民之所以能卫其身也。何谓卫国? 吾国古者寓兵于农,有事为兵,无事为农,搜苗狝狩,乘农隙以讲武事,已隐寓全国皆兵之意。……幼在学校,习闻忠勇爱国之训;长入社会,养成坚忍耐劳之风,所谓少成若天性,习惯成自然,非一朝一夕之故,其由来也渐,此民之所以能卫其国也。……"当时政府提倡国民体育,实施军国民训练之意旨,活跃言表。

　　曾几何时,掀动全世界之欧战告终,教育思潮因之变迁,认学校化育注重军国民训练,为穷兵黩武之祸源。民八教育调查会在北京集会,提出教育宗旨研究案,拟"以养成健全人格,发展共和精神"为宗旨。其列述改革教育宗旨理由第一项即抨击军国民教育。略谓:查民国元年部令公布教育宗旨:"注重道德教育,以实利教育军国民教育辅之,更以美感教育完成其道德。"自欧战终了后,军国民教育一节,与世界潮流容有未合。……关于体育方面者,改为一、强健活泼之身体,二、优美和乐之感情。于是学校体育实施,骤然改变,田径赛与球类运动,应运而起。十数年来施行之结果流弊滋生,就个人观感所及,约有两端。第一:就体育目标言,是养成少数选手的。第二:就体育实施方法言,是浪费财力的。

　　学校体育每由少数选手包办,致大多数学生均有向隅之感。而一般学校当局,以少数选手夺得锦标,为无上光荣;报章为之推誉,学校为之捧台。平日对于选手之优待,无所不至。发给津贴,任其随意缺课,甚至考试不及格亦可通融。于是使此少数选手,形成校中之特殊阶级。虽其中不乏优秀分子,然就一般而论,其轻举妄动,漠视课业,实为优

---

[1]　原载《大夏周报》,1934 年 7 月 1 日,第 11 卷第 2 期,第 31—33 页。

良学风之障碍。客岁江南各大学体育联合会假上海某大学比赛足球,发生殴打裁判之武剧,至诉诸法律。斯诚体育界之耻辱,而充分表现学生道德之堕落。又某某大学,因比赛胜利,随意放假,举行庆祝,更是家常便饭。选手包办制之反面,便是大部分学生对于体育漠不关心,故排球选手为此少数人,篮球足球选手亦莫非此少数人担任。尚某种校队出发比赛,其他项各比赛,只好停顿。至于春秋两季校中举行之运动会,学校放假,全体学生固应踊跃参加。然而事实上参加者往往不及十分之一,其余则以为学校举行例假,渡其纵游娱乐之生活矣。

何以言现行学校体育为浪费财力? 盖以全校的体育费用,供给少数人之竞技斗胜,每一次比赛,耗全校体育教师之时间精力以指导少数人的运动技能。至于旅行外埠比赛或参加外埠运动会,所耗之时间金钱尤巨。就体育行政与教学效率论,其不经济,不待吾人指摘,固昭然若揭也。

尚有关于体育设备方面,场所不能容纳全体学生活动,器械不敷多数学生应用。学校所竞相致力者,仅购一小部分选手应用之器械,一若使一部分学生据为私有者。此种现象,实与学校提倡体育愿意,大相径庭。

由于上述两种流弊,一般学生体育之训练全被忽视;学生不能参加运动,精神萎靡,体力衰弱,一已之健康不保,安论担负复兴民族与挽救国难之重任? 故个人认为今后学校体育,有根本改革之必要。

改革之道,一曰普及体育机会。即规定体育为全校学生必修科目,并厘订体育及格标准,严厉施行。若体育不及格,虽学科及格,亦不得升级或毕业。体育器械场所,应尽量增加。向之铺张校队奖励选手之经费,应作扩充体育设备之需。务期打破从前选手包办之积弊,使全体均有参加运动机会。

二曰培植体育道德。即公正、合作、守纪律、努力奋斗、胜不骄傲、败不气馁诸美德。今后学校体育,务期对于现代化国民所需之道德,于平日团体运动场中所加以切实的训练,使其不知不觉间,培养优美之德性,善良之习惯。

三曰注重经济效率。吾人常觉现在学校式之体育,率多重视球术田径赛诸项。每布置一种场所,须耗巨量金钱。他如添置篮球,网球球拍,铁饼,标枪等等,又非数元,或数十元莫举。而此种运动设备仅限于学校,一旦离开学校,便鲜有与在校时所习之体育接触。似此一曝十寒之体育,对于国民体育前途,裨益殊少。故今后学校应特别注意徒手运动,长途跑步,柔软体操。去岁严冬清晨,我曾经梵王渡车站附近,目见英兵营士兵,着短单衫于路旁操练各项柔软操,态度活泼,挥汗如雨;而身披皮袍,坐人力车者,尚缩瑟畏寒。两相比较,吾人体格之衰弱,对此帝国主义之士兵,诚有愧色。但彼辈施行各种运动之设备,可谓全无。运动场所设备,仅是路旁空地,而其精神极为可佩。又某次上海各大学联合会举行全体大会时,敦请国术家表演踢键游戏,前后左右,上下旋转,各极其妙。

此又为户内轻而易举之游戏,而其所费,仅值数钱之键子一枚而已。窃谓各级学校学生,任何人经费力量均能备办,决不如网球拍、网球等之难于购置。此外如中国固有之扯铃、石锤等运动器具,亦复普遍通俗。至于国术中心之太极拳等,更可以随时随地练习。今后之学校体育,对于学校财力,学生精力,以及运动本质上之持久性、普遍性,均应特别注意经济效率。

四曰提倡生产劳作。吾国往昔所谓士大夫阶级,悉抱劳心治人,劳力者治于人之观念,形成畸形之知识发展,手脑不能并用。此种风尚,积习已深,故学校增加一求学之学生,即家庭与社会减少一有力之生产分子。今学校所施行之体育活动悉悉系休闲阶级之运动游戏,对于生产事业,毫无裨益,识者病之。我校现有校地辽阔,正拟计划办理生产教育师资训练班。吾人主张寓体育于生产劳作之中,一方面固可锻炼体格,他方面又可收经济生产之效,一举两得。

综上所述各点,系个人平日对于学校体育之观感。深觉民族复兴之伟业,实赖于树立国民强健体格以为基础。愿有卓见之教育家,和觉悟之体育专家,亟起力追,倡导普及体育。学校体育幸甚!国家教育前途幸甚!

十年来之中国高等教育[1]

一、引言

　　高等教育为中等教育以上一阶段的教育,含有纯粹研究学术和培养专门实用人才两目的,所以高等教育制度极形复杂。论其领域,可包括大学、专门学校、学术研究及留学制度。我国高等教育的发轫,以清同治初年所办的同文馆为始,虽历史甚短,比不得欧洲有几个著名大学,在十二三世纪时就粗具规模,巴黎、牛津、剑桥诸大学,都有七百多年的光荣历史;美国著名大学如哈佛、耶鲁,亦已经成立了二百余年。从时间上言,我国高等教育,固属呱呱坠地的新产儿,膛乎人后;不过自学制改革后近十年来的高等教育,由萌芽而发育滋长,到现在虽然秀而不实,却有蓬勃猛进的气象,其演进过程,颇多足资记载的材料,可为今后改革的张本。作者从事高教事业十余载,今幸值大夏大学《校庆十周年纪念刊》征稿,特将最近十年来的中国高等教育,分做三期叙述:第一期是学制改革后的高教,第二期是国民政府成立后的高教,第三期是九一八国难后的高教。历史纪年,第一期自民十三至十六年,第二期自民国十六至二十年,第三期自民国二十至现在。但是教育的演进,是有渊源关系的,故在研究近十年来高等教育之前,对于清末民初高教发轫时期的情况,也应作简括的叙述。

二、发轫时期的高等教育

　　自清道光二十二年因鸦片战争而缔结南京条约,咸丰十年英法联军入京清帝北狩之后,于是国人有两种觉悟:(一)知道国际外交的重要,急须培养翻译的人才,遂有同文馆的设立,教授英法日俄的语言文字;(二)震于西人船坚炮利,急须培养制造船械和海陆军的人才,乃创设上海江南制造厂、马江船政学堂、天津电报学堂、北洋水师学堂,以济当时之急,然尚无大学教育可言。

　　至光绪二十二年津海关道盛宣怀奏准在天津设立西学学堂,分头等二等二种,肄业时期各四年。据盛氏自称:头等学堂,即外国所谓大学堂,学生除习普通课程外,兼可习工程、

---

[1]　原载《大夏》,1934年10月15日,第1卷第5期,第1—30页。

电学、矿务、机器、律例等专门课程一种。后又奏设南洋公学于上海,其目的在培养政治专家,先设师范院,储备师资;并附设外院(附属小学),以资实习。次年设中院(即中学)上院(即高等学堂)。西学学堂的头等学堂及南洋公学的上院,可称为我国大学教育的雏形。

光绪二十八年,管学大臣张百熙奏定《学堂章程》颁布,开我国学制系统的先声。该章程内关于大学教育宗旨为"激发忠爱,开通智慧,振兴实学"。并定在省会设高等学堂,分政艺两科,肄业期限三年;京师设大学堂,分政治、文学、格致、农业、工艺、商务、医术七科,三年卒业。在大学堂之下,设大学预备科和速成科,肄业期限都三年。大学堂之上,设大学院,从事研究学术,不设课程,不定期限。次年张之洞、荣庆、张百熙又会同厘定学堂章程,对于高等教育一阶段,规定专门学校有高等学堂、高等实业学堂、优级师范学堂、实业教员讲习所、译学馆及进士馆。大学有三年的预科和三年至四年的本科。大学分八科,较钦定学堂章程加经学一科,大学之上有通儒院,是研究学术最高的机关。这二次学堂章程的规划详尽,固可谓为我国真正大学教育的发轫;只惜清廷当直长官,对西洋文明没有彻底的了解,对旧教育又无改革的决心,书院的制度,科举的流毒,不免传染给新式学校。至于大学教育,终清之世,不过北洋大学、北京大学、山西大学三校粗具规模罢了。

迫民国成立,南京临时政府于元年四月设置教育部以代前清的学部,九月召集教育会议,重新公布学制系统,规定中学生四年毕业后,进三年的大学预科和三年或四年的大学本科,就算修满大学课程。照教部十月间所颁布的大学令:凡大学分为文、理、法、商、医、农、工等七科,这较奏定章程所规定的减少了经学一科;并将前之格致科改为理科,法制科改为法科。此外规定大学以文理二科为主,凡文理二科并设者,及文科兼法商二科,或理科兼医、农、工三科或二科或一科者,方得名大学,较旧制京师大须设八科、外省大学须设三科之规定,限制稍宽。至大学宗旨,据大学令为"大学以教授高深学术养成硕学闳材,应国家需要为宗旨"。较前清所定的又稍不同。到了民国六年九月教部又把大学令修正,举其要点有四:(一)大学但设一科得称某科大学;(二)大学本科修业年限一律改为四年,预科改为二年;(三)大学教员改分正教授、教授、助教三等,讲师仍旧;(四)废止各科教授会,凡各科事项必须开会审议的,即由各科评议员自行议决。

至于专门学校,民国元年教育部就定了法政、工业、医学、药学、商船、外国语、商业、农业等《专门学校规程》。二年又颁布《高等师范规程》。专门学校有一年的预科,三年或四年的本科。总之,民元以后,各省陆续设立专门学校,有如春笋怒发,学生受高等教育的机会愈多。据民十年统计,全国共有公私立各种专门学校七十二所,学生达一万二千人,而六个国立高等师范的学生,尚不在内。

我国发轫时期的高等教育,除上述的大学、专门学校、高等师范外,尚有必须附带说明的,便是留学制度。考其原因,系由日本在中日之役和日俄之战的成功,说中国朝野觉得非兴学不足以图富强,一时又深感到各种专业师资人才的缺乏,乃选者考聪颖的青年留学外国。当时留学日本的,计有万余人之多,速成返国的与年俱增,做教育革新的运动。所以新学制各级学校的名称和课程,大概都日本。光绪三十四年起清廷更同日本文部省特约,在十五年内日本五个专门学校,每年收一百六十五个中国学生,经费由各省解付,至大学毕业为止。这班留日学生陆续学成返国,遍布各地,主持省立高等学堂和优级师范,成绩颇有可观。

三、最近十年来的高等教育

甲、学制改革后的高教

民元学制,施行十余年后,适值欧战告终,国人外鉴各国学制的变迁,内省社会及时代的需要,觉得不能不修改旧章以求适应。加以民八的“五四”新文化运动,和杜威来中国讲学鼓吹;同时赴美留学及赴英参观学校者日多,盛称美国学制的优美,而不满日本化的教育。是以民十第七届全国教育会联合会在广州开会,就拟定改革学制草案,民十一年九月教育部根据为个草案,在济南召集学制会议,十二月公布《学校系统改革草案》,这便是所谓“新学制”的起源。

这次学制改革,系根据下列七标准:(一)适应社会进化的需要;(二)发挥平民教育精神;(三)谋个性之发展;(四)注意国民经济力;(五)注意生活教育;(六)使教育易于普及;(七)多留各地方伸缩余地。我们看此项标准中能注意到社会进化、平民教育、个性发展、国民经济和普及教育,可见教育思想已有一种长足进步了,兹将新学制系统表列下:

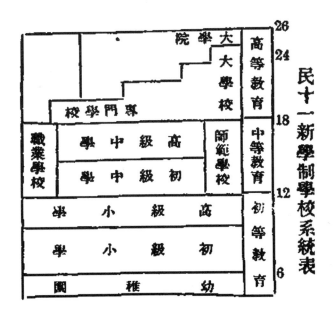

这新学制关于高等教育段说明,其要点有五:(一)大学设数科或一科均可,单设一科者称或某科大学;(二)大学修业年限四年至六年;(三)废止预科;(四)旧制高等师范学校应提高程度,改为师范大学;(五)大学采用选科制。民十三年复颁布《国立大学校条例》,除规定上列要点外,尚有重要之点三项:(一)国立大学得设董事会,审议学校进行计划预决算及其他重要事项;(二)各科学长取消,代以教务长一人,主持全校教务,由正教授或教授兼任,取消助教授而保留其他三级;(三)恢复教授会,同时并添设教务会议。

我人就上述的高教说明五要点及大学条例之要点,拿来和从前学制比较一下,可看出学制改革后的大学教育趋向的特征:第一是从日本化的教育,一变而为美国化的。如新学制上所规定小学中学期限为六三三,大学四年以及大学采学分制选科制,都是模仿美国学制依样画来的葫芦。其次大学男女同学的风气,更与美国大学东西并耀。不过近代各国教育,都是适应本国历史背景和社会需求的,强异为同,皮毛模仿,橘踰淮而为枳,结果一定不好的。所以人家的大学精神,是注重在学术上研究,性格上修养;我们的大学精神,是树立门户党派,互相排挤。人家行学分制选科制,是适应个性,发展特长;我们仿行,是鼓励舍难就易和虚荣心投机性的弱点。第二是专校的升格运动。查专门学校始于前清高等实业学堂、法政学堂等校,"以教授高等学术养成专门人才为宗旨",换言之,其目的在培养应用人才,以为职业界领袖之资,较之大学养成"博学鸿儒从事学问研究"的宗旨不同。而国人不明职业界实用人才与学问界研究家的训练各异,误解外国一般大学的万能任用;又因新学制有专科大学的规定,当时政府当局复十分懦弱而无确定教育方针,因此换汤不换药的,以原有的人才设备和经费,强称大学的名义。结果京师专校升格运动既告成功,各省公立专门学校,也先后援例要求改为大学。此犹官立大学文面,至于私立大学的增加,尤觉惊人,大而不学的大学,及不大不学的大学,前仆后继,不知多少。学术研究固谈不到,实用人才更无从去造成了!第三是提高师范教育程度,而废止高等师范。前清《钦定学堂章程》,本只有和中学程度相当的师范学堂,《奏定学堂章程》提高了一步而有和高等学堂程度相当的优级师范学堂,民二《高等师范学校规程》又提高了一步,而有较大学程度只低二年的高等师范学校,当时划分北京、武昌、沈阳、南京、广东、成都六师范区,各区设一高等师范学校,目的在养成中学校师范学校教员。此次新学制把民元以来所设的高等师范学校完全废止,再提高一步改成师范大学,或并入大学为教育科,这不消说也是受美国大学中有师范院制度的影响。但高师目的在实地训练中等学校师资,然则师大或大学教育科,除名称变更外,能否保全旧有的作用而不变其目的以养成教育学者,恐怕是一个问题。第三大学预科的逐渐取消。前清大学堂预备科三年,民元仍定为三年,民六改为二年。现在把大学预科制完全废止,一面提高中学的程度,一面延长大学的年限,来补充取消预科的缺憾,其实前清大学所以必设预科,原因是为骤办新式大学,一时尚无具有入学资格的学生,所以有此种权宜的办法。这暂时过渡的机关,当然无存在必要。

乙、国民政府成立后的高等教育

国民政府成立于十六年四月,是时主持全国教育最高的行政机关,是中央教育行政委员会。有几位中央委员曾经留学法国,他们看法国大学区制,这种制度的长处,是在行政机关学术化;革命政府所忌的是官僚化,所以他们力主仿行,遂由教政委员会颁布《大学区条例》,指定浙江江苏两省为第三第四中山大学区,试验新制。是年夏间,次第成立,以后北平也试行大学区制。七月四日国府又公布《大学院组织法》,十月一日蔡元培就中国大学院院长职,是为全国学术及教育行政的最高机关。十七年《大学院组织法》经一度的修订,在教育行政方面,设大学委员会,议决全国学术上教育上一切重要问题。高等教育行政,是归学校教育组里专门教育股管的。在学术研究方面,设中央研究院,内分物理、化学、工程、地质、天文、气象、历史、语言、心理学、考古学、社会科学、教育及动物、植物等研究所。这种研究所,是供给专门学者的研究,并非像普通学校招收学生去肄业的。至大学计划较前亦略有变化,依《大学区组织条例》第一条云:"全国依各地之教育经济及交通状况,定为若干学区,以所辖区域之名名之。每大学区设大学一所,除在广州的永远定名中山大学以纪念总理外,均以所在地之名名之。大学设校长一人,总理大学区内一切学术与教育行政事项。"并依条例第四条规定:"大学区设研究院为本大学研究专门学术之最高机关。"

至民十七年五月,大学院如今全国教育会议,议决推行三民主义教育,关于高等教育组的议案,计有几十件之多,可见国人对于高等教育的注意。嗣后大学院又订定《训政时期施政大纲》,关于高等教育方面,曾规定三年整顿计划:第一年调查统计并划定全国大学专门学校及国外留学办理条例和标准;第二年依照条例和标准实行整顿;第三年改良并扩充各公私立大学专门学校,并严格考送国外留学生。

同年八月大学院厘订教育系统,规定(一)大学得分设文、理、法、医、商、工、农等科为各学院;(二)大学修业期限,文、理、农各四年,法、工五年,医七年;(三)大学得附设各专修科;(四)研究院为大学毕业生而设,年限无定;(五)专科学校得就农业、工业、商业、美术等科分别设立;(六)专门学校招收高级中学或同等学校之毕业生;(七)专门学校修业年限各三年,经大学院之许可,得延长或缩减之。兹将大学院教育系统图列下,以资参考。

综观以上各种计划,大学院成立仅一年余,对于改进高等教育事项,纲举目张,召集全国教育会议,尤能表现教育统一的好现象。后来大学院虽改为教育部,而衣钵相传,设施尚能一致。岂料霹雳一声,中央大学区中等学校教职员联合会竟以江苏自实行大学区制流弊多端,重大的有五个:(一)经费分配不均,大学成畸形的发展;(二)政潮起伏,各级学校均有横被牵连的危险;(三)评议会的组织,侧重大学而忽视中学,且仍受校长的操

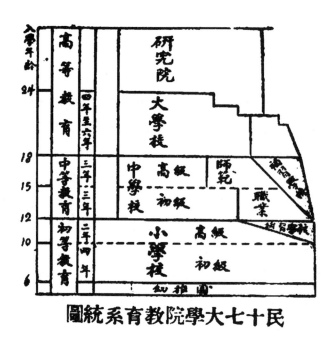

民七十大学院教育系统图

纵;(四)校长处长对于校务政务不能兼顾,各校公文往往延至三月尚未批答;(五)大学屡起风潮延及中学。总之,他们以为大学区制对于经费、政潮、评议会、行政、学风等五方面,都有流弊,所以呈请变更这个制度。同时北平各大学也发言,痛击大学区制的弊害。十八年二中全会议决废止大学区制,是年六月教育部正式明令取消,于是声势浩荡的大学区制,不旋踵而夭亡,从前极力主张的人,竟无一个出来辩护,令人大惑莫解!

　　自教育部成立后,对高等教育整顿改进,尤为努力。十八年八月国府公布大学及专科学校组织法和规程,其中重要的特点就是:(一)把大学分为国立、省立、市立、和私立四种,而均隶属于教育部。(二)把从前的大学分科改称学院,并于向来文理法农工商医等七科以外,加上教育一科而成为八个学院。(三)规定凡具备三个以上学院的方得称大学,否则只能称为独立学院。这个严格的限制是对于民十一新学制颁布以来单科大学的设立和大学名称的使用过于冒滥的一种反动。从前许多公私立大学到现在多改称学院,就是受这个规定的限制。(四)规定大学修业期限除医学院五年外,余均四年;专科学校修业年限为二年或三年。并对大学各学院及专科学科的学系课程,都有很详细的规定,这是表现全国教育统一的好现象。(五)规定大学除校长外,各学院设院长一人,这是民元和民六大学令各科设学长制的恢复。(六)教员分教授、副教授、讲师、助教等四种,兼任教员的总数不得超过全体教员总数三分之一,这是间接限制民国七八年来大学教员兼课过多的一种办法。(七)规定大学入学的资格,须曾在公立或已立案的私立高级中学等学校毕业经入学试验及格的人。(八)为充实现有大学内容及防止滥设和取缔私立大学起见,除严格规定私立大学和专科学校立案标准,准令成绩优良者照章立案,而封闭或限

期结束腐败学校外,并对于大学各学院及专科学校的开办费和经常费,都规定最低限度的标准,如下:

大学各学院经费标准表

院系或科别	开办费	每年经常费
文学院或文科	十万元	八万元
理学院或理科	二十万元	十五万元
法学院或法科	十万元	八万元
教育学院或教育科	十万元	八万元
农学院或农科	十五万元	十五万元
工学院或工科	三十万元	二十万元
商学院或商科	十万元	八万元
医学院或医科	二十万元	十五万元

专科学校经费标准表

类　　　　别	开办费	每年经常费
甲类之矿冶机械电机化学等项专科学校	二十万元	十万元
甲类之土木建筑纺织造纸飞机其他关于工业专科学校	十五万元	八万元
甲类之测量染色制革陶业造船等专科学校	十万元	八万元
乙类之农艺森林畜牧水产等农业专科学校	十万元	八万元
乙类之兽医园艺蚕桑等专科学校	六万元	五万元
丙类之关于商业各项专科学校	六万元	五万元
丁类之药学专科学校	十万元	八万元
丁类之商船专科学校	十万元	六万元
丁类之艺术音乐体育图书市政等专校	六万元	五万元

民十九年四月教育部如今第二次全国教育会议,讨论改进全国教育方案。关于高等教育方面,主张分三个步骤整理;在训政六年期内,用全力使用现在的高等教育内容充实,程度提高,但作质量的改进,不再作数量的扩充。从第七年起的七年内,设法增派国内有经验的学者出外留学,作第三步的坚实标准。从第十四年起的七年内,酌量增设大学或专科学校。故对(一)整顿私立大学及专科学校;(二)充实国立大学内容并整理现有省立各大学办法;(三)提高大学及专科学校学生程度;(四)改进留学生派选办法;(五)筹设专科学校办法;(六)提倡学术研究奖励技术发明办法各项,都有极详尽的规划,为施行教政的根据。兹将第二届全国教育会议议决关于高等教育经费总预算表列下:

高等教育经费总预算表

年份＼用途	充实国立大学内容	国立专科学校经费	国外留学经费	私立大学及专科学校补助费	奖励学术
第一年	一百万元	二十万元	三十万元	三十万元	六十万元
第二年	同	五十万元	同	同	同
第三年	同	七十万元	同	同	同
第四年	同	九十万元	同	同	同
第五年	同	一百万元	同	同	同
第六年	同	一百三十万元	同	同	同
第七年	同	一百五十万元	同	同	同
第八年	同	同	同	同	同
第九年	同	同	同	同	同
第十年	同	同	同	同	同

除学术基金只运用利息外，第十一年以后同。

总之，自国民政府成立以来，设计改进高等教育，可谓不遗余力。除上述各点外尚有值得详细说明的，就是(一)三民主义教育的实施，(二)收回教育权运动两个重要问题。原来民国十七年大学院召集全国教育会议时，遂确定全国各级学校施行"三民主义教育"，同年中央党部训练部又有确定教育宗旨的提议，主张以"根据三民主义，发扬民族精神，实现民主政治，完成社会革命，而臻于世界大同为宗旨"。于是民十八年四月国民政府乃正式公布教育宗旨为"中华民国之教育，根据三民主义，以充实人民生活，扶植社会生存，发展国民生计延续民族生命为目的，务期民族独立，民权普遍，民生发展，以促进世界大同"。至大学及专门教育实施的方针，是"注重实用科学，充实科学内容，养成专门知识技能，并切实陶冶为国家社会服务之健全品格"。以上所述，都是三民主义教育的理论；至于三民主义教育实施的机关，以中央政治学校为最重要。盖自国府奠都南京之后，政府中人感于各省各地党员的幼稚，亟须培养训练常务工作人员，始可从事指导民众；因此中央常会乃议议决设立中国国民党党务学校于南京，专门训练党务工作人员。嗣因军政时期告终，已届训政时期，爰于民十八年春由中央议决改名为中国国民党中央政治学校，以造就训政时期建设上的人才，这不消说是国府在党治时代贯彻党化教育一个最重要的机关，在我国现代教育史上占有相当的地位。

至于收回教育权运动的开始，差不多和党化教育同时发端。盖自国府教政委员会于民十五年规定私立及教会学校须向政府立案后，教会学校就不能不受我国政府的监督了。同时在民众方面，亦多认教会学校为外国文化侵略的工具，为贯彻党化教育起见，不能不收回教育主权，纷纷起来运动。至此教会学校乃一面改组董事会选举我国人充当校长,一面把圣经礼拜等课取消。如广州岭南大学、上海沪江、震旦两大学、东吴法科大学、南京金陵大学、杭州之江学院、济南齐鲁大学、北平燕京大学等校,均先后改组校董收归自办,这不能不说是我国现代教育史上一件很可注意的事迹。此外教育部对于教会大学的立案和课程亦甚注意,如十九年三月间催令震旦大学的立案,严饬金陵、沪江两大学停止宗教系和神学科,以及六月间严令燕京大学撤销宗教的科目,都是显著的实例。

丙、九一八国难后的高等教育

自九一八东三省失守后,国人外鉴于当耶拿(Iona)之役,普鲁士四分五裂,已成不可收拾的局面,乃由柏林大学教授振臂一呼,提倡发扬民族的教育,终成日耳曼民族统一之业。同时内省于中国办理新教育数十年,仅造出一大群文字的机械,专业技能的修养既不成熟,民族气质又复涉于浮夸与游惰;驯至学校多一毕业的学生,社会即增一失业的分子,家庭即少一有用的子弟,诟病交起,弊害丛生。倘不及早为彻底的矫正,将见教育愈普及,民族意识愈潜灭,而公私生活所受的祸害愈广。尤其在之划时代的国难严重情态之下,更须以卧薪尝胆的精神,为生聚教训的努力,方可把握住国际风云险恶生存竞争剧烈的时代。现阶段,发扬我民族精神以创造光明的将来,推动民族的自动力和创造力,实现以"充实人民生活,扶植社会生存,发展国民生计,延续民族生命为目的"之现行教育宗旨,并且完成我们民族复兴的伟大的使命。于是一般觉悟的教育家,认定今日教育的最低限度,应该"为复兴民族而教育","为发展生产而教育",卒促成所谓"民族复兴教育"和"生产教育"二大新趋向。

从民族复兴教育的趋向当中,发生三种主要运动:第一便是国粹运动,提倡固有道德和文化,发扬我民族在历史上伟大的精神;第二文人武化运动,所谓"寓将于学",加紧锻炼青年体格,使受教育者均有自卫的能力;第三科学建设运动,努力提高研究科学兴趣,增加科学教育的设备,并且要利用科学方法振兴实业,巩固国防。这三种教育运动,最先由国民党提出口号,而切实致力于研究和奉行者,当推中华学艺社和大夏大学。中华学艺社于今春征求民族复兴教育实施方案,并将当选论文,在《学艺》杂志发表。大夏大学更鉴于民德的陶镕,民智的瀹浚,民体的锻炼,民生的昭苏,民气的发扬,均赖教育为洪钧的锁钥;爰制订《民族复兴教育实施纲要》五项:(一)发展吾国固有文化,(二)淬励尚武精神,(三)实施经济建设教育,(四)养成国防建设人才,(五)贯彻大夏立校精神(革命和创造)。复征求校风外专家意见,编制分年实施计划大纲,实为我国高等教育开一新纪元。

至生产教育的基础理论,系认定教育是社会意识形态的一方面;社会的经济结构和政治制度决定了教育的因素,教育只有在他与社会的政治的经济的相互调和的条件之下,始能显示他的作用。换句话说:所谓生产教育,便是以经济的生产为目的的教育,用劳作当做教育的手段,使自然界的事物变成与人类有经济意义的东西。这样不仅可使教育者实际上认识自然界的现象,并且可使他深刻地了解人类生活及社会组织的意义。生产教育对于劳作和职业,完全用辩证法给予一个新的估定,着重自然、劳动和社会三种相联系的环境,而想打破长期在宗法社会和封建势力支配下的文雅教育。这生产化的教育提倡最早和最有力的,要算民二十年国民会议所通过《教育设施之趋向案》,及民二十一年十二月第四届中央执行委员会第三次全体会议《关于教育之决议案》,除规定各级学校应如何以生产教育为中心目标外,并且义正词严地说着:"今后学校教育应注重养成生产技能及劳动习惯,使学校毕业之学生,均为社会生产分子,以矫正过去教育从事空说忽略实践之弊。"其次中国教育建设社在民二十年春立社宣言中,就标示着"教育生产化"的口号。其主张实现生产化的教育,应当注重劳作,开发自然,以充裕民生。最近蒋委员长亦通令各省府教育厅,略以各地普通学校,应由行政机关与教育机关按照本地方需要及学生之个性与家庭状况,分别规定教育方针,以注重生产教育为原则。他的主张是:"政治教育化,教育生产化,生产教育化。"使政治、教育、生产三者打成一片,这实在是很有价值而很彻底的主张。

基上两种教育新趋向,政府或私人对于高等教育整顿计划和改进意见,其显著的事实有五:第一是教育部于二十一年七月召集国立专科以上学校校长会议;第二是上海各大学联合会发起召集全国高等教育讨论会;第三是朱家骅的《九个月来教育部整理全国教育之说明》;第四是第四届中央执行委员会第三次全体会议《关于教育之决议案》;第五是国联教育考察团所论撰的《中国教育之改进》,现在让我摘取其要点分述之。

民二十一年七月教育部召集国立专科以上学校校长会议,在那会议录里有几项议决案值得特殊注意的:第一先行充实有农工医理学院;第二注重各大学培养国防建设人才,请由教育部调查全国各大学现有学科之特点,就该科增设有关国防学科;第三改善军事训练,各院校应慎重聘任优良教官训练,并于训练时着重野外实习;第四严格大学考试,各大学举行毕业考试时,基础科目由教部派人出题,各种专门学科由各大学交换教授考试;第五整顿学校学风,各院校应先注重(一)确定学校经费,(二)学校组织不应时有变更,(三)实行会考制,(四)教员以身作则,(五)职教员竭诚与校长合作。此外关于国立院校经费应指定的款以为保障,及限制教员兼课办法,毕业生就业问题,大学组织法修改问题,均有很详尽的讨论和决议。

同年七月间上海大学联合会发起全国高等教育讨论会,读其缘起序言云:"自九一八东省事变以后,上海教育界同人,感到教育救国极为重要,迨淞沪战起,更觉教育与国家社会关系尤切,种种问题,必须会同讨论,通力合作。上海各大学联合会因之发起召集高等教育讨论会,征询全国各大学独立学院及专科学校之意见,以期促进文化,使全国高等教育得整个之发展。……拟定讨论范围三项,第一项为教育提倡问题(包括训育),第二项为课程标准问题,第三项为教职员待遇问题,……计到各院校三十余校,代表七十余人,讨论提案有二十四。……"在这会议里所讨论的问题,均属切实整顿高等教育的方案,而举其特别要点有六:(一)注重学生生活的指导,各院校应实行导师制,组织健全的训育委员会,制定表格,或举行个别谈话,以明了学生个性,并对新生有特殊的指导。(二)改进大学课程提高学生程度,将大学一年级基本科目,类似高中之科目完全剔除;二三年级课程,应规定完全学习专门科目并提高其程度;四年级课程,应注重专门研究;专门研究,须注重实际问题,如调查实习等项。(三)学校体育宜力谋普及全体,正操教授柔软体操国术步伐游戏器械体操等项,球术田径赛游泳等项,应在课外练习,每人至少选习一项;一律实行早操,选手练习运动时间和场所,不得侵占非选手的机会。(四)废止第二外国语为必修科,将腾出时间加重第一外国语或主要必修功课;凡有特殊需要第二外国语之学生,应于选课时由其所属院长或主任个别指定修习,以应需要。(五)请求政府指定的款常年补助私立大学,其补助金约占受补助大学常年经费之什一,并指定某专税一部充补助费之来源;同时受补助之大学必须曾经立案成绩卓著者,作扩充设备或特设讲座以及专门研究之用。(六)改善大学教员待遇,教员薪水按照各地方生活程度酌量提高,并延长聘用任期,保障按期发薪,规定年功加俸标准。

民二十一年十一月朱家骅又代表教育部发表《九个月来全国教育之说明》,关于整顿高等教育有下数项主要的主张:第一认定现在大学教育,务须能在学术文化上领导民族活动,以求复兴民族。第二认定现在高等教育已成畸形发展现象,据教部统计十九年度文、法科学生为数达一万七千人,而农、工、医、理诸科学生合并计算,仅为八千余人,不及文、法科学生二分之一。今后务使现有文、法诸科教育不事扩张,而于现有农、工、医、理诸科则力求充实,并须注重实习。第三认定现在大学教育,各地设置不均,而复院系纷骈,不合社会需要,今后务必严格限制归并或撤裁院系,以节省教育力量。第四认定现在大学对于课程巧立名目,未重实际,务使应加注重基本课程,充实研究设备,经费开支,不背部定标准。第五认定现在师范大学失去其特殊性质,今后除切实改进师范大学外,应就国立大学之设有教育学科者酌设若干师范生名额,优其待遇,使于修读专门科学外,肄习若干教育学程,毕业时由教部严格考试甄别检定。又现有师范大学中,更另收大学及专科学校毕业生,使其受一年或两年之教育学训练,以期造就职业学校的师资。第六认定专科学校与大学的理科教育及职业教育的性质,均不尽同,乃为养成技术上极重要的实用人才,故须尽力扩充专科学校,并使专科学校的增设,限于农工医等实科。第七认定现有留学制度限制过宽,结果造成为往国外受普通教育,并非往国外研究专门学术。今后于公费留学应确定大学或专科毕业曾经服务具有成绩及大学优良助教两种资格为派遣标准,并限定其所习学科。即私费留学,亦须有大学毕业资格者。

是年十二月二十一日第四届中央执行委员会第三次全体会议《关于教育决议案》内,改称各阶段教育名义为国民教育、生产教育、师资教育和人才教育,以人才教育阶段的现有大学及独立学院设备过陋,办理太滥;尤其私立大学任意招生,管理训练课程均极松懈,为极不良的现象。爰决议数项严格整顿的办法:(一)大学宜提高程度,充实内容,政府每年应拨给巨款扩充国立大学之设备,及补助私立大学之有成绩者。(二)现有之国立省立或私立大学,应由教育部严加整顿。同一地方院系重复者力求归并;或成绩太差学风嚣张者应即停办。(三)大学应设多数奖学金额,以造就家境贫苦而成绩优良之学生。(四)各省市及私立大学或学院,应以设立农、工、商、医、理各学院为限,不得添设文法学院。(五)各大学及学院之课程,应注重本国教材。(六)各公私立大学及学院,应由教育部斟酌情形举行毕业会考。(七)教育部应详细订定大学及学院训练原则与办法。

其次,在民二十年五月间,国际文化合作社遵奉国际联盟行政院决议案,组织国际教育考察团,实地考察中国国家教育的现状及研究古代文明所特有的传统文化,并准备建议最适宜的方案,以辅助中国教育制度的进展。该考察团组成人员为柏林大学教授前普鲁士教育部长柏刻氏,波兰教育部初等教育司长法基斯基教授,法兰西大学教授郎吉梵,伦敦大学政治经济学院教授叨尼等,于是年九月三十日抵地,留华约三月之久。那时正值沈阳事变,倭寇压境,国民情绪万分紧张,改革教育呼声最高的一个时期,而该团人员依照考察程序,北至北平,南届广州,所见公私立大中小学校百余所,对于我国控教育的历史,社会的情况,国家的地位,政治的组织,乃至民族的情性均深切注意,作为一切观察判断的基础。而对于各级教育的制度方针及其内容的剖析,更多察及纤悉;同时以国内教育专家所发表的意见为根据,指摘利病,论撰一有价值的总报告书,由国立编译馆译为《中国教育之改进》,其对高等教育改革建设的主要点有五:第一组织全国大学会议,以大学教授、大学行政人员、社会闻人及教育部代表组织之。藉使专家利用顾问资格,协助教育部(一)决定各区域应设国立大学的数目及种类;(二)大学教育经费的分配,并规定付款的条件;(三)校长及教授的委任;(四)规程的公布,厘定关于人员的安置,教职员的薪俸与进级以及学校设备的条件;(五)提倡诸大学间的合作,并使入学试验及其他试验取相当之一致标准;(六)凡促进大学教育及行法效率所必需的方法之实施,均应包括在内。第二要使大学统一与合作,其应采取的方法:(一)教育部根据全国大学会议的建议,设法裁减同一城市或附近重床叠架的数个公立大学,其方式或将应归并之大学完全归并,或组织一联合大学,将应归并之大学作为该大学所属之学院,尤以前者收效较宏。(二)各大学之种类应有较大区别,仅注意于普通科目(包括法科政治科学及文科)之大学应设法裁减,而重视自然科学及工科者应即增设。(三)大学教育制度,应通盘筹划,所有公立大学应直隶于一个主管机关,将省立大学改为国立大学,其经费由教部供给,管理权亦归教育部。(四)同一地方设立二个以上的公立大学应力谋合作,避免课程上无益之重复,保持入学试验及其他试验以及训育的共同标准,诸大学均应会同商洽。(五)立案的私立大学若能尊重教育部规程,应准其继续存在;至未立案而成绩恶劣之私立大学,应一律停办。(六)立案私立大学之工作,应求与国家教育系统有密切之联络,有代表列席全国大学会议。第三大学教职员地位的改进,可采用下列原则:(一)公立大学校长,应由教育部根据全国大学会议的意见任命。任命时,只注意被任命者在教育界之名望及行政能力;凡政治的顾虑,均在严格排斥之列。(二)各大学应设教授会议,将关于教职员、课程及训育的意见,贡献于校长,并协助校长处理大学一般行政事务。(三)各大学应根据大学会议及教授会议决定讲座的数目及科目,得任讲座者应为专任教授。其资格由大学会议规定,任命之权,仍属于教育部长;但须根据该大学校长及教授会议的意见。(四)教授任教的一年或二年契约制,应即废止,改为终身制。若遇例外事件不得不辞退某教授时,教部应与大学会议协商执行;而被辞退教授得向大学会议提出抗议。(五)讲师助教及行政人员,应由校长任命,惟须经教育部之认可。讲师及助教任期,开始以一年为限,续聘至少须在三年以上。(六)各级教师的酬报,应有一定标准,确定任用进级以及退休年龄的条件,并酌行养老金制度,以限制教授在校外兼课。(七)教授应知专为本校服务即其受聘的唯一条件,其责任不仅在登坛讲授,尤在领导小组学生讨论问题,从事探讨研究,并谋学问的增进。第四确定支配财政的原则:(一)每年用于大学教育的经费数目,应由政府同教、财二部决定之。(二)教部根据大学会议意见,斟酌各大学所呈报的报告及概算书,分配于各大学。(三)教部于支配各大学应付经费时,应顾及整个大学制度的需要,及各大学的性质与需要。如发现某大学办理成绩不佳或经费支配不符部章时,应即停止付款,籍以公款为工具,而谋大学教育上所必要的改造,(四)教部厅使各大学能预先计划其将来工作,明了实现此项计划所需的款确有着落,故供给经费时,至少有两年以上的款,并按期发给。第五确定大学教育标准及方法,采行下数种方式:(一)教育部应举行一大学入学总考试,确定取录标准,命投考学生叙明其所愿入的大学,考取后则按照各校设施的方便及其在考试中的名次,分配于各大学肄业。(二)大学应修正其工作的组织,以减少学生上课听讲钟点,增加研究工作、导师工作及实验工作的时间。(三)教部应速废止大学生习完相当课程,积得相当"学分"即可毕业的制度,须在最终总试验及格,方能毕业。(四)大学编制课程选择教材时,应尽力顾及将来生活于中国男女的需要,至若聘用教师,不但应注意其普通的资格,尤应注意彼辈应用中国材料及应用自己知识于本国特殊环境上的能力。(五)大学应使学生确有从事独立研究的时间,并有必需的图书馆及其他设备上之便利。(六)尽量减少留学经费,用该款改进国内大学。

上列各种整顿方案和办法,是否完全尽美尽善,固是一个问题;惟年来政府努力改进高等教育,及各地公私立大学和专科学校的竞相研究设法发展,确系事实俱在。尤其最近教部分派专员详细视察各地大学和专科学校,为创办新教育以来第一次最有价值的实地考察,可谓是政府统制全国高等教育的先声,而足资他日确定改革高等教育根本方针的张本,不能不称是我国近代教育史上的一件壮举了。至现行学校系统关于高等教育的规定是:(一)大学修业年限,医学院五年,余均四年;(二)专科学校或专修科修业年限二年或三年,但医学专科学校于三年课目修毕后须再实习一年;(三)研究院为大学毕业生而设,修业年限无定。兹将现行学校系统表列下,以资参考。

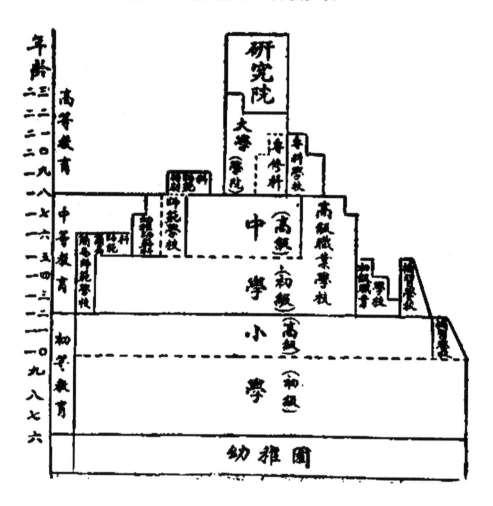

四、今后改进高等教育的意见

关于改进高等教育问题,在拙著《中国高等教育之过去与现在》一文内(《大夏丛刊》第一种)曾提出几点意见:物质方面,要依据部定经费标准去建设;心理方面,第一要注重健全人格的陶冶,第二要注重真知实学的修养。惟以国难方殷,内政混乱,高等教育界年来虽有不少的进步,但距我们的理想尚远。现在就高等教育统计所昭示的事实,和作者个人的观感,提出几点改进的意见:(一)安定高教人员生活;(二)注重经济效率;(三)扶助私立大学;(四)实现教部改进政策;(五)更进一步确定改革高等教育根本方针。

甲、安定高教人员生活

教育专业化的呼声,尽管高唱入云;而事实上却完全得到相反的结果,就是教育正在日趋官僚化的路途上发展。关于全国各大学里教授、讲师、职员等进退记录,暂时无法统计;单就十年来几个著名大学校长人选的变更,便十足的显示高等教育界的不安定了。

十年来著名大学更换校长表

1.国立中山大学十年来历任校长:邹鲁(十三年六月),顾孟余(大学委员会主席十四年十一月),顾未到任前由陈公博代,旋改任顾孟余为校长,亦由陈公博代,褚民谊(十五年二月),戴传贤(十五年六月),经亨颐代,戴传贤(中山大学委员长十五年十月),顾孟余(副委员长),戴传贤(校长十六年六月),朱家骅(副校长),朱家骅旋升校长(十九年九月),许崇清(二十六年六月),邹鲁(二十一年一月)。

2.国立北平师范大学十年来历任校长:范源廉(十三年一月),张贻惠(十四年十月),李蒸(代理校长十九年二月),徐炳昶(二十年二月),李蒸(二十一年七月)。

3.国立中央大学七年来历任校长:郭秉文(十六年七月前),胡敦复(因闹风潮未接事),蒋维乔,张乃燕,吴敬恒,朱家骅,段锡朋,罗家伦。

4.国立同济大学七年来历任校长:阮介藩(十六年三月前),张仲苏(十六年三月),张群(十八年三月),胡庶华(十九年),翁之龙(二十一年九月)。

5.国立暨南大学十年来历任校长:赵正年,柯成枞,姜琦,郑洪年,沈鹏飞。

观上表各校平均更换校长时期(约计)

中山大学　一年一个月

师范大学　二年

中央大学　一年两个月

同济大学　一年四个月

暨南大学　二年

兹就中山大学论之,由校长制改委员制(十三年),旋恢复校长制(十四年),十五年又改委员制,十六年复恢复校长制。若将十年来历任届委员长、副委员长、校长、副校长、计之,共十八度易人。(邹鲁、顾孟余、陈公博、顾孟余、陈公博、褚民谊、戴传贤、经亨颐、戴传贤、顾孟余、丁维汾、徐谦、朱家骅、戴传贤、朱家骅、许崇清、邹鲁)则平均每换一行政主持人员,不过六个月有奇。实际上由褚民谊(十五年二月)任内移交戴传贤(十五年六月),仅四个月即换一次大学校长。此外如交通大学由交部及铁部长兼任校长,大学教育随政潮而受牵制,此又其尤者。

似此种轻易更换大学校长人选,实有背人才经济之道,不但计划无从实现,徒步令后难为继。而学校一切风潮与学生破坏校规的行为,往往在新旧交替时发生。今后之计,深盼教育行政当局,慎重物色大学校长人选,果系硕学宿儒,委以十年二十年甚至终身任期,俾致毕生精力以图谋各该大学的发展。即身为大学校长者,亦应淡泊名利,认清自己职责,实现教育专业化,切勿见异思迁,五日京兆;应该使大学在安定中求进步,在专业中求发展,树立学府威严,使全国学术界咸能景从。

乙、注重经济效率

自从十八年二月中全会议决大学区制,同年六月改大学院为教育部后,即已致力于高等教育的整顿。当时由部令公布大学各学院经济标准表、专科学校经费标准表(表见前),限制颇为严格。十九年第二届全国教育会议对于高等教育经费总预算表,亦有具体规定。但国立大学的浪费,系无可讳言的事实。所以耗费数万元建筑校门者有之,研究所的教职员人数超过研究生六、七倍亦有之,一学系的教职员数与学生数不相上下者更所在皆是。

现在列述一点统计的事实,稍加以分析。先就几个著名公私立大学的常年经费和学生人数来考察他的办学效率。(参考二十三年《申报年鉴》)

(甲) 国立大学		
学　　校	经　　费	学生人数
(一) 中央大学	2 166 247 元	2 146 人
(二) 北平大学	1 602 475 元	2 152 人
(三) 中山大学	1 562 059 元	1 379 人
(四) 武汉大学	1 355 671 元	571 人
(五) 清华大学	1 250 431 元	610 人
(六) 师范大学	866 892 元	793 人
(七) 浙江大学	859 095 元	615 人
(八) 北京大学	760 701 元	941 人
(九) 暨南大学	731 438 元	731 人
(十) 同济大学	625 900 元	281 人
(十一) 交通大学	482 934 元	710 人
(乙) 私立大学		
(一) 南开大学	318 479 元	455 人
(二) 光华大学	279 064 元	654 人
(三) 苏州国民大学	245 001 元	458 人
(四) 厦门大学	229 980 元	435 人
(五) 复旦大学	196 578 元	1 215 人
(六) 大夏大学	176 051 元	1 160 人
(七) 大同大学	155 940 元	227 人

若把上列数字分析为每生岁占经费的数目可得下表:

一、国立大学每生岁占经费(约计)

学　　校	每生岁占费	学　　校	每生岁占费
中央大学	1 000 元	浙江大学	1 600 元
北平大学	740 元	北京大学	800 元
中山大学	1 100 元	暨南大学	1 000 元
武汉大学	2 400 元	同济大学	2 200 元
清华大学	1 880 元	交通大学	700 元
师范大学	1 100 元	平　　均	1 007 元

二、私立大学每生岁占经费(约计)

学　　校	每生岁占费	学　　校	每生岁占费
南开大学	700 元	复旦大学	160 元
光华大学	430 元	大夏大学	150 元
苏州国民大学	530 元	大同大学	680 元
厦门大学	500 元	平　　均	450 元

从上表看来,私立大学每生岁占经费最高额为七〇〇元,恰好和国立大学每生岁占经费的最低额相等。而国立大学每生岁占费比私立大学每生岁占费的最高额多四倍,比私立大学的最低额多十六倍。换言之,国立大学每生岁占平均费要比私立大学每生平均数四倍,这是值得我们注意的。统计的数字告诉我们,私立大学的效率比国立大学来得高,有时要高到四倍以至十六倍,平均数也要高到四倍。即国立大学和国立大学比,其效率的悬殊,也相差到三四倍。我们希望今后大学经费的扩充和支配,一方面固然需要标准化,另一方面却更需要合理化,应该把无谓的浪费节省,使能顾到经济的效率。

丙、扶助私立大学

教育部对私立大学的取缔,素主严格,现在将成绩优良予以立案,已有三十余校。其内容腐败者,或封闭,或限令结束,不一而足。综观教育部已往对于私立大学,只有消极的限制,从无积极的扶助。今年五月,中央为奖励优良私立大学专科以上学校起见,前由中央政治会议议决,拨国库七十二万元,补助全国私立之优良大学及专科学校,教育部遵照此项决议,拟具补助费分配办法,呈奉国民政府及中央政治会议备案,这不能不算是空谷足音。

八月七日行政会议通过补助私立专科以上学校三十二校名称及款额如:金陵大学三万元,金陵女子文理学院万二千元,东吴大学万元,南通学院五万五千元,大同大学三万五千元,复旦大学万五千元,光华大学万五千元,大夏大学万五千元,沪江大学二万元,中法大学药学专修科万元,东亚体育专科学校五千元,苏州美术专科学校六千元,之江文理学院八千元,厦门大学九万元,法商学院二万四千元,华南女子文理学院八千元,福建协和学院一万二千元,岭南大学三万五千元,广州大学六千元,广东国民大学一万四千元,广东光华医学院八千元,华西协合大学二万元,湘雅医学院三万五千元,武昌中华大学八千元,武昌文华图书馆学专科学校五千元,焦作工学院三万五千元,山西医学专科学校万五千元,燕京大学六万元,辅仁大学万元,朝阳学院八千元,南开大学四万元,齐鲁大学三万元,临时紧急救济费五万元,共计七十二万元。

上列补助费分配办法,教部自有权衡,我们也不欲多所评议,此次补助费虽属杯水车薪,但其意义却颇重大。惟盼今后将补助费金额大加扩充,由七十二万增加到一百四十四万元。因这七十二万的补助费只勉强比得上一所国立大学最低额的经常费。即使加上一倍的数目,补助一百四十四万元,也比本年度中央大学一校的经费少二十八万,比中山大学一校的经费少三十三万六千元(廿三年九月五日《时事新报》载中央核定本年度文化教育经费,规定中央大学一百七十二万,中山大学一百七十七万六千元)。若维持原案七十二万元,恰相当中央大学的零头数,比中山大学的零头数还够不上呢。我想政府只须拿出二十所国立大学里面一所还不到的经费预算,便可以扶助三十二所私立大学。其实私立大学奉行教部的命令,为国家培植专门人才,不是和国立大学一样的吗? 最可惜的中央核定本年度文化教育经费,总计一千七百六十五万元八千二百三十三元,其中国立各学校便占一千三百六十七万四千七百四十一元,而补助私立大学的经费竟未列入分文。似此对私立专科以上学校的补助,尚系临时性质,并未列入经常预算。我们希望政府能够把补助私立大学经费列入国家文化教育经费常年预算,并于支配经费时,按照各私立大学办学效率和需要情形以及负债状况来分配;这样一方面务期确定补助私校经费的来源,他方面也可以鼓励私校办学的经济效率。

丁、实现教部改进政策

教部年来对于大学改进,不遗余力,举其要者厥有十端。

(一)厉行整顿学风　根据中央所颁《三民主义教育实施原则》厘订标准,以为大学训育的标准。

(二)确定教育经费　筹议于可能范围内,力求中央教育经费的独立。

(三)限制滥设大学　颁布《大学组织法》及《大学规程》。对私立大学严订立案程序,并详细视察,不合规定概不准予立案;立案后成绩不良或发展无望者,即撤消立案或令分年结束。

(四)整理大学院系　令饬将重复或设备未臻完善的院系,分别裁并归撤。

(五)整顿大学课程　特设大学课程及设备标准起草委员会,厘订大学课程标准,以期改进而资合理。

（六）充实大学设备 拟订各级学校各项经常费支配标准，以限制浪费。及强迫学生实习，俾学识经验，同时并进。

（七）注重实用科学 提倡实科，限制文、法科扩张。

（八）取缔宗教宣传 规定私立学校如系宗教团体所设立，不得以宗教科目为必修科，亦不得在课内作宗教宣传；学校内如有宗教仪式，不得强迫学生参加。

（九）增进教育效率 一面注重师资，一面注重学生程度。

（十）改善师范大学 对于现有师范大学组织、课程、训育各项，力求其切合中等学校师资的目的，以别于普通大学。

以上十项改进政策，除第四项整理大学院系与第七项限制文法学院招生，我们未尽赞同外，其余均极希望能够实现。现在各大学院系的重复，诚如教部调查所云，惟各大学的设立，均有特殊环境与背景固不容强之为同。整理大学院系固可集中人才；但凡事有比较始有竞争，有竞争方有进步。否则故步自封，适足长其夜郎自大的心理而已！至于被裁的院系应如何善其后，教部并未顾及，那末因此事而引起的纷扰，一定难免。

说到限制文法科招生，骤然看来，似颇有理由，究其内容，亦有未尽然者。文法科毕业学生过剩吗？则建设新中国，在在均需人才。实科毕业生现在学非所用不能从事实科工作的，亦颇不乏人。依我们看来，文法科学生就业范围较广，谋生尚易；实科生，就业范围极狭，日后产生不良现象，当更有胜过文法科学生者。再者，最近教部规定，自二十二年度起，各大学兼办甲类学院（文、法、商、教育、艺术等学院）及乙类学院（理、农、医、工等学院）者，任何甲类学院所招新生数额，连同转学生不得超过乙类学院所招新生的数额；其甲类学院所设学系数目有不同时，任何甲类学院各系所招新生的平均数，不得超过乙类学院各系所招新生的平均数。各独立学院兼办有甲类学科及乙类学科者，其招生办法与上述相同。如依照此项规定严格遵办，我敢断信，有许多大学势必根本发生动摇，甚至陷于极危殆的情态中。我以为教部对于颁布法令，应多留各大学伸缩的余地，体谅各大学的办学艰苦情形。予以自由发展的机会。

还有一层教部对于私立大学，监督极严，辅导与扶助则不足，前已言之。每一政令的发表，必先于京沪各大学一尝试之；其实政令内容，并非绝对的客观的，说不定朝令夕改的。至离首都较远的平津川滇粤桂等大学，似稍放纵。最近教部发表视察北方各大学的报告，寥寥数话，其中真凭实据的重大积弊，秘不发表，部方投鼠忌器，其用心虽苦，但对改革高等教育，有何裨益？岂非多此一举！我们希望今后部令改革高等教育政策，先就国立各大学切实推行，给予私立大学以良好的模范，切勿只顾近者而忽略远者，只顾局部而忽视全体。

戊、更进一步确定改进高等教育根本方针

关于高等教育的改进,教部已颇努力推行。今春分派专员视察全国专科以上学校,七月间并将依据各专员视察报告,对于各大学应行改进各点,分别训令指示遵办。惟所指示者,仅行政方面一部分的改善,对于大学教育根本方针的确定,和厉行教授的专任,策进大学训育与教学,挽救颓废的学风,救济失业的毕业生等问题,都没有切实的补救办法。试就毕业生职业运动言之,因近年来中学毕业生的成绩极逊,根基不固,所以专科以上学校学生的素养较数年前为劣,故虽增加经费,扩充设备,但学生可深造的终是不多。更以农村经济破产,社会事业停滞,政治上不轨道,考试制度有名无实;所以年来许多大学毕业生,大多数感受失业恐慌,遂将为社会领袖的大学生,转为社会不安的因素。

是故今后的大学,对于选拔学生,安排学生出路,慎聘教授等等,应谋通盘的筹划,不应枝枝节节的解决。总之,高等教育分子,应为复兴民族的中坚,不应为国家的奢侈品、装饰品;政府更不应空唱高调,或敷衍局面的办法(如对大学生职业运动仅设画饼充饥的咨询机关)。大学本身,亦应致力培养真知实学的人才,使其能改造社会,转移社会思想。大学的教授和学生,具有真知卓识,健全人格,以先知先觉的地位,领导全国民众,造成健全舆论,以为建设新中国的先锋队伍。

国难日亟,外侮日迫,太平洋的风云险恶,真有山雨欲来风满楼之象!我们将如何始能立足于二十世纪之国际舞台,提高国际地位,复兴民族伟业,全仗我高等教育界同仁努力迈进。

二十三年九月十四日于大夏新村。

毕业生与母校之关系^[1]

诸位同学！今天是本科第十届师范专修科第九届毕业生话别会开会的日子。话别会有两层意思：一是庆贺诸君毕业，二是临别赠言。

我们觉得今天的话别会，是诸君一九三五年的日记上，或许是全部生命历史上极有价值，极可纪念的日子。毕业是非常重大的一回事，诸君从小学而初中升到高中一直到了专科和大学毕业，这是不很容易的事。根据教育部最近的统计，一万人口中只有一个大学生：换句话说，每一位大学生是一万人中的领袖。诸君现在已经把这一个重要阶段告一段落，解决了人生的极大问题。不过学业问题虽告一段落，事业问题却刚才开始，希望在座的男女毕业同学各抒所学，努力社会服务；将来在创造新中国的伟大运动中增加了八九十位生力军，这是诸君生命史值得纪念和庆幸的。

其次说到临别赠言。我们相聚一堂，同学和同学，同学和先生，先生和同学，多则四五年，少则二三年，平日质疑问难，切磋琢磨，共作学术上的探讨，德行上的砥砺。现在一旦要分离了，我们虽然没有举行盛大的毕业典礼，但是在座诸位先生有不少的嘉言赠别，所以我们在诸君没有离校以前，节省财力和时间在学校里举行这次的话别会。

我现在就王校长指定的题目：就是"毕业生和母校的关系"来和诸位谈谈。

我们觉得你们的母校——大夏大学能不能够成功，完全看诸位的事业的成功与否来决定的。诸君的成功是学校的成功，诸君的失败也就是学校的失败；诸君服务的情形应该给学校很明详地知道，以为办学的参考。毕业生是办学者一面大镜子，办学者可以从毕业生服务的状况中看出社会的需要来决定努力的方针。毕业生和母校应该有很密切的关系，尤其是"师生合作"的大夏大学。现在诸君虽然离开学校，希望时常和学校保持在极密切的关系；就是同学和同学彼此之间，也应该常常联络。

但是事实上毕业生和学校里通信的固然不少，大多数毕业生除了需要学校替他们介绍职业时才有信来，平常消息隔膜，对于服务的经验，我们不甚清楚，遂至写起介绍信来内容不免空虚，随着影响到成功的成分，这是很可惜的。这有许多毕业生由本校介绍工作赴前途接洽时，成功和失败竟没有一个回音，有时工作成功了，还是延聘的机关写信来告诉我们，实际被介绍成功的毕业生反没有消息通知我们；这样使学校里感觉异常的困难，在这人浮于事失业恐慌的怒潮高涨的时候，每封介绍信都能如愿以偿，这是没有把握

---

[1] 原载《大夏周报》，1935 年 2 月 18 日，第 11 卷第 16 期，第 499—500 页。

的。不过虽是失败，我们也应该知道为什么会失败呢？这些地方虽是细节，也不应该忽视的。

至于毕业生彼此间的情形恐怕更隔阂；除了同乡或在同一机关服务，会晤的机会很少，通信更不常有。致使数载同窗的朋友，无形中变为漠不相关的人。什么事情只要合作则容易成功，分散则力量薄弱。同是一个学校毕业的同学，应该好像兄弟姊妹般的互相关照。如果大家在同一机关服务时，更应极力帮忙，大家对着同是一个母校出身着想。全体的毕业同学务必认清，母校是你们永久的母校；个人事业成功或失败，都要使母校知道。假使有什么事情委托我们的，我们总是很乐意替你们办的。

最后，我想出八个字奉赠毕业同学，这八个字就是："自助互助，共荣共存。"希望大夏大学的毕业同学们都能够记着！

大学生应有的修养[1]

　　在中国学生能够升到大学里念书,的确不是一件容易的事情。大学生在社会上和学术上的地位应该是很高很重要的。但是目前一般人对于大学生好像有许多地方不能谅解;像不久以前上海禁止大学生跳舞的问题发生时,几乎众口铄金的指摘大学生,其实,大学生跳舞的也不过是少数,全体大学生何尝都去跳舞呢? 那末,大学生为着本身的名誉,将来的出路,以及在社会上和学术上的地位打算,不能不知所修养。

　　大学生在社会上的地位和学术上的地位何以是很高很重要的呢? 先就大学生在社会上的地位看来,根据教育部最近的统计报告,每一万人中仅只有一个大学生。一个大学生代表了一万人,也就是一万中的领袖;他的机会的难得,和关系的重要,可想而知。就是国家对于培植一个大学生,每年所花费的金钱,为数也是很大的;南京的国立中央大学每年平均每一个大学生须耗去公款一千元,武昌的武汉大学每年平均每一个大学生须耗去公款二千四百元。大学生在全国人口总数的比例数既是如是其少,一万人里只有一位大学生;而且所需的经费,又如是其浩大,全国各大学学生数和经费总数每年的平均比例数约为每人八百元;社会上对于大学生的优厚待遇,也不能不算是另眼相待了。

　　大学生在学术上的地位也是很高的。因为大学是研究学术的机关。现在社会上各界领袖和有权威的人多半是从前的大学生。今日的大学生,便为将来社会上中心人物和有力的分子。改造社会,建设新中国的主力军,以及发明新事物、传递新文化的战士,都是要靠大学生来担负的。所以大学生在学术上的地位,非常重要。我们要考察一国文化程度的高低,就要看一国学术上的进步怎么样以为判断。大学生担负着研究学术的使命,支配着学术隆替的关键,并且是全国专门人才的制造场,他所负的学术上的使命不消说也是异常重要的。

　　但是就事实上说,社会上一般人士对于大学生的批评究竟怎样? 这几年来,大学生的数量一天多似一天,其中未免良莠不齐。常常听到很多人批评大学生的缺点,表面看起来,好像是求全责备,其实也不能说一定没有理由。他们的批评,是大学生没有学问,没有出路,是爱好虚荣,趋向轻浮。其实这几点的相关度是很密切的。

　　怎能说大学生没有学问呢? 我们应该知道学问这一件事是应该要活的学问,不是死读书;书本是记载知识的册籍,若是徒读死书,不能算作学问。现在无锡有许多大的工厂

_____

[1]　原载《华年》,1935 年 3 月 9 日,第 4 卷第 9 期,第 164—168 页。

里都很不愿意聘请大学毕业生，他们自己厂里附设训练所，养成有专门技能的人才。专门靠书本上的学问，只是死知识，不是活学问。陶行知先生曾有几句话形容不会研究学问的学生，就是：读死书，死读书，读书死。这种学生是很可哀怜的。还有一部分大学生不研究真知实学，只求一点空学问，撑撑门面，出出风头，这也是大学生被人攻击的一点。

为什么说大学生没有出路呢？近几年来社会上人浮于事，粥少僧多的现象，激起了职业界的极度不安。毕业就是失业的呼声喊得很高。北平的大学毕业生组织了职业大同盟，扩大谋事的宣传。南京全国经济委员会和教育部合办全国学术工作咨询处，办理失业登记，调查职业界的需要，想法子来调剂。于是许多人原来对于大学生抱着很大希望的，未免也失望。他们总以为大学生的末路到了，前途是很暗淡的。其实这种见解是很不对的，如果认真建设新中国，各种人才都很缺乏，决不致于人才过剩的。现在的情形，不过是暂时的矛盾现象。

至于大学生的爱好虚荣，这是不可掩讳的事实。因为目前受高等教育的大学生，贫寒子弟很少，大多数是有资产的人所独享的权利。他们自己以为在大学里念书是很荣耀的。平常在学校里只是争分数，争学分，领文凭，得学位。这都是一种虚荣心支配着整个的宝贵求学时间。还有许多在通都大埠的大学生，对于衣食等项，极尽奢华，并且欢喜用外国货，崇尚欧化，益使利权外溢。

再有许多大学生趋向轻浮。读书的时候没有把学理研究清楚，受着一时感情的冲动，就想表现到事实。假设有一点意见和学校当局不同，不能了解学校设施的原意，便作无理的干涉，或非分的要求。甚至鼓动风潮，宣传罢课，影响本身的学业很大。更有许多学生，树立党派，排除异己。自己没有认清环境，难免不受人利用，落得植党营私，荒废学业的结果。

大学生受着社会上这许多批评，一方面固然是社会希望殷切，另一方面何尝不是大学生自己不争气呵！大学生！今后担负起时代使命的大学生！我们应该有怎样的修养，才能不辜负在社会上和学术上的地位呢？

我的意见以为：应该从充实个人修养，专心研究学问，协力挽救国难，共谋复兴民族四方面着手。

怎样才能充实个人的修养呢？有四个要点，希望大学生严加注意的。虽说是老生常谈，其实意义是很深长的。第一点就是贞忠的节操。许多人说训练青年，总把锻炼身体摆在开端。据我的意思，在目前混乱的局面之下，青年们的节操是很不讲究的。这种"文人无行"的影响，对于建设新中国运动的前途是很恶劣的。所以大学生，领导社会的大学生，应该崇尚气节，淡泊名利。作事要有责任心，奉公守法，生活要合理化，纪律化。社会上也应该对于士节有荣典，鄙薄趋炎附势的分子，奖励忠贞节操的青年。大学生可以进党，但是动机要纯洁。千万不要入主出奴，自损个人人格。大学生可以从政，不过立场要从大多数民众的福利着想。对于救国运动,更应本着这是公民应尽的义务的观念,不特踊跃参加,尤须指导群众遵着正轨进行。若是危害国家的暴动,以及一切不是正当的活动,就应该避免,并给以制裁。充实个人修养的第二点,就是需要良好的朋友。朋友便是第二个我。要观察某人,先从观察某人的朋友着手。亲友不慎,为害很大。近朱者赤,近墨者黑,朋友们潜移默化的力量是很大的。大学生正当青春时期,意志方面,虽说渐渐坚定;但是个人的识见总是很有限的,处事往往不甚周到,如果有几位好朋友切磋琢磨,受益一定是很大的。选择朋友,不在平时酒肉征逐,应该是互相规劝。对于异性朋友,更应该保持着纯洁的态度,不要有肉体上的淫念。第三点便是锻炼强壮的身体。体格是一生事业基本,身体不好,不能胜任大事,身心一定是很痛苦的。不独个人事业失败,就是后辈青年,也要受着影响。大学生千万不可以浪漫,应尽力避免不正当的娱乐。尤其不能任意断伤身体,这不独是个人的损失,也就是社会的大损失。平常多讲究体育卫生,锻炼一个结实的身体,以为担负社会重要职务的准备。第四点是养成俭朴的习惯。在这民穷财困的时候,俭朴是人人应该的,尤其是领导民众的大学生。因为学生都在消费时代,自己还没有生产的力量,不应该任意的奢侈,增加家长的负担。奢侈足以涣散研究学术的心思,穿着很漂亮很合时宜的华丽衣服坐在图书馆,站在实验室,就不见得十分相宜,必定是想着看电影、跳舞、逛游戏场。还有,在学校奢侈惯了,没有获得真知实学,只养成许多奢侈的欲望,出学校后不得不奔赴钻营于权势的门庭,那就说不上什么人格了。我希望大学生能够安贫乐道,降低生活的欲望,养成俭朴的习惯。

大学生如何专心研究学问呢? 学问的门类是很庞杂的,社会上对于大学生的希冀是极关切的。大学生应有真知实学的修养,不要变做学分的奴隶。求学是为求学问,不是为了学分和文凭;决不可学分满足,文凭拿到手,便高兴得了不得。到毕业后,出而应世,才知道不学无术,那便后悔无及了。专心研究学问有四个途径:第一是丰富的常识。常识的范围很广,包括立身处世和人生各方面的知识。这些小的地方看来好像不甚要紧,其实它的关系却极重大的。例如说礼貌一项,这是人生常识中的一部分,就应该特别地留意。这种学问是从实际的生活经验体察出来,不是从书本上可以学习到的。第二是远大的识见。一个人研究学问,要明达事理,有一种卓识的见解,不可囿于书本,食古不化。古人曾经说过,尽信书不如无书,就是这个意思。读书时还应有一个立场,从我的观点去利用书,不要被书来支配我们。所谓读书要活读书,不要读死书。读书读得活,吸收了大量的现实的经验,日后做事,受用无穷。第三是修习基本的学问,便是大学里规定的普通必修学程。大学生无论打算进那一学院、那一学系,对于基本的功课,必须要用心修完,这样才能免掉偏于只注重某一种专修的训练;同时还要顾到工具的训练。大学里应修的普通必修学程很多,这里不必一一列举,不过,像世界政治经济现势,人与社会,人与自然一类的课程有很多大学里还没有开设的,大学生们也应该想法子自己阅览才对。第四为专门的研究。学问有两个方面，一是要博，一是要精。基本的功课泰半是趋重博的方面，专系的功课是要学生精攻某一种学术，获得某一种专长。大学生对于各个人专门的知识，应该修习分系学程。研究分系学程时，必定要留心研究的方法，采取心理上经济的学习原则。就是用最小的劳力而得最大的效果，极短的时间而探讨很多的事理；不论在校肄业或是毕业后以及休假服务，都应该自行研究，不要错过时机，贻误光阴！

大学生应有的修养的第三方面，便是协力挽救国难。中国的国难一天比一天的严重，大学生是继往开来的人才，不能不担负起挽救国难的使命。但是挽救国难的工作，不是一天两天便可挽回的。要想挽救国难，至少有三件事需要注意的。第一是认识环境。认识环境须从内外两方面去体察。对内明了国内各种情势，审度自己的力量；对外知道国际情势的转变，以图谋外交的调协。此刻国际形势，瞬息万变，若是不明了世界大势，一定穷于应付的。对于国内的情形，更应分析剖解，作透彻的观察。第二是实力的发动。现在救国，不是信口雌黄，空言可补事实的，应该脚踏实地的做。一切活动的表现，要充满了力量；不要徒尚空谈，遭人讥诮非议。大学生要表现出大学生的力量，学教育的，设法普及教育，提高人民的知识；学政治的，就应致力于生产建设、和平统一的运动。在这非常的严重国难的时期，无论是谁都应表现出实际的工作，才能算尽了救国的责任。第三是持久不懈。在这个时候不独需要干，并且需要刻苦的干，继续不断的干。外人常常笑我们五分钟热度，这种耻辱是应该极力洗刷的。我们对于外侮相迫而来，要忍辱负重，不要轻举妄动。认定某一件工作，一经答应下来，就应办得好，彻底的拼命去干。一个人干好一件事情，合起来全国的大学生所能干好的事情便不在少数了。再把这种精神传播到全国民众里面去，则所表现的力量，决不可轻视的。每一个大学生，从今天起个个人发下一个宏愿：认识环境，实力发动，持久不懈，对于挽救国难前途，一定是极可乐观的。

现在说到大学生应有的修养第四方面，就是共谋复兴民族。这一种修养，也可以说是大学生应有之修养的最后目标。自从中国废科举，兴学校，差不多三十多年。但是民生凋敝，士气消沉，政治混乱，国际地位低落，一天甚似一天。目前世界大战，不久就要爆发，中国恰恰是列强拼个你死我活的战场，以后危险日子，正是很快的来临！我们应怎么样因地制宜，把国家生命永久维持？国家以人民为根本，民族不能复兴，那能谈得上救国？大学生是国民的先知先觉，更应努力复兴民族。复兴的路线很复杂，从大学生的立场上来说，应该从下面的几个要点着手。第一是恢复自信力。我国的民族，日显衰老状态。此刻返老还童的第一剂药，便是对于复兴民族的伟大事业，应该有一种自信力。不要因循敷衍，听天安命。更不应消极颓废，玩物丧志。我们虽不愿意每一个大学生都有一种夸大狂，但是却不应偷安苟活，畏惧艰难。只要认定吃苦耐劳，百折不挠，最后的胜利，总是属于我们的。第二是坚定互信心。大学生应该加紧团结，聚沙成塔，众志成城，一心一德的共赴国难。大学生平日对于朋友，都应抱着自助互助，共荣共存的见解。大家团结起来,就是一种很大的力量。力量一表现,可以作中流砥柱,挽救狂澜。第三是调和中西文化。目前一般大学生都迷信着欧化,往往数典忘祖。其实中国固有的文化,有许多优美的地方,决不容忽视的。像中山先生忠孝仁爱信义和平的遗训,全体大学生应该忠诚服膺,以为恢复我国民族的固有道德。注重国学本国史地等学科,对于我国民族伟大悠久的文化有较深切的认识。同时对于西洋文化的长处,也不应该一笔抹煞,弃其缺点,采其长处,融会贯通,调和一种新的更切于实用的文化。第四是发扬民族精神。今后大学生应该纾展国难,宏济时艰;发扬尚武精神,气节精神,合作精神,创造精神;恢复自信,坚定互信,认识中华民族的伟大,把握住风云险恶的现阶段,创造民族复兴的新生命。全国有志的大学生!大家赶快起来,担负起这种时代的使命。

大学生应如何训练自己？[1]

诸位同学：今天的会，王校长原拟亲来致词，因为这几天气候欠佳，偶沾感冒，特托本人代表向诸位表示歉意，并说几句话。本校每学期都有新生指导会举行，对本校重要校规，办学方针，立校精神，详细报告解释，期使新来同学对这个"大家庭"能够有深切的认识。本人现在先拿下述三点贡献给诸位，希望诸位注意。

第一，要认定修学的目标

现在我国大学不少，各位不到南京北平天津武汉广州杭州或其他各地公私立大学去，而来上海进大学，不到上海其他大学去，而来"大夏"，这在各位，不是平时羡慕教授的著名，就是羡慕本校设备的充实，及环境的优良。其或有非出己意而由家长指使而来，但，"既来则安"，我想各位在此时都应决定你的目标。按照我的推测，诸位来大夏，至少总有一种图谋职业的心理，但是在目前社会环境当中，要想获得一种职业，必先有充实的学识。过去本校有许多学生，都是快要毕业的时候，才东托朋友，西请师长介绍，这完全是错误的。找职业要在平时切实准备，而非临时抱"佛脚"所能找到的。平时最切实的准备，就是把学识培养好，与师长同学时常接近，俾各师友能明白你的个性，你的长短，然后他才能"因材施教"，相机替你介绍；故为将来职业计，各位在此时即须决定修学的目标。但大学教育的最高理想目的，并非在于解决各个大学生的职业问题；吾人如以"饭碗"或"丐包"两个字来观察大学，这未免太轻视大学教育。真正的大学教育目的，乃在于讲求高深的学识，培养能够"为国为民""负起领导民众去做种种建设国家或拯救国家"的领袖人才。今日国家的危急，尽人而知，同时尽人都有拯救的责任。我们为要使本校同学，尤其是各位新来同学，人人将来都能担负救国的大责，都有为国牺牲的精神，所以刚才都赠送各位一份东北大学毕业生苗可秀烈士的遗墨。这其中的意义，就是要鼓励各位对救国工作，都能以一种"国家兴亡，匹夫有责"的精神，毅然勇往，尽力去干，才不负本校作育人才的本意，也就是大学教育的真正目的。不过救国的工作，并非人人都能做，尤其是要领导民众去做救国的工作，更非有充实的学识不可，所以我们为准备将来如何去领导民众拯救国家计，此时就应该决定修完的目标。

第二，要养成勤俭的习惯

这句话虽是老生常谈，但吾人处在这五方杂厝易于堕落的上海环境中，"勤""俭"二

---

[1]　该篇系新生指导会训词，原载《大夏周报》，1936 年 3 月 12 日，第 12 卷第 12 期，第 269—270 页。

字却是立身处世的至宝。因为上海的环境,如从好的方面讲,上海不但有大商店,大工厂,无数的大中小学学校,而且有全国最大的报馆,书局,图书馆,以及各学科的专门学者,名人,教授等等,各位如能善为利用,不难在这个环境当中,磨炼出你的最高的人格,使你在家庭、社会、国家,都能做一个有用的人才。如从坏的方面讲,上海不仅有无数的电影院、游艺场、咖啡店,可以使一般青年迷魂失志,并且有华丽的跳舞场、按摩院、轮盘赌窟、娼寮妓院,足以勾引一个青年堕落而流连忘返。所以上海这个地方,褒之为"天堂"固宜,即贬为"地狱"亦无不可。上海的环境既如是复杂,吾人身处其中,即应慎重应付,方不至于堕落,而应付此复杂环境的唯一法宝,就是我刚才所举的"勤""俭"两个字。"勤"是"勤读书","俭"是"省用钱"。天下只有两件事,他人不能越俎代庖,一为"吃饭",又其一即为"求学问"。诸位来"大夏",唯一的目的,就是来研究学问,所以你们对一切功课都应该尽力研求,才不负你们家长的期望。现在大学生每年的用度,就上海市言,大约少者一年三百金,多者亦有在千元以上,但无论或多或少,总由家长筹措而来。在今日农村经济极形凋敝情况之下,你们能多省一块钱,小之固可以减轻你们家长的担负,大之亦未尝不是为国家增加一分力量,所以本人希望各位在求学时代就养成勤俭的习惯。

第三,要利用环境的机会

我刚才讲过,上海有全国最大的报馆、图书馆、工厂、学校、许许多多的专家学者,环境较全国任何地方为优,吾人现在既在上海,就应该尽量利用此特优的环境。远者暂不俱论,即就本校而言,既有许多著名教授,又有在校服务十年以上的师长,都可以做你们的导师。只要你们肯随时请教,无论关于学术探讨,人格修养,择业问题,甚至你们的婚姻问题,他们都很喜欢的指导你们。再就本校物质设备而言,如图书馆、运动场、科学馆、体育馆等等;亦大可供诸位锻炼身心之用。所以无论就上海整个环境而言,或仅就本校已有设备言,各位都应充分利用此特优的环境,以求你"位育"的进步。至本校是男女同学,这就某一立场讲,自然也是特优机会,希望各位以"学有余力,则以交际"的态度,去做男女社交上的往来,尤应以学术上的探讨做交际的出发点。这是本人附带贡献给诸位的。

以上三点,是本人所希冀诸位的,同时也是学校所希冀诸位的,特趁今天这个聚会里,贡献出来,望诸位珍重自爱,及时努力。

学生国货年我们应有的努力[1]

诸位同学:今天是本校本学期特设"救亡图存系统讲座"的第一讲。在这讲座当中系分为十四讲,拟从教育经济政治外交等各方面去观察如何救亡图存。现在已将各种专门问题,特约专家轮流主讲,藉以提振青年救国的精神,共同努力做复兴民族运动。

不过一般讲座的开幕,都要来一个开场白,这种开场白多是说些简单而浅显的话。所以我今天所讲的题目,也就是人人知道而用不着详细解释的"学生国货年我们应有的努力"。关于这一个问题,我现在分为三段来讲:第一是从对外贸易观察中国经济的危机,第二是从服用国货提振救亡图存的精神,第三是从学生国货年研究我们应有的努力。

一、从对外贸易观察中国经济的危机

中国经济的危机,到今日已达极端了。连年灾荒,农村破产,共匪扰乱,民不聊生。加之科学不发达,使生产方法无从改良,国家财政日益穷困、不得不藉发公债或外债维持一时。尤其去年美国提高白银价格,致上海一埠白银流出二万万七千万元。素称全国经济中心的上海,银根也大为吃紧,山穷水尽,几陷于涸竭的绝境。

但这现阶段的经济危机,多少是由外力所促成。我人晓得自从鸦片战争以后,帝国主义的侵略与时俱进,不独以武力侵占我们的土地,而工商业生产品也像春潮怒涛般的拥来。初则仅见于通都大邑,继则流布渐广,虽穷乡僻壤,也莫不有其踪迹。同时一般唯利是图的商人以及买办阶级,甘心做外国资本家的走狗,高价的洋货贩人,贱价的原料输出。而社会人士,又竞尚虚荣,以服用洋货为阔绰。就每人一天生活过程来看:自早晨起床后,例如大便的草纸,洗脸的肥皂、牙刷牙膏,化妆品,洋装面包,香烟等等,无一不是服用外货。以致本国的手工业受其排挤,农业遭到压迫,国民的经济日被榨取,有如慢性痨症,安得不逐渐变成一个既贫且弱的国家呢?

我人现试就全国进出口贸易统计表来看,更可充分明了了。据民国元年以来对外贸易入超统计表所载:民元的入超数为 102 576 628 海关两,其增减率为 100.00%;民十的

---

[1]   本文系大夏大学救亡国存讲座第一讲。原载《大夏周报》,1935 年 3 月 18 日,第 11 卷
第 19 期,第 559—564 页。

入超数为 304 866 902 两,其增减率为 297.21%,较民元增加三倍;民二十的入超数为 524 013 669 两,其增减速率为 510.85%,较民元增加五倍多;到了民二十一的入超数为 556 605 240 两,比上年又增加百分之三十;民二十二的入超数为七万三千余万元;民二十三为五万多万元。统计这二十余年来入超的总额,竟达八十余万万两以上,似此巨大数目,真足以惊人了!

再就进口货品的种类统计表来看,则在民国二十一年农产物进口,计米一万一千九百多万两,麦与面粉二万○六百多万两,棉花一万一千八百多万两,烟叶二千三百多万两,合共三万四千八百多万两,占据总进口货五分之三以上。在几十年来以农立国的国家,今竟使日常生活所必需的衣食原料而要仰赖外国的输入。例如一九三○年中国输入米额占全世界各国输出米百分之二十,一九三一年中国输入麦额占全世界各国输出麦百分之八,及中国输入棉花占全世界各国输出棉花百分之十。

从上面各种统计的考察,可见我国已成为世界各国倾销货物的市场,现金不断地流出外国,好似人身的血液,究竟有限,免不了流尽必死的地步。在医学上有所谓“易流血病”(Hemophibia),今日被人吸血椎髓的中国,也正是深中这类似的病。倘不及早诊治,想出一个排除外来经济侵略的有效对策,则他日病入膏肓,将永无挽救的办法。这便是国货运动发端的由来。

二、从服用国货提振救亡图存的精神

我们知道今日的世界,是一个经济斗争的世界。炮火兵革的侵略,海上军备的竞争,关税壁垒的互防,纵横政策的斗胜,一切的一切,莫不重在经济的争斗。惟有借用经济的力量,始可以扩张军备,巩固国防,改善政治,充裕民生。而国家经济的最大出路,又完全赖于产物的发达,以及农工商业的振兴。且我国自近几十年来,因受帝国主义的经济侵略,致使民生凋敝,社会险象丛生,盗贼蜂起,政治紊乱,整个民族的生命,已感到衰颓灭亡的痛苦。惟帝国主义者既以经济侵略为达其灭我民族的目的,则我们反抗帝国主义者的运动,自然更应该以排除其经济侵略为中心。例如夺我土地奴我人民最凶横最顽强的日本帝国主义者,是一个工商业立国的国家,因为土地面积狭小物产不多,故商品常思过剩,原料时虞不足。假使我国竭力提倡国货,使其失去消纳商品的市场,不到几年,必因经济摇动,而致社会纷扰,政治变化。故同心一德的提倡国货,远胜百万大兵;欲求根本的雪耻复仇,唯有大家实行提倡国货。提倡国货,才是真实的救亡图存的出路。

按上所述,国货运动,是一个关系于民族生存的问题,凡是国民的一分子,都应该积极提倡的。但是要求提倡国货的有效力,必须先研究国货所以衰落的原因,始可对症下药。

国货衰弱的原因，最重要的为不平等条约的订定，保护国税不能施行。因为洋货进口的税率不能提高，而国货的捐税非常繁重，所以结果国货不能推行，而洋货得以倾销。同时因国货不能推销，工商业也无从振兴；工商业不能振兴，出产愈少，而竞争愈觉困难，成为一种循环因果的关系。所以现在一般人讨论抵制的办法，大约主张实行下列几种：

第一，废除不平等条约。集中全国人民的力量，设法废除外人在我国境内经营工商业的特权，以铲除本国实业发展的障碍，尤应重征外人在我国境内经商的营业税，以限制其垄断金融的政策。

第二，实施保护关税。我国洋货进口，仅纳关税百分之五，及子口税百分之二点五，便可畅行无阻。今后必须采用关税保护政策，提高入口税率，使洋货价格不得不比国货为昂贵，而间接限制其销路。

第三，废除苛捐杂税。现在国货贸易，过境有关，越省有卡，苛捐杂税，不一而足。且复步步留难，处处勒索，其间所受货物停滞及苞苴贿赂的损失，又不知凡几。故同一货物在洋货则价廉利大，在国货则价昂利小。今后政府必须实行废除苛捐杂税，藉促工商业的发展。

第四，统制贸易整顿交通。对于本国农工商业出产货品，概由国家统制推销，一方面筹办国营大企业的农场工厂，调查全国货物出口及征集样本，编成统计报告，通告国民采用。另方面积极整顿水陆交通，使各地产物可以畅销全国。

我们现已把一般人主张提倡国货的办法，约略检讨一番；如果确能切实做到，则国货的振兴自不待言。但是在这环境险恶，四面楚歌，民族存亡千钧一发的现阶段之中国，尤其是行政权力尚未十分统一的中央政府，是否能利国用全国民众的力量，在最短时期废除不平等条件，固是一个大谜；即采用各国所通行的关税保护政策，事实上也有许多困难。试分别言之：

甲、提高关税

中国关税现虽独立，可以提高税率；但是甲午马关条约里，曾允许外人在通商口岸得设工厂。故虽提高关税，限制外货进口，而他们还可把整个工厂搬到中国来，结果不是一样的吗？

乙、实行差别税

就是把洋货的税提高，本国货的税减低，这在目前的外交上也是办不通的。因为中国以前曾允许中外货物同等待遇，如果实行差别税，各国或更要借口同等待遇，要求废止纳税了。

丙、纸币不兑现政策

这是把全国所有的现银一概收归政府，另由政府发行一种"不兑现"的纸币，为周转市上金融之用。那末,外货卖不到现款,无形之中便可以禁止其入口。但是这种办法,虽非不完善切实,而其先决条件是要赖有政权统一而为国民所绝对信仰的贤能政府。今日是否能办得通,恕我不必来答复。

总而言之,关于经济上抵制洋货的方法,已是到处碰壁,此路不通;而国货运动又为整个民族存亡的关键,不能不竭力倡行。故在这列强夹攻的情势下之中国,只好希望全国同胞抱定"此仇不复卧薪尝胆"主义,大家自动从心理上建设,决心倡用国货,使外人经济侵略的政策,完全不适用于中国。这是单就保护中国经济方面的完整性与独立性立言,而为倡用国货的一种使命。抑尤有进者,现在中国的人民,所有衣食住行日常用品,都完全依靠洋货,以致一切精神和能力,消磨浪费于浮华奢侈的物质生活和堕落习惯上,所有虚伪险狠诈取巧夺的种种罪恶,亦莫不伴之而生。民族的自信自立自决的力量,消失殆尽,畏缩倚赖的劣根性,深中人心。这是民族生存上绝大的危险。

倘使大家倡用国货,不难立即恢复我国固有的高尚文化和朴实勤俭的美德;另方面更可利用科学方法,制成特有而优美的国货,藉以革除国人推重洋货的心理来推重国货。能将盲目的迷信外人变为信仰本国的心理,这便是民族的自信力量;能将依赖外人的弱点变为独立自尊前进奋斗的精神,这便是民族的自立力量;能将服用国货所挽回的财力,建设国货生活所必需的事业,这便是民族自决的力量。我们要于提倡国货运动中,唤起我们民族的自信心,激发我们民族的自立和自决力,提振我们民族救亡图存的精神,发扬我们民族独立平等的意诚:而在自营自活自给自食于人类生活前程中,完成民族复兴的最后使命。

三、从学生国货年研究我们应有的努力

提倡国货,固是全体国民应尽的天职,不单限于某一阶级或一人的责任,但是今日四万万同胞中,尚有百分之八十以上的人是目不识丁的文盲,他们还不认识国家民族为何物,更何从知道服用国货与国家经济利害的关系呢? 因此不能不把这副倡用国货的担子,放在智识丰富感情热烈心理纯洁的学生们身上去,这就是今年所特定为"学生国货年"的意义。

好了,今年已规定了做"学生国货年",换句话说,就是倡用国货,应自学生始。至说其道理何在? 则因为:

第一,学生为智识分子,容易了解服用国货对于国家经济的裨益,且爱国心比较热烈,常常站在爱国运动的前线,对于倡用国货,当然是能以力作则的。

第二,学生为社会民众现在与未来的领袖。根据教育部第一次年鉴统计:我国每万

人中学生数,是大学生一人,中学生十人,小学生二三六人。换句话说,一个大学生是一万人中的领袖,一个中学生是九百零九人中的领袖,一个小学生是四十三人中的领袖。所谓"城中好高髻,四方高一尺",学生行动的影响,是很可为社会民众的表率啦。

第三,学生崇拜洋化,憧憬摩登,一般舶来品多先由学生采用起,才后流传风行于社会上去,造成巨大的漏卮。故为挽回衰颓风俗计,也应先从学生心理改造入手。且学生人数颇多、功效至大。据教部最近统计:专科以上学生为 44 000 人,教职员为 10 000 人;中等学校学生为 514 000 人,教职员为 55 000 人;初等学校学生为 10 948 949 人,教职员为 568 000 人,合计学生 11 506 949 人,教职员 633 000 人。假使每一学生少买五元洋货,便为国家保留五千七百多万元,每一教职员少买洋货十元,便为国家保留六百多万元,其成绩的可乐观,自不待说。

因此在这"学生国货年"当中,尚须讨论我们应有的努力。这问题讲起来是很复杂的,而简括来说,只有"以身作则本位救国"八个字。就其实施步骤言之:

第一步,当选从检讨自身始。在这洋货倾销劣货充斥的目前市况中,要切实服用国货,已不是一件绝对容易事情。况且舶来货品挟雄厚的资本,精进的技术,质量双方每凌驾国货之上,则贪小利好虚荣,私人利欲的心要能强行克制,也有相当困难。但是在这"学生国货年"的学生界,无论如何,是应先抱定牺牲的精神,凡衣食住行娱乐等用品,必须择国产有的才用;国产没有的,宁可不用,而决不肯买洋货。同时为实行服用国货的决心,就须作有组织有计划的周密设计,除努力运用专门学识和技能去制造改良并推行国货外,还应切实调查国货出产的品类,确定国货非国货的界限。因为唯利是图的商人,近方利用国人爱国的热忱,以洋货顶上了国货的牌号,鱼目混珠,藉求利市三倍。更有以舶来的原料,甚至舶来的制造品,贩到了我国加上一个最后阶段的装配,便皇皇然以国货相号召,这步是值得努力注意的事。

第二步,当多做劝导服用国货的演讲。先由家庭而至亲戚朋友,再广大到一乡一市去。每个学生都要利用星期假日,组织国货宣传队,把提倡国货的意义和价值,切切实实地讲给父兄姊妹亲戚朋友听。如能演词恳切,言语生动,多少是可以发生功用的。在宣传达到相当程度时,便要进一步使和你认识的人,尤其是家庭里的兄弟姊妹等,都劝导其能服用国货。这样一劝十、十劝百的开展出去,国货运动,便可收到很好的成绩。

第三步,是要宣誓终身服用国货。因为学生国货年是有二大意义:一是要学生负起倡用国货宣传国货的责任,一是表示学生们自今年起,要切切实实地服用国货了。换句话说,就是学生们从学生时代先受国货教育的训练,一直到将来入社会办事后,还是要一心一德的服用国货宣传国货。千万不可误会:以为今年是国货年,所以应该服用国货,明年不是学生国货年,便可不必提倡国货了。

最后还有一件不可忽略的工作,就是要使学生爱用国货,不买洋货,那末教职员和学校也有重大的责任。一方面学校的设备和教学用品,应尽量的采用国货。虽说国货尚有许多不雅观和多费钱的地方,但是从国家经济上着想,则不雅观和多费钱,自然不成问题。另方面教职员更必须以身作则,倡用国货。现在有些人以为救国的事,应从注意大者远者,用不用国货,这是小节,值不得注意。而我个人却认为这是一件大事,比其他任何救国运动要来得切实可靠些。只要能做到一分,即为国家节省一分财力,即为民族多留一分元气,乃是最有功效的救国方法。如教职员尚不能克制私人欲望,或因贪图便利。或因价值便宜而用洋货,那末要责望学生不用洋货,就很难了。我希望全国各学校教职员和学生们,"勿以善小而不为",从今年起,都尽量的服用国货。

提倡国货是我们天经地义的责任,愿大家努力孟晋,为中国民族杀出一条生存的途径。

国难教育[1]

各位同学,今天的演讲,可以说是本校举行"国难教育"讲座的第一讲,也可以说是这个讲座的序幕。我觉得我们中国人,尤其是教育界中人,是一个最喜欢而且最擅长制造教育名词的民族。在短短的四十多年新教育史中,差不多每隔了几年,即有一种教育新名词出现。在清代末叶,废科举,兴学校,当时教育的中心,除注意"洋务""西学"外,是一种忠君尊孔的教育。民元以后,政体变更,忠君尊孔的教育,当然不适时代的需要,于是遂有军国民主义的教育出而代之。民国八年,欧战结束,各国感穷兵黩武之不合人道,力倡和平,我国受世界教育思潮的影响,教育界人士遂亦高唱"德谟克拉西"的教育;意言之,就是所谓"民本主义"或"民主主义"的教育。民国十四五年,国内发生空前的大革命,十六年,国府奠都南京,乃又有所谓党化教育的出现。"党化教育"的根本精神,据说是要把教育置于"革命化,平民化,科学化"之上,数年来实施成绩究竟达到若何程度,我们固是怀疑,即社会上亦无定论。民二十年九一八事变发生,东北半壁河山,沦于敌手;全国人士鉴民族日益危殆,于是又有实施复兴民族教育这个新名词。在事变发生以前,政府以国内文法人才过多,且大部分失业,成社会隐患,因有生产教育的提倡,直至今兹,"生产教育"尚不失为政府措施教育重要政策。客岁(民二十四年)华北问题发生,国土日蹙,于是此甚嚣尘上举国一致千呼万唤的"国难教育"新名词,就在报章杂志上散见了。如今"国难教育"的内容方案究应如何,殆尚未至完全具体化或标准化时期,故其名称亦不一致:或称"国防教育",或称"非常时期教育",或称"特种教育"、"特殊教育"、"国难教育"、

---

[1] 自华北问题发生后,国人鉴于国难日益深重,救亡呼声,遍于全国;尤以由北平发动而举国响应之学生爱国运动为热烈。因为学生运动的激荡,教育界人士对于目前教育制度及各级学校课程,好像觉得有重新编配的必要,于是遂有"非常时期教育"、"精神教育"、"国难教育"……等等教育新名词出现。吾人觇现在国际情势,与夫目前国内的状况,觉得中国教育的中心,事实上也应该加以相当的改革,以应"时代"及"环境"的所需。如今这种新方案内容究应如何? 原则上与平时教育究有若干程度上的不同,政府及教育界人士尚未有切实的回答。本校本学期正在实施救亡教育方案,这种新方案将来究否合于政府的理想及教育界人士的赞同,刻下知难预测;但吾人于此却愿尽量贡献意见,以供政府及全国人士的参考。本讲是本校"国难教育"讲座第一讲,可以说是这个讲座的序幕;急先披露,以飨读者。尚有第二讲,第三讲……以后当陆续刊布,以就正于全国人士。——原编者注。该篇原载《大夏周报》,1936 年 3 月 12日,第 12 卷第 12 期,第 264—268 页。

"战时教育"，五花八门，令人炫目。其对此新兴教育名词已定有具体方案者，据我所知，有：广州国立中山大学教育研究所出版的教育研究六十四期战时教育工作计划，北平学联会之非常时期教育草案，上海文化界救国会的国难教育方案，中国教育学会的非常时期教育方案，中华职业教育社的复兴民族教育方案，本校的救国工作训练方案，及教育部集大成而尚未正式颁布的特种教育方案，据报载教育部汇集各方方案有一百五十余种之多，足见在这国家被严重国难笼罩之下，我们全国教育界人士，无论是教书的，或是求学的，都正在想如何把教育改进，以应付国难挽救亡国灭种和惨祸。不过"国难教育"的名称及方案虽未完全具体化，它的意义，我们不妨加以适当的解释。依照我的观察，国难时期的教育与平常时期的教育，只有程度的不同，而没有什么根本上的差别。"国难教育"殆除了训练青年注意学科技能而外，还应特别着重青年"节操"或"人格"上的修养。"国难教育"似与"生产教育"立场根本不同："生产教育"是教人求"生"的，是教人如何去图谋更有意义的"生存"，"国难教育"却刚刚与之相反，它是教人去"死"的，去做有意义的"死"，去舍生取义，杀身成仁的；这是二者分野的地方。

刚才所讲的，可以说是"国难教育"名词的由来，同时对"国难教育"的意义，我们也加以片面的注释；现在再讲它的对象。我以为"国难教育"的对象，应该是广义的，而不是狭义的；应该把民众教育，社会教育，义务教育包括在内，而不是单指学校教育；在某一时期，前者比后者还更为重要。根据第一次中国教育年鉴，我们只有四万四千人专科以上学校的学生，只有五十一万人中等学校的学生，只有一千一百万小学校的学生；换句话说，我们每一万人中只有大学生一人，中学生十人，小学生二百三十人，也就是每一万人中，只有二百四十一个是学生，我们决不能单教这二百四十一人受"国难教育"，而把九千七百五十九人置之于不顾。当然这九七五九人中，也有略略识字的，或喝过"洋水"中过"洋翰林"回来的，然究竟是少数，他们至少尚有百分之八十以上是不识字的。单教各级学校里的学生受"国难教育"而使大多数民众不识字，谈不到共赴国难，挽救危亡。所以推广义务教育，推广民众化教育，都是国难时期所急待办理的事。中山先生积四十余年革命的经验，临死的时候，还殷殷然以为"欲达中国自由平等的目的，必须唤起民众"。诚以"民为邦本，本固邦宁"，欲抗外敌，民众是我们的基本队伍。学校教育只能训练出领袖人才，而不能训练出"抗敌队伍"，敌人来侵，我们领袖应该做发纵指示的工作，直接与敌人肉搏抵抗者，还是要靠此大量的民众。所以我们实施"国难教育"，学校教育与民众教育应兼筹并顾，然才能够达到"教育救国"的目的。但是我们的话要说回来了，民众与领袖之关系，正如"火车头"之与"列车"。"列车"如果没有"火车头"，当然是无法行驶；"火车头"而无"列车"，亦必失其效用。东晋时，如果没有王导、刘琨、陶侃、祖逖、温峤等支撑危局，负起救亡图存的责任，领导民众去抵抗胡人，五胡早已南渡江左，东晋还能存在吗？宋室南渡以后的局势亦然。当时之所以能苟延残喘，全赖李纲、宗泽、赵鼎、张俊、岳飞这些人领导民众去做救国的工作。我们从历史上的教训,可以知道国家当危急的时候,组织民众训练民众固是紧要,培养领袖人才也是之急。根据以上的分析,我们可以大胆地说:"国难教育"之对象,乃在唤起民众,参加救国工作,培养领袖人才,领导救国工作。我们的小学教育,应注意公民训练,健康训练,尤应该着重国耻教材。最近我国留日华侨,在东京创办小学一所,因采用中华书局出版的课本,内容指明东北三省是我国领土,结果学校被封。东北有个小学教师因受爱国心驱使,教授学生称:日本是"满洲国"的仇敌,中国是"满洲国"的友人等等,结果手足均被打断,大尝铁窗风味。东京某日报社评曾载:"中国是土匪的国家,我们即当以剿匪的手段对付中国。"我国学生所办的留东新闻报因录该报社评而注释称:"既系匪国,何必再谈亲善?"主笔遂被捕上狱。这些事实,都充分表现敌人之如何用"奴化教育"或"文化侵略"来侮蔑我们,欺凌我们,我们现在既不是置身"东北"、"东京"、"华北战区",就应该尽量训练小朋友,使他们知道我们的"国耻"究竟是怎么一回事,我们的"国难"究竟严重到如何地步。初中教育,我以为除注重公民训练,培养民族意识而外,应充分利用现行童子军制度,做他们身心的训练。高中以上教育,则应着重于指导人才之训练,尤应严格考查他们的"节操"修养。女子教育,照现行教育编制,与男子教育无甚区别,今后应特别注重于新贤妻良母的训练,以期造成新的民族。惟现行高中以上课程,每周钟点似嫌过多,今后应酌量减少,才可以谈到精神训练。青年训练,今后应扩大范围,举农工商学兵都包括在内,公开训练,而不应只限于学校青年,或秘密的训练。我们知道苏俄的共党青年团,德国的国社党青年团,意大利的法西斯蒂青年团,都由政府公开训练,我们现在的政党,既是当政的政党,是公开的政党,自然也可以公开训练,用不着秘密。闻最近教育部将颁布青年训练团办法,入团者据说并不限于高初中学生,商店学徒练习生及年青工人均可加入,这是一个好消息。我希望该团成立后,政府应责成各省市地方当局饬各学校校长教职员,各工厂厂主,商店主人,各乡村保甲长,一体奉行,切实训练,收效自必很大。

现在我们稍为谈谈"国难教育"的内容。刚才讲过,"国难"教育与平时教育只有程度上的不同,而没有根本上的差别,所以我们很难分野一个国家如果有什么大事甚至于有什么外患,都应该"未雨而绸缪",不能"临渴而掘井";"平时不烧香,临难抱佛脚",是没有多大用处的。中国之有国难,不自今日始;我们可以说自中英鸦片战争后,即是国难的开始。为什么到今日才来讲求"国难教育"呢?这不能不归咎于过去政府的昏庸,及教育界人士对某一种主义的教育,未能作切实的推进。我相信每一种主义的教育,如果平时能够切实推进,都可以拿来应付"国难"。如今全国朝野人士,既感觉目前教育编制无法以应付严重的国难,而要改弦更张,则"国难教育"的内容,自应加以精辟的考究,切实的推进,才不至于再蹈以往的故辙。根据教育部最近预拟的大纲,以为"国难教育"的内容,应包括:(一)人格训练,(二)有关国防的知识技能,(三)精神训练三点,我们现在,就逐一的加以发挥或解释；其实这三点与平时教育的内容也没有什么不同的地方。

第一，先讲体格训练。这是一句老话，我们不能说国难时期应训练体格，平时就不要训练体格。不过在国难深重像今天的时候，我们体格上的锻炼，应特别加紧罢了。欧战一举，可以说给世界各国一个深刻的教训，那就是各国都感到国民体力之不足。因是之故，美国在战后虽穷乡僻壤，皆设立公共体育场，奖励国民参加体育运动。英国也普遍的提倡婴儿园，以造就体格健全的新国民。此外意大利全国有一千个以上人民的打靶场，苏俄前年全国运动会开幕时，参加国防体育的青年，数近百万人，这都是各国政府提倡体育，人民自动参加锻炼体育的好榜样。返观我国则如何？政府最近数年来虽极力提倡体育，如前年在京、去年在沪开全国运动会，参加的人究属少数，而且除了学校学生外，各界参加者更寥若晨星，这不能不说是国民对体育之少加注意。如以我国人所享年龄的平均数目来看，更觉得可怜！中国人平均岁数仅二十二岁，以视日本人之平均岁数四十五岁即相差一倍有余，其余各国更无论了。我们中国人活到四五十岁，即辄云："老夫耄矣，无能为也。"以视德之前总统兴登堡，美之发明家爱迪生，捷克斯拉夫之前总统马萨立克（Thomas, G. Masaryk），日本之故财相高桥是清，皆八十多岁犹任政府中枢事务或做科学上的工作，当然要愧死万分。本校前年起实施普及体育新方案，今后更要认真施行，希望大家要自动的积极的参加。

第二，讲到有关国防的知识或技能。这范围包括非常广阔：例如战时经济问题，战时粮食问题，战时交通问题，战时一切用品，军事工程，军事动作技能，救护技术，防卫技术，国际形势，中外时事等等，都是我们所应该深切了解的。具体一点说，如最近日本发生少壮派军人枪杀内阁重臣的空前政变，我们以冷静的眼光来观察，认为政变与中日关系并无若何影响，我们决不能幸灾乐祸，以为敌人是在内讧，可以高枕无忧了。要知道日本近年的外交政策，本已采纳军部意见，此次政变，一方面固然表现日本少壮军阀的蛮无讲理，日本的宪法精神，行将荡毁靡遗，他方面也正暴露今后日本内阁将大受军人把持，对外政策行见日趋积极，加速的侵略中国，对俄战争。故事变爆发后，西欧各国舆论及政府发言人，对今后远东时局，咸抱悲观的态度。我人绝不能因人家内部发生意见，而遽抱乐观，松懈抗敌的情绪。又如法俄协定最近成立，骤视之，似与远东局势无关，但如一旦日俄发生第二次战争，日德据闻有密约，德如攻俄，法必攻德，日又必攻略法之远东殖民地，如是则法俄之成立协定，岂不是与远东时局前途，有绝大的关系吗？更不是与我国前途，也有绝大的影响吗？所以我们对国际间某一问题发生，都应该加以深切的探讨，以为将来应付的准备。

第三，最后讲到精神训练。单靠"体格"好，或单有"学识""技能"都未足以言"救国"。怎样说"体格"好不足以救国？上海印度巡捕即其好例。他们的体格高而且强，雄赳赳地在马路上巡查或指挥路人，他们却老早做了英国的亡国奴。怎么说单有"学识"或"技能"

未必可以救国呢？现在冀东的殷汝耕，是个好例。殷是留学生，不能说他没有知识，但他却做了"汉奸""叛逆"。所以我说只有体格与智能训练而没有精神陶冶，不过行尸走肉，躯壳仅存，不足与言救国。但是如何才可以叫做有精神训练呢？说起来又是老话，在这里最要紧的就是要"奋斗""牺牲"和"团结"。"奋斗"是人的本能，同时也是动物的本能。语云："困兽犹斗"，这是说一只老虎或一只狮子已被人家擒住，它犹想摆脱牢网而"奋斗"。人类的"奋斗"，当然比动物为有意义，我们在无论如何艰困的境遇中，应发挥此种精神，保留我们"人"的本能。这种"奋斗"本能，凡是"人"，无论男女都有，最近阿比西尼亚许多女子踊跃从戎，就是一个好模样；在我国历史上如花木兰，孟姜女，沈云英，也是好例。我们希望本校男女同学，倘若一旦战事发生，至少有四分之一以上的同学，投笔从戎。"牺牲"就是牺牲生命与财产。我记得日俄之战，俄国在旅顺口设置电网，日兵无法冲过，后有乃木二子，为国牺牲生命，冲破电网，结果使日军得直趋奉天(即今沈阳)，迫俄军回北满；及明治帝举行奉安典礼后，乃木夫妇既感亲子阵亡，又伤元首殂落，遂各自剖腹而死。这种举家为国牺牲精神，至今尚为日本全国所传诵。又如去年意大利因与阿比西尼亚开战，引起国联实施经济制裁，罗马城妇女争将首饰捐与政府，亦是难能可贵的事。(意军侵阿，固然是不合理，但此是另一问题。)我们希望全体同学，个个人都抱有"马革裹尸"的精神，去做救国的工作。既尽"奋斗"的本能，"牺牲"的决心，最后尚须殿以切实的合作——团结。假如不能团结，即虽有牺牲奋斗的精神，犹不足侈谈救国。过去长城之战，淞沪之战，可为借鉴。我以为当时全国上下，如果真能一心一德，合力御战，淞沪及长城之战，均不至于功败垂成。欧战将作时英国正闹爱尔兰自治问题，但战事一经爆发，两方立即团结一致，共同对外。所以我们要想救国，于既具牺牲奋斗的决心而外，尤须充分发挥团结精神。要知"覆巢之下，必无完卵"，在上者须领导人民抗敌救国，在下者尤应在统一指挥之下，共赴国难，那国家就不怕没有挽救的希望，民族又安有不复兴呢？但是一个国家是由无数的小团体组成，本校同学过去组织一个学生自治会，就闹出许多无聊的意见，我希望自本学期起，我们师生一致团结，健全"大夏"的组织，充实我们的力量，以为政府抗敌救国的后盾。

战时教育问题[1]

　　诸位同学：王先生约我来讲"战时教育问题"，使我与中学部全体同学有一个谈话机会，我觉得非常愉快！提到"战争"，我们马上就可想及那是一种很残酷的事。战争一发，一切的文明，都要被破坏；它能使都市变为丘陵，能使有夫之妇变为寡妇，能使有父之子变为孤儿，所以战争从片面看起来，实在是一个不祥的名词，一件惨无人道的凶事。可是从另一方面看，战争却又是应有而必有的事，是无可避免的。我们可以说没有战争，人类的文化就不会进步。原来人类的历史，就是个人与个人斗争，部落与部落斗争，国家与国家斗争，民族与民族斗争的历史；仿佛世界上没有斗争，就没有历史，没有斗争，不但人类文化不能进步，即所谓"人道主义"，所谓"公理"也者，就无法实现的样子。因之我们可以进一步说，假设一个人在今日想要在和平箱里过活，那真是像上海人所讲的"不识相"了，在今日，一个人如果是"闭关自守"，"故步自封"，"夜郎自大"，那只能退回去做太古时代葛天氏统治下的良民，绝不配做生存的二十世纪竞争时代的一个"现代化"的人。我从前做学生的时候，曾读过英儒麦独孤氏所著的社会心理学一书，心里就有点不高兴。麦氏在书中曾说："……世界上只有盎格鲁撒克孙民族有斗争本性，……东方民族多系酷爱和平，譬如印度人中国人，绝不喜欢战争。……"诸位，你们想麦氏的话对吗？我想麦氏一定没有详细读过我们中国史，否则他绝不会讲这样的话。我们打开中国历史来看，马上就知道中华民族并不是酷爱和平的民族。我们的祖宗，在四千余年以前，就知道奋斗，知道战争。不仅能发挥奋斗的本能，与外族抗争，并且很能够运用新战术以降服敌人。例如黄帝这个人，我们大家都知道他是我们的老祖宗。他是我们的开国元勋。但是在他那个时候，我们中华民族就受了外族的侵略。原来他的诸侯蚩尤，占据了今察哈尔省一带，猖獗异常，且能做大雾（如今之烟幕弹）迷人；黄帝认为非奋斗灭掉蚩尤，中华民族必无出路，乃与蚩尤战于涿鹿之野（今察哈尔宣化县东南），结果蚩尤用大雾昏迷军士，黄帝作指南车以示四方，使军士知所进退，擒蚩尤而诛之，诸侯遂尊黄帝为"天子"，这件事很值得我们表扬，我们个个都可以效法黄帝，谁说中华民族不能奋斗呢？

　　战争是人类的本能，它的作用，无非在求生存，此其理由正如下等动物的"自卫"。下

---

[1]　本篇演讲，系欧先生上月在中学部纪念周演讲，先由中学主任室文书王世铮先生速记，再由本社整理，因上期稿挤，延至本期发表。——原编者注。原文连载于《大夏周报》1936 年 4 月第 12 卷第 14 期和第 15 期。

等动物中的蚂蚁、蜜蜂、蟋蟀、狗、猫、鸡、牛等,都能为自卫而奋斗;我们人类也往往利用这些小动物的奋斗本能,来做种种的游戏或赌博。例如浙江诸暨有斗牛,民间有斗蟋蟀,斗画眉,菲岛有斗鸡,西班牙斗牛且列为"国术"的一种,这都足证明"战争"这件事是动物界本能上的共有天赋,也是我们日常生活所见的现象。还有几件事可证斗争是人类的本能。譬如初生婴孩,我们如扎之过紧,他的面孔就会发红,挣扎而哭;及至两三岁,他喜欢的玩具如被他的哥哥或姐姐拿去,就会去抢回来,甚或吵架起来;迨至长大如为求偶,保护自己的小孩子,或被人轻视,往往也引起剧烈斗争。这都是很好的例证。斗争本能的活动,可以分为两方面:一方面是侵略,另一方面是抵抗;受侵略而不抵抗,结果一定衰亡。我们中国民族虽然一开始就与他族斗争,可是后来因种种习俗及历代君主提倡和平,此种本能就逐渐衰颓了。例如古书中有这样的话:"天子重英豪,文章教尔曹,万般皆下品,惟有读书高。"因为在上者恐小民作乱,统治权动摇,所以提倡这种"非战"的思想,再加以近年来实施所谓"民本主义"的教育(Democratic education),结果中华民族的斗争本能,几乎完全丧失了。但是我们迷信"民主",迷信"和平",就能得到"和平"吗?那是万分不可能的。刚才我们讲过,世界上没有斗争,不但文化不能进步,而且人道主义,公理,都未能实现;我们又讲过,受侵略不能抵抗,结果惟有衰亡,所以要求生存,不能从和平箱里去求生存,我们要从枪林弹雨中求生存,要从"抵抗"中求生存,并且也唯有发挥我们斗争的本能,才可以生存,才能够得到生存,"偷安"或从"妥协式""屈服式"所得到的生存,是行尸走肉的生存,是昙花一现的生存,而不是真正的永远的生存。过去十九路军在上海,廿九军在长城抗敌的战绩,我们应认为民族光荣史的一页,应认为我们发挥民族斗争本能的表现,应认为我们求真正永远生存应做的事。这个斗争精神,我们要永远保持,永远发挥,然后才可以得到永远的生存。

依照目前国际情势及中日关系,未来世界大战,殆已无法避免。欧洲自去年三月德国宣布恢复征兵制,扩充全国陆军至五十万以上并与英国订立海军协定后,法俄两国大感威胁,因之亦成立法俄互助公约及法俄议定书。法俄互助公约虽于去年订立,延至今年二月廿七日方由法国国会通过。在法政府未通过此议案以前,德元首希特勒认为公约有侵德行为,用意系在对德,曾对法国在柏林记者声明法国国会不应通过这个议案,法政府对这个公约也不应签字;法报纸对此项消息延至公约公布后才发表,这给希特勒以很大的刺激,认法国预备进攻德国,于是先发制人,毅然决然地进兵莱茵西岸不驻兵区域,把罗迦诺公约完全撕毁。希氏此举,可以说是欧洲的晴天霹雳,半月来欧洲不但罗约签字国手慌脚乱,认为猛虎出山,势必噬人,即中欧东欧许多小国家,亦感觉大雷雨即将来临了。回看远东方面,我们自己所处的地位。及与东邻"友邦"的外交关系,似乎也有岌岌不可终日之势。最近日本驻华大使有田八郎氏赴京呈递国书,对路透社记者发表关于办理中日外交谈话,就说:"华北问题要就地解决,南京政府无法干预,亦无力干预,至于日本整个对华方针,当然还是依照广田外相去年所提的三原则。……"诸位想想:这还了得吗? 所谓三原则中的一个原则,就是要我们承认"满洲伪国"。四省与我们整个国家的关系,正像一个家庭中的翁姑丈夫与媳妇一样;现在我们的"友邦"把"东北"夺去四五年,要我们承认了,这又好像家庭中的媳妇被强盗抢去,强奸了四五年,现在要做翁姑和做丈夫的正式承认他这种强盗行为——奸人媳妇——是对的,这岂不是笑话吗? 这岂不是非常污辱的事吗?! 还有一个原则是中日两国共同防共,我们如果同意,今后日本军队,当然可以藉防共为名,横行我领土之上,并且我们的军队,也势必要请日本人做顾问,请日本人来指挥,一个国家到这样地步,诸位,这还成一个国家吗? 简直殖民地还不如。

至于第一个原则要我们彻底的取缔反日运动,更无范围。某一举动,也许我们以为是爱国情绪的表现,他们却认为是反对他们,是有损中日邦交,绝无确定的标准。最近日本松井大将到广东宣传大亚细亚主义,访晤西南几位要人,差不多都碰了钉子。邹海滨先生说,日本有三种手段,五副面孔,我们中国人实在不能够与他们谈什么亲善与不亲善。所谓"五副面孔":(一)对南京政府,则说你统一,但对我须亲善;(二)对西南,则说你倒蒋,我帮助你;(三)对华北,则说你倒蒋,我助你,但不要和西南勾结;(四)对非国民党,则说我帮助你打倒国民党,打倒国民政府;(五)对世界,则说中国之事,你们都不要过问了,不但华北对日亲善,南京对日亲善,即西南也对日将亲善矣。所谓"三种手段",就是对黄河以北用"抢"的手段,想如东北抢去;对长江流域则用"吓"的手段,使你恐怕而未敢与之计较;对珠江流域则用"骗"的手段,使你难以预防。这些好像猴子耍把戏一样的"手段""面孔"以及上面所讲的"三原则",都可以分化我们的力量,灭掉我们的国族,此时我们如果还想与敌人就"和平"中去求生存,去求民族的存续,那真是"与虎谋皮","缘木求鱼"了。惟一求生的办法,当然只有两个大字 ——"斗争"!

抗敌斗争,固是必然而必有的,但非有充分的准备不可。欧洲德国的领土,比我们小得多,人民科学知识的程度,比我们高得多,实力的准备恢复,尚须十七八年之久,(指欧战德国后至今而言),我们国家领土这样广阔,人民的科学知识,又那样的参差不齐,当然要需相当时间的准备。我们政府领袖今年一月十五日,召集全国专科以上学校的校长及学生代表到京谈话,已再三声明政府今后的政策,决以战争求和平,所以我们现在惟有信赖政府抗敌的决心,充分准备自己的实力,预备将来抗战时做政府的后盾。我常谓人民与政府的关系,好比坐在汽车上的人与汽车夫一样。一辆汽车机器的好坏,汽油充分与否,汽车夫总比坐汽车人明白,所以汽车的行止迟速,坐汽车人不能够过分干预,要一承汽车夫的意思开驶,方能达到目的地,否则汽车在中途一定会发生危险的;现在我们坐在"中国号"这一辆大汽车,我们自唯有依赖南京的大汽车夫,任其安心开驶,渐渐达到"救亡""复兴"的目的地,我们要明白今日的时代与环境,均不容许我们再有如一九二五——二七年的政治革命!

　　上面所谓的,可以说是在备战时一般人民对政府应有的态度;备战时的教育界应怎样呢? 它应做些什么事业呢? 这可说就是本讲的主要问题。

　　自从去冬华北问题紧张后,教育界里面无论是教书的人,或是受教的学生,都认为在这国难极端严重的时候,我们的教育也应该改变政策,以应目前的需求。数月来国内报章杂志发表关于此问题的文章不少,但尚没有一致的意见,依照教育部所订的特种教育范围,约分为:(一)体格的锻炼,(二)有关国防知识技能的训练,(三)精神的训练三者。这三点在诸位看起来,一定以为还是老生常谈,与平时教育并没有什么差别。不错,凡事都要"未雨绸缪",不能"临时抱佛脚",可是在备战时期,我们要特别加紧训练,以备一旦有事时就可拿来应付。关于体格锻炼,我们可分为两方面来讲,消极方面,我们要马上祛除足以断丧身体的恶习如跳舞吃酒抽烟等等,积极方面,我们要效法德国的青年训练:德人平常在家里宴客,即令其子女表演体操打拳等以助余兴,农家子弟于上田时,就把"锄""耙"当枪杆看待,佩在身上开正步去,这都可为我们的借鉴。此外如吃苦,耐劳,整齐,清洁,健康运动,天冷早操,也是锻炼体格所应特别注意的。关于知识和技能训练,各类甚多,例如注意中外时事,研究战时常识,男生切实受军事训练,女生切实学习救护技术,以及其他各种生产技能等等,都为备战时期我们教育界所应加紧准备的。至于精神训练,比上面所讲的体格锻炼和知识训练还为紧要。精神训练,除了培养我们对国家对民族应有的意识以外,最重要的就是我们要树立民族的自信力。我们中国人对外的态度,可分三个时期:(一)鸦片战争以前,把外国人看作蛮夷戎狄,可谓轻视时期。清代中叶以前,西洋各国赠送的贡品,如英吉利写为"猰猯猁"也是轻视心理的表现。(二)及鸦片战争失败,纸老虎被人揭穿,再加以甲午庚子两役,被迫订定城下之盟,国人对外态度就变为恐怕心理,故可谓害怕时期。(三)庚子联军以后,国势日衰,外人在华势力与日俱进,国人对外态度,于是由恐怕而变为卑屈,一般买办阶级,甚至视外人为天之骄子,谄媚巴结,无所不至,这可谓之媚外时期。这种谄媚态度,我们以为实在要不得。古人云:"均是人也,有为者均若是。"我们何必这样的"婢膝奴颜"呢? 我们自己有几千年的历史文化,只要努力前进,自可跻与文明之域;何必向人"摇尾乞怜"呢? 我们要树起民族的自信力,对待外人,其有特长者取而效之,否则至多以"礼义"相待就够了。精神训练除树立民族自信力而外,我以为尚须殿以奋斗、牺牲、团结三种精神。这三种精神,诸位虽然也常常听人讲过,却真有无价法宝。日俄之战,日本假设没有乃木二子下了牺牲的决心,在大连冲过电网,日军就永远无法进迫沈阳,俄国也不至一败涂地;足见牺牲精神在备战教育中甚为重要,推之其他两种精神,亦是这样,我此地不再详解了。我们能够有了严格的体格锻炼,充实的知识技能,端正的精神训练,我想备战教育,大概也差不多了。我希望中学部全体同学,在这国难危急的时候,努力干些实际的工作,一旦战事发生,大家上前线去,奋斗杀敌,中国自然有复兴的希望! 完了。

实施国难教育与本校今后所以报国之道[1]

溯自去年华北问题严重化发来,国人怵疆土之日蹙,外侮之有加无已,因而在教育界遂有实施国难教育以图救国之呼声。国难教育方案,截至教育部颁布各级学校特种教育纲要止,各方见仁见智,将意见撰述论文或简短文字在报端杂志发表者,可谓琳琅满目,美不胜收。本人亦曾就管见所及,发挥一二,在本刊及教育什志刊布,想读者当亦阅及。惟过去所论,皆偏于通论或整个方案之轮廓的论述,本文内容,则全依教育部所颁专科以上学校特种教育纲要,讨论其实施时应行注意之点,一则以纪念本校过去奋斗坚苦卓绝之精神,一则以为今后办理校务行政遵循之轨则。

依照教育部所颁纲要,专科以上学校在目前国难严重之秋,教育实施,必须注意:(一)精神训练(二)体格训练(三)特殊教学研究及(四)劳动服务四者。此在本校过去及现在大部实已在推进中。例如就精神训练言,纲要中谓各校今后对学生生活行为,宜由校长军事教官体育教师及重要教职员组织学生生活指导委员会主持其事,并须聘请各专任教授为导师,依照学生所选科系,分别排配,以补救指导委员会耳目所不及。查学生生活指导委员会之创设,在本校已有五年之历史,导师制之推行,且已九年,二者今竟共见之于政府颁布之特种教育纲要,通令全国奉行,足证吾人过去努力,并未走错路线。今后吾人自应继续努力,加倍认真推进,务使每一青年,均能立已立人,自救救国,认清目标,为国家民族争气。

又如纲要中谓各校应利用纪念周或课余时间,举行有关青年修养、立国精神、政治情状、国防常识等特种讲座,此在本校过去数学期中,亦经分别进行。缘吾人于沈阳事变后,感民族生存日形危殆,乃以"实施复兴民族教育"为办学方针。数年以来,一切施政,可谓以达到此目的为归宿。事实之最为显著者,即为利用纪念周时间,举行有系统之特种讲座,如:民国廿二年举行"太平洋问题讲座",廿三年举行"未来世界大战讲座",廿四年举行"救亡图存讲座",本学期举行"国难教育讲座"是也。去岁华北问题发生,吾人凛丧亡之无日,认为非加倍努力,不足经应付此非常之局面,且觇年来寇焰日炽,汉奸充斥,实为其最大原因,故于寒假期间,特成立救国工作训练委员会,其主旨除训练学生从事实际吉普车工作应有之知识与技能外,尤着重于青年精神上之陶冶;矧吾人以为一国之"兵

---

[1] 本文为纪念大夏大学立校十二周年。原载《大夏周报》,1936 年 6 月 1 日,第 12 卷第 18 期,第 402—404 页。

甲不利,城郭不完,货财不聚",均非国家大患,所患者即在于"上无礼,下无学,贼民兴"。今之汉奸,即古之"贼民",故吾人应付目前环境之教育,实应以铲除"贼民"为鹄的。大学为培养国家领袖人才之境地,领袖之一举一动,动足影响全国人之景从,吾人尤应以培养"有气节,有骨格"之人才为理想目标。本校年来之所以特重青年人格训练,精神陶冶,其理由即在于此。此点吾人除在"国难教育讲座"中敦请名人讲述"忠义"等精神外,且举行足以激发民族意识爱国情绪之集团唱歌。其他有关国防常识政治情状之特种讲座,截至本文属稿时,已举行者有:《日本研究》、《国际形势》、《战时农业管理》、《战时交通问题》、《毒气化学》、《国防问题》各种讲座。

至军事管理化一点,本校以校舍设备及上海环境方面尚欠完善,拟于暑假内将宿舍等加以一番修理改造,自秋季始即实施较严格之军事管理。本学期业已实施者,有起床、升旗、下旗、上课、就寝等加吹军号,每周举行宿舍整洁检查等,而升旗下旗吹号,本校则于廿三年秋季就已实行。军号一吹,全校员生无论在校场、办公室、宿舍,均脱帽面朝国旗立正致敬,表示爱护国家,现已经成为习惯。

再就体格训练言。纲要中所述各点,在纲要未颁布前,甚至"国难教育"新名词未出现前,吾人即已积极进行。例如纲要中第二条普通体育谓过去各校对学生体育颇有侧重少数选手之训练,而忽视全校学生普及训练,今后应痛予矫正,此点吾人在两年前实已见及。缘本校以前体育,亦确陷上述偏重选手训练之弊病,后见徒然培养少数选手,俾选手变成学校中天之骄子,殊非国家提倡国民体育之主旨,乃于民国廿三年秋,厉行普及体育,两年以来,成绩颇称不恶。现每日下午四时后,运动场上人山人海,空气异常雄健,此次赴苏军训学生,事先检查体格,除极少数外,余均尚属健全,此殆即吾人努力之成效欤?

不宁惟是,纲要中谓各校对女生应实施军事看护训练,本校则于民国二十年即开始施行。本学期除加紧训练,授以军事看护基本知识而外,上月尚接连假本校体育馆举行数次救护训练实习。至体育成绩不及格不能毕业,本校早已实话,无待赘言。纲要中又谓各校校长应督促军事教官指导学生作各种实地学习,凡与军事有关之后方勤务如防空、警卫、民众组织……等,吾人均拟于最近时间切实实施。其次言及特殊教学研究。本校一部分课程,自本学期起亦加以整理。如国文教材多侧重于足以激发爱国情绪之作品,鼓励学生从事国防文学与民族文学之建设与探讨,史地科学侧重于中国民族在历史上所遇之国难及各代民族英雄为国效死之事实研究;应用政治经济立场,分析中国近代史构成之原因与事实,帝国主义者之研究,并分析其向外找寻市场或殖民地之必然性……等,化学侧重于毒气化学之制造与防御,测量学侧重于桥梁之测绘,材料强弱学侧重于路轨之敷设与修葺,桥梁之建筑,无线电除叙述其构造之原理外,侧重于收音本意之实习与应用修理等,亦可谓已在分头改进中。秋季始吾人拟依照纲要,再作进一步之整理或增置数门特种学程。

　　最后言及劳动服务一点,从前大多数人都目大学生为双料少爷或小姐,只能消费嬉游,难望其耐劳刻苦,实则此种观察,未必尽合事实。本人认为只要学校教职员能以身作则,学生无不能吃苦者。此证诸本校此次赴苏参加集训学生,在宿舍出发时及上海北站登车时,大家均能自搬行李被褥,即足见吾人过去观察之子虚。青年之习惯行为,我以为均受文化环境与前辈人行为之影响。吾人要使青年能刻苦耐劳,能养成为公众为国家劳动服务,必须从吾人自己刻苦耐劳始。吾人要自己以身作则,要先将过去享乐之习惯改变,要先将耐苦之风气养成,我相信青年之习惯未始不可以不变矣。如吾人自己过于享乐,而只在嘴巴上喊青年要耐劳,要刻苦,结果必适得其反。不能以身作则而在嘴巴上喊耐劳,喊刻苦,至多只能骗青年作一二次或短期间之耐劳刻苦,绝难望其能养成历万劫而不变之习惯。本校以"三苦主义"为立校精神,十几年来自强不息,学校物质固赖以发展,所培养之毕业生,在社会上亦多能奉公守法,黾勉从事,此即是过去吾人努力成绩。今后自应依照纲要,继续奋斗,以培养青年之组织能力与做人方法。

　　综上所述,教育部所定纲要,似与本校数年来施政方针,不无吻合之点;而今而后,吾人尤当秉着本校过去已有之方针,参照教部所颁之纲要,埋头苦干,向前迈进,以期挽救国难于万一,愿与诸同仁及全体同学共勉之。

士气教育[1]

今日是中华民国第廿五周年的国庆日。在二十五年前,我们国家尚停滞于君主专制政体之下,幸赖我革命诸先烈,不辞劳瘁,不避艰险,赴汤蹈火,终缔造此崭新的共和国。不料新政府成立未久,全国笼罩封建残余势力,政权操诸军阀之手,内忧外患,踵至沓来。民国十五年至十七年北伐成功,全国统一,然不久国共分裂,国家内政,仍屡见纠纷。今者因国难日重,外邻肆虐,全国上下,怵于亡国惨祸,一切煮豆燃萁式的纷争,均归消灭;大家齐一心志,努力救亡,斯诚民国政治史上的一大转机。惟国难未除,后祸难测,作者愿于举国欢欣鼓舞庆祝的时候,提出"士气教育"问题,与我全国教育界硕彦及知识青年相商榷。

在未论"士气教育"之前,先说"士气"是什么? 就字义讲,"士气"是士大夫的志气。如果把它扩大,"士气"就是民族的生气,社会的朝气,天地间的正气。

试举一二古人有关士气的文章,以见所谓士气,究为何物:

屈原说:"既替余以蕙𦻏兮,又由之以揽茝,亦余心之所喜兮,虽九死其犹未悔!"(离骚经)可说是士气。

孟子说:"富贵不能淫,贫贱不能移,威武不能屈!"当然也是士气。

《礼记》说:"临财毋苟得,临难毋苟免",是士气。

董仲舒说:"正其谊不谋其利,明其道不计其功",自然更是士气。

《正气歌》内说:"在齐太史简,在晋董狐笔,在秦张良椎,在汉苏武节。为严将军头,为嵇侍中血,为张睢阳齿,为颜常山舌。或为辽东帽,清操励冰雪,或为《出师表》,鬼神泣壮烈,或为渡江楫,慷慨吞胡羯,或为击贼笏,逆竖头破裂"。可说是我国历代士大夫忠义精神的具体表现,接下所说的:"是气所磅礴,凛烈万古存,当其贯日月,生死安足论?"又足见士气伟大的地方。

明诗人于谦有:"千锤万击出青山,烈火焚烧若等闲;粉骨碎身都不怕,要留清白在人间。"之句,这又可说是一首象征士气的诗词。

他如:"舍生取义,杀身成仁"的道理,"宁为玉碎,毋为瓦全"的气节,夷齐耻食周粟,

---

[1]　本文系欧先生本年双十节应上海国庆特刊写作之稿,在此非常时期,大可发人深省,特转载于此。原编者注。该篇原载《大夏周报》,1936年10月30日,第13卷第七合期,第131—134页。

仲连义不帝秦,这都是士气的精华,并且都须有操持节守的人才能做到。

士气是士大夫的志气,可不再赘了;怎么说把它扩大,就是民族的生气,社会的朝气,并且也就是天地间的正气呢?

先言士气是民族的生气。

成仿吾在士气的提倡中说:"一个人最可哀的事情,莫过于心得死尽,一民族最可哀的事情,莫过于士气的凋亡。良心不死,终当可救;士气不衰,总有可为。我们要常存此心,为正义与真理而战! 成功不是那般紧要的,紧要的是伟大。我们只要求为伟大,由困苦与奋斗而成为伟大。……失败与成功,那是闲人盲目的评价。……"(《创造周报》第四号)这不是很明显的说士气就是民族精神的寄宿所吗? 日本的民族魂是"武士道",德国的民族特性是"创造"与"铁血主义",我们中华民族的国魂,就是此"至大至刚"的士气。民族的盛衰,全视士气的消长,士气旺盛,民族就生气勃勃,反之,士气消沉,民族当然奄奄一息了。

再言士气是社会的朝气。

郁达夫在《批评与道德》中说:"自古国纪废弛,社会堕落的时候,总有几个卑鄙龌龊的人出来颠倒是非,混淆黑白:赵高的指鹿为马,李振的诬蔑清流,是其明证。降而至于近世,新闻事业横行天下,几个不学无术天良丧尽的新闻记者,或作权贵的走狗,或受金钱的驱使,便把他们公正的天职卖了,欲以一手掩尽天下的耳目,只许一面说昏话,不许他面作严正批评。于是天下靡靡,不知所趋,社会就愈趋愈下。"(《创造周报》第十号),士气不振,社会就每况愈下,难以收拾,足见士气与社会关系甚深,欲使社会各方面呈蓬勃气象,舍淬励士气不为功。

至于说士气就是天地间的正气,那更显然而易喻了。文天祥作《正气歌》,开首即说:"天地有正气,杂然赋流形,下则为河岳,上则为日星,于人曰浩然,沛乎塞苍冥"。文山之意,就是说天地间的正气,在人类社会中即系知识阶级的"浩然之气",士气与天地间正气,简直融为一体了。

我们即明白士气的意义,就可进一步的讨论士气教育的主旨在哪里? 士气既是士大夫的志气,民族的生气,社会的朝气,天地间的正气,士气教育当然就是想用教育力量,训练每一个知识的青年,都有其"浩然之气"的修养,以期养成能够不为威胁,不为利诱,而且能公忠卫国的分子,这可说是士气教育的中心目标。

士气教育与平民教育义务教育不同,平民教育与义务教育,其对象在全体大众,故其旨趣在普及,其教材在浅显,士气教育则不然。它的着重点完全在品格修养与精神训练,其对象在高中程度以上的知识青年。因为受教育大半在学识上已有了相当基础,思想也较为进步,故其教材不妨涉于高深,而尤贵乎含有刺激民族情绪的掌故、文学、与历代民族英雄的事业;身体贵乎力行,作事由小而大,行远自迩,登高自卑,潜移默化,蔚成士风,这是士气教育的特性。

推行士气教育,并不是一件简单的事。我以为在实施时,下列三点,必须注意办到。

第一,政府须激励士气和重视舆论

顾炎武《日知录》云:"汉自孝武表彰六经之后,师儒盛而大义未明,故新莽居摄,颂德献符者遍天下。光武有于此,尊崇节义,敦厉名实,所举用者莫非经明修行之人,而风俗为之一变。至其末造,朝政昏浊,国事日非,独行之辈,依仁蹈义,舍命不渝。……三代以下,风俗之美,无尚于东汉者。"足见东汉一代士大夫忠义精神,其所以能构成我国士气史上最光荣的一页,端赖光武激励士气。今年教育部颁行各级学校特种教育纲要,高中以上学校,着重精神训练,这当然是政府提倡士气教育的具体表示,各级学校切实施行,俾销沉已久的士气,在短期内可以重新振作,奔腾澎湃,形成民族的生气,则国难消除,自可指日而待。顾氏在其所作《清议》中又说:"……古之哲王所以正百辟者,既已制官刑儆于有位矣,而又为之立间师,设乡校,存清议于三十里,以佐刑罚之穷;移之郊遂,戴在礼经;殊厥井疆,称于毕命。两汉以来,犹循此例。乡举里选,先必考其生平,一玷清议,终身不齿。君子有怀刑之惧,小人有耻格之风。教成于下而上不严,论定于乡而民不犯。然则崇月旦以佐秋官,进乡论以扶国是,倘亦四聪之所先,而王治之不可阙也。……"(《日释》卷十二)重视舆论,不仅可使"君子有怀刑之惧,小人有耻格之风";而且能达到"教成于下而上不严,论定于乡而民不犯";足见舆论力量的伟大。今年两广问题发生,全国舆论界一致主张和平统一,团结救亡,如今统一幸告实现,亦足证舆论之不可悔。所以吾政府在此推行士气教育的时候,除激励士气而外,尤须尊重舆论。

第二,学校教职员须以身作则

我国教育界固不乏操持谨业人格高尚之士,然因自己饭碗问题,钻营于势力之门或奔走于权贵之后者亦比比皆是。只要是自己地位可以维持,什么寡廉鲜耻卑鄙龌龊之事,都可以干而恬不为怪;这当然与青年以不良的印象。青年在这样环境之内,"近朱者赤,近墨者黑,"潜移默化,早已失去礼义廉耻之心;一旦出了社会,是非不明,真假莫辨,欲其做出轰轰烈烈事业而又不失气节,自是困难。所以我们于此实施士气教育之际,学校教职员必须革除以往弊病,大家以身作则,切实进行,自可收到事半功倍之效。

第三,学生要抱有努力学问的恒心

我们综览中外古今历史,知道多少英雄豪杰,都是在青年求学时代,先把自己学识基础打好;然后用其渊深的学识,置身国家社会,成其伟大的事业。我以为在实施士气教育时,我全国知识青年界,亦须有此信念;大家朝于斯,夕于斯,孜孜不倦,则一旦水到渠成,自有融会贯通之一日。我们青年在求学时代,如果能从学识上,修养到"择善固执","拳拳服膺",将来自能明白是非,知所取舍;不为利诱,不为威屈,不为邪说遁辞所蔽惑。能够如此,则孔圣所说的"三军可夺帅也,匹夫不可夺志也"的境界,自能达到;而像楚汉之际,齐田横率五百义士不降汉,以及宋文文山、明史可法一流人所干的忠义行为,也是不难做到。孟轲说:"生,人之所欲也,所欲有更甚于生者;死,人之所恶也,所恶有更甚于死者。"这种为正义与真理而奋不顾身牺牲一切的行动,绝非没有充分常识修养的人,所能望其项背。东汉之季,蔡伯喈(邕)因常识不足,宗事董卓,结果身败名裂,贻于载羞,最足为我们青年警惕。故我以为在此推行士气教育的当儿,我全国知识青年界,应下最大的决心,彻底觉悟,先在学问下多所努力。

关于士气教育的整个方案,自非在此两三千字短文所能毕述;本文仅就它的目标特性及实施时应行注意之点,略论一二,自审挂一漏万,在所难免,惟愿以此与我全国知识界共勉之。

公民教育的意义和目的[1]

诸位同学：今天的演讲，是本校举行"公民教育"讲座的第一讲，也可说是这个讲座的开场白。本校在九一八、一二八事变以前，教育方针完全是为教育而教育——故对学生只求其学识及体格上的修养，能够日臻完善，就算已尽我们的责任。及九一八、一二八以后，觉国家民族日濒危殆，教育方针如果不变，教育根本就失了其存在的意义，所以我们就定了以实施复兴民族教育为办学方针，四五年来我们孜孜不息，无论设备方面课程方面，或精神训练方面，都是根据这个方针。每学期纪念周举行之特种讲座，亦是这样。我们在民国廿一年度有复兴民族教育讲座，在廿二年度有救亡图存讲座，在廿三年度有未来世界大战讲座，在廿四年度有非常时期教育讲座，本年度又有公民教育讲座。标题虽不同，而用意与目的则一。我们就是想藉纪念周时间，公开演讲，灌输政治意识，激发民族情绪，研究救国方法；希望诸位明了这一种演讲意义的重大，除非有万不得已的时候，切勿轻易缺席，尤其是本年度的讲座，关系国家民族前途甚大，我们可以说中国民族能否复兴，全要看全体国民有否"公民"的资格。所以这个讲座，我们预备分两学期讲完，大约本学期所讲的题目，系偏于总论方面，下学期要讲的，则系各论了。

讲到"公民"二字，我们就联想到民众与国家关系的密切。诸位都晓得国家有三个要素，就是人民，土地，和主权；其中尤以人民为重要。有健全的人民，即使土地和主权失去，也会收复。我们看德国去年收复萨尔区域，全靠区内人民投票之力，就可以知道"人民"在国家中地位的重要。我国古代先圣有"民为贵""民惟邦本，本固邦宁"的话，理由正在这里。一国之中，人民的血统语言，宗教信仰，未必要完全一致，但政治的思想则必须统一。何以见呢？先就血统来说，美国可说是世界中人种最复杂的国家，不但红黑白三种杂居全国，而且白种中有好几十个民族，好几十个国家的移民。苏俄境内也有一百八十二种的人民，除四分之三为斯拉夫族外，其余的四分之一中，就有一百五十种的人民。此外比利时系由华伦(Walloons)族和弗里明(Flemings)族两大民族组成，瑞士系由德意法三国民族合组而成，都是明显的例子。然而这些国家，并不失其独立的资格，而且系世界上富强的国家。再就语言来说，一个国家内人民的语言不一致，于国家的独立并不影

---

[1]　本校每学期均利用纪念周时间，举行有系统之特种讲座，同学获益不少，本讲系"公民教育"讲座第一场，尚有第二三讲座在本报继续发表，希读者注意。原编者注。该篇原载《大夏周报》，1936 年 10 月 20 日，第 13 卷第 4 期，第 71—73 页。

响。我们晓得比利时说法(华伦族人)荷(弗里明族人)两国的话,瑞士说德法意三国的语言,苏俄有一百四十九种的方言,比我国还要复什;英国苏格兰爱尔兰威尔士的人民,与英格兰人所说的话,也相差很远。然而这些国家,并不因语言不同而解体。至于宗教信仰之不同,更与立国的基础无关。美国境内宗教之复什,尽人而知,顾美国国势之强,却又举世鲜与之比。所以我说一个国家内的人民的血统语言和宗教信仰,未必要完全一致。一个国家内人民的政治思想,如果不一致,那影响就很大了。政治思想不统一,不但国内容易发生内乱,足使国家基础动摇,而且常常可以引召外侮,甚而至于亡国。所以目前世界上进步的国家,都致力于国内共同的政治思想的训练。所谓共同的政治思想的训练,必须做到两种地步,第一须做到人民对本国的政治制度或党义,能够有深切的了解,第二须做到人民能认识国民应有的义务。美国很早就有"美国化"运动,用意就在想把居住美国国境内任何国家的侨民,都能认识美国的政治制度及其对联邦政府应有的义务。最近俄德意三国对此种工作,尤为努力,且都卓有成效。苏俄有少年先锋队(队员为十岁至十六岁的少年男女)及共产主义青年团(团员为十四岁至二十三岁的青年),德国亦有希特勒青年团,散布全国各大都会及乡镇。希特勒青年团中分:(一)少女团(团员系八岁至十五岁的少女)(二)少年团(团员为八岁至十四岁的少男)(三)女青年团(团员为由十五岁至二十一岁的女青年)及(四)青年团(团员为十四岁至十八岁的男青年)四种,分别授以国社党的党纲及其政策。意大利亦有巴里拉(招收八岁至十四岁的男孩)前锋队(招收十五岁至十八岁的男青年)少女团及女青年团的设立,推行全国,凡此均足见现代国家对儿童和青年对未来的公民教育的重视。

根据上面所说的国家要素,及世界各国训练青年的重视,我们就可以明白所谓公民教育是什么。公民教育,是用教育的力量,灌输人民以共通的政治思想。它的范围是包括全体国民,并非限于在学校里的学生,故它是包括在学校教育与社会教育的里面。它一边利用学校正式课程,教育儿童和青年,准备做未来的健全国民;一边又利用社会教育,训练全体成人民众。

公民教育除灌输全体人民以共通的政治思想而外,还教人如何做人的道理,所以公民教育有时也当做"好人教育"看。目前各国的公民教育,都不仅教人民了解政治认识党义和克尽国民义务,且都有其关于道德方面之修养。例如苏俄的少年先锋队队员,政府除养成他做社会主义的信徒和劳动阶级的斗士外,还教他们养成五种好习惯:(一)注意个人及公共卫生,(二)勤勉互助,不畏艰苦,(三)爱护公物,(四)不吸烟,不饮酒,不骂人,(五)努力工作,宝贵时间。德国希特勒青年团亦然。它除宣传国社党主义以外,也有道德和健康的训练。国社党的党纲,非常扼要简单,大意只有四条:(一)民族高于一切,个人等于零;(二)取消不平等条约;(三)德意志是德意志人的国家,极端排斥犹太人;(四)实行国家社会主义,反对共产主义。此外该团尚有着重优生方面的训练,订有结婚规律十条,其最足使人注意且发噱的有五：(一)婚姻是种族的非个人情绪的，(二)婚姻应注意对方的遗传血统，(三)反对与犹太人及非欧洲人结婚，(四)反对独身主义，(五)奖励多生子女，每人最少生小孩三四人。

公民教育的目的，是随时间空间而各异的。世界各国如英美与俄德意各不相同，但养成一种公忠报国之意志则一。我们中国过去教育偏重个人尊荣，如"书中自有黄金屋，书中自有颜如玉"，"天子重英豪，文章教尔曹；万般皆下品，惟有读书高"，皆充分表现一个人受教育系为个人养尊处优起见。这种见解，当然不适于今日之中国，在目前国难严重的当儿，我国公民教育的目的，应针对下列三个目标：

第一，对国家应有统一的政治思想——以三民主义为我国共同的政治思想，训练每一个公民能够做到民族解放，民权实现，民生充实的地步。

第二，对民族应革除民族的大病——中国民族大病最显的，有贫、弱、愚、私、散、怯六大项，施行公民训练，应针对此项大病而发。

第三，对受训者本身须训练到能够"立己立人，自救救国"的地步。

论今日大学教育诸实际问题[1]

　　我国大学教育制度大半取法欧美,这种制度本不甚健全,在欧美各国,亦正在施行各种补救方法作改进试验。不过此制度输入中国后,更徒具躯壳,失去真谛,而办学者因受大学法规的束缚,感人材经济的缺乏,虽欲改进而势有所不能,于是因循敷衍,流弊丛生。笔者办理大学行政有年,平时观感所及,经验所得,深觉目前大学教育状况有很多令人难以惬意的地方。兹值教育杂志社以教育实际问题征文,特概述数端,以与海内贤达相商榷。

一、师生情感问题

　　今日我国大学教育,有一种普遍现象,就是教授与学生关系过于机械化。各校师生,除于排定的时间在教室里见面外,平时很少有接触机会。这种现象,因自新教育实施以来,就是摇铃上课摇铃下课,大家习以为常,恬不为怪;其实里面有很大有弊病——那就是师生情感不能发生亲切的联系。因为照现行办法,师生授课听课,如同买卖一般。"日中为市,市毕而散"。下课之后,学生往往找不到教授作学问的探讨,结果师生间不仅谈不到师弟情谊,即普通友谊关系,亦很难办到。今日大学内一学程修习人数,少的有三四十人,多者亦有至百余人者;尤其是大学一二年级各种某本学程(如政治学概论、经济概论、普通心理学、中国通史、自然科学总论等等),每班辄超过一百人以上。像教这一种课的教授,每天上课点一回名,就要花几分钟时间。如果逐日点名,不但空靡学生宝贵光阴,教授亦难免敷衍塞责。假如概不点名,恐怕穷一学期上课时间,教授会一个学生都认不得。在这种情形之下,学生与教员间,当然不会有亲切的关系;师生的情感既无从建立,学校等于旅舍,教员等于贩卖知识者,学生变成知识店的顾客,彼此相视若路人,学校学潮,往往种因于此。欲补救此种缺陷,一方面固然要从经济方面着手,将各种基本学科,多开数组,限定每班人数,俾担任教授可有充分时间批阅课卷,常与学生接谈,促进师生情感;一方面则必须推行真正的导师制(我国国内也有数大学施行导师制,然若言其实效,则去理想尚甚渺远),俾学生得自由选定自己认为满意的教授,做其治学与为人的指

[1] 原载《教育杂志》,1937 年 1 月第 27 卷第 1 号,第 59—65 页。

导者。我国旧时书院制度实有许多优点，我们现在固不能开倒车，把各地书院完全回复，但它的精神，实有发扬光大的价值。考书院制度源于唐明皇置丽正书院、集全国名士于一处，一时天下士子，莫不慕名师前往求学。宋时有白鹿、石鼓、应天、岳麓四大书院，盛极一时，宛若今之大学然。元明清各朝尤为发达，我们晓得差不多每府州县，每一较为热闹的小市集，就有大小不同的书院。在书院里，弟子多系慕先生的学行而来学，先生亦多因弟子的资性而授以心得，所谓"因材施教"者，正于书院中可以看到。在书院制度之下，师生日夕相处，一如家人。师之视生若爱子，生之待师如慈父，融融济济，绝没有像今日大学里面，常有学潮发生。在今日大学师生情感非常隔阂傲慢的时候，鄙意以为书院制与导师制实有挽救时弊的特长，因特提供于此，作欲谋改进大学教育者的参考。

二、基本学程训练问题

今日青年学子中英文程度的低劣，是无可讳言的事实。这种情形，我们在每年暑假各大学招考考卷里面，最容易看得到。往往每百本中文或英文考卷中，要找三四十本差强人意而够得上"清通"两字的试卷，都恐怕很难得。我们晓得这两门功课是求一切科学知识的基本工具，"工欲善其事，必先利其器"，做工的人没有快利的工具，就不能"善"他的"事"，为学之道也正是这样。一个青年的基本科学没有充分的训练，一切的学问，简直就无从谈起。这个问题在私立大学里尤为严重；因为国立大学，它尚可于招考时从严挑选程度较优的学生，私立大学就难办到。许多私立大学的经费，大部分是靠学费收入，收生难免从宽，中、英文程度就更参差不齐。为补救是项缺陷，现在公私立大学，往往把一二年级课程，偏重于基本工具的训练，三年级以后才授一些较为专门的知识，所以今日一般大学毕业生，其能于毕业后，独立继续研究一种学问，实在是凤毛麟角，不易多得。在大学里来注重学生基本训练，这实在是违反大学教育的本旨。大学是研究高深知识的场所，并非训练学生基本学科的机关。今日一般公私立大学都在做这种工作，这不能不认为大学教育的危机。大学既逐渐向"中学化"运动前进，又何怪乎我国学术文化水准之不能提高呢？

关于挽救这种危机，我想不但直接从事大学教育事业的人，有其责任，全国教育行政当局及中学校教师，都应负一部分的责任。我们一方面要加紧大学工作，督促现在已进大学的学生，在最短期间把基本工具训练好，一方面中央及各省市教育当局今后对中学教育，应特别着重于学生基本学科的训练。中学校的课程，不妨酌量减少一部分，惟效率则必须提高。各学校当局，平时对学生国文、英文考成，须特加注意，务使每一个预备升学的高中毕业生，对此治学的基本工具，最低限度要培养到"清通"两个字。果能如此，学生到升大学以后,就可逐渐作专门研究的工作,大学教育程度,也就无形提高了!

三、教授资格待遇问题

　　讲到教授,在大学里好像没有什么问题,其实不然。教授在大学中的地位,实比经费来得重要。一个教授学验丰富和志操卓越与否,不但关系一个大学的声誉,并且直接影响学生的信仰与行为。我国今日各大学延揽教授,有一个共通的弊端,就是只注重教授本人的出身,而不注意他的学识与品性。我们综览各大学的教职员一览表,十分之九都是留学生。固然本国大学现在尚未达到能够培养大学师资的地步,但专请留学东西洋各国大学回国的学生来充当教授,实有很大的危险,尤其是许多连中学都进外国学校的教授。这句话怎么讲呢? 一个国家有一个国家的历史、风俗、习惯和它的立国精神,它的教育政策就各有其特殊性。美国的教育政策与日本不同,英法的教育政策,更与意德两样。因为这个缘故,所以由外国学校出身的教授,其学识品性思想和日常行为,就未必皆适合本国的国情。试任举一端来说明,譬如"政治思想"、"民族意识"、"爱国思想",谁都晓得是与一个国家有密切的关系,然而今日公私立大学教授中,就有许多缺乏国家思想贱视自己民族,或竟反对政府的专门学者。这一种的言论思想,假使在学生面前流露出来,那其影响的恶劣,委实不可思议。我们知道大学学生对于时事问题最有好奇心,最喜欢向教授们探问,而这些思想不健全或偏激的教授,往往信口开河,随便批评当局,指斥政府,甚至讥笑怒骂,不负责任的大放厥词,这最足引起青年对时政的怀疑与误会。惟是这种情形,仅对现状作不满意的表示,虽非善举,于整个国家民族独立前途,尚不致有绝大的恶影响。最可痛心的,就是有些教授们,碰着国家有什么大变局发生,或民族有什么缺点暴露,就作"中国真不得了","中国不亡,是无天理","中国人真坏极了"一套的论调,这给予学生对国家民族的蔑视,使其失去了自信的观念,于国族前途,实有无穷的隐患! 我讲这些话,并非说作这种论调的人,一定都是留学外国的教授,也非对某一些现任教授作薄情的暴露,不过揆诸良心,今日公私立大学里是有像这类不幸之事,故特郑重指出,希望从事大学教育的事业的人,应该时加注意。至于如过去数年上海曾有过以办理大学为攘夺政权的工具,专请政客官僚为教授,驱使学生为爪牙,那就更难设想了。

　　此外尚有一个问题,那就是教授待遇问题。这个问题在国立大学里或不至于若何严重,在私立大学里就很难解决。在国立大学里,教授只感觉到能否安居乐业,在私立大学里就不仅钟点多,报酬薄,且有学生多寡的问题。私立大学教授,每周除须担任十几小时课务外,尚须批阅每班数十份甚至百余份之笔记或考卷(私立大学设聘助教者甚少),这真是够麻烦了。一个人的精神是有限的,一个教授如果有四门功课是超过五十人以上的学生,那每周就有几百份的课卷要批阅,试问尚有多少时间去预备功课,有多少时间可以继续研究呢? 至言及教授的继续研究,学校设备充分与否,也值得吾们注意。今日国内大学设备完全者,固为不少,然尚须充实者,亦非少数。政府对设备尚欠完善之大学,宜有通盘的计划,尽量补助,以期大学都能达到应备的条件。

四、课程及毕业标准问题

大学校里的课程或教材问题,这不仅是我国大学教育中的严重问题,即世界先进各国,也时感这个问题的威胁。这个问题在我国大学中值得考虑的有两点:

(一) 材料问题

我们在上面讲过,一个国家有一个国家的历史、风俗、习惯和它的立国精神,所以一国的大学教材,不应专采用外国教科书,尤其是社会科学,更不宜以他国著作家写成之作品,为学生主要课本。近来商务印书馆及其他各大书局,出版大学丛书,善于社会科学方面,各著作家均能充分利用本国材料,这是我国大学教育的好现象。惟截至现在,自然科学的课本,尚少有本国人士的著述。间有一二问世,也多是根据外国某几种书加以整理或编制,自己的创见或发明则尚未之见。这当然是充分表现我国科学教育的幼稚,国内研究科学教育的人尚为少数。我们希望现在各大学理工教授,急起直追,竖起中国科学的旗帜,俾于数年之内,我们自己也有适合本国国情的科学课本。笼统来说,科学当然无国界;我国科学既未发达,应尽量推进科学化运动,但若严格来说,正因中国科学未发达,我们需要自编的课本,因为我国科学建设既落人后,国人科学基础知识尚甚薄弱,一个青年升入大学后,马上授以与西洋科学发达各国大学的同一课本,学生实在有许多地方感觉困难,不易领悟。如能自己编订课本,并以我国环境的自然现象相印证,则不惟青年的科学知识可以增加,且于研究科学的时候,亦能增强青年的爱国思想。要达到这个目的,笔者建议政府应立即成立专门编审机关,负责推进这种工作,或即责成现有之国立编译馆,罗致专门人才,从事编撰,或特约现在国内有名大学教授撰著,加以审查印行,通令全国采用。此外国立中央研究院各研究所亦当负起这种责任,协助中央编审机关,完成此项工作。

(二) 毕业标准问题

今日公私立大学考成学生毕业标准,不外采用学年制和学分制两种制度,二者都有其特长与流弊(详见拙著学年制与学分制之商榷)。我个人觉得这两种制度均太死板,都容易使学生变成"文凭"的奴隶。学年制固使高材生不能有迅速的进步,因为人类好逸恶劳;采用学分制,亦易养成学生避难就易的习惯。要补救这两种流弊,笔者以为今日的大学,应向"书院化"方面前进。一方面由中央规定各科系课程标准,通令全国各大学一致施行;一方面在大学里各科系应设置主任教授及副教授、讲师若干人,常川驻校。每个教室须自成单元,设备充分研究室化,每日至少须有主任教授副教授二人以上在室指导。学生上课,就在室内自由阅读,其有未能领悟或研究进程发生困难,就由教授从旁辅导或讲解,不必像目前机械化上课一样,彼此均受时间的限制。这种办法,不仅学生可随其资性与兴趣所及,自由研究某一问题,师生间的情感,无形中亦可增进不少。每一问题或每一学程于学期开始时,即由教授拟具研究大纲,并指定必需阅读的课本或参考书,发交学生研究,及学生对此问题能有相当了解或指定所读之书大体看完之后,就由主任教授择要考试,倘能及格,即可令该生续行研究另一问题或另一学程。一个大学学生候修完中央所定课程标准后,由学校举行一次总考试,其能及格者,就算毕业,不必再问该生在校几年或修过多少学分。

五、大学行政问题

办理大学行政,困难的问题也不少。在国立大学里经费充裕,大学校长最困难之点,就在延揽教授与肆应学生;私立大学则除上述难点外,尚有经济上的问题。我们上面讲过私立大学因大部分经费靠学费收入,收生不免从宽;因收生之未能严格,学生良莠不齐,不仅开设学程时感难关,即管理方面,有时亦不易处置。此外近年来官厅注意各级学校状况及统计等,每用一纸公文,通饬或函咨各学校造册填报,纷繁复什,这予办理大学行政者亦有疲于应付之势。兹将大夏大学最近三个月来已填报各种表格则列表如下,以见一斑:

调查机关	填 报 文 件
教育部	二十四年度校务概况调查甲种八项十三项
教育部	呈报从前预科毕业生塔尖入大学本科学生名册
教育部	二十五年度校务概况调查十三种
教育部	二十五年度新聘教职员及离职员二种
教育部	二十五年度秋季新生名册呈报
教育部	二十五年度冬季毕业生名册呈报
教育部	二十五年度补助费第一期用途呈报
教育部	社会教育系设备设计呈报
教育部	免费学额呈报

（续表）

调查机关	填报文件
教育部	转院系学生一览表
教育部	师专毕业升入本科学生名册
教育部高等教育司	本届新生入学英文成绩调查
教育部社会教育司	连环图书一览表
司法院	二十五年夏季法律系毕业生名册呈报
司法行政部	二十五年夏季法律毕业生成绩呈报
全国学术工作咨询处	本校登记学生成绩调查
国立编译馆	全国教育专家调查
军委会资源委员会	本年教职员调查及历届毕业生调查
军委会资源委员会	二十四年毕业生履历表
专科以上学校毕业生就业训导班	本校保送学员在校历年成绩表
上海市国民军事训练委员会	集中军训学生人数调查
上海市国民军事训练委员会	救护训练班备案表
山东教育厅	本校鲁籍学生调查
浙江教育厅	二十四年度浙籍毕业生二十五年度浙籍肄业生调查
河南教育厅	本年度豫籍学生调查
云南教育厅	本年度滇籍肄业生调查
上海市社会局	本年度教职员调查
上海市社会局	优秀学生调查
计政学院	本校投考学员学历调查
圣约翰大学	出版刊物调查
交通大学	延聘教员待遇调查
上海市商会	商业教育调查
湖社	湖籍教职员及肄业生调查

　　大学教育行政上所发生的实际问题，不仅上述数点，然仅举一二，已足概见其余。笔者以为欲延揽好教授，最重要的还是经费问题，也就是教授待遇问题。故政府如有决心整顿大学教育，国立大学经费必须使其独立，私立大学每年度的补助费，则宜尽量增加。至于肄应学生，只要上述的导师制能积极推进，或使大学渐具"书院化"的精神，则师生情感自日趋亲切，研究学术空气自日见浓厚，一切问题，也就不致发生。再如最后所举的填报表格问题，个人以为政府须有一个统一调查机关，各校只对该机关负责，全国其他行政机关需要材料，即由该机关供给。表格内容亦宜简单化。

六、大学生品格训练问题

最后而最关重要的是,便是大学生品格训练问题。现在抨击大学教育的,往往以大学生品格日卑来责难大学当局。其实学生训育应由家庭、社会、学校三方面共同负责,如果有一方面不好,就可弄坏一个人的品性。学校对学生品格训练,只能负三分之一的责任,其余三分之二,应由家庭教育社会教育去负责。且单就学校教育而论,照现行教育制度,小学六年毕业,中学六年毕业,大学四年毕业;综合起来,一个人受教育的时间,一共有十六年,而大学则只占学校教育十六分之四或四分之一,因是之故,大学生品格不良,我们不能专归咎于学校教育,更不能专归咎于大学教育。这并非替办大学者推诿却责,不过吾人应该把一个病诊断清楚,然后才可对症下药。

欧美各国大学多无正式训育,推其所以然之故,乃因各国对中小学训育管理非常严格认真,社会环境较为优良,家庭教育较为进步,故一个中学毕业生,在彼邦已是良好的公民。升入大学后,学生已能够自治,用不着学校来再担忧。中国今日不要说家庭教育不良,社会环境恶劣,即就学校教育而言,一般中小学除教学生一些书本上的知识外,对于学生平素行为及日常生活,甚少注意指导,放任异常,故大学不得不施行训育,以期有所纠正,而纳之于正轨。

"亡羊补牢,犹为未晚",大学施行训育,如社会肯与大学合作,则学生行为上人格上苟有失当地方,犹可于在学期间予以指导纠正。无奈现今大学所处的环境太坏了,社会方面不但不与大学合作,共同负起训练青年的大责,反往往有野心家要利用意志未定的学生,从而破坏大学;因此办理大学训育的人,时常感觉棘手。这真是至可伤心的事!我们晓得照目前社会状况,无才无德不学无术的人,只要有人奥援,即可居高位而得厚禄,并且还可以恃势凌人;这实在给大学学生一个极大的引诱。今日一般青年,都以为只要能趋炎附势,结识权贵,不怕毕业后没有出路。至于进大学的真正本义——研究学术、修养品格——反可以置诸脑后,此真是我国大学的怪现象,也是我国大学教育绝大的危机。这种危机,如果听其蔓延滋甚,其结果之恶劣,自不待言。笔者以为今后政府与大学应绝对合作,彼此互信,当局不利用学生破坏学校,学校亦应推诚相见,在合理合法范围内拥护政府,大家戮力同心,共同负责培养有识有才有气节的青年领袖。至于在学校里面,单靠训育主任或几位训育员做训育工夫也是不行,必定要全体教授,共同负指导学生生活的责任。

今日大学校内所发生的实际问题,实不止笔者在上面所指出的诸点,但上述各点,实为目前大学教育最大的问题,需要我们速谋挽救。上面所举的每一个问题解决方法,也许有些过于理想,一时不易办到;但我相信只要当局有决心,和我们从事大学教育事业者能觉悟,大家拿定目标,立定脚跟,迎头赶上,我想一定可以达到理想的目的,臻于完善的境域。

经济恐慌下之青年求学问题^[1]

一、青年之苦闷

青年时代，求知之欲至为旺盛，故其对于就学问题之关心，恒较其他问题为切。无如人生遭遇不同，环境之限制，每难使人如愿以偿。在产业落后之中国，近数年来，受世界不景气高潮之袭击，社会经济日趋衰落，于是一方面因商业萧条，而工厂倒闭，而农村破产；另一方面因紧缩关系，而裁员，而失业。经济恐慌，弥增无已，生活且极堪虞，子女教育自属更难兼顾；故不特胼手胝足之勤苦青年，固早已与教育绝缘；即小康之家，亦频因教育经费之无法筹措，其子弟相率由学校退出，此种现象，逐渐普遍，于是无力升学与中途辍学之青年指数，日益激增。

青年上进目的既不可达，为维持生活计，势不得不转而就业。然值此各业紧缩，人浮于事之际，泛论就业，更非易易。乃有大部分青年，升学就业两俱不可，歧途彷徨，益增烦恼。

此外，因夷族之入侵无已，河山破碎，大局动摇，使一般纵有求学机会之有志青年，更不能无动于中，怆然于怀，悲慨郁抑，未能安心向学，因而怀疑到现代教育价值一切社会制度者，自亦难免。

凡此缘由，均足使青年之生活观念易沦错误，求知之欲不能获得正常解决之蹊径。

但青年于此，正不必悲观失望，须知际遇虽不可求，努力还在自己，幸而经济能力充裕，尚有机会升学，则当认清高等学校之价值，就本身之需要与兴趣，根据治学原则，确定读书计划，以冀更大造就。否则社会为一大学校，即使失学，无论就业或失业，亦可各就其机会环境，择其所好，确定目标，善自研习，倘果运用得宜，则锲而不舍，金石可镂，收获或许还非学校所可及。本文兹以此为旨，从而分论之。

二、关于失学就业者

求学与职业虽不能混为一谈，然职业中常含有学习之意味，教育之作用，实充塞于全

---

[1]　原载《教与学》，1937 年 11 月，第 2 卷第 11 期，第 71—77 页。

部生活之中,非仅为生活之准备而已。人之一生,处世接物,应酬进退,经验渐增,学问渐进,此为一定之规律。就业以后,即已加入社会实际场所,对于实际问题之幻化及其处理之方法,无不亲身经历。此种自然之教育场所,苟能随时运用,细加留意,以生活问题为研究对象,以人事为导师,则成效较之学校教育更为切实而专门化。是即求学并非限于学校,亦非生活之片断的明证可知。就业又何必以失学为虑哉! 兹再分别言之:

(1) 职业专门技能之熟习熟练

通常以求学为就业之准备,职业为生活之目的,是亦未免轻视生活之意义过甚。夫人担起社会责任,同时当解决生活问题,故必须具有社会生活知识及生活技能,而学校教育价值亦措基于此。学校教育除授予青年以普通知识外,尚有专门职业技能之讲授实习之机会。就业以后,参加社会活动,因于社会实际生活之间,体察人生与社会之真理,明悉个人所具社会之责任;并因直接参加职业活动,对于职业上之专门技能愈趋专长独到,自属当然之结果。从业之余,在可能范围内,择暇再从事修养,以生活之经历作学术之研究探讨,则学术技能更易同时精进。

大学教育目标之一方面,为专门技能之养成,但业务上之幻变及其应付之方法,颇有非课本讲义及简单之实习所能指授完全者,大学教育遂失其穷,而职业上之长期经历,对于专门技能因熟习熟练而愈趋精进,自极可能,有如前述。例如:师范生实习一项,每以实习时间及其教育客体关系,至多对于教学略有认识外,所有教学上实际困难所在,儿童心理之一般,特殊问题之产生,类都不及前知。及实际从事教育生涯以后,此类问题均须逐渐发现,一经发现,自须计划相当应付方法,发现教学上问题既多,从而陶习益溥,应付益易,技术能力已于无形之日日益加增。其他无论文、理、法、商研究员生,其应付本身职业上所遇困难之所需技能,无一不须重新学习。故就业青年大可不必失学而悲伤,知识何处不可探求? 就其应付之间,随加研习进而精研其原理原则,此乃一种最切实之学问,迥非在任何高等学校中所能获得。

(2) 职业上良好品性之修养

人与人间之倾轧排挤,乃常有之现象,故有职业者未必无失去之危险,罕能永久。则因斯故,在业者除尽一己应尽之义务俾无亏职守外,其待人处事,自然处处小心留意,各种品性上之美德于焉养成。如因欲保持生活之安全,自知撙节费用;因谋事之不易,不敢存非分之想,安分于职守;因防人攻击,而处事十分精细,即零碎琐屑之事务亦必力行不怠;因欲得人合作并避免排挤而对事不敢一意孤行,对人自不意气用事。所有节俭、安分、精细、和平、互助诸德,苟能随时体察,大多于职业生活时候及实际事实教训中可以获得。

(3) 职业上行为之锻冶

职业上行为之检点更非书本上之知识,青年就业以后,自知所有一举一动,与本身职业至有关系,而不时检点之必要。当行事之初,首先明白事理,辨别是非,临事镇静,能断能行,有次序,有组织,能尊一,能勤慎,诸凡各种社会行为之能适应,类多从社会生活中锻冶而成。

综观以上各点,如对于职业之意义果有确切了解,则职业实非生活之目的,而为吾人欲达到生活目的之际所用以教育吾人之手段及工具。就业以后,苟能善用此种手段与工具,则求学问题即已解决,又何必以失学为忧乎!

三、关于失学而又失业者

立身处世,学问最为可贵,惟其学业上有所成就,事业上才得有所成功。求学作用关系一生,故人一切宝富利禄可以不取,而不可以不学。而社会除出于万不得已,断不忍令青年失学,以致自暴自弃。青年所负使命至为重大,国家兴亡,青年理应积极负起责任。然求学能不仅在乎学校,亦无须乎仅恃学校;学校之外,更有学校,社会亦广大之学校也。虽然,学校之中有导师之讲授,同学之切磋,应用参考书之便利;然求学成功之根本要诀,首视动机,必然出乎自动,根据需要,兴趣浓厚,一心一力以赴之。否则求学目的未清,亦乏真诚向学志趣,自动之意识微薄,虽良师良伴及完善之设备当前,究有何予?所以现代教育,崇尚自动之学习,新教学法采取自动辅导之论,原由于斯。学习成功舍自学而外,实无他道。自学精神,不特可行之于校内,抑可以试之校外。青年一方面既乏经济能力以继续升学,又不能参加职业活动以取得实际学问,惟有循自学之一途,以满足其学问上之需要,补救其机运上之不济。

然自学实际过程之中,因时间与身心不易固定,及无善导督之教师,困难甚多。不过任何困难,并非颠扑不破,如果意志坚强,自信力深,则克服困难亦非不可能。第一,自学者须注意生活与思想之规律化。盖读书要点,首在注意力之集中,而注意力之能集中,尤须生活有规律。苟生活毫无规律,思想纷然杂乱,注意力必然薄弱。然社会环境紊乱如此,既已失学,又复失业,经济生活时堪忧虑,自属难得有秩序之生活,加以国事纷纭,夷族侵逼,思想更难获入正轨。不过应于万难百忙之中,力持镇定,即平日作息必守时刻,起居动静亦有次序,因之生活与思想渐趋一致,则注意力自然集中。第二,预定读书计划,所以避免环境刺激所引起之分心,可以促进研究之志趣及效率,减少精神及时间之浪费,并可使与其他生活相调和。此外,就性之所近,常与学者及实际有经历者相接触,听取其言论意见,博览图书杂志,以促进理解力与发表力。

总之,自学成功,非不可能,只须意志坚强,毅然自信,严自规约,以社会为学校,人事为导师,未尝不可升堂入室。青年如果渗透此种精神,或许可得无上成功,虽未入学亦复何妨。读近代名人传记,颇多自学成功之例,无论文学科学艺术诗人均多出入人头地之人物。如法勒第(英国物理学家),拜伦(英国大诗人),狄慈根(德国大革命哲学家),爱迪生(美国大发明家),高尔基(苏联大文豪),尤其著者。

四、关于升学者之应有认识

高等教育,虽称普通教育之继续,然目标迥异,旨趣各别。普通教育之目标,在获得人生之基本知能,高等教育则重学术研究及专门技术之养成。设若生平既无学术研究嗜好,又无专门技术之必需,中等或中等职业教育已感足够,自不宜勉强升学,不如专心就业,定有相当成就。每有升学青年,其本身并无若何高等教育之需要,仅出诸家长授意者,实非少数,至于家长心理,希望"一举成名",是读书所以为家长;更有未明求学真义仅因怀慕学府生活及其毕业文凭,于学问反不注意;或为虚荣心趋,不自量力,贸然入学;或明知本身毫无此种特长,勉强为之,终而毕业能力缺乏,中途退学。上述诸端,无非升学太滥,其结果于本身为浪费,使社会亦受无谓损失。

良以此故,国内大学毕业生不复为社会所重视,致使现代大学教育及教育制度备遭怀疑。同一毕业生也,设自外洋回国,其所获社会待遇及地位,特别优厚。吾人姑不论是否为社会用人心理之偏颇,而自身之不健全无疑为一大弊病。此种弊病之肇因,即在青年未明求学目的、本身需要及能力。此升学青年所当注意者也。

所以青年往常之先,首宜认清目的与需要,并应考虑专门学校之价值。简言之,如果对于下列四点:(甲)满足学问需要,促进理解力及发表力;(乙)为事业上之训练;(丙)为职业上之训练;(丁)得广交良师益友等等之帮助,认为相合,则本身才有受高等教育之需要。此外,更宜自审本身兴趣能力,选择相当学科而致力之。循序以进,则升学始可获得善良之效果。

五、结论

总之,青年求学问题,得失非仅属于个人,整个社会文化程度,实亦有联系。学问为生活之全部活动,就理论言,"教育即生活",则生活中恒寓有教育之意义,得以继续向上。就实际言,人生困难至多,须得随时陶习,并凭日常经验,以求学解决。知识青年为社会中坚分子,国家对于青年期望甚深,苟能不自暴弃及不蔑视其所有之社会使命,均应各就实际,排除万难,循正当途径,努力砥砺,以养成有用之材。是不仅个人可获成功,社会改进民族复兴亦厚有望焉。

论大学应注重士气教育[1]

一、甚么是士气

"士气教育"这个名词,或许是我杜撰的。我觉得在这抗战建国时期,办理教育,对青年一方固应注重"力"的培植,另一方应注重"气"的养成。在未论士气教育之前,先说:"士气是什么?"

就字义讲,士气是知识阶级的志气。如果把它扩大,"士气"就是民族的生气,社会的朝气,天地间的正气。

试举一二古人有关士气的文章,以见所谓士气究为何物。屈原说:"既替余以蕙纕兮,又由之以揽茝;亦余心之所喜兮,虽九死其犹未悔!"可说是士气;孟子说:"富贵不能淫,贫贱不能移,威武不能屈!"当然也是士气;《礼记》说:"临财毋苟得,临难毋苟免,"是士气;董仲舒说:"正其谊不谋其利,明其道不计其功,"自然更是士气。正气歌内说:"在齐太史简,在晋董狐笔,在秦张良椎,在汉苏武节。为严将军头,为嵇侍中血,为张睢阳齿,为颜常山舌。或为辽东帽,清操励冰雪;或为《出师表》,鬼神泣壮烈;或为渡江楫,慷慨吞胡羯;或为击贼笏,逆竖头破裂"。可说是我国历代士大夫忠义精神的具体表现。接下所说的:"是气所磅礴,凛烈万古存,当其贯日月,生死安足论?"又足见士气伟大的地方。明诗人于谦有:"千锤万击出青山,烈火焚烧若等闲;粉骨碎身都不怕,要留清白在人间"之句,这又可说是一首象征士气的诗词。他如:"舍生取义,杀身成仁"的道理,"宁为玉碎,毋为瓦全"的气节,夷齐耻食周粟,仲连义不帝秦,这都是士气的精华,并且都须有操持节守的人才能做到。

士气是士大夫的志气,可不再赘了;怎么说把它扩大,就是民族的生气,社会的朝气,并且也就是天地间的正气呢?

有人说:"一个人最可哀的事情,莫过于心的死尽;一个民族最可哀的事情,莫过于士气的凋亡。良心不死,终当可救;士气不衰,总有可为。我们要常存此心,为正义与真理而奋斗!成功不是怎样要紧的,要紧的是伟大。……我们只要求为伟大,由困苦与奋斗而成为伟大。……失败与成功,那是闲人盲目的评价。"这不是很明显的说士气就是民族的精神的寄托所吗? 日本的民族魂是"武士道",德国的民族特性是"创造"和"铁血主

---

[1] 原载《新大夏》,1938 年 7 月 1 日,第 1 卷第 2 期,第 6—10 页。

义"，我们中华民族的国魂，就是此"至大至刚"的士气。民族的盛衰，全视士气的消长，士气旺盛，民族就生气勃勃；反之士气消沉，民族当然奄奄一息了。又有人说："自古国纪废弛，社会堕落的时候，总有几个卑鄙龌龊的人出来颠倒是非，混淆黑白：赵高的指鹿为马，李振的诬蔑清流，是其明证。降至近世，新闻事业横行天下，几个不学无术天良丧尽的人，或作权贵的走狗，或受金钱的驱使，便把他们公正的心卖了。……于是天下靡靡，不知所趋，社会就愈趋愈下。"士气不振，社会就每况愈下，难以收拾，足见士气和社会关系的密切。要使社会各方面呈着蓬勃气象，富有朝气，恐怕舍淬励士气不为功。至若说士气就是天地间的正气，那更显然而易喻了。文天祥作正气歌，开首就说："天地有正气，杂然赋流形，下则为河岳，上则为日星，于人曰浩然，沛乎塞苍冥。"文山先生的意思，就是说天地间的正气，在人类社会里面即系知识阶级的"浩然之气"，士气和天地间正气，简直融为一体了。

二、什么是士气教育

对于士气两字，既有了认识，什么是士气教育？现在也应该加以检讨。士气教育，换句话来说，就是人格教育，也可以说是道德教育。这种教育，就是使我们知识阶级养成一个完全的人格。我们要知道人类的天职最重要的，就是要令人群社会天天进步；要人类天天进步的方法，当然是在合大家的力量，用一种宗旨，互相劝勉，彼此身体力行，造成顶好的人格。所谓顶好的人格，第一必须要立志，这是养成士气最紧要的一件事。立场要坚定而长久不变，那种不为势利诱惑的人，大半是得力于立志，这是可以断言的。从前我国的读书人，对于立志，看得非常重要。不过他们立那入学、中举、点翰林做大官的志，和近代的思想，大不相合。近代知识阶级的立志，是注重发展人群，为大家谋幸福。目前我们中国人的立志，应当把捍卫国家建设社会复兴民族为己任，方为适合。第二要大公无私。有许多外国人，从客观上观察我们中国人的弊点，全在自私自利。凡是人类都有自私心的，或许我们中国人的自私心，因环境关系，比较利害，也未可知。我们的自私心，要以不妨害公共利益为前提；为了人类道德进步着想，我们更应有大公无私的精神。我们要认识先有了民族国家，才有家庭个人。第三要有革命精神。本来大公无私的精神，也是革命精神，不过我以为养成士气，应当特别注重大公无私，所以另外先说。这里所说的革命精神，是大无畏精神，能够进取，不惜牺牲，不怕死，不苟安；上段所说："富贵不能淫，贫贱不能移，威武不能屈，"就是涵养革命精神的成功。无论立志，或是养成大公无私的精神，或是养成革命的精神，在心理思想上，必须要牢记着诸葛孔明所说的两句话："非宁静无以致远，惟淡泊方能明志。"从以上各方面的涵养，完成了个人的人格，就是有了士气。士气教育在大学里,就是使每一个大学生,具备着以上各种的涵养。

三、士气衰颓的现状

近几十年来,我们中国的士气,从一般的讲起来,不十分旺盛,而在九一八事变以后,且有不少事实,证明了士气的衰颓。到最近全民抗战发生,斯文扫地,更谈不到所谓士气了。许多受过高等教育的人,自以为是国家的优秀分子,怕死而不肯牺牲的情形,在这次抗战中,充分地可以见到。有许多已沦敌手的战区,不少知识阶级,为了小己而误大公,没有革命精神和敌人奋斗,以致使敌人得安心减少警备,而能步步深入,这是何等痛心的事!不宁惟是,尚有一部分无耻文人,不仅为了小己而害大公,缺少革命精神,不能和敌人搏斗,而且认贼作父,为虎作伥,丧尽天良,完全做起了汉奸来!王克敏曾经任冀察政务委员会秘书长而做叛国的罪魁,黄秋岳是当代诗人,且任行政院秘书,而做通敌卖国的间谍。他如梁鸿志、汤尔和、周作人之流,在没有做卖国勾当的时候,谁不敬仰他为士林中之佼佼者?而今丧心病狂,一至此极,这更使人欲哭无泪!这种士气衰颓的情形,其普遍降落的程度,简直可以说是有史以来所仅见!

四、士气衰颓的原因

从这次抗战,我们已看见我国目前士气衰颓到若何程度;现在我们应当把它的原因分析一下,以图挽救的方法。依我看来,今日士气衰颓的原因,大概有下述三个。第一个原因,是受了国外思潮的影响。本来在海禁初开的时代,我国读书人尚能以忠君、尊孔、尚武、尚公和尚实五者为修身的准则,后来西方物质文明逐渐输入,此种观念大抵被人斥为迂腐,不合时代潮流,西方的新道德犹未建立,而原有的旧道德却已被废弃无遗,于是大家讲求享受,侈谈平等自由,而士气就格外衰颓了。第二个原因,是国民经济的贫乏。现在是资本主义时代,把中国原有的自足自给经济打破了,新的经济建设,还没有成立,于是国民经济,感觉到极度的贫乏,个人经济,就受到空前未有的威胁,因此有许多知识阶级,为了生活的压迫和家庭经济的负担,就利令智昏,不顾是非而断丧气节,而文人操守,也就每况愈下了。第三个原因,是受强国侵略的结果,尤其是日本的侵略,利用了种种不正当的方法和手段,勾结了一般官吏和文人,往往有许多人投其陷阱而不自觉的。这最明显的例子,就是像今日战区里的绅士和失意官僚,被敌人诱骗出来组织所谓"地方维持会",他们内心里确有一些安土救民的意志,可是无形中就这样的失节了。以上三个原因,我认为都可用教育方法去改进的。譬如第一个原因,我们即使一时新道德新思想建设不起来,利用原有的忠君、尊孔、尚武、尚公、尚实五德,也可把它改进,使消沉的士气重行发扬起来。我们可把"忠君"改为爱护与捍卫国家,"尊孔"变为拥护领袖,"尚武"就是今日推行之严格军事训练,"尚公"就是上面所说的"大公无私"与"大无畏"的革命精神,"尚实"就是注重实学,与今日"抗战建国纲领"中提高科学研究,使科学与军事配合精神并无二致。第二个经济原因,只要教育得法,亦可养成"穷且益坚"的气概。我们知道颜子的箪食瓢饮,并不改变他的求学乐趣,孔子的在陈绝粮,也并不影响他传道的雄心。当时的物质生活,比今日一般文人享受,不知道相差多少倍,但先圣贤之安贫乐道如故。我们如果能利用优良教育方法训练青年,改变青年环境,我想经济原因可以减少至最低限度。第三个原因,更可用教育方法来消除。所以士气衰颓的根本原因,还是在我们过去教育的不健全,以致有今日可怕的现象。我们过去小学教育和师范教育的不健全,这固然是事实,固然也与士气消沉有关系,而大学教育对青年精神训练的缺陷,更为我们不能否认的事实,也是凡办理大学教育的人,不能推诿的责任。

五、大学应当提倡士气教育及其方法

我们既知道士气的衰颓,大学教育当局不能推诿责任,那么在这士气衰颓的时候,我们就应极力提倡士气教育。因为大学是全国知识阶级的聚会所,也就是未来志气的发轫地,倘若能以修养道德为施教中心方针之一,使其蔚成风气,那末不到几十年,士气就可由衰颓萎靡的现象,转变为辉煌蓬勃的风气了,日本当明治维新的时候,觉到幕府时代的恶习和衰颓的士气,一时不易改变,明治就立了五条誓文,下令全国人民实行,但总没有多大效力,而推行也很困难。后来得到伊藤博文秘密的建议,倡设帝国大学,利用大学的力量,去推行誓文,不到二十年,日本的士气就由衰颓而转变为旺盛了。在中日之战和日俄之战两役中,可以看到日本士气的旺盛。好像在北海道的一个寒儒,因为受了日俄战争的影响,以至于不能生活,结果投笔从戎,杀死了俄兵三名,自己也受伤而死,临终时口里还在背念着佐藤教授解释誓文的讲义,从此我们知道大学应当提倡士气教育的重要了。在大学里提倡士气教育,第一必须尽量延揽品格纯正的教授。因为有了品格纯正的教授做模范,学生在不知不觉中潜移默化,就成为一个品行端方的好学生。学校当局,在没有聘定教授的时候,必须特别注重教师过去的精神修养,聘定之后,应当随时考察他的日常生活。学校里主要干部人员,更应当以身作则,切实革除以前的弊病,能够这样,就可培养出有操守有德行的新青年。同时大学教授的地位,在社会上是非常尊严的,大学教授的一举一动,在在足以影响社会上整个风气,所以大学教授如能以提倡士气教育为己任,得到社会的信仰,那效果一定是很大的。第二学生也应当有修养的决心。大学生必须认识自己的地位是很高的,在中国目前的环境下,一个人能够受到大学教育的机会,非常困难,平均每一万人中有一人。如果能有了这种觉悟,就不会自暴自弃,这于士气教育的成功,也有很大的帮助。第三应当尽量补充士气教育的教材。就是在社会科学的各学程里,设法充实关于士气教育的教材,而这种社会科学的学程,须规定为普通必修学程。同时在国文英文或者其他外国语学程里的教材,也应当尽量增加关于提倡士气的教材。第四应当着重精神训练,在这全民抗战的时候,每个大学生,都要存有敌无我有我无敌的决心,都要抱定宁死勿屈的意志,但是要学生有这种决心与意志,就全靠精神训练了。不过提倡士气教育,单着大学本身一方面努力,还是不够,必须政府方面,严明赏罚,激励士气;社会方面,与各大学切实合作,使大学环境日趋优良。能够学校政府社会三方面共同努力,我想大学里士气教育的提倡,一定会更有伟大的收获。

六、结语

教育是民族精神所寄,国家百年大计所关,万世人心所系。大学教育尤处于各级各种教育的领导地位。大学校里如不能创造优良学风,培植出有能力有气节的人才,不仅影响到一时代的风气,而且贻误了整个民族生存的前途。在这抗战建国兼程并进的时候,中华民族抗战能否必胜,建国能否必成,全视我们民族的新细胞,是否具备了有一种足以担当惊涛骇浪的袭击而不颠蹶的能力;而要每一个民族新细胞都不颠蹶,都能肩起创造并肆应这大时代的责任,自非先使这些新些新细胞在意志操守方面,具有充分的修养不可。大学教育的对象,都是将近成年的青年;这些青年距离建设新国家的年限最短,三四年级的学生,今年是在学青年,明后年就是国家建设的继承者和协助者,这些人如操守不谨严,在这民族存亡千钧一发之秋,马上就会置国家民族于万劫不复的境地。所以士气教育在今日全国各级各种教育中固应极力倡导,而在大学里尤为不可或缓之举。窃愿全国办理大学教育者亟负起此种伟大的责任。

推行导师制平议[1]

(一)

今日各级学校的怪现象,莫过于教师与学生关系日见疏远。教师为支薪而教书,学生为文凭而读书;彼此关系,除了在教室讲习而外,在平时简直是陌生路人。大学师生关系的疏远,其程度比中小学尤为深刻化。大学采选课制度,某一学程选修学生,少者数十人,多者竟达一二百人。教师上课之时,往往连学生有否出席,都不知道。如欲点名,不但耗费时间,而且在广大的课堂内,坐在后排的学生,可以托人代到。有时患近视眼的教师,连学生的影子也辨别不清。大学的教授关心学生生活的,可说是绝无仅有。我国过去大学,大多集中于平京沪粤等诸大都市,一个著名教授,往往兼职数校,因是彼即欲指导学生生活,事实上亦有所不能。在教授本身整天为教书预备教材忙,在学生方面对某种问题欲有所询问,常感教师不在之苦。因为这个缘故,教师与学生的关系,可以说完全只是知识上的交易关系。教师以知识出卖,向学校支薪,学生为取得文凭,缴费上课。学校,教师,学生,三方面就在这样商品化的场合之下,发生一种不即不离的作用。这种情形,我们回想到过去新教育制度未实施以外,全国在书院制度之下,师生相聚一堂,教师视学生如子弟,乐育为怀,学生视教师如父兄,崇敬备至,真令人有今昔之感!我们知道过去书院里的师长,是弟子整个生活的指导者。他们不仅传授弟子以经史上的知识,对于弟子的思想、行为,以及一切做人之道,亦每加以切实的指导。他们平时对自己修养及操守,亦非常谨严,故弟子对书院里的师长,均至为敬仰。自从学制革新之后,学生生活指导责任,划由少数训育人员负责,训育处成为学生的"巡捕房",于是师道尊严,凌夷扫地,青年的奔放思想,乏人指导,结果遂酿成过去二十余年来偏激颓废之学风,寡廉鲜耻之士气;而青年因无人指导误入歧途死于非命者,更不知凡几。国家损失,至为重大。学校内训育工作划由少数训育人负责,实际上无补于事。一个数百人乃至于一二千人的学校,把学生生活指导的责任,委之于三五位的训育人员,姑无论这些人的道德学问,是否足够指导青年,即退一步而论其工作,也难免有力不从心之感。因为单就有关训育方面的例行公务,每日就够训育处人员麻烦,那有余力去实际指导青年的思想行为?那有余力去指导青年待人接物的道理?因为时间上的不容许,训育人员无法,只好向学生讨好,求其能相安无事,不闹风潮,就已心满意足。学校中的校长,眼见学校秩序安定,没有风

---

[1]　原载《教育通讯》,1938年10月29日,第32期,第4—7页。

波,亦就自诩为办学成功。如果有人问其学生平时生活怎样？品性如何？思想健全与否？校长,训育主任,训育员,恐怕只有瞠目相对,无以为答。在这样情形之下,学生生活指导形成无人负责,偏激颓废,势所必至。学生与教师既膜不相关,当然不会生敬爱之心,而师道尊严,也就每况愈下了。

(二)

为了补救上述的弊病,近年来国内教育界人士多著文立论,主张学校中学生生活指导事宜应由全校教师共同负责。教育部最近颁布导师制实施条例,更明白规定中等以上学校应推行导师制及其施行办法,以期回复书院制度时代的精神,增进青年与教师间的情感。兹将推行导师制的利益,略述数点如下:

一、纠正青年思想

我们知道青年思想最为奔放,感情最易激发,如果领导乏人,或导之而不得其当,就易为邪说所蔽,流于偏激,趋于颓废,这是国家的极大损失。推行导师制度,就是要使每一个学生都有其自己认为最可敬仰的师长,为之指导一切,如是则学生思想自必渐见健全,行为亦必渐上轨道,成为国家有用的人才。此其一。

二、推进教育政策

立国于今日的世界,必有其立国的精神和卫国的实力,方能独立自由,而不至于招致外侮。我国以三民主义为立国基础,以实行三民主义为教育最高政策;这种百年大计必须动员全国教师,共同负起推进的责任,使每一个青年明了这种立国精神的伟大。而要使青年坚定信念,历久弗渝,尤须赖于导师平时不断指导,方可期望深刻化。此其二。

三、转移社会风气

学制鼎新以后,学校中担任课务的教师,因为他不是青年整个生活的指导者,而只是某一科门书本知识的传达者,所以人们不尊之为师长,往往以鄙视的态度,目之为“教书匠”。教师而至于被称为“匠”,师道的威严,殆已丧失靡遗了。推行导师制度,一方面固在使青年整个生活指导有人。他方面也是使青年有其敬仰的导师,无形中提高教师的地位与威望。同时教师也觉得自己的确“为人师表”,其行动操守自必更为谨严。如是则不但过去社会轻视教师风气可望转移,一般风俗习惯,受其熏陶寖染,当亦可渐趋敦厚了。此其三。

推行导师制度,其利益不止上述三点,上面所举的仅为显而易见的事实。此外如促进学校行政效能,减少教学困难,不久班级流弊等等,都与推行导师制有关,此地恕不详赘。

（三）

推行导师制度，其利益已如上述，然在今日抗战建国的大时代里，我们要使这种制度推行，能够发挥它最高的效果，而不至于发生流弊，我以为下列诸条件，必须先谋解决，否则恐怕学校难免阳奉阴违，导师亦不免敷衍塞责。

一、学校应酌量减少教师教学时间

一个人的精力是有限的。教师除在校授课外，大多数尚负有家庭及社会团体的杂务，需要相当时间处理；在课余且须准备教学材料。如果学校不顾及此点，于令其担任多数教学钟点之余，犹请教师担任导师职务，必定不能收效。即使教师为服从教育行政机关法令与顾全校长面子计，接受导师任务，一定敷衍塞责。此种流弊，已在一般中等学校发生。事实是这样的：某校校长奉教厅命令，严厉推行导师制，除由学校函聘教师兼任导师外，并由学校印就学生申请导师指导条据，分发学生向各导师请求指导，受导者以盖有导师私章为证，然后校长将学生申请指导条据收齐，转报教厅，就算为导师制推行了。其实学生趋谒导师，有时连导师影子都没有看见。导师如果外出，把私章留在家里。学生一次二次看不见导师，也就只好把条据交导师家人盖就私章，悻悻然回去把条据转交校长，就算为自己是受导了。这种情形，固然应归咎于一部分导师的不负责任，贻误国家作育青年之使命，但同时教师钟点担任过多，未始非原因之一。所以学校除一面厉行专任制度而外，对于导师授课时间，实应酌予减少，并规定在校指导时间，俾学生与导师有接谈的机会。

二、校长应有远大眼光

推行导师制度，其意义不专在消极方面培养品德端正的学生，而尤在积极方面能培植复兴民族捍卫国家的新干部。要达到这伟大的目标，一个学校校长的贤明与否，关系至为重大。在目前国家危难到这样深重的时候，担任学校校长的人，务必深明大义，眼光远大。明了国家教育的伟大计划，一面与教育行政长官取密切联络，一面将国家教育的大政策，随时召集校中全体的导师开会，报告讨论，厘订全校划一指导学生方针，然后全校学生受导之后，方能有其集中的意志，统一的行动。

三、导师应负起责任

在目前国家环境里，凡是中国人，其生活必须紧张而严肃，绝不容有人偷懒，把力量藏匿起来。学校中的教师，尤其不能抱不负责任的态度。我在上面所举导师不负责任的事实，那真是教育界的遗憾！凡是担任导师的人，此时亟应树起责任心，乐育为怀，不辞一切艰困，多做工作，负起指导青年整个生活的大任，并应随时返躬自问，充实修养，处处以师表自居，视学生如子弟，宽严并济，恩威兼施，使青年一面乐受指导，一面又怵于师道尊严，可即而不可慢，如是则导师制度，方可收宏大的效果。

四、家庭社会应与学校合作

推行导师制度,单靠学校中少数导师,未必能收极大效果。一个人的生活,脱不了家庭、学校和社会三方面,各方面都应负陶冶的责任。例如学校中导师训练学生应刻苦耐劳,家庭与社会就应与学校绝对合作,密切联系,一致推行。假如学校中训练学生刻苦耐劳,家庭中父兄则骄奢淫逸,放僻邪侈,给子弟以不良印象,或溺爱子女而济以巨金,任其挥霍;社会中则充满各种伤风败俗措施,引诱青年颓废,结果当然失败。因为青年意志未定,近墨者黑,要他能够"出淤泥而不染"的,究竟少数。至于校外的人,尤其不应暗中收买青年,以为掠夺政权之工具。在过去我们不容否认的,社会上是有人在植党营私,用引诱威胁的手段,暗中派人混入学校,做收买青年的工作,做破坏学校夺取学校的企图。贤明的政府当局,应该杜绝过去的失策,方能使导师制度顺利进行。

五、政府应派员视察各校施行情形

一种制度推行,要求其迅速见效,必须上下共同努力。假若徒有好制度而不去推行,或推行之而不努力,当然不易收效。导师制推行不久,效果并不显著;而且发生我上面所举的导师敷衍塞责的流弊,自非积极改进不可。我以为检举此种教师不负责任的办法,最好由各级教育行政机关,设置专员若干人,出发到各省市县各级学校视察,并向学生举行个别谈话;如是则不但导师平时指导学生的成绩如何可以立见,各专员并且可以依据视察所得的结果,转请主管行政机关,分别予以奖惩。

(四)

根据上面各段所说,导师制在今日各级学校中之应该推行,固不容持异议,推行导师制的实际利益,亦很明显。推行时之各种先决条件,必须以全力配备,方能收效。最后我对于推行导师制,尚有一点愚见,就是各学校中的校长导师们,在分组配定之后,尤应特别着眼于极好和极坏的学生。学识优良或天才的学生,须尽量扶掖,使其充分发展,养成领袖人格。性情乖张或行为恶劣的学生,则应特别加以诱导,使其走上轨道,免成为社会的蟊贼。导师制分组,各样如因教师不够分配,则每组学生人数,不妨比部章所定的增多,惟在每组中,特别着重极好和极坏学生的指导。做导师的人,尤应处处感觉自己所负责任的重大,并存有我们自己不负起责任,将有外来团体,混入学校来越俎代庖,这样一来,不但影响学校前途,有负国家大命,即自己职业,亦必发生动摇。能够如是,我想导师制推行,前途一定光明,数年之后,国家增加无数有操守有智能的新干部,愿与全国教师共勉之。

民国三十年贵州教育之展望[1]

元怀自奉命掌管本省教育以来，屈指已八阅月，于处理日常事务之外，并曾举办中心工作，其可记述者，如划分省县教育行政权限，以使事业推进，责有所专，商榷中山中学班设置地点，以冀中学教育区划之得以早日完成，划分师范教育区，接收国立第三中学师范部，以宏小学师资之造就，添设高级工业职业学校，接办国立第三中学农业职业科，以谋职业教育之推进，提高教职员待遇，举办讲习讨论会，召集中等学校校长谈话会及中学训育问题讨论会，以谋中小学教导及行政成绩之增进，改进视导制度，召集视导会议以求视导效率之提高，确定各县民教管等级及其中心工作以竖立普及新教之基础，凡此种种，均系本省教育行政方面应有之措施，第因推行未久，不敢云有何成绩。兹值岁序更新，为策进未来计，特预立鹄的，略举六端以为今后实施准绳，并以就正于教育专家与社会人士焉。

关于教育行政者

教育行政之职能，计有计划监督、指导、考核、奖惩、改进等数端。教育行政机关应充分发挥此种职能，而后各种事业乃得推进。本省三十年度教育行政，百端待举，除将可属于高等教育，中等教育，及国民教育等方面分别叙述外，其较为重要者，计有七项。

第一为宽筹经费。教育经费对于教育事业关系之密切，人人皆知。本年度除请省府增加教育经费外，并将设法整理省县教育产款，鼓励地方人士捐资兴学，使学校及社会教育不致因经费之过分支绌而影响其正常之发展。

第二培养教育人员。本省教育问题之急待解决者固多，而各级教育健全人员之培养，尤其迫切。本年拟增加师范班级，注重师范事业精神之培养，并拟训练国民教育干部及社会教育人员以利国民教育之推进。

第三为充实教学设备。教学设备有时较之教材尤为重要。例如仪器标本，为各自教学时所不可少之工具，必须相当齐全。至于职业学校工程机械农艺等科，若无设备，则等于虚设，故拟设法购置及自制，以使学生学习有所证验。至于各校房舍破坏湫碍者，亦拟

---

[1] 原载《大夏周报》，1941 年 1 月 10 日第 17 卷第 4 期，第 2—6 页。

视财力之所及与其需要之缓急,分期修建,以利教育之实施。

第四为整顿各级师资。师资不良,小则影响于学生个人,大则影响于国家民族,故其素质之高低,关系至巨。本省各级学校师资,以人才缺乏之故,一部分不能不降格以求,今后为整顿师资计,拟继续举行检定,并鼓励教员进修,务使各人适职适所,能胜任愉快。

第五为平均教育发展。过去本省中等教育集中于都市,偏僻县份,学生求学,至感不便,且其办法大都采用工商业社会制度,不能适应目前的中国社会需求,实一大缺点。此种畸形现象,无论自人口分布,政费负担,教育原理等方面观之,均感不合理,拟彻底调整,以期教育平均发展。

第六为健全县教育行政组织。县为自治单位,县教育行政则为推行县教育法令之核心,故其组织之健全与否,势必影响于国家教育政鉴之成效。本省各县教育局裁撤后,全县建设及教育行政,悉由县政府第三科办理,兼顾不易,困难滋多。本省为健全县教育行政计,于二十七年三月间颁行之贵州省各县县政府组织规程第六条内曾有建教科之规定,惟各县财力每感支绌,为顾全事实适应实际需要计,拟对于教育较为发达,教费每年收入在二万元以上,或收入虽不足二万元,而位居冲要之县份,准其自筹经费,设科办理,以利教育推进。

第七为严密教育视导办法。教育视导包含视察指导二者。视察系依据视导之原则标准与技术,对教育事业或活动,作精密之调查与考核。指导则将视察所得之事实,予以公允之批评,合理之计划,及同情之辅导,并指导改进之办法,以达完美之境地。本省教育视导人员,计有省督学,各视导区视导员,各县县督学,以及省体育督学,省社会教育督导员等。各人权限及其联系办法,拟作明确规定,以树立本省教育视导网,并拟于一般视察外,举行特别视察,以冀政府倡办事项,能渐次举办,各机关个别缺点,亦得一一改进。此外并拟举行视导会议,报告各县教育状况,商讨视察方法,指导标准,以及改进地方教育计划,以资采择。

关于高等教育

本省为农业社会,农林事业大都采用旧法,有赖改进自不待言。在此抗战期间,农产供应至为重要,工业出品与夫工业人才,尤感缺乏。去岁教育部陈部长莅黔视察,而允省当局设立国立贵州农工学院,最近教部已聘定筹备委员,并指定叶秀峰为筹备委员会主任,本省亦拟筹拨专款,协建校舍,一俟叶主任委员来黔,即可会勘校址协办一切筹备事宜,预计本年以内可以开办,将来本省农工人才自可学出也。再本省学生肄业于国内专科以上学校者为数不多,为鼓励本省学生投考国内专科以上学校起见,过去曾每年设有贷费生,并考国内专科以上学校公费生,本年除公费生仍须办理考选外,贷费生名额拟再增五十名,递增为二百名,以便投考学生逐年增加,本省各项建设人才,亦得逐年加以补充。

关于中等教育者

中等教育之在我国,均为省教育行政机关直接办理事业,故为事务较为繁复。本年本省中等教育之重要中心工作,可有十大端。

其一为调整中等学校行政。本省各中等学校行政组织,向不一致。县各中等学校组织,尤为悬殊。为增进行政效率,划一组织系统起见,本省各中等学校行政组织,须加编整,本厅现已遵照部颁中等学校行政组织补充办法,参酌本省各中等学校实际需要及其经费状况,拟订贵州省中等学校行政组织纲要,本年拟通令各中等学校遵照规定加以调整,务使各校责任专一,事权划分,系统完整,联系便利,而行政效率得以增进。

其二为规定中等学校收费标准数目。本省各中等学校及职业学校,每学期征收学杂各费标准数目,拟加以规定,其中图书体育卫生各费,限定专作充实图书体育卫生等设备之用,专案报销。私立中学生寄宿费包括煤水等开支,通学生不得征收。其由各校代征各费如航空建设协会会员年金等,均需依照规定数目代收。学生书籍制服膳食,如由学校统筹代办,务须如实征收,各校不得另立名目以增加学生负担。

其三为扩充并调整省立中等学校班级。本省外县各省立初中,向以办理四班为度,近查各县初等教育已较普及,小学毕业生升学者日渐增多,各校原定名额,不能大量容纳,本年度凡当地小学毕业生特多之省立初中,拟各增办一班,以后逐年扩充,以办足初中六班为度。至县私立初中如经费充裕,确有需要者,亦准其渐次扩充至初中六班。师范学校为训练国民教育师资及培育地方自治干部人才之主要机关,现有师范班级势须扩充调整,以资适应。本年度起除第一师范区及贵阳女师设法逐渐办足师范及四年制简易师范共十二班外,其他各师范区省立师范学校师范班级,亦拟逐渐扩充,春秋季各招生一次。各师范学校及省立初中拟各设附设简师科一班,以宏国民教育师资造就。至各师范学校原设初中班级,拟均以三班为度,以后不再增班级。

其四为增设省立职业学校及高级中学。依据本省推进农工职业教育实施办法,本年度拟筹设省立锦屏森林初级实用职业学校,招收春秋季学生各一班,筹设省立贵阳高级商业职业学校一所,暂设银行簿记与会计两科,以造就中级商科人才,并拟将省立思南初中改为完全中学以便第二中学教育区初中毕业生继续深造。

其五为推行导师制。导师制是实施训育教育之最完善制度,政府曾再三通令实行。教育学者亦竭力提倡,惟本省各中学校专任教员每周授课时数过多,责以兼任导师与学生共同生活及考察指导学生学业行为批核生活周记,困难殊多,本年拟减少其任课时数,俾资兼顾。

其六为提高学生程度。本省中等学校学生程度年来虽日渐进步,但自高初中毕业生会考成绩,暨教育不统考录取黔籍学生人数观之,中学学生程度,仍需继续提高,故拟一面设法使各教员热心服务,预定教学进度认真教导及注意进修等,一面严格限制教职员请假缺课,学习擅自延长寒暑假期,变更教学科目及时数,并调阅学生各科练习及试卷,举行抽考及学期成绩展览,按其成绩优劣,分别奖惩,以求教学效能之增进及学生程度之提高。

其七为注重学生体格及生产劳动训练。教育之终极目的,在达到身心完全发展之境地,故不仅娴熟书本知识即为了事。本省学生体格多未尽善,对于求学目的尚未认识清楚,应注意体格锻炼及生产劳动训练,以强健学生身体并藉以涤除其错误之士大夫观念。

其八为举办中等学校教员讲习讨论会。各科教员平日忙于功课,无暇进修,本年拟参酌已往成例,广续举办暑期中等学校各科教员讲习讨论会,注重各科教材教法之研讨以及新知识之介绍、新观念之培养等,以达教学相长之目的。

其九为召开中学教员研究会。本省各学校散处各地,极少报告心得及互相研讨机会,前曾订定各中学区中学教育研究会实施办法,令发各中学遵照实施。二十九年度以创行伊始,成效未著,本年度拟饬各区中学教育研究会指定召集学校按期召集,切实具报以资推进。

其十为推进师范学校辅导工作。师范学校应负辅导地方教育之责,二十九年度因各区被辅导县份较多,各师范学校又限于经费,致未能随时派员指导,教育实验通讯研究等工作,亦均未切实推行。本年度拟责令各视导区视导员分别参加各该区师范学校辅导地方教育委员会之组织,兼负地方教育视导员任务,实施巡回辅导,并协助师范学校校长详拟辅导工作计划,按其报告工作,以资策进。

关于国民教育者

国民大小全视其民智民德程度之高低以为断。而民智民德之高低,有关于国民教育办理良窳,是以国民基础教育之重要,实不亚于高中等教育。然吾人揆诸各国成例,国民教育之发达,往往较高中等教育为迟。本省之国民教育亦不能外此。年来本省因社会情势转移,政府通令推行国民教育教育,人民亦渐感教育实际需要,是以待举工作,亦复颇多。略而言之,其重要者计有六端[1]。

---

[1] 原文只列出四点。

其一为筹设并充实省立师范附属小学。师范教育为国民教育之母,而其基础则建立于小学之上。故师范学校附属小学在教育上之地位,至为重要。本省省立师范除贵阳师范,贵阳女师及铜仁师范已设有附属小学外,其余各校均未设置。为便于各师范教生实习及辅导地方教育树立模范起见,拟一一设立附小。其已设立之附小,亦拟逐渐使之充实,以利国民教育师资之养成。

其二为扩充省立初级小学班级。本省省立各小学,二十九年度已足小学四班,自三十年度起增办高级,俾各该校修满初小功课学生,得有继续深造之机会。

其三为改进二年制短期小学。本省各县短期小学,共计一〇五〇校,除二十九年度改为二年制者计五三一校外,尚有五一九校仍为一年制,拟自三十年度起,将各县一年制短小,改为二年制,以谋改进。

其四为实施一年国民教育。国民教育乃文化建设之中心,本省于廿九年度内曾依照本省县各级组织纲要实施计划及教育部法令,并参照本省实际情形,分别订定贵州省实施国民教育第一年办理要点,贵州省实施国民教育第一年中心学校与国民学校设置计划,及新增经费分配表,自三十年度绩及推行,并拟训练国民教育师资,统筹分发师范及简师毕业学生加强国民教育视导工作,严核各县办理国民教育成绩。

关于社会教育者

本省社会教育经常工作,种类繁多,或推行已有效,或方法待改进,或事业须扩充,或组织须调整。三十年度特别注重工作,计有七项:

第一为厘定民众教育馆工作。本省县立民众教育馆,二十九年度已依照教育部颁布民众教育馆规程,并参照本省实际状况,规定省县立民众教育馆组织,并依其经费及业务,分成等级,原定三十年度开始实行,兹为促进民教馆工作起见,拟定民众教育馆中心工作及细目,使各馆能对于施教目标,施教范围,施教方法,工作要项等有所遵循。

第二为扩充省立图书馆业务。省立图书馆二十九年度遵照教育部颁布修正图书馆规程之规定,改设总务、采编、阅览及研究辅导四部,惟部定特藏部尚未设置,本年拟增设之,以健全其组织,并拟设法增加讲书费,举办巡回文库队,设立图书站及图书代办处,增设儿童阅览室等,务使精神粮食,能渐次普及于民间。

第三为完成科学馆建筑及其初步设备。省立科学馆馆设建筑,于本年三月间即可落成,馆内设备,已大部购定,惟以交通被阻,未能运黔,本年内拟将各项设法运回,以利工作,总计该馆设备费,计物理部分约四万九千元,化学部分约四万九千元,生物部分约二万六千元,科学图书约五千元,共计十二万五千元。本年该馆工作,拟先举办科学辅导教学,使在省各中等学校学生得有实验机会,并就科学实验问题,编印刊物,详细指导。其次设置科学巡回教育队,携带必需之仪器标本等,分赴各校,施行教学,并于巡回所至之处,举办科学展览会及通俗科学讲座等,兼向社会施以科学教育。在此则制造及修理简易科学仪器,以减轻设备负担,研究本省特产,并改良动植物饲养及种植方法,以促进农业生产,并调查分析本省矿产,以倡导开发富源。

第四为改进各级学校兼办社教办法。各级学校兼办社会教育,为推广社会教育最经济最有效之办法,惟以各校主持人员,或因工作繁重,或因热忱不足,或因经费不敷,或因方法欠妥,以致多数成绩未能尽如人意。本年拟设法举办中学教员兼办社会教育讲习会,以鼓励工作人员之热忱,介绍办理社教理论与实际,并拟增列各级学校兼办社会教育经费,减少指导人员任课时数,使其事业能一一举办。

第五为改进巡回施教程序。本厅民众教育巡回施教车,除每月应遵照规定呈报工作计划及工作报告表外,本年度进行程序,拟赴黔湘、黔桂、黔滇、清毕、黔川等沿公路各县,及其支线可达各县,分期施教,务使一年以内,沿公路及支线之各县,均能受到巡回施教车所实施之各种教育。

第六为续办战时民众补习教育。本省战时民众补习教育,于二十八年开始办理,先由省会推及沿公路各县,二十九年度指定沿公路贵阳等三十县办理,本年度拟择沿公路线外围各县分三期办理,第一期于二月初旬开学,四月初旬结业,第二期于五月初旬开学,七月初旬结业,第三期于十月初旬开学,十二月初旬结业,共拟办足二千班,以谋渐次普及全省。

第七为设立教育参考资料陈列室。为便于教育人士观摩参证起见,拟于三十年度征集有关教育之各种统计图表实物模型照片及学生作业等,于教育厅内设立教育参考资料陈列室,现已向各方征集资料,一俟收齐后,即可陈列公开。

此外拟编印本省教育法令,遍及贵州省乡土教材,编印民众辅导读物,以利教育之推行。

以上所述,均系本省教育当前急务,自当竭智尽忠,努力以赴。本省地方辽阔,行政效能,有时未能深入乡村,省府岁入,绝难悉数办理教育,尚望各地人士轸念地方教育需要,踊跃输财输力,以促进本省教育,则嘉惠地方实非浅鲜。

对本校之回顾与展望[1]

吾大夏诞生,不觉已十七周年矣！回忆过去,筚路蓝缕,惨淡经营,赖全校师生之努力,及社会人士之赞助,得以循序渐进,奠定今日之基础。然究其进步原因,约有左列二端：

一为认清目标。本校创设之目标,在于建立理想之学府,完成学术研究之任务。过去全校师生均能以此为总鹄的,或兼程而并进,或殊途而同归,积十余年来之努力,使此呱呱小儿,竟由提携抚育而达于长成。

二为通力合作。本校过去缔造期间,各种校务之进行,不甘落后,财力不及者,必藉人力以补其缺,是以因人间通力合作之程度,倍逾寻常学校。在此十余年中,无时不以精神力量克服困难,今日学校之稍有基础,亦即此种精神力量积年累月所得之结果也。

教育为国家百年大计,而大学为造就中级以上人才之场所,其重要可知。际兹抗战方殷,胜利在望,各项建设,在在需人。本校对于国家民族所负之使命,实为重大。吾人回顾既往,瞻念未来,今后尤应奋发淬砺,方可完成本校历史上之任务。兹就观感所及,略抒一二,以供校务推进之参考。

本校之有今日,虽由于认清目标与通力合作之二种主因,然细析其所具精神上之特质,不外公忠二字。为其能公,故所定目标,方能适合国家社会之需要；所有举措,足以取得各方之谅解与赞助；所得结果,亦能使在校师生精诚团结,毕业校友,将其所学以报效国家。为其能忠,故各同人能通力合作,力行不倦,牺牲小我,战胜困难,以达事无不举之境地。值兹十七周年之时,吾人应将本校过去此种精神发扬光大,则本校前途实深利赖。

抑有进者,本校同学向以读书(广义的)运动与建校运动及救国运动相提并论。惟今日学术日新月异,政治教育已渐合一,尤望在校同学,对于习惯技能、知识观念、理想态度等,须作充分之准备。盖各同学为未来社会从事学术事业之干部,而习惯技能、知识观念等为将来学术事业之基础。此时能多一分准备,他年即可多得一分收获,故凡各种优良习惯,务须及时养成,各种必需技能,务须熟练,以便终身享用无穷。至于专门知识,应求其专精,普通知识应求其广博。倘今日能有精深渊博之基础,他年自必有严密之思想与合理之判断能力。他如观念理想及态度等,均极有关于各人文学问事业之前途。观念应求其正确,理想应求其高尚,态度应求其合理,此时能随时检讨,随时求进步,前途当未可

---

[1] 原载《大夏周报》,1941 年 6 月 1 日,第 17 卷第 10 期,第 3 页。

限量,幸各自勉!

本校毕业同学散处各方,对于社会各有其贡献,尚望各人能于公余进修之暇,多与母校取得联络,对于后进同学提携掖诱,并能彼此互相砥砺,达到完美修养,则受惠者岂仅毕业同学本身,即在本校亦有荣焉。

个人自去岁主持黔省教育行政以来,公务冗繁,未遑兼顾校务,私衷歉疚,非可言及!幸各同仁在王校长领导之下,和衷共济,使本校校务进展,得以与日俱增,在此十七周年纪念之日,特附数语以表钦佩与感谢之忱。

现阶段的青年应如何努力[1]

诸位同学：

我今天回到学校向各位讲话，非常高兴。诸位到今天还能在此安心读书，真是天之骄子。从现在战局看来，诸位的天之骄子的资格，定能永久的当下去。因为最后胜利，已注定了一定属于民主国这一方面。民主的胜利的条件有：（一）具有不可克服的人心，中英美苏的人民，意志坚强，不愿屈服，中国五年多来的抗战，苏联一年多来单独抵抗希特勒的事实，当初谁能料到有今日的成绩，英美两国的人民，有其静如处女，动如搏兔的特性，他们爱好和平，但和平未到绝望之时，也如中国一样，不愿放弃和平，牺牲未到最后关头，也是不轻言牺牲的，故战事一旦暴发，他们全国上下即准备长期作战，尽管轴心国的和平攻势，他们是不闻问的，不到胜利不止。有了这种不能克服的人心，就是胜利属于我们的左券。（二）英美军火生产量增加惊人。现在美国每月制造飞机五千架，到了明年就可增高至一万架；英国每月三千五百架，苏联与英国同，共达一万架以上，而轴心国合起来只能生产飞机半数。德国已失去了制空权。不久前，英国数次以一千架轰炸机轰炸德国，未见德国报复，就是制空权已移转到英国手里。最近英国又制造一种新的小型飞机，名蚊虫机，既小又快，德国把它没有办法。英制造之炸弹，一枚有四吨重的，投下来可以毁灭一城一镇。美国正在制造长行飞机，预备轰炸东京。日本飞机只能在短距离飞行，对美国长行飞机无办法。关于海军船只制造方面，美国一天有三只船下水，不久的将来，可增至五只，而日本一年只能造五十只到一百只，故从敌我双方军火生产数字看来，胜利谁属不言可知了。

除了上面所说胜利的基础以外，还有更乐观的事实在下面：（一）战事方面，即德均无新发展，反表现再衰三竭之颓势。现阶段太平洋的战事，美国占领了所罗门，日海军即无力进攻。日本如得不到所罗门，是她的后顾之忧，她就无法攻澳印。反之，美国有了所罗门，美即能接济澳印援军。欧洲方面，斯大林格勒争夺战，真令人可歌可泣。德军兵临斯城，本年八月二十五日即开始保卫战，到现在有一个多月，德军不能攻下，苏军充分表现其不屈不挠的精神。这种精神，可与我上海的八百壮士及宝山姚营的精神媲美。城内一码一寸的得失，都在必争，往往德军冲进房子里，苏军还是不退，将房子里的门板取下来

---

[1] 该文为欧元怀 10 月 12 日在大夏大学纪念周演讲词，原载《大夏周报》，1942 年 12 月 8 日，第 19 卷第 3 期，第 2—4 页。

掩护,抵抗德军。从海陆两处战事形势看,德已成强弩之末了。(二)国际地位方面,因我国抗战力量的坚强,地位提高至与英美苏并驾齐驱,最近英美且正式声明放弃治外法权,这真是一百年来我国扬眉吐气的一件快事! 在这一百年当中,我国因治外法权而受的种种耻辱,指不胜屈。我国的革命,就是要取消帝国主义者所加于我国的不平等条约,以求我国之独立自由。而今,英美放弃了治外法权,是我国取消不平等条约运动成功的开始。我们希望友邦痛痛快快地给我国以十足的同情,将一切不平等条约都一笔勾销,连租界失地都包括在内。(三)人心方面,无一人不以求胜利为决心,并不因战事长期化而感到厌倦。英国男子固然在埋头苦干,女子也在工厂里日夜做工。前几天英国宣布防护队也要女子参加,这项工作本来是由十八岁到六十五岁的男子干的。在战事期间,二十岁到四十五岁的女子也要担负这工作了。美国男女也发狂似的努力战时生产。中国各方面也在努力。最近我去陪都,到好几个政府机关,狭小的办公室内,紧密密地坐着人伏案办公。在重庆九十七度的高热下,挥汗如雨,而工作并不松懈。有些中央机关,因事业增加,工作人员也随之增加,连会客室也变成了办公室,长官是在楼梯下面小房间内会客的。成都某学校儿童的姓名,有很多是假的,因为他们都是违背父母之命要牺牲家族的小孝、以尽民族的大孝而来求学,所以他们改了姓名,以免父母找他们的麻烦。升学的青年,也尽量为建国而准备,大家都求深造考学校。重庆某中学有一千八百人投考,只取录八十人。又某中学有四千多人投考,只取三百名。成都某大学投考者有四千人之多。老年人方面,也不愿在大时代中休闲。政府最近举行高等考试,五十九岁的老头子都参加,由清末考到现在,其一贯的应考精神,令人钦佩。贵阳也有达五十二岁的人应试。此次一百八十二名中,有两位女子考司法官,她们曾参加两次,这是第三次。我已认识了她们。我向她们说,这次希望考取,她们的回答是下次还要再来。男女老幼皆奋发蓬勃,努力不懈,百折不回,这是国家具有奋发蓬勃朝气的象征。

诸位听了这些乐观事实,当然很高兴。但这些事实是怎样得来的,我想是前方抗战将士和后方生产民众赐给我们的。我们同学当中是不是也曾出过力? 我们在今天要切实反省,我们要问问自己能在这次黑暗与光明、文明与野蛮的恶斗中,贡献些什么? 我们对得起国家吗? 对得起父母吗? 假若我们发现在这伟大的时代中,毫没有一点有益于抗战建国工作的表现,那我们就要自动地急起直追而有所努力。本校校训是自强不息,就是要自己不断地努力。我们做学问,非自动不行,进得修业工夫,不能委托别人。在大学里研究学问,教师不过是从旁指导而已。我们只要在求学时代,努力求知,充实了自己的能力,毕业后到社会上去,不愁没有贡献能力的机会,尤其是在抗战建国的现在。就贵州教育来说,贵州有一千零八十万人口,照一般比率,应有一百一十万儿童读书,而现在就学者只四十万,还有七十万儿童失学;又照十分之一的升学比率计算,应有十一万中学生,而全省中学生还不到三万。要使中小学生个个有书读,将来扩充学校以后,即需要许多中小学教师。在师荒的情势之下,诸位真是奇货可居,不愁没有工作。贵州地方人士,对于教育,非常热心,私人出资兴学之风,非常发达。安顺一所小学,由一人捐六千万创办;安顺省立中学修建校舍,预备募捐一百一十万,今已捐到三十万。同时省政府对各县地方教育经费,今年也增加到一千七百多万。以上只就贵州教育而言,其他各部门的进步,可以例推了。在此轰轰烈烈的进步时代中,青年要自负的估一个地位,而且时代也需要你有一个地位。所以我特提出反省自动四字来作为本题的答案。

天下一家的教育[1]

（一）中国抗战八年，能获得四强之一的地位。此次与英美苏联名发出请帖，召集四十六国的代表共八百五十人，于本月廿五日在旧金山开会。据昨晚广播，开幕式在半小时内完毕，当中有主席美国国务卿致开会词及杜鲁门总统演讲等等。当此弥天烽火尚未扑灭之际，旧金山竟能举行雍容肃穆讨论战后和平的会议，而我们亦竟能在赤水校本部装设收音机，当日听到他们开会的情形。这几天希望同学在修学之余，晚上抽出时间来听这有史以来第一次世界大会的消息。

（二）战争究竟是残酷的，人类究竟是进步的。在这样空前的大战尚未结束之时，竟能有讨论和平之盛举，这比上次世界大战进步得多，亦即开国际永久和平之先河。今后各国若能以天下一家、世界大同作各级学校教育目标，则和平之曙光可以实现。大家在此最高学府研读，一方要从大处着眼，另一方要从小处着手。今日的潮流是世界一家、世界和平的潮流，政党可以公开，但政党不应有军队或特别地区。中共问题，相信贤明政府必有法解决。这几天本校学生自治会的代表业经选出，希望努力合作。本校千辛万苦迁来赤水，图书仪器校具教具能在最短期内布置清楚，如期上课，所靠的就是师生合作。所以我希望于学生会代表：（一）看清利害，（二）明察是非，（三）破除畛域，（四）提倡公益。大家亲爱精诚，贯彻天下一家的教育，顺应时代的潮流，实现世界大同的理想。

---

[1]　本篇系欧元怀于四月廿七日在升旗典礼中演讲摘要，原载《大夏周报》，1945 年 5 月 10 日，第 21 卷第 3 期，第 1 页。

大学精神与建校理想[1]

依照大学组织法第一条的规定,大学宗旨是"研究专门学术,培养专门人才",这句话包括两点的内容:一是探讨真理,一是作育人才。现在的大学都朝着这方向走,成为与国家民族同休戚、共荣枯的象征。在旧的德国,耶拿大学恢复了国家的光荣,扫除普法战败的耻辱;不列颠政府的阁员中牛津剑桥出身的百分比成为政治阵容优劣的根据;新的苏联,研究所的政治经济组织合而为一,密切相联。所以赫克登教授说:"民族之魂出自大学的反映。"没有大学的创造,中心信仰和实用技能便无由产生,大学理想含孕着人类关于文化社会的最高理想。它之所以成为最高学府,不仅是在教育制度上达到最高阶段,而且因为在真、善、美的探讨上,它导引了社会文化的向上发展。

因为如此,现代大学的任务,不但要保有智慧,而且要增加智慧,不但要陶冶个性,而且要构融国魂。大学的内容是研究、教学和推广的混合体,研究是为了创获智能,教学是为了传习智能,推广是为了大众化。今日大学的使命,由于战争的狂澜,已沾染上火药的气味,作为国家命脉民族精神的学术事业,更须尽其所有所能贡献于战争,以争取共同的胜利。

大夏大学的立校精神是"自强不息"四个字,这种自强不息的要求实与现代大学的理想——文化的创造相辉映,也与我国抗战建国的基本精神——自力更生完全吻合。大夏大学二十一年的创校史,完全是战时形态的奋斗史,既适应了大学内容与国家需要汇流的世界浪潮,也迎合了国家哲学上"平时即战时,战时即平时"的准则。大夏之所以能由萌芽而成长而茂盛,完全由于"三苦"和合作所构成。我们常常提到三苦,这三苦便是教员苦教、职员苦干、学生苦学,三苦的成功因素乃基础于完全无间的师生合作之上,这一主张在本校不仅是口号或理论,而已行之有素,见功奏效。抗战以来,中央谆诫警示以"紧张活泼,严肃力行"为复兴邦国之道,讵知本校的三苦与合作便早已实践过那些信条。

大夏大学立校迄今满二十年,这由第二十年迈入第二十一年的年头,正是多灾多难、流离颠沛的阶段。我们迁校到赤水,在短促的时日中,修建校舍,购置校具,能够依照原定计划,如期复课,这完全是三苦精神和师生合作的最高表现,凭着这个不折不挠至高无上的坚忍奋斗精神,大夏大学在新生,而且大大地保证了它的欣欣向荣!

大夏大学的现况受了经费、交通、人力的桎梏,我们自然不能认为满意。罗马不是一

---

[1]　原载《大夏周报》,1945 年 6 月 1 日,《二十一周年纪念特刊》,第 2—3 页。

天所能造成的,何况百年树人的教育?不过,我们本着"敌能摧毁,我能缔兴"的勇气再接再厉,坚定自信,本校的前途,实在四季皆春灿烂光明。现在本人际兹二十一周年的校庆,愿意提出如下的理想和希望,与以诸同仁同学相检讨:

一、学术化——大学的基本任务是学术和研究,学术研究的条件不外三种:第一是人物,指的是教授和学生,第二是物质,包括校舍和设备,第三是精神,是一种淳朴敦厚、孜孜不倦的学风。广义的学术研究,不仅是课内的教学,而须是学生论文课业的习作,教学的专题研究,学术刊物的发行,以及集体创研,田野考察的报告等。大学应该是学术自由的场所。教授终身穷其所学,传其所学;学生要接受指导,认真研究。一个理想的大学是一群优秀的男女青年,在一个完善的环境和设备中,接受教授的循循善诱,来学习治学为人的大道理。我以为本校所罗致来的教授,不必人人皆是学者名流,而是每个教授来到本校教了三五年书之后,个个都成为学者名流。本校所招致的学生,不必人人皆是大才俊秀之辈,而是要他们各尽所能,各取所需地四年之后,终于能够依照他的资质,发展到天赋的极端。大学学术化的要求,即是要做到"万物并育而不相害,道并行而不相悖"的地步。

二、家庭化——本校在中国大学教育史上有一件值得纪念的事就是推行导师制为国内大学之创始者。导师制实施的动机无非为了达到学校家庭化的目的。从本校的创造历史来看,立校的初期,十数教授,百余学生,赤手空拳,为一个共同的理想所主宰而协力奋斗,学生就是职员,教授也是职员,他们同作息,共甘苦,只有在上课教学的时候,才有师生的分别,这种和衷共济的精神,一直弥漫到后来。虽然校地变迁,师生日众,而师生间亲爱精诚,相处如家人父子的精神依然存在。师生合作,自强不息,成为我们的口号。到了今天,我们为敌人所驱迫,许多学生已丧失了家乡,断绝了接济,大夏虽是一所私立的大学,在法理上没有负责学生生活的义务,但仍然担负起道义的责任,尽力尽心,为学生想办法,并且因而挤用学校的经费亦所不惜。学校当局之所以负起师长兼父兄之责任,完全是家庭化的传统所致。本校教授能够久任教职,乐此不倦的很多。学生诸君在校爱校,出校护校,事实昭彰。甚至于我们的工友,随校二十年者,已有三人,足见家庭化的成功不是一朝一夕的事。大学要真正家庭化,便应排除"师生视如路人,学校等于传舍"的作风。学校要师亲合一,教授要以校为家,学生要爱校如家。

三、社会化——大学对于社会的贡献就在于它的研究与教学,但现在民主主义的精神,不容闭关自守,象牙之塔的孤立主义,中国老话也有"己立立人,己达达人"之说法。在我国,大学生的数字,三十一年学年度是六万三千六百零五人,从民国元年到民国三十年的专科以上学校毕业生数为十一万九千四百零六人,占人口总数为百分之零点二,即每千人中有大学生二人,换句话说,在我国全国,一个大学生是代表全国人民五百人来受教育,无怪乎大学青年成为国家的魂灵,民族的精英。我们想到自己受教育的时候,有多少和自己年龄同,智慧同的兄弟姊妹,被摈弃在教育门墙之外,我们便须有一种责任感,自愿来推行社会教育,为同胞服务。在欧美,大学推广是一桩历史的事业,并被认为重要任务之一。英国的巡回演讲、大学辅导班,美国大学的推广课程、函授科目、暑期学校、夜班教育等,都是大学到民间去的运动。本校因为过去办理教育学院,对于社会服务与补习教育,曾有相当的贡献。上海时代的暑期学校与社教试验区,贵阳时代的民众学校,以及抵此以后喘息甫定的每日广播与快讯,都是社会化的具体尝试。本校迁来赤水,社会化的路向,莫如推行肃清文盲和卫生保健两大工作,使赤水的民众读书明理,富强康乐,才不负为国家培育人才之至意,也是学校在赤水留下一个深切不灭的纪念。

《大学》开宗明义第一章说,"大学之道,在明明德,在新民,在止于至善",用我们的术语来解析,明德就是学术化,新民就是社会化,止于至善就是伦理的修养,也即家庭化。大学的学位要博要专,青年初入大学,应该让他多方涉猎,窥见宗庙之美,百官之富,感觉应接不暇,然后他自然会在仰之弥高,钻之弥坚的体验中,由博而约,由广而精。我们相信教育是建设社会的基础,科学是现代文明的因素。我们相信大学是立国之基,学术是民族之魂。我们更相信大夏的再造,将与国运的复兴,反轴心的胜利,紧密连接,息息相关。际此胜利在望黎明待曙的时候,我们要师生合作,我们要自强不息,我们要苦干、苦学、苦教,朝向学术化、家庭化、社会化的道路,来争取大学的光荣,民族的发展。

中国师范教育的危机[1]

诸位听众:我们中国整个的教育事业到现在很少有可乐观的地方,而师范教育的危机却更显着。谁都知道一个国家的强弱全看国民教育的程度,我国国民教育的不普及为尽人皆知的事实,以愚蠢无知的大多数的国民来担当强国的责任,无异缘木而求鱼。

师范教育为教育事业中的首要教育,师范毕业生为国民教育的保姆,未来国家的主人翁——这一代的儿童与青年的知识与行为的训练,关系我们未来国家的盛衰,要是师范教育失败了,那中国的前途将五十年无法挽救。

现在,我国师范教育怎么样了? 问题多得很,危机深得很,我们只要调查一下各小学的师资,只要调查一下师范生生活的实际情况,只要看一看青年对师范学校却步的心理,我们就可断定中国师范教育是面临着极大的危机。

不错的,我们政府是重视师范教育的,是优待师范学校的学生的,但是这种"重视"与"优待"所得到的效果,我们应该检讨一下在实施的方法上所获得的反应。

第一,国民学校的教育是不是师范生所愿意致力的工作? 照理,师范生受了几年的专业训练,对教育神圣的使命已能了解,对教育的方法亦已稍具知识,师范生乐于实习,但师范生怕做教员,问题在什么地方? 一句话,教员的待遇太低。目前各省各县大多数的国民学校的经费异常困难,平均内地小学教员的待遇每月恐不能超过五万元,说不定连这每月五万元的薪水还得拖欠,如此情形,师范生那得不溜,又那得不改行?

教师的酬报如此,而教师还得做了债主;债主本是资本家所惯做的,但教师做了钱米的债主,又是多么可怜的债主,我们还能谈到教育的效率吗?

第二,师范生是受国家的优待,但职业学校如工业、商业、农业各种职业学校的学生也同样地受了政府的优待,可是政府对师范生的规定却特别苛刻:简师毕业生要服务三年才准升学,普师毕业生亦同样经服务且得到服务成绩的证明书才能调换文凭;三年的期限服务,原无可非议之处,青年受了国家的培养是应该尽其规定的义务,但是其他职业学校的毕业生却可直接升学,为什么对师范生有如此特别的苛求? 中国国民教育师资虽然缺少而其他事业的干部又何尝不缺少? 并且,如商业职业学校的毕业生一入收税机关、银行服务,其酬报又超过师范生几倍甚至于几十倍,故目前青年的心理以普通中学为

---

[1] 该篇系欧元怀于四月二日应师范教育宣传周之请,广播与中央电台讲词,原载《大夏周报》,1947 年 4 月 11 日,第 23 卷第 8 期,第 2—3 页。

第一志愿,以工商业职业学校为第二志愿,而对于师范学校的门槛先存戒心,望之却步,这是给师范教育发展的前途以重大的打击。

第三,教育是教人育人,所以教师的职务不全是"教书",目前各级学校优良教师的溜人潮仍极普遍,各学校师资仍然恐慌,小学毕业的教小学,中学毕业的教中学已成为普遍的现象;抗战时期,教师所受的繁忙与清苦,已使青年退避三舍,致优秀的青年再也不愿学习教育。青年不学习教育虽是小事,但国家却不能没有优秀的教师,教师既为儿童与青年之乳娘,影响其前途,可说占百分之百。而各校优良的教师,老的已老,死的已死,中途溜走的溜走,而补充进来的或为代用性质未合资格的"教生",或为官场失意暂时驻足的"教官",或为某种机关而兼职专拿公粮尊师金之"地绅",或为杂牌之无名肿毒,他们既不懂教育,又无心教育,天天攒到这里,攒到那里,所谈的无非物价、钞票、生意经,还摇头叹气以做教师为可耻。学校自从这些人进门,便鸡飞狗跳,无时或宁。儿童与青年耳濡目染,教育的效果遂亦丧失,教育前途顿成为极严重之问题。

本人目击师范教育之危机,特乘师范教育宣传周之机会提出几点意见:

(一) 请政府及省市各县参议会设法保障教育经费之独立,并扩充其来源。依据教育部三十三年度的统计,各省市教育文化费支出仅占6.96%,教育文化事业几濒破产,至少达到宪法所规定的省市经费总预算占25%,县行政经费总预算中占之35%标准,从而提高教师之待遇,以安其职守,然后青年乐于终身从事教育事业。我们应使提高教师的待遇不为空言。

(二) 请政府对强制师范生服务后可取得证书或升学的办法能加改进,使青年的心理上对师范教育少一种畏惧不前的心理。为鼓励优秀青年学习教育,作后一代之优良教师计,应使青年的心理上乐此一途。教师的来源既多,师资自然容易完整,故"强制服务"的办法似可考虑。师范生与职业学校的学生所受政府待遇既同,所受教育年限亦同,他们毕业后就不应有不同。四月一日报上登载师范生与职业学校的学生毕业后同应四年服务,此消息如果确实,则师范生较之职业学校学生已近平等,但四年期间之限制太长,而师范生服务期间之待遇仍过薄。

(三) 不论国民学校,师范学校或中学的师资,政府应规定未受教育一科者不得充任教师或校长。这正像做法官的定要研究法律,做银行行长的定要研究银行学,做医生的定要研究生理解剖,做工程师的定要懂得工程学,而教育"人"这样复杂的问题,难道普通中学或大学各院系毕业的就可充任?难道能将书本解释得出的就可做教师?若然,那法律的解释极容易,何必定要研究法律的人?因为教师是"教人",所以要懂得国家的教育政策;因为"教人",所以要懂得心理学,所以要懂得教育学,所以要懂得教育哲学,所以要懂得教育行政、学校行政,所以要懂得各科教学法,所以要懂得学校卫生、社会教育……教育事业为有理想有作为关系国家之根本事业,故政府对于师资务须再加严格之规定与考查,但严格选择师资,必从培养优秀教师及优待现任的教师做起。

教育不像其他事业,或缓或急地可作为国家之点缀品;五年或十年后国家之命运全在此一决了。

(四)鼓励各中学设立师范科。目前各县设立简师虽已普遍,但全县之学龄儿童及各国民学校之师资仍然大量需要师范生,简师或普师的毕业生在分配的数量上依然不够,且相差甚远,似可鼓励各中学兼办师范教育,以补国家设立师范学校之不足。如无合格教员,即令一保一校,其内容如何可想而知。

(五)教师职业应予保障。每个学校有其优良的传统,教师既为专业训练人才,须使他们久安职位,政府曾竭力奖励久任的教师,但教师的流动性依然很大,每随校长进退或遭校长解职,职业上已无保障,影响教育前途至大,教育行政当局宜随时注意与培养合格师资并使他们安心于教。

(六)容许私立学校办理师范教育。数年前,政府规定师范教育宜由国家办理,故各私立大学之教育学院或私立之师范学校全部停办或合并,此在政府当以教育的推行应适应国家教育宗旨与政策,表示政府着重教师的训练。倘公立的师范大学或师范学院,或普师、简师在量与质上都已足够且又尽善尽美,适合国家之要求,则师范教育当毋须私立的大学或私立的师范学校办理。可是事实并不如此,即以国立的大学而论,未必都能超过私立的大学,中学或师范的现任教师,出自私立的大学居多,他们服务的成绩与忍耐,公私立的大学毕业生无分轩轾,这就可证明师范教育可由私立的学校办理或兼办。我们的国家经济力量,在今日尚不能培养大量足以分配的教师,政府当局似可考虑这一点使中小学的教师在质量上都不感困难,藉以配合国家教育之迅速普及的计划。医生、会计师、法官、政法工作者等等都可由私法人办理,他们对人类国家的责任与教师同样的重要,国家既然容许私立大学的存在,而过去私立大学兼办的师范教育依然为现任的教师中之主力,为教育界之中坚,这可见私立的教育训练机关,对国家已有极大之贡献。蒋主席在《中国之命运》的书上鼓励青年立志为中小学教师,现在可有几个师范大学或师范学校足以容纳此广大青年做中小学教师之志愿? 全国学龄儿童这样多,国民学校这样多,师资这样不齐,而师范学校共有多少? 全国中学这样多,师范学校这样多,而国立师范大学、师范学院又共有多少?

根据教育部三十五年十月的统计,三十三年度在学儿童总数为一千七百二十二万一千八百一十四人,同年度普师及乡村师范学生为四万四千九百七十六人,简师及简易乡村师范学生为一万二千八百三十人,两者合为十五万七千八百零六人[1],即令每个师范生都服务于教育,则每人平均教一百余儿童,但在事实上师范生休业停学或改行者定

---

[1] 编者注:合计数字与前两项之和不等,疑前两项中有一项有误。

多,而每年因保国民学校之扩充,入学儿童必多多超过现在的数字,那每个师范生要教二百个儿童。加上几近二万万的不识字人数,则师资尚须大量地增加。二十九年国民教育新制实施后,教育部计划于五年内二十省市共应造就"短期"师资六十三万八千二百五十二人。以五年内全国普设六十万小学计,每校平均分配三人,就需教师一百八十万人,教育部三十三学年度之统计,现任国民学校及小学教职员为六十五万五千六百一十一人,尚少一百一十余万人,即令计划中造就六十万人外,尚少五十余万人。师资问题不可谓不严重。

又据三十三学年度中学校数为二千七百五十九,师范校数为五百六十二,教职员合共八万人,其中受过教育学院或师范大学之课程者,恐为数不多。而中学学生数为九十二万九千二百九十七,合师范生共一百零八万七千一百零三人,而大学教育学院之学生为二千六百零八,师范学院之学生为七千八百五十八人,故师范与中学之师资亦极严重。故极盼政府能鼓励私立大学兼办教育学院。

我们中国已为五强之一,我们的国民教育须积极地广泛地普及,然后能提高国民教育水准,然后有强国之实,然后可为胜利之民。而这国民教育的乳娘的乳娘——高等师范教育也亟宜多多设立,然后中学或师范才有完整的师资。

本人应本市师范教育运动宣传周之约,特将中国师范教育的危机提出,深盼政府及社会贤达多方扶助师范教育之发展。

发展师范教育[1]

　　师范教育运动周为教育的本位运动,其意义在使社会人士认识师范教育的重要,并使从事教育实际工作者明了本身所负使命。

　　青年们除不得已攻读师范学校以外,大都不欲跳入此一不易获阳光的苦境,"师路"的远景,颇使人不寒而栗的。师范学校没有优秀的青年,则将来教育界中即无优秀人员,宁非可危之现象?

　　教育工作者精神是善良的,要是逼着走上"亦教亦商"之途径,教育前途又那得不破产?

　　司徒雷登先生曾一再提及中国知识分子,特别受高等教育人士对国是的淡漠,应振起精神参加政治机构,惟如此才能挽救中国垂危的局面。到今天,我们的教育工作者——自由知识分子,还没有此种迹象,也没有此种倾向。我们实在应坚强地团结起来,争取政治改善,参加政治的机构,不同流,不合污,而政府也应广揽贤才,作吸取新血输的计划。

　　中国并不是没有人才。但中国人才被一般职业的政治者所遗弃。中国政治之设施已遭受国内外之抨击,足见过往的职业政治者已不能改善政治。教育工作者出身民间,与人民生活打成一片,亦可说真真的自由主义者,应团结起来,挽救教育界的危机。

　　我们必须知:教育的进步即为政治的进步!

　　教育全体人民是从事政治者的责任,也是教育者的责任!

　　我们更宜认识,要使中国教育的发皇,必须使师范教育有光明的前途,欲使师范教育有光明的前途,必须教育者生活获得改善。

---

[1]　本篇为欧校长应本市师范教育运动所撰文,原编者注。原载《大夏周报》,1948 年 4 月 20 日,第 24 卷第 12 期,第 1 页。

从纪念校庆泛论大学教育[1]

　　自今日始,大夏生命已转入二十四周年。

　　二十四个周年,并不是短短的日子,一个人的生命也会生长得勃发苗壮的,大夏凭着师生合作之传统,在全国各大学的历史中,已有深长厚实之基础,我们虽极注意于现实,宝贵于我们的环境,但大夏的前途,仍无妨着眼于未来远景的衡量。

　　没有比今日世界及国家所遭遇的厄更为严重,也没有比今日办理高等教育之不易,这个多难的时日,我们应该实在运用我们的知能作理智的反省。中华民族凭其光荣的历史,我们要在我们的手中拨开云雾的袭击,创造更光荣的未来。

　　宪法中规定:大学教育之使命为高深学术之探讨,为专门人才之养就;我们必须认清当前所处的时代,这个时代早已使个人的本位进而为团体的本位;而当前的战争,也不是个人的争斗,我们中国青年如仍以个人为本位而孤立奋斗,即有壮志豪情,亦不能对国家作有价值的贡献;恃才恣肆,当容易踏入落伍的英雄思想;大学教育为有生命之整体——有目标,有理想,为一整齐一致互助合作以造福社会造福人群为职志的整体——我们师生同学之间毫无利害冲突,相反地,我们师生同学之间却有同一的关怀:我们应知一人之利,即为全校之荣,因此,我们必须上下一心作一致的团结。

　　我们大夏在团结中创业,在团结中谋发展,虽然二十余年以来,国事纷扰不定,而我们的学校始终向上发展,配合国策,顺应潮流,从而领导社会。

　　目前,我们在报纸上看到一般人士纷纷控诉教育,他们以为中国的教育造就无能的青年,固然,教育的措施远还未尽如理想,值得我们改革的地方很多,但有许多问题不是教育的本身所能解决;举例言之,近来有许多人以为学生"毕业即失业"的情形归咎于教育,其实,国家如不是戡乱时期,则各项建设必如雨后春笋,他如矿产的增辟,铁路公路的建筑,各县地方法院之普遍设立,普及义务教育之切实推行,此中必大最需用人材,我们现有的人材惟恐不继,更无失业之现象,所以,建设的停滞,使实科学生无从致其力;戡乱期间,各地政治因土地得失随而变化,知识分子在军事地区不易获展其才,相率迁徙转业,集中都市,故文类学生有嫌过剩;教育界本为专业训练之职位,而我国又以人事制度未上轨道,遂使教育事业为非研攻教育者所侵占,故攻读教育学生亦形成求业无门之现象;我们中国的人才已不多,知识分子为数更有限,造成教育与社会脱节的现象,不是教

[1]　原载《大夏周报》,1948 年 6 月 1 日,第 24 卷第 14 期,第 1 页。

育界本身专负其咎的。再以大学的师资来说，我们不能否认大学的师资有低落的可能，此中原因与教授生活的清苦成正比例，但中国目前大学的教授仍多负学术重望与知名之士，他们到外国去讲学却到处受欢迎，而在本国则挣扎在饥饿线上，无心从事学术；近来且有教授钻寻去外国的机会放弃本国教育者颇不乏人；我们教授的人数已嫌不足，而我们的教授却大事"外流"，政府及社会人士如不正视这种严重的倾向，大学教育的前途造成不可想象的后果。等到大学有此种后果时，社会人士遂争相责难，这未免是一种苛求。

我们还清楚记得，前几年有一位从法国研究工科的留学生回国，因为找不到合适的工作，在重庆自杀了，我们造就一位人才实不容易，而我们对已有造就的人才又如此不加重视其发展；同样的，中国的大学生在全国人口的比例已少得可怜，而大学生却如此被利用，生命如此被轻掷，大学为研究高深学术的学府，是神圣的场所，我们教育工作者曾发出多次各党派退出学校的呼吁，而仍无些微的效果，致影响学校内部的安定，影响青年教育的训练，影响求学的专心，但是，我们还很少发现社会人士及青年为学校控诉！

我们大夏经过了二十四个年头，走过了北伐惊险的阶段，度过了抗战的浪涛，我们在师生合作的努力下，学校内部欢乐和谐，不受变故，大家在研究上求自由，在学业上求进步，在同学中求助友，凡属毕业校友的事业，都有校友辅助其成，实例很多，不胜枚举。

大学教育的途径，先哲昭以"在明明德，在亲民，在止于至善"，所谓"明明德"，即人格教育的发扬；所谓"亲民"即新国民性运动；换句话说，新国民性运动，须配合人格教育的训练，然后使其"止于至善"，成为社会中的"完人"；因为"完人"能明事理当然之极，没有"人欲"之私，而此种教育的方法为"格物致知"，为"诚意正心"，因而在行的方面表现"修、齐、治、平"，使个人、家庭、国家、世界都蒙其利，我们知识分子，在求学时期，应着重"格物致知"，即以科学的精神探求事理，使能了然于心有所认识，有了正确的认识，然后可以增进个己的修养进而为社会努力。我们应该明白事情之因果，分析事理之重轻，克服个人的冲动盲动，理智地镇定自己，不为所惑。

二十四个周年以来，我们大夏一直干着"读书救国"的教条，不论学校经济如何困难，我们于图书仪器尽量添购，本学期开学之初，即计划建筑新图书馆，并使各研究室尽量充实其设备，我们的愿望能多多加厚学术研究的空气，使每一同学出校之后能在学术方面有最高的成就，符合本校立校的精神。

今年行宪选举，五千年来的古国，始成为以民为主之国家，我们饱经专制习俗，我们还得学习民主，大学为创导学术文化领导社会风气之最高学府，而我们大夏的创造即本学术研究之自由与独立，革命与民主精神之涵育，面对国家走上光明大道的今天，我们当本以往之精神随时空迈进！

　　六一为本校诞日,我们六千的毕业校友散处各方,他们关怀母校的心情定必殷切,于此,表示我们互思之忱!以往二十四个周年,我们为国家已尽其贡献,在今日颇具规模事大可为之际,我们当竭力再求发展,所望于我们大夏师生本苦教苦干苦读之传统,共谋学校未来之光明;我全校将近三千之同学奋发自动,自助助人;我校友服务社会,一本学校创业之苦诣自强不懈,然后,我们大夏与天地共垂而不朽!

第二编

校务治理

大夏恳亲会报告校务[1]

这一次恳亲会,已经算是第四次了。本校自创立以来,每学期中,皆开恳亲会一次,已成惯例。何以如此? 因为大夏是师生合作的产儿,欲促进大夏前途的发达,尤非致力于师生合作的工夫不可,这次的恳亲会,实在就是师生合作精神的表现啊!

溯自五四运动以后,教职员方面,动以学风嚣张不能办事为言;学生方面,动以学校压制太甚不能求学为言;由是而澎湃的学潮,遂一起再起,终于不可复遏。新闻纸中苟另辟学潮一栏,我看这栏的材料,一定是很丰富的。

三年前,大夏自在小沙渡路三楼三底的洋房开办的时候,我们多怕不能成功,但是居然就如愿以达了。外边人虽把我们这里叫做野鸡大学,我们却不以为怪,因为我们在那个时候,不仅是穷无立锥之地,实在是无锥可立呀;我们所恃的,全在精神方面,精诚一至,金石为开,所以终由三楼三底的大夏大学一变而为大洋房的大夏大学了。

现在我们这里,有学生六百人,教授四五十人;附中方面,有教员十人;又办公的职员十三人,合计为六十六人。大学学程,共开一百十一门,计为三百二十一学分。在上海各大学中,所开学程的,要推我们了。一班中有少至四五人的,但我们因为读书运动的原故,人数虽少,也开一班。

本校于去岁原有学生七百人,现以一部分学生毕业后,遂减少至六百人,但预料至今年夏季后,总可增至一千余人。

本校校董,今天因为事务很忙,不克来此演讲;于此,我们要晓得我们同学,人人都有校董的责任,大夏前途的维持,却全依赖着我们同学呢。

国内近来的大学,国立的,省立的,私立的,就其性质而言,都可分为四种:(一)大而不学,(二)学而不大,(三)不学不大,(四)亦学亦大。如一大学中,学生不从事于读书,办事人另有特别的作用,这就是大而不学的大学。否则一大学中设备虽不完全,但却富有读书的精神,这却是学而不大的大学。如既无适当的校舍,又无若干的学生,这就要算作不大不学的大学了。反之,也就是亦大亦学的大学。

但是大夏是属于哪一种呢? 如马校长言,现在的大夏,不过才达到理想中的一部分,尚未臻于完全的境界。由是可知现在的大夏,却是一个学而不大的大学。这因为以学而言,大夏学生的程度,并未曾后人;如今岁春季,本校有三四个转学东南大学的学生,程度

---

[1]　原载《夏声》,1926 年 4 月 17 日,第 2 期,第 24—25 页。

上一点没有吃亏,都拟于今年冬际毕业,东大转学生三十名中,大夏倒占了三名呢! 所以大夏学生的程度,同国立大学学生的程度,比较起来,确是不相上下的。

即以去年的离校同学宣言而论,不过仅牵涉到同学意见的方面,却没有一句说学生不读书,教授不教书。普通离校的宣言,既因与学局站在反对的地位,自都不免关于学校腐败方面的一类话,它倒没有一句涉及,像这样的宣言,真是少见呢!

从前的大夏,人都知为共产主义的机关,现在的大夏,人又目为国家主义的机关,其实这都错了;大夏本是采取研究的态度的,既请人演讲过共产主义,又请人演讲过大同主义,那里会含有一些主义的色彩呢!

大夏在前岁不过二百四十人,今则已增加到六百人之多,由此以推测将来,则发扬光大之处,亦自未可限量,然则我们心目中所谓亦大亦学的大学,安知没有达到的一天呢?

大夏大学五周纪念感言[1]

一年容易，又届立校纪念之日。吾人在此庄严璀璨典礼之中，回忆五年来艰难缔造之历史，百盛俱集，诚有不能已于言者也。

十三年夏，吾人偕厦大离校学生二百余人至上海，时内受正谊之驱使，外感风潮之激荡，贸然以创造最高学府为己任，如虻负山，不自知其重也。吾人本寒素书生，建设大学物质方面必具之条件，则一无所凭藉。比年来，学校迭起风潮，是非泾渭不分。社会心理，闻学潮二字，则谈虎色变。而同时投机渔利之学校，乃如春笋初苗，薰莸同器，吾人尤不能执途人而告之。环境如斯，忌者固窃笑诸后；而爱者亦未不以为危也。惟吾人所信仰者为至纯洁目的，所依赖者为至热烈之精神，遂毅然不顾一切，而从事于建设之奋斗。

大夏缔造以来，师生风雨同舟，亲切有逾家人骨肉，通力合作，知无不为，为无不力；日出而作，午夜不息，梦魂萦绕，而不能自安；盛夏溽暑，伏处斗室，汗流如注，脑涨欲绝，而不敢将息。一计之未就，一事之未安，至有耳目而不辩声色，有口鼻而不知臭味，凡有可以利大夏于万一者，任何牺牲，亦无所顾惜也。

语曰：思之，思之，又重思之。思之而不通，鬼神将通之。又曰：行之，行之，又重行之。行之而不达，鬼神将达之。果也吾人奋斗之精神，大足引起各方面之同情，襁褓维护，乃有今日之规模焉。

虽然，今日之大夏，吾人未敢自尽也，亦并未敢自是也。今日之大夏，去吾人理想中之大夏，奚啻什百。大夏之精神犹昔，而大夏物质之设备，乃去昔无几。精神犹昔可也，而物质之犹昔不可也。吾人处此鼓舞庆祝中，一则以喜，一则以惧。吾人五年来之奋斗，可谓已得有结果。而来日大难，如临深渊，如履薄冰，战战兢兢，而不知何能以自处也。灿若春花，丽如朝曦，青衿跻跻，歌声洋洋，吾人惟有念"风雨如晦，鸡鸣不已"章，以自强不息自勉而已耳。

---

[1] 原载《大夏大学五周年纪念特刊》，1929年6月1日，第1页。

师生合作！ 继续努力！[1]

本报自从第六十五期改革了内容和形式以来,承全校教职员和学生,本着吾校立校的精神——师生合作——共同努力,踊跃投稿,使本报顿生光彩,已经和从前的本报,不可同日而语了。可是世界事物的进化,绝没有止境,本报亦何独不然? 本报目前的一切,和理想中的境界,相差还是很远很远,此后希望逐渐改良,逐渐进步,随着学校的稳速发展,使将来的本报,要较目前的本报,高出几倍几十倍几百倍。但是要想达到这样的地步,有什么法子可循? 我们只有向来用惯的一个老法子——师生合作,再没有什么更新鲜的更高妙的终南捷径了。所以在本学期本报的第一次出版时,让我们大家高喊着这老口号:

师生合作！继续努力！

再谈到吾们学校的情形,在本学期内,新校舍要建筑完成了,这是本校有史以来第一件的大成功。本校自成立以来,在六年最短的期间,校务发展,出人意料之外,学生的人数,由二百而四百,而七百,而一千,而一千五百,旧有的校舍,早已不敷容纳,新校舍的建筑,有万分急切的需要。我们在最近的几年内,赖王校长的精心擘划,校内全体师生的共同奋斗,校外贤豪明达的热心援助,使本校居然在梵王渡中山路旁,空气新鲜,交通便利的地点,购得地皮一百余亩,在本年元旦的一天,已经动工兴筑第一座大教室。男生宿舍二座、女生宿舍一座,亦正在订约承建之中。照建筑公司签订的合同,本年八月底,全部工程,可以完竣。在秋季开学以前,我们便可住进高大华美的新广厦。我们可以呼吸着很好的空气,再也闻不到恶浊的煤烟臭味;我们可以静静的教书看书,再也听不到隆隆震耳的载货汽车大车等的声音;我们可以天天游兆丰公园,不要再花车钱。这种种的便利,我们在最近的将来,就可以享受到。但是,我们就此便可以心满意足了么? 不是,不是。这和我们理想中的本校,还是相差得很远很远。我们仍要天天努力着逐渐扩充,逐渐改良,逐渐充实内容,使她成为东方最高的学府,能够做福国利民的贡献。我们的话,虽大而非夸。我们的理想,不是空中楼阁。我们所采取以达到吾们理想的方法,仍旧是向来用惯的一个老法子——师生合作,再没有什么更新鲜的更高妙的终南捷径。所以就本校校务而言,我们乘着本报本学期第一次出版的今天,让大家高喊着这老口号:

师生合作！继续努力！

---

[1] 原载《大夏周报》,1930 年 3 月 5 日,第 74 期,第 1—2 页。

一年来之校务[1]

岁月易得。吾大夏诞生，倏届九周年矣。回忆初开办时一切简陋局蹐之情状，几非言语所能形容。顾九年之间，校务进展之速，出人意表。学生人数，随岁激增，由二百而达二千。校址五经迁徙，而规模弥臻宏大，由无立锥之地，而至自置校地三百亩。校舍由矮屋数椽，而至广厦连云。一切设备之增益扩充，靡不称是。毕业生之服务社会者，遍国内省市及南洋各地，成绩斐然，在人耳目。就吾国私立大学而论，进步之迅速，当推大夏为首届一指；此固吾阖校师生兢业一心，艰辛奋斗之结果，而社会热心教育人士拥护援助之力，亦洵有足多者。兹当本校九周纪念之日，爰将本年度一切校务，约略述之，或亦关心本校者所乐闻欤？

在未述本年度校务之前，不得不先述前此一学期中本校所受非常重大之打击，亦即吾人永远不忘之纪念，即一二八之役是也。盖自二十年九一八之后，东北各省，相继沦陷，全国人心，激昂万状，上海一隅，尤为特甚。学生之爱国举动，风起飙发，不可遏止，罢课请愿，遝迩响应。然初不料暴日侵略之凶焰，遽尔由北而南，蹂躏淞沪也。故当沪战未发之前，虽本埠谣诼繁兴，风声鹤唳，然吾校为安慰学生维持秩序计，仍力持镇静，不事张皇，而同时，居安思危，绸缪未雨，预觅相当安全地点，为全校男女生退避之所，并预定图书仪器校具迁移之处，以备万一之虞。洎夫一二八战事暴发，本校所在地附近，为戒严区域，交通发生困难，幸本校已先时嘱令男女各生迁避胶州路旧校舍（当时系作中学部校舍），故毫未遭受危险。至于图书仪器标本及重要文件校具，则由各处主管职员，督率工役，陆续运出，时正当鏖战剧烈之际，敌机盘旋于校场，炸弹纷落于附近，而各员工绝不畏葸，奋勇冒险，卒将校中所有重要物品，悉数迁移于法租界爱麦虞限路中华学艺社及其他安全地点，并为办事便利起见，设临时办公处于愚园路延陵村二十八号。惟校中既不能开学，经费备极艰窘，于是全体教职员皆留职停薪。既而战祸延长，死伤日众，沪上备慈善团体，纷纷筹办伤兵医院，以资救济，而苦于用具缺乏，本校遂将各宿舍新置之铁床桌椅悉行借给使用，并将胶州路旧校舍借予辟作伤兵医院。教职员努力后方工作，男女同学加入救护队及义勇队者，颇不乏人。至三月初战事停止后，本埠秩序，渐形恢复，本校乃定于十五日大中两部在胶州路旧校舍合并开学。四月四日高初中预科及幼稚师范正式上课，十一日大学部各学院及师范专修科正式上课，到校学生共计一千二百二十四人。

---

[1]　原载《大夏周报》，1933年6月1日，第9卷第28期，第567—574页。

惟校中经济,困难殊甚,故所有教职员,概不领薪金,仅支给少数车马费。是时淞沪公私学校,大半复行开学,纵有校址,适在战区,致遭毁坏者,亦多租借房屋,勉强上课。然求其学生到校之踊跃与教职员任事之热心,能如本校者,殆罕有所闻也。语云:"不遇盘根错节,无以见利器。"吾大夏师生奋斗牺牲之精神,每于颠沛艰危之际,而弥见显著,于期益信矣。本学期因开学既晏,故功课异常紧张,除星期日外,概不放假,并延迟放暑假日期,至七月十六日,学期考试,始行完竣。翌日,大中两部同时迁回中山路新校舍。自此之后,一年以来,大夏又开一新纪元,在物质精神各方面,扩充改进,不遗余力,可资记述者,不一而足,兹分别志之如次:

一、关于校舍及设备方面

总办公处

本校总办公处,前年设于群贤堂内,自大中两部合并一处后,群贤堂各室,悉数作为教室,乃将前建之临时大礼堂,加以改造,辟为总办公处;内分校长室、院长及主任室、训育室、中学主任室、会议室及教务、事务、会计等处,较前办公处宽敞实多。而各部工作既无混淆不清之弊,复获互相联络之便,于办事效率上,弥臻完善矣。

图书馆

图书馆前附设于群贤堂内,自群贤堂悉作教室后,乃迁设于群英斋(女生宿舍)东首楼房内(原系女子幼稚师范及实验小学与幼稚院用)。计上下两层,共有十余间。下层为目录处,普通图书出纳处,普通阅览室两间,新到图书陈列处,普通图书书库,事务及阅览股办公室,教职员休息及储藏室。楼上为普通杂志阅览室,参考图书出纳处,参考图书阅览室两间,新到参考书陈列处,参考图书书库,参考股办公处,馆长及编目股办公室,教育学社会学研究室。馆址四围,遍植花木,环境清幽。馆内现有中外图书二万六千二百六十四册,中外杂志三百一十四种。每年添购图书经费一万元。

理科实验室

本年度新布置之理科实验室,在群力斋之北,内分物理实验室,化学实验室,心理实验室,及生物实验室。物理实验室内分普通物理实验室,暗室,储藏室三间。普通物理实验室,可容学生六十人,为音学力学电磁学等实验之用。暗室可容学生二十人,为光学实验之用。储藏室内储度量仪器六十余种,光学仪器四十余种,力学仪器八十余种,热学仪器五十余种,音学仪器三十余种,磁电仪器百五十余种。化学实验室分为普通化学,分析化学,有机化学,工业化学四间。普通化学实验室,可容学生一百二十人,为普通化学实验之用。分析化学实验室,可容学生三十二人,为定性分析、定量分析、有机分析、工业分析等实验之用。有机化学实验室,可容学生三十二人,为有机化学、胶质化学及其他高等化学实验之用。工业化学实验室即化学工业制品厂,而装机器二十余件,为化学工艺及工业化学学生实习场所,可容学生二十余人。此外设有天秤室、煤气室、储藏室三间,天秤室有感量万分之一克天秤八架,煤气室有煤气机器,供给化学物理生物三实验室煤气灯所应用之煤气,储藏室有仪器一万一千四十余件,标本挂图一千二百余件。生物实验室分为实验室、标本室、储藏室三间。实验室可容学生四十人,有显微镜四十架,植物标本及人体三百余件,幻灯射影机一件。标本室有动物标本八百余件。储藏室有药品四十余种,瓶类玻璃仪器六百五十余件,此外有低温电箱薄片制造机器、切刀等多件。心理实验室一间,可容学生六十人,内有实验心理挂图一百三十件,仪器三十二件。

新食堂

本年度新建男生食堂一座,在群策斋之东,光线充足,内部清洁,极合卫生,同时可容数百人会食。后面附设厨房,随时由事务处派员检查清洁事宜。

各平房

各平房之新布置如下:1.甲字平房,内设阅报室,体育部办公处,中学课余社,及中学体育部。2.乙字平房,内设音乐室,领信处,学生会及区分部办事处。领信处内有全校学生信箱,将学生姓名编列号数,各人各备信箱一格,箱有玻璃门,可自加锁钥,以免信件被他人取去,此种设备,在国内各学校实为罕见。3.丙字平房,内设会计实习室,工业化学室及中学土木工程绘图室。

体育设备

本校体育之设备,因运动场之广大,各种球场之众多,本来可称完备。本年度为普及全校体育起见,复尽量扩充。在群英斋附近,增设女生篮球场网球场排球场各一所,女子早操场一所。在群策斋及群力斋北面空地,各添置游木、铁杠、秋千、滑梯等运动器具多种,以备各生课余练习身体之用。水塔旁设童子军营地,以为中学童子军露宿之所。

开浚校河

本校校址,川流萦环,其西沿运动场者为丽娃栗妲河,面积甚广;两岸树荫垂碧,风景幽绝,世所称海上仙乡是也。校内更有河渠二道:其一在大夏新村之东教职员宿舍之西,水面亦阔。其一在群英斋之北,沿大夏路及葡萄架曲折北流而向运动场之东沿。诸校河皆脉络相通,源头活泼。本年度复将河床浅之处浚深,河面太狭处加广,河旁辟人行道,经时累月,始告竣工。于是各河皆碧波漪涟,可泛舟,可垂钓。修学之余,有此优良环境,以涵养精神,其裨益心身,当匪浅鲜也。

增植花木

本校地址广阔,最宜于种花木。历来以年,经校景委员会悉心经营,已栽植者,颇为不少。本年度又添购多量之荫木,灌木及花卉,遍植于群贤堂前之大广场,各斋舍左右之空地及沿校河之道路等处。本校毕业同学会于二十二年春赠送桃李两园,以表示桃李盈门之意,现均栽植于群贤堂北首及总办公处左右。

新凿自流井

本校新校舍落成之时,为供给全校饮用水起见,曾凿自流井一口,深三百尺,用马达抽水,经上海市卫生局将水质详加检验,颇合卫生。惟水内稍含泥质,为美中不足。爰于本年复凿新自流井一口,深五百尺,所出水质,较前更佳,澄澈新鲜,毫无杂质,出水量亦大增加,除供给全校之需用外,可供给中山路各商店及各住户之用,业由本校与卫生局、公用局及闸北水电公司订定办法矣。

二、关于校务及训育方面

职教员

本年度大学部职教员总数共计一百零六人,内专任职员者三十九人,专任教员者三十七人,职员兼教员者三十人。就中职员之属于校务会议当然委员会十六人,系主任二十人,校长室,教务处,群育委员会,会计处,事务处,图书馆,体育部,实验室,疗养院等处职员四十一人。教员属于文学院者十六人,属于理学院者九人,属于教育学院者十一人,属于商学院者十人,属于法学院者十四人,属于师范专修科者二十一人。

学生

本年度大学部学生数,秋季一千二百二十人,春季一千一百六十六人。秋季学生中属于文学院者一四二人,属于理学院者一一五人。属于教育学院者二六四人,属于商学院者一五五人,属于法学院者三二四人,属于师范专修科者二二〇人。春季学生中属于文学院者一四四人,属于理学院者一一〇人,属于教育学院者二三九人,属于商学院者一五六人,属于法学院者三〇四人,属于师范专修科者二一三人。

学程

廿一年秋季各系开班学程共一百六十二种,一百九十一班,每周授课五百八十一小时。廿二年春季各系开班学程共一百五十五种,一百八十八班,每周授课五百九十三小时。兹将两学期各系学程统计列左:

系　　别	二十一年秋			二十二年春		
	学程数	班　数	每周时数	学程数	班　数	每周时数
国　学	一三	一九	五七	一三	一九	五七
英　文	一七	三三	九九	一七	三二	九六

系　　别	二十一年秋			二十二年春		
	学程数	班　数	每周时数	学程数	班　　数	每周时数
社　　会	一二	一四	四〇	一一	一四	四二
史　　地	一三	一三	三四	一三	一三	三四
数　　理	一二	一三	五〇	一〇	一一	四五
化　　学	八	八	三一	八	八	四六
生　　物	四	五	二四	四	五	二九
教　　育	二六	二六	七五	二五	二七	八〇
商　　学	一六	一六	四八	一七	一七	五二
法　　学	一四	一四	三八	一五	一五	三八
政　　治	一四	一五	四三	一〇	一二	三六
经　　济	一二	一三	三六	九	一〇	二九
公共必修	一	二	六	二	五	九
共　　计	一六二	一九一	五八一	一五五	一八八	五九三

导师制

本校始行导师制,时在十八年春。其目的在使学生于课室听讲外,更得就其心仪之教授,随时领受学问上及生活上之指导。在吾国大学中,斯为创举。数年以来,屡经改善,成绩颇有可观。本年度继续施行,凡大学各学院一年级及四年级学生,与师范专修科第一学期及第四学期学生均得自由参加,每组以十二人为限。共成三十五组,导师三十五人,受指导学生共计二百零二人。

救亡教育讲座

东北沦亡,国难日亟,根本挽救之道,舍教育其奚由?本校爰于二十一年秋季在教育学院开设"救亡教育讲座",敦请专家按期莅校演讲救亡教育各问题,俾青年学子得为努力之南针。已开讲九次,兹将演讲者姓名、讲题及讲学日期列左:

江问渔先生　国难中的民族复兴问题　　　十月八日

陶行知先生　创造的教育　　　　　　　　十月十四日

高践四先生　救亡与新教育　　　　　　　十月廿九日

黄任之先生　精神救国　　　　　　　　　十一月四日

陈彬龢先生　教育与救亡　　　　　　　　十一月十日

陈科美先生　救亡教育之根本方针　　　　十一月廿六日

廖茂如先生　国难期间应有之态度　　　　十二月二日

| 黄膺白先生 | 革心救亡 | 十二月十日 |
| 潘光旦先生 | 优生教育 | 十二月十七日 |

募捐援助东北义勇军

自九一八以后,东北大好河山,尽沦于敌人之手,国家正式军队,既以不抵抗主义而匿迹销声,惟有东北义勇军,激于爱国热忱,以民众之力量起而抗敌,在冰天雪地之中,浴血苦战,屡挫敌锋,为民族增光不少。徒以粮饷弹药,两感缺乏,待援之急,有甚燃眉。本校爰于二十一年秋举行校内募捐,援助东北义勇军,当由校务会议推定傅式说、雷国能、冯勤生三先生暨学生代表二人担任进行。结果教职员方面募得四百九十七元四角,学生方面募得六百六十元六角,共一千一百五十八元。同时中学部方面亦募得二百九十五元六角。由本校一并汇寄东北义勇军后援会,转解前线各军。

国防化学

本校鉴于近世战争,全赖科学,国难日亟,尤应极力研究国防化学,其于自卫工具有所贡献,爰由理学院院长邵家麟博士指导学生制造防毒面具及制敌毒气。并由该院教授沈镇南先生演讲炸药之制造法。又拟邀请国内军用化学专家莅校演讲,如中央大学教授韩组康先生,开成制酸厂主任林大中先生等。均已约定云。

中日关系讲座

暴日谋我,数十年于兹,举国上下并力一志,对于吾国各方面之调查研究,无微不至,而吾国人士之明了彼邦情势者,殊不多觏,揆之兵家知彼知己之义,胜败之机,奚俟龟蓍?当兹强寇侵凌有加无已之际,凡彼我一切关系,尤有急需研究之必要。本校有鉴于此,爰于二十二年春季设"中日关系讲座",敦请陈泽华先生主讲。共分十讲,每星期五下午三时至五时为讲演时间。兹将讲题及日期录后:

第一讲	中日关系之史的洄溯(上)	三月二十四日
第二讲	中日关系之史的洄溯(下)	三月三十一日
第三讲	日本大陆政策的剖视	四月十四日
第四讲	田中外交、币原外交、芳泽外交与内田外交	四月廿一日
第五讲	东亚门罗主义批判	四月二十八日
第六讲	所谓"满洲国"	五月十二日
第七讲	东北往何处去(上)	五月十九日
第八讲	东北往何处去(下)	五月廿六日
第九讲	武力抗争与经济绝交论	六月二日
第十讲	中日关系之未来展望	六月九日

特种奖金

本校向有奖学金之设,每学期二十名,每名二十元,凡学业成绩指数在 2.5 以上者可得是项奖金。兹为扩充奖金范围籍以鼓励学生求学兴趣起见,由校务会议议决,自廿一年秋起,所有迟到学生注册罚款悉数留作次学期特种奖金之用。该项奖金为四种:(甲)专题研究奖金,(乙)演讲辩论奖金,(丙)国文英文会考奖金,(丁)均优奖金。计秋季学期共有四百八十五元七角,分配如下:(甲)专题研究奖金六名,每名三十元;(乙)辩论奖金三名,共奖六十元,演说奖金一名,奖三十元;(丙)国文英文会考奖金各五名,第一名三十元,第二名二十元,第三名十元,第四名第五名各五元;(丁)均优奖金一名,奖四十元。

教务研究委员会

第一百卅四次校务会议鲁继曾、吴泽霖、陈选善三先生之提议,通过组织大学教务研究委员会。研究计划为(1)各院学系之设立,(2)课程之改进,(3)入学考试,(4)学分制与考试制,(5)研究工作之推进等。该会委员会除原提案人外尚有欧元怀、董任坚、傅式说、黄敬思、陈蓂民诸先生。本学期已开会六次,研究之结果,关于改进教务各端。均已交由校务会议通过,次第见诸施行矣。

添设图书、体育两委员会

本年度为改进图书馆及发展体育起见,特添图书馆及体育两常设委员会,由校务会议通过该两委员会条例。图书委员会委员五人,除图书馆馆长为当然委员并主席外,其余由校务会议选任之。其职权为拟定图书经费支配标准,审核图书经费收支,稽核图书数目,拟订捐书及筹募图书经费计划,商讨图书馆改进事宜,讨论其他关于图书事宜等。体育委员会以体育主任为当然委员,另由校务会议于教职员中推举四人为委员,由全体委员会互推一人为主席。其职权为拟定体育普遍发展计划,审定选手竞技事项,通过预算决算并监督体育经费之支出,审定各项体育器械设备,督促体育之实施训练等。

体育成绩

本校对于体育,向极注意。运动场之广大,国内公私各大学,罕有伦比。各项体育设备,亦应有尽有,故学生平时对于运动之兴趣,极为浓厚,与他校比赛,屡获胜利。近年以来,吾国运动界之历史,本校实占光荣之篇幅。本年度为厉行普遍运动起见,曾由第六十次教务会议议决:学生体育及格成绩作为毕业条件之一,籍以促进全校学生体育之平均发展。而同时对于各项运动选手之训练,亦不稍忽视,故成绩颇为可观。本年四月十七日,江南各大学篮球锦标决赛,在上海中华篮球场举行,本校以四十一对二十六战胜暨南,荣膺冠军。又五月十五日本校陈宝球君在江大运动会中参加五项运动,得 2893.24 分,创全国新纪录。于此可见最近本校体育成绩之一斑矣。

大夏公社

本校附近公立小学极少,贫苦子弟多致失学,爰于廿一年秋创立大夏公社于中山路,实施社会教育,并使本校教育学院及师专科学生之有志社会事业者得实习之机会,社中有民众学校教室兼通俗演讲厅两间,民众书报室一间,民众问讯代笔处兼总办公室一间,社舍后有运动场一所,可供学生游息之用。现在事业已进行者,有民众学校三班。上下午均儿童班,采半日二部制,年龄自十岁起至十六岁止,共一百九十人。晚间为成人班,年龄在十六岁以上四十九岁以下,男女兼有,共九十余人。书籍用品,概由社中供给,不收任何费用。有通俗演讲厅,每星期演讲两次,演讲材料为爱国、卫生、勤俭、科学常识及职业指导等。书报室内备置各种民众及儿童读物,数近千种,每两星期更换陈列一次。报纸除陈置室内以供阅览外,并设壁报处,揭贴路旁。有问询代笔处,解答民众日常生活上一切应用文字之疑难,并代替民众书写文件。至于活动设施,如卫生运动,植树运动,提倡国货运动,救国运动等,则按时举行。

三、关于今后发展之途径

物质方面

在物质方面,吾人今后努力之目标有二,即完成建筑与扩充设备是也。本校第一期建筑于十九年落成,课堂宿舍,均极坚固壮丽。惟因限于经济,以致图书馆、科学馆、体育馆、大礼堂等,均未能同时建筑。现时所有之图书馆及科学实验室,系属临时性质。大礼堂自改辟为总办公处后,全校集会之所,遂付缺如。体育馆与学生体育生活关系綦切,吾校亦未具备。至于一切设备,目前已置者,与吾人理想中之计划,相距尚远。于学术讲习,既感不便,于心身训练,尤觉未周。故第二期建筑之进行,实为刻不容缓之举,而图书仪器之扩充添置,亦属急切之需求。爰于廿一年冬,由王校长发起募捐,分校董教职员及学生各方面进行。定二十二年为募捐运动期。此期计划中之建筑,有图书馆一座、科学馆一座、体育馆一座(连游泳池在内),每座建筑费预算各为十万元,大礼堂一座,建筑费五万元,中学部课堂一座,建筑费八万元,此外添购图书及仪器八万元,其他设备二万元,总计五十三万元。际兹国民经济衰落之日,骤时募集此巨款,似属不易,然以吾人向来努力奋斗之成绩推之,并非梦想。吾人在过去数年之间,既能由赤手空拳达到百余万之建设,则此次计划,爰为不能于最近之将来,促其实现耶? 是全赖吾阖校同人本素来合作奋斗之精神继续努力而已。

精神方面

关于精神方面,本校数年来所竭力提倡者,不外二端:曰研究学术之精神也,曰俭朴之学风也。原来大学最重要之使命,厥为造就专门人才与培养高尚人格。吾国人才之缺乏,由于学术不昌,而人格之堕落,由于佚逸过甚。本校因读书运动而产生,故学术研究为吾人一贯之精神。本校赖三苦主义(办事者苦办,教者苦教,学者苦学)而成立,故俭朴学风为吾人始终所崇尚。继今以后,更当就此二点,力加提倡。务使全校学生,对于研究学术之兴趣,日益浓厚,而一切无谓之浪费,悉行戒除,以为全国各校之倡。本年度各项特种奖金之设,足以见鼓励学术研究之一斑;而停止一切同乐会及游艺会以节省靡费,并厉行穿着制服,禁止丽服艳装,即积极提倡俭朴学风之表现。本年发行年刊,所以一变往年年鉴之内容,概不登载无意义之个人铜版影片,而尽量登载校内师生平时研究所得之学术论著,形式方面,更力求省费,屏绝昂贵之外国纸料而勿用,所以示一举而含有提倡学术研究与俭朴学风两种意义也。国难日趋严重,民生益形凋敝,济时救国,非有专门之常识与健全之人格,焉能有济?故大学生将来实负有领导民众复兴国家之重大责任,平时自不可无充分之涵养与预备。庄周所谓"水之积也不厚,则其负大舟也无力",为大学生者不可不知也。我国数千年来,政治不上轨道,社会秩序混乱,各项事业,未能兴办,已兴办者,又多有名无实,未能作用专门人才,以致大学毕业生每叹英雄无用武之地。此则不良政治之结果,非大学本身之罪。而世人乃共非訾,以为大学无用,至有倡议停闭之者。庸讵知一旦政治清明,建设开始,则各方面需用大学毕业之专门人才,至为伙颐,目前区区之数,惟有不足,奚患太多?近日报载,广西自去年规定施政方针及行政计划以来,一切建设,按部就班,走上轨道,最近民政厅发表全省需用公务技术卫生教育各项人才,约二十万左右,急待培植,此为我国人才缺乏之明证。一省如是,全国可知。即就目前各机关之用人而论,苟以学识为准,杜其滥竽之途,则亦大有人才不敷之感。然则所谓人才过剩之说,真梦呓也。惟用非所学,期学无用耳。乃论者倒因为果,而咎及大学,抑何不思之甚耶?天苟不终压中国,否极泰来,会当有时,负建设新国家之责,非异人任。及时自励,磨砺以须,愿与诸君子共勉之!

今后行政方针与发展计划[1]

师生合作惨淡经营之大夏大学,今已忽忽诞生十载矣。其对社会国家之贡献,识者自有公评,无待赘言。惟回顾十年之间,外仗社会人士之维护赞助,内赖全校师生之努力奋斗,校务进展,一日千里。学生人数,随岁激增,由二百而达二千,校址五经迁徙,而规模益臻宏大;由足无立锥之地,而至自置校地三百亩;校舍由矮屋数椽,而至广厦连云;一千五百余毕业生服务国内各省市及南洋群岛,成绩斐然,在人耳目。此虽未敢引为已达至善之鹄,要亦差强人意,而稍足告慰于爱护大夏之人士者也。元怀忝列创办人之一,又幸辅理校政有年,际兹十周纪念之日,对于今后发展之计划,敢不稍为议及?第计划非难,实行为难。前此许多进展计划,或因财力限制,或因人才缺乏,强半莫得实现。故今我人无取好高骛远,仅就目前急须建设者,略述梗概,以供关心大夏校务者之参考,亦为自资警惕之南针。

甲、关于今后实施方针

行政设施,贵在便利教学。吾校历年行政,固多特殊或绩而为一般官立学校所不及者;但不合于理想地方,仍非绝无仅有。为今之计,即在发扬过去优长,而设法弥补其缺陷。分别言之,有下四端,应加注重实行者。

一、力求行政合理化

关于日常行政及一切发展计划,当采用科学方法,预先严密调查设计,订定各部行政历,按期施行,以求效率之提高。并实行院科务报告,藉收相互监督之效。本校经济不甚宽裕,所有行政用费,必须历行紧缩政策,以减少无谓之消耗,直接减轻学校负担,间接增进教育效能。同时智、德、体、群、美五育,以合理发展为原则。无论何方重要设施事宜,均须妥拟计划及说明书,提交校务会议审核,藉收集思广益,而发挥会议制之机能。即学生方面,如有改进校务之积极建议,在可能范围内,亦宜采纳。

二、保持苦做精神

本校系私立学校。私立学校之劲敌一言以蔽之曰,经济压迫。然本校之诞生,是为

---

[1]　原载《大夏周报》,1934年11月3日,第11卷第8、9合期,第232—235页。

国家育才而努力，是为学术建设而奋斗，十年如一日，始终保持苦做精神。经费困难不足忧，环境恶劣不足惧，每遇一次危险，而此精神乃愈加其强度，卒能于惊涛骇浪中安然渡过。此无他，苦做精神有以致之耳。今校基虽已树立，但距吾人理想尚远。全校师生，不但仍宜一秉以往牺牲奋斗、坚毅进取之精神，且须发扬而光大之。教授苦教，职员苦做，学生苦学，群策群力，万矢赴的，养成"自强不息"苦干力行之觉，淬励其锋芒，为全国学校倡。将由十年、二十年、百年以至千年，使"新出于硎"成为吾校永久之校训。

三、努力师生合作

大夏立校之旗帜为师生合作。全校环境犹如家庭父子兄弟姊妹之间，师与生合作，师与师合作，生与生合作。举凡校务之改进，意见之商洽，学术之探讨，问题之解决，莫不推诚相见，无诈无虞，抛弃小我以成大我，如水乳之相融，只见积极建议，未闻消极批评。故校务获得兼程发展，日臻完善之域。惟大学教育使命隆崇，前途建设方兴未艾，我全体师生，务宜本"众志成城"之义，再接再厉，永矢弗失。关于学校现在之设施，与夫今后进展之计划，尤宜当仁不让，在维护学校本身之原则下，贡献所见，共策进行。然后团体生活，方能维系于不敝，学校前途，乃益发挥而光大。此而吾人应有之觉悟而有待更进一步之努力也。

四、切实联络社会

学校是社会，教育即生活。闭门造车，出不合辙，此古人所切戒，亦今办学者所深宜注意者也。本校过去以努力内部之整顿，微嫌与社会缺少联络。为兹之计，务须多方注意社会之联络。联络之道有四：（一）以实际成绩表现，博得社会之同情。（二）联络家长。调查与讯问兼施，时将学校情形及该生在校求学状况，以书面报告其家庭；并征求各方面改进意见，俾收学校教育与家庭协助之效益。（三）团结毕业同学。精密调查其社会服务状况，作教育设施之南针；并充分利用校刊，随时沟通校友消息，尽量介绍相当职业，指导或解决困难问题。（四）服务社会。设学术及研究问题咨询部，以供社会各种问题之咨询；并尽量推广大夏民众教育实验区办法，领导民众改良农作物建设医院马路以及兴办一切公益事业，欢迎各社团代表随时到校参观演讲，藉以交换意见而资联络。同时对于社会文化及救国运动，率领学生热烈参加，一方训练办事技能，他方提高服务精神。

乙、关于物质建设计划

物质建设，尚为吾校当今要图。惟目前所要努力者，系继续前此未竟之工作，完成基础建筑与设备，并非取贵族式奢华铺张。

一、完成基础建筑

吾校现有课堂宿舍,颇为坚固壮丽。本秋又新建中学校舍三座,扩充科学实验馆一幢。梵王渡畔,气象焕新。在最近三五年内,课堂及实验一场所,尚可敷用。惟以经济限制,未另建有总办公室,暂附设于群贤堂楼下。迩来学生人数增加,各种研究室纷纷设立,殊觉不够分配。至永久图书馆及雨盖操场,迄今尚付缺如,尤为憾事。上项建筑,关系行政效率及教学训练,至重且大,切望董事会与全校师生努力筹划,共策进行。例以过去历史,当不难于短期间完成是项使命。

二、充实各种设备

大学为研究高深学术机关,非徒上课堂抄笔记,必须注重课外阅读与试验。惟欲举行大规模实验研究,则本校现有关图书仪器,尚嫌简陋。今后除每年指定的款继续扩充外,拟在最近时间开始募捐运动。此外体育器械之添增,卫生设备之充实,尤当积极规划,促早实现。至本秋间承商务中华两大书局长期寄览各种珍贵图书仪器标本模型,总数在五千件以上;又教育馆社会研究室编制报章牵引,均为研究切实工作,而深值得扩大努力者也。

丙、关于教导改进计划

吾国人常有一错误观念,以为中小学校宜多注意教学与训导,大学系自由研究园地,无须考究教学方法,训导更为风马牛不相及。流弊所至,往往教师自教其书,学生瞠目莫测高深,校风萎靡不振,荒嬉浮躁,相沿成习,其能自克振作,发奋勤学者,殆如凤毛麟角,不可多观。学术前途,宁复有光明希望乎? 是则今后大学教导方法之改进,实急不容缓之图,兹取要者分述焉。

一、厘订教学方针

教学贵有方针,俾使有所准绳,而不至无的放矢。本校今后应订定教学方针:(一)各学科以促进民族复兴为重心,并求全课程能有系统联络。(二)教材组编,依乡土主义为出发,务求适应国情需要,而为切合现代生活之知能。(三)利用各种优良教学方法,实施严格训练,以期增进教育效率而提高学生程度。(四)注重健康教育,以锻炼青年之身心。(五)养成健全之学习态度与实验精神。

二、努力生产教育

生产教育,系充实国民生计复兴农村教化之唯一出路。且沪西野原广漠,农村栉比,其可资利用者正复不少。吾校决于最近添办农工两学院。兹为适应社会需求计。本学期先就教育学院内,增设生产教育师资训练班,以养成职业补习学校师资及中小学劳作教员为目标。现一切计划及课程,均在详细拟订中,并经组织筹备委员会,期于生产教育作大规模之探讨,以为复兴民族之基础工作,尚望全校师生努力策进之!

三、推进普及体育

体格强弱,攸关民族之兴衰。乃近年来一般大学体育之通病,在于专重选手比赛,忽视大多数学生体格训练,以致青年不喜运动,精神菲靡不振。吾校本秋季为厉行普及体育起见,特将运动场及运动设备大加扩充;规定早操及课外运动为全体学生必修学程,依其能力性别及季节之差异,施以各殊之训练,务使各个个学生咸得适宜锻炼身体之机会,藉以养成青年健全之体格,树立中国复兴之基础。

四、实行训教协助

吾校素主训教协助,施行导师制,远在六年以前,为全国大学之嚆矢。数年以来,颇著成效。自本学期起,更将原定制度加以改进。所有各学院及师专科全体学生,依其所习之主辅学系分列组次,由导师三十余人担任指导。指导期间,自学生入校起至毕业止;其范围约分自修自治健康及社会服务等项;其方法除不背训育原则及本校校训外,得由导师自由酌定,形式不拘,或由导师约定各生团体或个别谈话,或由学生随时提出切身问题,请教于导师,务期厉行新生活,以涵养健全之中心思想,而使言论行动趋入正轨。是亦复兴民族教育一端也。

五、提倡学术创造

吾校为国内最高学府之一,且以读书运动为产生背景,尤宜发挥特殊研究之风气,以为国内大学之表率。今后学校方面,固宜积极扩充图书仪器,添设各种研究室,举行学术讲座,筹增奖学基金,以求提振研究精神,激发创造心理。而教师对于社会智识之灌输,科学技能之训练,课外参考之注重,专题研究之指导,亦当加倍努力。随时留意览别天才,以期造就出类拔萃之领袖人物。惟外力之推动,终不若内蕴自发之力量,最后唯一希望,是在全体同学坚定志趣,把握自信,本冷静之头脑,坦白之胸怀,犀利之眼光,灵敏之身手,为彻底永恒之探讨,中正无偏之评判;夫然后方能融会贯通,水到渠成,真知实学,颠扑不破。此种研究精神,是为大学教育生命线之所寄,亦即大思想家大发明家大科学家大企业家之所培植者也。

六、涵养健全人格

大学生为社会中坚分子,负建设国家之职责。学术研究精神之培养,固甚重要,而健全人格之涵濡,尤不可缺。所谓健全人格标准,虽难确定;但观现今社会之积弊,与夫大学生之堕落,我人可暂定实施人格教育之目标:第一在崇高气节,淡泊势利;第二有责任心,奉公守法;第三在深明礼义,廉洁自重;第四在纪律化,实行新生活;第五在勤俭化,坚苦耐劳。务使青年学生猛省于修身克己功夫上痛下针砭,一洗过去浮躁浪漫荒嬉奢侈之恶习,培养优美醇朴之学风,树立整洁纪律之生活,明辨义利,认定是非,砥砺志气,操守严正,不仅对"自我"负责,亦须对"他我"负责,造次必如是,颠沛必如是,朝斯夕斯,一不苟且,则进德敦品者在此,建功立业者亦在此!

语云,"共患难易,同安乐难"。吾校发展于兹,虽未可言已臻"安乐"之域,诚确进入"小康"途径矣。望我全体师生,时念"风雨如晦,鸡鸣不已"古诗,互以"自强不息"相警勉,百尺竿头,更进一步。认清光荣之过去,切盼进展之将来,努力读书运动,培植领袖人才,发扬民族精神,建设革命基础,以完成大学教育之使命。此则元怀所当服膺弗失而亦待于全校师生之黾勉以赴者也。

今后努力方针[1]

——纪念本校立校十三周年

本校诞生,于今十三载。作者忝为创办人之一,朝夕与俱,顷刻未离,对于校务各方进展。知之甚稔。过去各年度本校周报发行立校纪念特刊时,均曾发表愚见,一以就正于社会人士,一以为办理校务行政之南针。

今年立校纪念,正值全国大统一之后,衡情度理,似当为此尚未成年之儿童庆祝一番,期其身心日趋发展。顾吾人内审过去学校之惨淡经营,外睹国家危难之有增靡已,觉此时不应铺张靡费,故一切纪念仪式,均从简朴,而仍本自强不息精神,继续努力,以期毋忝大学教育之使命。兹特供献三点意见,望与阖校同人共勉之。

(一)校董教职员方面:本校创立之初,乃一贫无立锥之苦儿,过去之若何困苦艰难,全校师生闻之熟矣,恕不多赘。在此十三年校史过程中,物质方面之进展,读者可按本期所载过去物质建筑纪年,一阅便能明白,亦不拟赘陈。惟是大学必须具备之建筑物如图书馆科学馆大礼堂办公室会食堂等,尚均因陋就简,未经建筑,此则吾校同人不能不息息列为努力鹄的。现图书馆已定期兴工,在十个月内即可乐观厥成,其他建筑设备,短期内恐尚难实现。惟愿本校同仁,本过去艰苦卓绝精神,继续奋斗,预料本校举行十五周年纪念时,上项各种基本建筑物,均能屹立校中。吾校年来研究学问空气,日趋浓厚,各院科均出有定期刊物,此固可引以为慰,但各刊物内容实大有益加充实之必要;希望吾人任教授者以身作则,痛下研究工夫,充实自身学识,领导学生作高深的探讨,造成优良学风,盖"青"虽有时能胜于"蓝",实则仍出于"蓝",吾人要有学识渊博造诣堪深之毕业生,必先有学验均富之教授也。此其一。

(二)毕业同学方面:本校系师生合作产物,已为举世所公认,毕业同学更无论矣。师生合作之根本精神,在能团结一致,共同应付一切问题。本校毕业生近三千人,平时在全国各省市服务,能本在校精神,团结一致,共同奋斗并协谋事业之发展者固属多数,但散无组织因而受人排击者亦不为少。此种情状在今日生存竞争之社会,殊甚危险,作者深愿我毕业同学无论在何地服务,允宜团结一致,互相提携,协谋事业之发展,学问之进研;并宜与母校密切联络,时沟声息,俾本校团体能成一健全组织,灵活机构。此其二。

(三)在校同学方面:学校系学生之第二家庭,本校在校同学计千五百人,其间在校

[1]　原载《大夏周报》,1937 年 5 月 29 日,第 13 卷第 26 期,第 579—580 页。

时间少者二年,多者竟在十年以上,前者占全学历七分之二,后者则占八分之五,各同学与本校关系之深,于斯可见。且以本校乃一私立大学,与其他国立大学不同,无论物质进展,精神维护,均有赖全校师生之襄助爱护。作者希望今日在校千余同学,人人均认学校系诸君之第二家庭,充分发挥爱校精神,共同维护本校,使其日趋发展。此其三。

要本校能继续发展,须校董教职员毕业同学在校学生三方面共同努力,团结合作,方有希望。本校过去之光荣历史,全系师生合作结晶,亦是"三苦主义"产儿,准此黾勉以求,吾人已完披荆斩棘之初步工作。今后倘能秉此立校精神,勇往其前,继续努力。并参照政府所昭示之专科以上学校特种教育纲要,积极推进,则今兹以往,吾校将比过去更有迅速的进展。大夏本系革命之花,愿我全体师生,今后多从事于建设国家复兴民族的实际工作,俾此革命产儿发扬光大,进步无疆。

国难期间大夏大学的苦斗[1]

大夏大学诞生于民国十三年夏,迄今快有十五年的历史。在这十五年中,内赖师生之戮力合作,自强不息,外蒙政府之奖掖,社会人士之赞助,校务发展,与日俱进;在"八一三"全面抗战以前,大夏在上海中山路新址有校三百余亩,建筑物二十余座,在学学生暨毕业生数达五千人,满期发扬光大,蔚成著名最高学府,为国多培有用人才;讵料此孩提之童,方踏进青年初期,竟因卢沟桥烽火燃烧,校址被占,校舍被焚,而流离转徙,间关万里,历尽艰辛,到达平昔与世不常往来之贵阳;此中经过情形,当为国人所乐闻,而这个未成年的青年来黔以后,能否继续为文化奋斗,有否适应新环境的能力,自尤为关心大夏前途所亟欲明了者。笔者忝为学校创办人之一,平时在校办理行政,个中真况知之最详;兹爰将大夏迁黔始末,在黔施教情形,沪校复课后概况,及今后努力方针,分述如上:

(一) 迁黔始末

七七事变发生,沪上一般学校,受战事影响无法开学。大夏校址位沪西中山路梵王渡,政府划为警戒区,为我军开赴闸北真如等处必经地带;迨我撤退苏州河以南,又成双方军事争夺据点;于是巍峨校舍,遂在侵略者飞机轰炸与炮弹烧毁之下,多半成为灰烬。事后调查,计全毁者:有男生宿舍群力斋、女生宿舍群英斋、科学馆、体育馆、疗养院、图书馆参考阅览室、中学部大楼等建筑物;半毁者有群贤堂(课堂及大学办公厅)、男生宿舍群策斋及平房市房等;全部损失,约达二百万元以上。至于与校舍毗邻之大夏教职员组织的新村住宅,不下三十余座,亦全部被毁,损失尚在不计。在这样沉痛情形之下,笔者一方面既悲十数年与同事惨淡经营之教育事业,付之一炬,他方面又念及二千余青年学子顿遭失学苦痛,心殊不安,乃与留沪教职员商酌再三,决定中学迁至租界续办,大学则与沪上其他友校联合内迁。最初拟与大夏联合内迁者有复旦、大同、光华三大学,在沪四校当局曾熟商联合内迁计划,后大同、光华相继退出,仅大夏与复旦仍持初议。二十六年九月中旬,王伯群、钱永铭两校长与教育部商定设联合大学第一部于江西,设第二部于贵阳,笔者于九月下旬偕复旦副校长吴南轩先生抵九江,转往庐山筹备联大第一部,十月中

---

[1]　原载《大夏半月刊》,1939 年 6 月 1 日,第 2 卷第 1 期,第 1—5 页。

旬开学,两校旧生到校注册及新招学生达千人,足征青年向学之情至切。复于十一月初偕章友三、鲁继曾、王裕凯、熊子容先生等离牯赴渝,转道来黔,筹备联合大学第二部,十二月末黔校正式上课,学生有三百余人。旋东战场形势突变,我军从淞、沪退至苏、锡、宜、湖各地,京杭线感受威胁,赣校师生共达千余人,自非"雨未绸缪"不可,乃于十二月半全部下庐,由浔赴汉,分道经湘、渝各地,辗转来黔。经渝来筑者师生约七百余人,事先得现任教育部长陈立夫先生之助,租到差船一艘,约定开抵宜昌,租金一万元,于十二月一日晚由浔开汉,在汉停留三日,始再溯江西上。盖船抵汉后,临时奉命改运兵工厂与机器,几经交涉,方由双方让步,同船赴宜。船上因人数增加,存粮有限,结果全船曾断炊两昼夜,然后抵达沙市。抵宜后,因租船困难,师生分数批赴渝,第二批于十二月十九日抵渝,迟者至去年一月初方到齐。后因来筑车困难,师生乃决定一面在渝候车,一面不忘读书救国初旨,暂假重庆复旦中学上课,睡地板,吃稀饭馒头,狼狈困顿,可想而知。经湘来筑者师多而生少,亦有一百余人,于十二月六日由浔赴汉,分乘小艇至常德,因西来车辆既少,旅客又多,供不应求,在常德竟停候至一个月之久,始由黔校派车前往迎接。到筑后为时已二阅月矣。二十七年二月二十五日联大行政委员会假贵阳桐梓县中开会,金以赣校迁渝,与黔校同在西南,时过境迁,无继续联合必要,因即决定自二十六年度第二学期起,复旦、大夏仍各分立,以重庆第一联大为复旦大学,贵阳之第二为大夏大学,彼此互送原有员生,至三月下旬在渝员生分别乘车或步行来筑,四月一日大夏在黔单独设校,重露曙光,师生均感欣慰。至若图书仪器由沪装运西来者计有二百余箱。经派专员自浔、汉运渝,前后车运来黔者,不知费了许多手续。战时交通困难,不难想见。

(二) 在黔奋斗

我大夏师生长征万里抵黔后,黔省府虽允拨讲武堂为校舍,然堂内原有驻军,正在设法他迁,几经周折始得迁入。在未迁入以前,曾假贵阳中山公园为筹备处,并假贵阳省立女子师范学校招生。讲武堂久未修葺,原甚破旧,迁入后多方修理,现已粗具规模,明窗净几,讲学进修,在内迁各大学中实未肯多让。现从前教授如吴泽霖、郁爽秋、马宗荣、金企渊、谌志远、蓝春池、李青厓、王裕凯、陈一百、陈景祺、梁园东、王强、张少微、吴澄华等多在校授课,新聘教授如夏元琛、谢六逸、喻任声、赵兰坪、范祖淹、叶汇、罗星等亦多系著名学者。全校学生六百余人,旧生约四百人,多系家乡沦陷,经济来源断绝,学费全免或半免,生活零用,且由学校及青年会救济,每月每人八元。新招学生多籍隶贵州,上学期黔籍学生达二百零八人,占全额三分之一,内地青年向学之殷,于斯可见。至校内编制,一如往昔,仍分文、理、教育、商、法、五学院暨师范专修科,各级课程,莫不齐备,尤着重于战时教育及精神训练,以为强化抗战力量之准备。设备方面各实科实验,如物理、化学、生物、电磁学、有机化学、定性分析、定量分析、标本制造、图书、测量工具等,均设有专室,台桌椅具,均系在黔新制,木料式样,极为考究,每室足容四十人至八十人实验,系理学院院长邵家麟先生在筑设计者。图书馆藏书除原由沪装运抵校者外,上学期曾举行募集图书运动,结果校内员生校外人士捐达七千余册,现全馆已有书一万五千册以上,较播迁前沪馆藏五万余册虽尚逊一筹,然吾人于浩劫流亡之余,来筑只有一年,有此成绩,亦堪自慰。

上面所述,系就大夏母体在黔奋斗而言,吾人除竭力健全母体外,尚以一部分精力,致力于下面三大事业:

(1) 增设附属学校

大夏在沪原有附属大夏中学,近年学生增至五百人,为沪上著名中学之一。惟各地毕业同学屡欲在内地增设新校址或分校,均以种种困难而未果。抗战以来,西南各省著名都会如行都重庆、桂林、邕宁,均有我毕业同学服务,各地毕业同学会以母校既迁西南,对发展西南教育,尤宜极力提倡;而中等教育为培养国家中级干部的重要阶段,在此抗战建国的大时代里,尤应亟谋推进,纷请设立大夏中学分校或新校。现各地先后成立者有重庆大夏中学,主任为教育学院毕业生陈宗朝君,邕宁大夏中学分校,主任为前大夏讲师曾广典君,贵阳大夏中学,分男子女子二部,男子部主任为教育学院毕业生来元义君,女子部主任为教育学院毕业生俞曙芳女士。重庆中学设江北悦来场,现有学生五百余人,高中部除普通科外,尚设有商科土木工程科。邕宁中学已购定永久校址(南宁津头村),本已兴工建筑,近因战事关系,暂时停顿,本学期仍在南校场雷公祠租赁校舍上课,学生有六百余人。贵阳中学系于去秋新办,男女二部各招高中一年级一班,初中一年级二班,两部合有学生百余人。男子部附设在讲武堂大学部内,女子部设贵阳城内乐群路。

(2) 推行社会教育

本校对于推行社会教育,素甚注重,过去上海校址附近周围二十里内,举办各种民众教育,颇著成绩。迁黔以后,地近乡村益感社会教育之重要;曾于去年三月间与贵阳县政府在离省垣三十华里之第五治区,合办花溪农村改进区,由教育学院社会教育系主任喻任声先生主其事,预定试办期间为半年(即自去年三月初至八月底),计曾举办各项事业,有贫民疾病治疗室二所,布种牛痘并诊疗贫民疾病;组织合作社二十所,社员总数计六百四十三名,贷款总数达七千二百九十元;创办小本贷款一所,救济兼营小本商业之农民;设立民众学校五所,学生经考试及格毕业者共二百五十名;开辟农场一所,占地计三十余亩;鼓励农民植桐;成立民众阅览室一所,现有图书五百余册,通俗杂志三十余种,日报十数种,每日到室阅览者约自五十人至一百五十人。此外尚组织两个民众团体,一为花溪农村改进会,会员七十余人,率为花溪地方领袖;一为花溪农村抗战青年团,征求当地青年加入,现有团员五十余人,此点吾人认为从事农村工作者应特别注意,盖地方领袖与优秀青年有相当组织,地方改进事业之推进,必较易收效,反之则困难丛生,事业必无法开展。现试办期间业已过去,一切尚称顺利,当地农民亦至为感奋。上学期起更扩大范围,除原有事业继续进行外,更在离贵阳市十里左右之中曹司、石板哨、孟关等处设立推广区,以期收更大的效果。

(3) 研究贵州

贵州是一个山国,气候变化,颇为剧烈,农产品因过去多种鸦片关系,所出往往不足供本省人消费;故有"天无三日晴,地无三尺平,人无三两银"之谚。同时贵州是汉、苗、夷族杂居地带,加以过去交通不便,居民与外省人尤其是东南人士少有往来,所以截至现在,贵州民间社会生活状况、风俗习惯,也许可以代表真正的中国文化。过去许多人在喊研究西南文化,多因种种牵制而未果,即有一二学术团体前来西南调查,亦多以时间经济关系,未能作大规模的详尽考察,结果所得报告,亦只能知其梗概,而弗得其详。吾人来到贵州,即以研究贵州为己任。适教育部通令全国举行"乡土教材调查",至贵州省托由本校代办,本校乃于去年六月间由文学院院长吴泽霖博士择定定番县为调查对象,主持进行,史地系主任王成组拟具调查计划,张少微、吴泽炎、陈国钧等亲率社会系同学前往调查,前后达四个月之久。上学期调查完毕,经吴院长指导助理员整理,编成报告十四卷,约三十万言,举凡定番县地理、历史、人口、物产、农业、工业、交通、商业、财政、政治、教育、社会、人文、名胜等均详尽阐述,靡有孑遗,堪称西南乡土调查空前报告。现已誊填呈部,对于编辑贵州乡土教材,定多贡献。本学期起吾人又拟联合本省著名学术机关如卫生署卫生实验所、贵州省卫生委员会、南开大学经济研究所、国立贵阳医学院等合组"西南边区民族考察团",遍历本省边区县份考察,以期对贵州有更深刻的研究。

(三) 沪校复课及其现状

当本校由沪迁庐,由庐辗转经川、湘来黔之际,东战场战局急转直下,一般家乡沦为战区,不及随校西迁或留沪之本校学生,不下五百余人,彼等顿遭失学,乃环请本校留沪教授傅式说、吴浩然、陈柱尊、张素民、唐庆增、孙亢曾、卜愈等设法在租界内赁屋复课,青年失学,义应救济,傅等乃允予所请,于去年一月间登报登记旧生,并招收战区新毕业高中学生及借读生,二月初假新大沽路上海女子大学内复课,新旧学生计有五百余人。内部编制完全与黔校相同,并设有法、商学院夜校,以便职业青年之进修。本学期迁公共租界静安寺路一〇五一号校舍,学生增至六百五十人。至附设大夏中学战事发生后,即迁至租界开学,从未停课一日,本学期校舍租定福煦路七二五号,主任为孙亢曾先生,学生达五百人。

(四) 今后努力方针

过去吾人在黔苦斗经过情形及上海本校复课后概况如上述,今后将如何呢? 笔者认为下列三点,吾人必须奋力做到。第一,目前本校黔校讲武堂校舍,及上海本校租赁校舍,均系因陋就简和临时性质,吾人绝不能安于现状,以此自满。本校来黔不久,黔省府即拨花溪官地千亩为永久校址,本校校董教职员学生三方面,自宜一体努力,尽速筹建新校舍,树立本校在西南之百年基础。同时上海情形特殊,中山路未毁校舍尚居半数,目前自无利用之希望,但吾师生母体成长的摇篮地,绝对不会忘怀。吾人惟有更坚定固有的信念,拥护政府到底,而使吾大夏文化火炬,重放灿烂光明中山路上。第二,本校来黔以后,最重大的使命就是研究西南,建设西南,吾人在黔一年,既已尽最大的努力,帮助教育部调查本省乡土教材,与地方政府合办的花溪农村改进区,推进社会教育,今后自当继续此种精神,从事研究西南建设的工作,以完成吾大夏神圣的使命。第三,培养建设国家的新干部。建国是目前我国的最大任务,这种艰巨任务的完成,胥赖全国上下艰苦奋斗,一致努力。而建国干部人才的培养,则为完成此项任务的先决条件。培养建国人才全靠全国教育界的不断努力,尤其是大学教育,更应肩起此种新人才培养的责任。大夏系革命产儿,在此第三期抗战开始之际,吾人自应加倍奋勉,努力于此种新人才的培养,以增强建设新中国的力量。

以上三点,笔者认为是吾大夏师生今后应该努力的方针,谨殿于本文,愿于阖校师生共勉之。

大夏大学"六一"校庆展望[1]

大夏诞生,屈指已十有九载,元怀忝为创办人之一,并曾继续在校服务十六年,近三年来,以出掌黔省教育,政务繁忙,未克共谋校务之进展,每一念及,至感不安。兹欣值六一校庆,用抒数语,以致期望之忱。

一、发扬艰苦创校精神

本校诞生于沪渎,播迁于赣黔,此十九年中,全校员生一本苦学苦教苦干之"三苦精神",精诚合作,契好无间,匪特抗战前本校于上海中山路购置宽敞校地,建筑宏伟校舍,图书仪器,日见充实,教学设备,已上轨道,即迁黔以后,犹本过往奋斗精神,除于上海租界内得复课收容东南各省青年外,并在贵阳花溪募购永久校址,兴建初期校舍,奠定于西南发展之百年基础。此种坚苦卓绝之勇气,自强不息之精神,实为本校过往历经万难安然稳渡之法宝,亦为今后力争上乘之唯一条件,甚愿同仁同学特予重视,以谋发扬光大,协成抗战建国之伟业。

二、继续筹募建校基金

去年春间,对校呈请政府改为国立,因校名关系,仍维持私立性质,政府体念本校缔造维艰,历经增加补助费,然于兹战时,物价步涨,学校经费,仍感困难,嗣于五月间由校友会发起筹募百万基金运动,劝募以来,爱护大夏人士校友慨解义囊,踊跃输将者已达五十万元以上,为数不无可观,殷望全体校友继续努力,百尺竿头,更进一步,以达百万元之目的。

三、增厚研究学术空气

大学为陶铸专门人才之学府,其影响于国家社会之进步甚巨。一个大学有无学术贡

---

[1]　原载《大夏周报》,1943 年 6 月 1 日,第 19 卷第 9 期,第 3 页。

献,基于其研究学术空气之浓厚与否,而整个国家文化总和之高低,则有赖于国内大学学术贡献而定。本校师生在上海时,对于学术研究,向不后人,播迁以后,因物质渐感困难,生活亦欠安定,因之研究精神,备受打击,此或为战时不可避免之现象。今后希望在校同学努力克服当前不良倾向,在各位富有研究教师指导下,继承并发扬过去光荣之历史,从事于各部门之研究与著述,以期在此大后方文化教育列阵中,积极发挥其主导作用,对于民族复兴之伟业,具备直接或间接之贡献。此则更祷祝于在校师生急起直追者也。

大夏为革命产儿,素具之合作牺牲与创造精神,无论空间与时间如何变易,此诸法宝均适用无间,缅怀既往,展望将来,谨提上述数点,愿与我全体同仁同学共勉焉。

关于呈请教育部备案迁设赤水复课的报告

窃本校于民国三十三年十二月初旬敌寇进犯黔南时,业经将全部图书仪器及重要文卷运往黔北赤水县,大部分教职员学生亦均疏散前往。目前时局虽已稳定,而筑市物价飞涨,交通困难,员生往返更属不易。赤水物价较低,为安定员生生活而利教学起见,经由本校校董会决议,本校仍迁设赤水复课,理合备文呈请鉴核,敬祈赐准备案为祷。

谨呈教育部部长朱

私立大夏大学校长欧○○[1]

民国卅四年元月五日

附一: 教育部关于大夏大学迁设赤水准予备案的代电

私立大夏大学:

卅四年一月夏秘字第二二二一号呈悉,该校迁赤水复课,准予备案。

教育部

中华民国三十四年一月廿九日

附二: 大夏大学迁赤水复课通告[2]

本校校董会于卅三年十二月三十日在渝开会决议学校迁设贵州赤水县城,兹定于二月二十六日在赤水新校址开学,仰全体学生,于开学前到校报到为要。

校长欧○○

副校长王○○[3]

---

[1] 即欧元怀,下同,不注。
[2] 此为大夏赤水复课的登报通告。
[3] 即王毓祥,下同,不注。

教育部关于欧元怀继任大夏大学校长的指令

令私立大夏大学校董会：

三十三年十二月卅一日呈：为本校校长王伯群逝世，推请副校长欧元怀继任校长，所遗副校长职务推请董王毓祥担任，乞鉴核备案由。呈悉。该校校长由欧元怀继任一节准予备案。

此令。

部长朱家骅

中华民国三十四年二月九日

关于建议大夏中学更名为伯群中学的函

照恩同学兄惠鉴：

　　大夏中学闻已迁址开课,曷胜欣慰！此次本校由筑播迁赤水,全体教职员旅费以及学校公物运费,所耗甚巨。此间新校址修理及设备费用更属惊人。本年度教育部补助费迄今未见令发,而开学后战区学生又复纷纷请求免缴学费,故学校经费目前颇感拮据。中学部沿用花溪校址,前由中学校董会议决,每月在粮政局购米时以三十石米之折价差余款数补助大学部。兹以母校需款甚急,至盼将本年一、二、三月上项所云之款统为汇赤,以济急需,嗣后并请按月照汇。

　　在渝承何总长夫人及王故校长夫人建议,将中学部改为伯群中学,怀等甚表赞同,望迳商同纵炎兄及各校董进行办理,学校如改名,购米手续及各项办法仍可照旧不变。

　　专此不一,顺颂教安

欧○○

王○○

三月十九日[1]

---

[1]　1945 年 3 月 19 日。

关于第二次世界大战胜利日休假的布告

第二次世界大战昨日正式结束，国府定今日为胜利日，本校遵令休假一天，以示庆祝。

此布。

校长欧元怀

副校长王毓祥

三十四年九月三日

关于三十五年春季学期继续在赤水办学相关事宜的布告

兹将第五十六次校务会议议决各案公布于后,仰各知照。此布。

一、议决本校春季仍在赤水续办一学期。

二、议决春季开始及结业日期如下:

1. 不放寒假

2. 一月三日起缴费

3. 一月七、八两日注册

4. 一月十日起上课

5. 四月廿一日结业

三、议决春季学杂费照本学期缴纳

四、议决公推孙教务长、苏训导长、马总务长、韩馆长、来主任为筹备王故校长逝世一周年(十二月廿日)纪念会委员。

校长欧元怀

副校长王毓祥

三十四年十一月廿八日

关于向教育部报送黔南事变学校损失的报告

　　案奉钧部本年九月七日统字第四四一六号代电,以各学校机关抗战期间财产损失情形急待统计,饬从速查报等因,奉此关于本校因受三十三年冬日寇侵扰黔南影响之各项财产损失业经依照抗战损失调查委员会抗战损失调查办法分别编造表单完竣,理合赍呈鉴核。

　　谨呈教育部部长朱

全衔名
民国卅四年十一月廿八日

附一：财产直接损失汇报表

学校名称:大夏大学

事件:黔南事变

日期:三十三年十二月

地点:贵阳

填送日期:34 年 11 月 28 日

分　类	价　值
共　计	26 171 500.00
建 筑 物	10 000 000.00
器　具	4 326 600.00
现　款	—
图　书	5 000 000.00
仪　器	5 269 000.00
医药用品	1 575 900.00
其　他	—

附二：财产间接损失报告表

机关学校名称：大夏大学

填送日期：34 年 11 月 28 日

分　类	数额（单位：国币元）
共　计	15 200 000.00
迁移费	自贵阳至赤水　5 000 000.00
防空设备费	200 000.00
疏散费	—
救济费	—
抚恤费	—
至赤水修缮校舍费	3 500 000.00
至赤水购置校具	6 500 000.00

关于向教育部补报八一三事变后学校损失的报告

　　查本校于黔南事变后所蒙受之直间接财产损失业经于本年十一月廿八日以总字第二八一号呈报请鉴核在案,至由八一三事变起本校由沪迁徙贵阳所有在沪校舍等损失以抗战期中不易列计确实数字,胜利后本校王副校长毓祥亲飞沪勘察中山路原校址并调查校舍实损失,携同清单返赤,其中关于建筑设备、图书仪器等项在战前购置价值为 2 925 000 元,以现时物价较战前高一千倍计,合为 2 925 000 000 元,剩余建筑亟待修缮后方能应用者依目前填报时估价至少需二千万元。理合造具财产损失报告单、财产直接损失汇报表及财产间接损失报告表各一份,附同损失清单一并呈祈汇案核办。

　　再正缮呈间复奉到本年十一月卅一日统字第 59107 号训令饬依式补报抗战期间损失,俾汇编列入赔偿等因,业经遵办合并呈请。

　　谨呈教育部部长朱

　　附呈件如文

全衔名

民国卅四年十二月四日

附一：财产直接损失汇报表

　　学校名称:*私立大夏大学*

　　事件:*八一三事变*

　　日期:*二十六年八月十三日*

　　地点:*上海*

　　填送日期:34 年 12 月 4 日

分　类	价　　值	分　类	价　　值
共　　计	2 925 000 000.00	图　书	270 000 000.00
建　筑　物	1 750 000 000.00	仪　器	289 000 000.00
器　具	606 000 000.00	医药用品	——
现　款	——	其　他	10 000 000.00

附二：财产间接损失报告表

机关学校名称：私立大夏大学

填送日期：34 年 12 月 4 日

分　类	数额(单位:国币元)
共　计	—
迁移费	—
防空设备费	—
疏散费	—
救济费	—
抚恤费	—
剩余建筑物修缮费	20 000 000.00

关于委派王副校长代表出席迁校会议的报告

教育部部长朱钧鉴:

本年二月八日渝高字第○八一○五号代电奉悉。本校卅五年春季学期定于四月底结束,五月初开始复员,由水道迁返上海。现查随校赴沪员生三百八十一人,教职员眷属九十五人,合计四百七十六人。学校公物(包括图书仪器等)计三百九十余箱,连同员生行李计重共约一百吨。兹由副校长王毓祥代表出席二月廿五日钧部召开之迁校会议。拟恳钧部早期指派轮船并优拨迁移费以利复员为祷。

大夏大学校长欧○○叩

丑哿[1]印

附: 教育部关于召开迁校会议及将迁校人员数量和公物吨数呈报备查的通知

私立大夏大学:

查中等以上各院校之迁校事宜迭经本部筹划并与交通机关长时间交涉结果,允自本年五月份起,每月教育机关可水运六千人、空运一千人、路运三千人,总共约一万人左右,实占夏季运输总量三分之一,已达最高限度。复查各教育机关在长江沿岸待运人员约六万余人,须五月至十月底六个月方能运毕。除各校可自筹交通工具者外,亟须预定各校迁移次序,以免拥集紊乱。而在重庆附近之各校必须复员者,尤应先行起运,俾可腾出校舍,备其他各校陆续来渝集中之需。兹订于本年二月二十五日上午九时在本部召开迁校会议,讨论迁移次序,希该院校负责人或全权代表届时出席参加,并于文到之日迅将现有人员数量及公物(包括图书仪器等)吨数详实核计,分别应行路线,先行各自内部商讨规划,拟具具体计划,并报部备查为要。

教育部印

中华民国三十五年一月八日

---

[1]　丑哿,即 1946 年 2 月 20 日。

大夏大学沪校近况与复员计划[1]

——欧校长于二月四日国父纪念周会中报告摘要

离开赤水两个月,回校与诸位说话,真有说不出的高兴!在我离开学校的期间,校务进行如常,这全赖大家的努力与合作,在此先致谢意!

在两月的旅行中,经过的地方很多,变化也大,今只限于为本校筹备复员方面作一报告。

本校筹备复员,人人关切。我于去年十二月五日飞贵阳筹款,承杨主席及在筑校友热烈协助,进行顺利。今年元旦又由重庆飞到上海,从廿六年到卅五年,算来相隔十个年头。翌日晨第一次看见中山路的老家——大夏大学,其破坏凄惨的程度,远在我想象之外。大学部校舍只存在五所,中学部存三所。其单位破坏完全看不见的有十余所之多。在座诸君有在过沪校的,便可知我们原来校舍的宏大。现在群力斋、群英斋、体育馆、实验室、疗养室、厨房、浴室、机器间、水塔、旧礼堂、甲字平房、乙字平房、中学部办公楼及市房等都看不见了,大夏新村所有的住宅,只剩断垣残壁,中山路呈现荒凉景象。那些房屋,包括我们盖的市房十多间,均非战争打坏,而是敌人报复,纵火焚烧,烧了光华,复烧大夏。群贤堂的门扇上,尚有火烧的痕迹,但却烧不掉坚固的群贤堂。大夏新村,三十余所房屋大半属于教职员的,都不见了。破坏的情形,既然如此之大。现在存余的建筑尚有图书馆,群贤堂(大学部教室)、群策斋(大学部男生宿舍)曾被敌人用为英美侨民的拘留营。中学部除办公大楼之外,余均完整,有教室二座,有宿舍饭厅各一座,敌人曾利用此房子为矿业研究所实验室。还另外盖了一所平房,做实验室及仪器药品储藏。现在中山路剩余的大中两部校舍都要用做大学校舍,如有学生八百人住校,一千二百人上课,决不成问题。抗战前大夏和附中有二千学生的时候,是我校全盛的时代。于今我们经过八年苦斗,回忆创校时的精神促使我们夙夜匪懈,一本初衷苦干,将来必使本校发扬光大,至于大学部,旧教职员宿舍,一楼一底共一十二所,新教职员宿舍,楼上下共四十余间,全部校舍加以整理,暂时够用。

英美侨民拘留营留在本校之物,可作一个纪念,计有一千余人烘面包用的大烘炉、厨房、浴室等等。过去群策斋为单房,敌人都把它打成许多大通间。除此之外,敌人中华矿业研究所设备,除经济部接收去大部分外,留下的家具药品仪器亦复不少,可为本校理学

---

[1]　原载《大夏周报》,1946年3月1日,第22卷第8期,第1—4页。

院生色。

中山路现在是冷冷清清的,但市政府有一计划开公共汽车由龙华到北站,经过大夏,又将有无轨电车由新龙华通中山北路经大夏。这样将来的交通给本校不少方便。

中山路的校场上的一草一木,我均参加种植,现在那些树木,也很零落,银杏古树,亦被炸倒一株。敌人炸倒水塔,把铁架劫去,这古树也遭殃了。

我在上海期间,上午到学校办公,下午到各处接洽,鲁、吴、邵三位先生和其他的同仁,都很负责,很健康,上海的校友很多,对母校的热忱爱护与帮助实不少。

静安寺路重华新村的本校临时校址。从表面上看去,简直不知是最高学府的所在。在敌人控制下的梅龙镇,照常上课,敌人特务人员几次到门口没有上楼。所谓“大隐隐市”,“良贾深藏若虚”,那里没有大夏的大校牌,惟有“票房”二字。生客一看,真的有些莫名其妙。入大门锁经过的路线,又很弯曲,楼梯脚下和走廊摆了木柴炉灶和许多不相干的东西,显得十足难民逃难的情形。有些人家在楼上走道烧饭,挂满小孩或女人的衣服。转弯便是图书室,教室是插在人家的二楼三楼,只有扶梯墙上可见到大小的红绿布告,那里可以看出各学会的活动。课堂大半是朝南的大房间,单人的课桌椅,在那种凌乱的环境,都充满着孜孜为学的精神,我们只能以革命的眼光才能看出大夏的精神。一群师生,渡过七八年准难民的生活,弦歌不辍,与恶环境奋斗,不屈不挠,正合大夏立校的三苦精神。记得在筹备创办大夏时的办公处,在美仁里廿四号内,不许走人家的大门,而贴一张条子在大门上,“请走后门”,两个马桶摆在后门口,也是讨厌而常见的。这种困苦的情景,比较一下前后竞相辉映。

沪校学生的求学精神,颇为紧张,一早上课到晚,礼拜天也整天上课。沪校教授相当认真,可看下列二事:第一教授很少缺课,有几次茶会,教授到后,不久便和我握手先手,因赶忙去上课了;第二毕业生的毕业论文材料丰富。学生用功,教授尽责,颇值安慰。

学生过半数为职业界人员,上学期学生计有八百二三十人,有少数学生,年龄虽然老大,但他们也就最能自强不息,如商学院有一位姓强的同学,他享寿已经四十三岁了,但仍好学不倦。他开有两个工厂染造阴丹士林布。我问他每日可出多少匹布?他说不过六千四。像他这样年龄的同学,倒还有几位在。

在赤水一个月的经费,可供沪校三月之用。沪校教授月薪也低,他们任课而不缺者,实在是很难得的,尤其沪校几位负责人和各教授在沦陷期间任教,那种不屈不挠培育青年的精神,更值得钦佩!

在上海发动募集本校复兴经费,以一万万元为目标,竟然进行顺利。我提出三句口号,“合作第一”“募捐第一”、“建校第一”,同学如赵一苇、罗四维、强溪麟、周英才、萧清霖、萧柏年、姜思明、陈如惠等诸君,协助尤力。现在鲁教务长、吴总务长、邵院长和同学会理监事,以及新成立的校务发展委员会,正在多方进行,并组织捐款保管委员会,由十一位师生共同负责。

复员计划:在沪中山路校舍先行修理,文理教各院春季将全部迁入,市区校舍不放弃,即在市中心找屋办大夏中学,晚间即用以办法商学院。

最后说一些上海花絮。虹口为日侨区,区内凌乱不堪,沿路摆着旧屋摊,小食摊,过着狼狈困苦的生活。日人行至我国宪兵岗位前,不管有人无人站岗,必然鞠躬敬礼,此种民族性的服从精神,一面很觉可笑,一面也足令人警惕。

上海的跳舞场、饮食店极尽奢靡,畸形发展,要比战前大不相同,诚然是有理由的。因为那样多的人口处于敌伪势力之下,不可以说政治,便趋于娱乐享受方面,求暂时之慰籍。许多人在娱乐的伪装下隐藏其苦衷。他们也演出文天祥岳武穆之类的戏剧,日人也莫名其妙。

上海的文化出版,各种知识的设备,比之内地发达得多。人生应有的许多舒适,上海的设备也很周全。若以上海比纽约,则上海并不算奢华,青年可以在那里利用求学机会获得理想的成功;但若自己沉沦迷醉在酒乐中,也足以毁灭自己。

胜利光荣的校庆[1]

今年的六一校庆，是抗战胜利后第一度的校庆，意义特别重大，情绪异常热烈，盛会也格外光辉灿烂。

吾人缅怀过去，自二十六年抗战前夕在本校上海原址举行十三周年校庆之后，便在敌寇压迫，流离颠沛中，度过八次的"六一"。十四周年至二十周年，都在贵阳纪念大夏的诞生，二十一周年是在贵州边陲的赤水举行庆祝。今天国家胜利，河山光复，重见天日，我大夏沪校亦已迁返原址复课。际兹良辰，在校员生，各地校友及至于校河里的游鱼，校园中的花木，都在欢欣鼓舞。

在这创校二十二周年的纪念日，首先要说的是痛定思痛的话。当卢沟桥事变突起，上海八一三全面抗战之后，作者在王故校长领导之下，把员生公物，初迁庐山，再迁贵阳，直到三十三年冬天，寇犯黔南，又把学校三迁黔北的赤水，间关万里，艰苦备尝。上海本校是二十七年秋季续办的，校舍也几经迁移，困难更不一而足。故无论在黔在沪，校史上都充满了可歌可泣，值得大书特书的事迹。我全体教职员，坚苦卓绝，不屈不挠，在待遇微薄，设备简陋的环境下，安贫乐道，挣扎奋斗，教育青年，弦歌不辍，这在庆祝声中，不禁为八九年来共患艰，撑危局，维校命的黔沪两校同仁，谨致感佩之忱。再对劳苦功高，鞠躬尽瘁，二十年如一日之王故校长伯群先生，更应致至高无上之敬意与怀念。

其次，我国抗战胜利，目今竟成为一场美丽的梦，十个月来，内乱频仍，兵连祸结，厮杀之声，洋洋盈耳，物价高涨，民不聊生。列为四强之一的国家，竟有数千万饥民，挣扎在死亡线上，吃草根，剥树皮，途有饿莩，司空见惯，政治远离轨道，经济濒于破产。以国际关系言，吾人殆处处附人骥尾，仰人鼻息，倚人生存，似乎大自国家之命运，小至个人之自由与生命，都时刻感受着威胁。吾人固宜以乐观的态度，迈进的精神，用望远镜看未来的国运，但目前的危机，是谁也不能否认的。教育是国家的命脉，大学在国家社会里，犹如人身上的重要器官，一个人到病入膏肓时，必定影响他的全副精神和全身的器官。今天各级学校，可说都受大局和环境的刺激与波动，也都有被狂澜冲倒的可能。因之各项计划与措施，都碰着困难，非常棘手。私立学校，尤感经费不容易宽筹，预算无从确定，复员难期顺利，修建设备，不能照理想进行，教职员无法使之安居乐业，清寒有志青年，无力负担学用费，整个学校行政，有时也会陷于不协调的状态。这种摆在眼前的国家社会和教

---

[1]　原载《大夏通讯》，1946 年 6 月 1 日，第 3 期，第 2—3 页。

育问题,又都值得吾人随时警惕,群策群力,研究解决之方。所谓临事而惧,好谋而成,就是这个意思。

再次,大学教育是人才教育。私立大学招生不必过严,但训练教学,要绝对严格。成绩不良,难期造就的学生,每期应加以淘汰。毕业的学生,必定是优秀分子,至少要有一才一艺之长,而不是拿文凭来做点缀品,或混资格去欺骗社会的。私立大学院系,复员后也要加以调整。吾人无力平均发展,更不该做有名无实的扩充。那么要特别发展若干院系,做成研究的中心,学术的重镇。罗致学者和能领导学生研究的人,来充当教授,但不必为名流。大学培养学生,同时也培养教授。我们要设备环境,充实图书仪器,使不知名之士,教了几年书,都成为名流学者。教授待遇,至少要和国立大学相同。我们要使教授安居乐业,同事间无门户之见,党伐之分。学校行政困难,要尽量使同人了解,同时教授也尽量和学校合作。自己努力本位,不愧为人师,就是职业上最有力的保障。我校向来尊重学术研究自由,只要是真理,是学术,都可教学,以期养成博学,慎思,明辨,力行之风。经过八九年抗战,外国出版的书籍杂志,不特绝无仅有,少有所见,连新书目录,也都未尝寓目。故选购近年出版的书籍,为急不容缓之图,对于清寒而努力的青年,是应该特别同情的。私立大学有不能不多收学费之苦衷,但对家境清寒而成绩优异的学生,要多设奖学金名额,救济苦学生的困难。我校历届毕业生,已逾五千人,散处各省市及海外服务,卓著成绩,崭露头角者,颇不乏人,只以组织欠周密,形成一盘散沙,对母校漠不关心者居大多数,今后如何使各地校友精诚团结,互通声气,如何指导他们进修,如何为他们服务,如何使他们成为建设母校的力量,实在是值得重视的问题。

最后,我校创立已二十有三载。譬之儿童,作者从他诞生以至于襁褓,自孩提少艾以至于长成,都未曾离开过他。从前有王故校长登高一呼,我们帮他把这宁馨儿养大起来,王校长仙逝之后,祉祎先生和作者仰承校董会之付托,受命于艰危之日,主持校政。一年半来,个人实觉精疲力竭,力不从心,事多贻误,深夜思之,每感惶悚,是以让贤的念头,未尝或释。不过九年前既主张把学校迁黔,现在需要把它迁返,善始善终,事所应尔。羁于公务,无法赶返参加校庆,承筹备委员会为发行特刊征文及余,敢布鄙怀,殷望诸君子在这狂欢庆祝的时候,善体学校缔造之艰难,共同爱护,使之发扬光大,则幸甚矣。

三十五年五月十八日草于陪都。

关于复员竣事请教育部鉴核备案的报告

　　查本校电贵州赤水复员至上海中山路原校址业已竣事,并已于十月十一日上课,校务进行情形尚称顺利,理合具文呈祈鉴核备案。

　　谨呈教育部部长朱

全衔名

中华民国卅五年十月卅一日

关于大夏并无设置一二年级补习性质课程的呈报

案奉钧部本年十月四日高字第二三八二三号代电,饬自卅五年度起酌量情形停开大学一二年级补习性质之课程,藉以提高程度并将办理情形报核等因,奉此,查本校历年招收新生均经严格考试,并无设置一二年级补习性质之课程。至各学院一年级共同必修课程,其与各学系基本课程及专门课程有关之科目,业经精择教材并转知各教授认真讲授,藉期提高程度。

奉电前因,理合具文呈复,仰祈鉴核备查。

谨呈教育部部长朱。

全衔名

民国卅五年十一月廿八日

附一: 教育部关于备查大夏大学并无设置一二年级补习性质课程的指令

令私立大夏大学:

三十五年十一月二十八日夏教字第六〇五号呈一件,为本校并无设置一二年级补习性质之课程呈祈核备由,呈悉。准予备查,仰即知照。

此令。

部长朱家骅

中华民国卅五年十二月十三日

附二: 教育部关于各大学酌量停开一二年级补习性质课程的代电

私立大夏大学:

查部订大学科目表之颁行原在提高大学程度,培育学术专才。抗战期间,高中程度一般较前低落,为救济计,各大学内乃有补习课程之设置。其各学院一二年级共同必修课程之内容亦多迁就,事实变为补习性质,不仅未能提高大学程度,反而降低学术水准。本部有鉴及此,业经通令各校院自三十五年度起于招收新生时务须严格考试,提高录取标准。各校院并得设立先修班,凡投考大学生其程度稍差未能尽合取录标准者得收入先修班补习,如此办理庶可提高大学入学水准。

　　至本年度各学院一年级共同必修课程凡与各学系基本课程及专门课程有关之科目应力求充实，精择教材，其属补习高中课程之性质者应予一律停开以期提高程度而不加重学生之负荷。

　　除分行外，合行电仰该校院酌量情形切实研究调整办法，先行试办，并将办理情形详报备核为要。

教育部印

中华民国卅五年十月四日

关于邀请孙科出席主持思群堂落成典礼的函

祉兄尊鉴：

惠书奉悉。弟于前日再上一函,寄由国民大会收转,计已垂察。

本校于五月六日备文呈请教部转咨行总暨联总请拨图书仪器,昨奉指令以联总补助我国教育善后专款仅以购置收复区设有农工医院系之专科以上学校所需仪器之用,本校所请转咨该署分配图书仪器等一节饬毋庸议。兹以本校设有理工学院内有化学工程及土木工程两系,对于有关图书仪器亟待充实,除再去呈申请外,拟请吾兄拨冗与朱部长、杭次长、周司长恳切陈词,俾获达到目的。

再本校接收丽园农场一事,讵有信托公司以该农场为其产业,提出抗议。经查该地确于上海沦陷时售与日人,详请已由养兄函报,并请拨冗一找当时在伪华中矿业研究所之日人询明。

新建大礼堂定于十二月廿日王故校长逝世二周年纪念日举行落成典礼,业经专函邀请孙董事长莅校主持,已得复函,允来校参加,便请再为邀约为感。

专此,顺请时绥。

怀

十一月廿八日[1]

---

[1] 1946 年 11 月 28 日。

关于邀请保志宁[1]参加思群堂落成典礼的函

志宁女士惠鉴:

　　十二月廿日王故校长逝世二周年纪念会及思群堂落成典礼,一切均经筹备就绪。女士莅校揭幕,何日来沪,尚希先期通知,以便派车至北站迎接。

　　王文彦及王文俊二先生之请柬均已照发,特以并告。

　　专此,顺颂时绥。

怀

12/14[2]

附一: 关于邀请保志宁出席思群堂落成典礼及有关请柬事宜的复函

志宁女士惠鉴:

　　接十二月廿五日[3]手书,备悉种切。王故校长遗照已交照相馆放大,用毕当寄还不悮。王文彦先生届时自当发柬邀请参加。兹再另寄空白请帖五份,以备分发贵亲友之用。如有不敷,希将姓名住址见示,以便由校寄发。

　　思群堂定于十二月廿日上午九时半举行落成典礼,请准时返校揭幕为荷。

　　专复,并颂时绥。

怀

12/6[4]

附二: 保志宁关于参加检送王伯群相片及参加思群堂落成典礼的复函

愧安校长赐鉴:

　　连奉惠书并赵发琳君成绩单一份,敬悉一一。

---

[1] 保志宁(1911—1999),江苏南通人。1930年毕业于大夏大学社会系。大夏大学第二任校长王伯群夫人。

[2] 1946年12月14日。

[3] 应为1946年11月25日。

[4] 1946年12月6日。

十二月廿日为母校思群堂举行落成典礼,籍资纪念王故校长,盛意隆情,莫铭感荷,届时自当参加典礼。尚有故校长堂弟王文彦君(住愚园路歧山村54号),亦可参加。

所须故校长相片已随函寄上,请检收为荷。

特此,敬颂教安。

(故校长相片用毕请仍赐还)

受业王保志宁敬启

十二月廿五日[1]

附三:关于邀请保志宁参加思群堂落成典礼并请惠赐王伯群照片的函

志宁女士惠鉴:

前函附赵同学英文成绩单三纸,计已寄达。

本校新建大礼堂定名思群堂,籍以追思王故校长一生尽瘁教育之意。兹定于十二月廿日在伯公逝世二周年纪念日举行落成典礼,除柬邀有关人士莅临观礼外,拟请阖府莅校参加,并祈惠赠伯公遗照一帧,以便放大悬挂礼堂而资瞻仰。再照相馆放大及定制镜框均费时间,希迅即寄来,不胜盼切。

专此,顺颂时安。

怀

11/22[2]

---

[1] 应为 1946 年 11 月 25 日。

[2] 1946 年 11 月 22 日。

关于向教育部呈送日军劫夺图书目录请求发还的报告

查本校所藏图书杂志均盖有本校图书馆之章，并编号码，抗战起后，被日军劫掠以去者为数甚多，迭经报请交涉归还，尚乏头绪。兹阅报载麦帅总部民间财产局经再指令日本政府迅将第二次世界大战中日军自中国、缅甸及香港等掠夺之书籍杂志等返还各被劫夺国家，不久当可见诸事实，谨将本校被日军所劫书籍造具目录二份，备文呈送，敬祈鉴核汇转，一并交涉发还，以利参考为祷。

谨呈教育部部长朱

校长欧〇〇
副校长 王〇〇
中华民国三十六年十月二十四日

大夏大学的西迁与复员[1]

一、初迁牯岭　合组联大

民国十三年,全国正当国民革命高潮,国民革命军誓师北伐之际,大夏大学即应时势之所需,本"读书救国""师生合作"之精神创立,卒凭自强不息于立校五年后购得沪西中山路现有校基近四百亩,建筑大规模之校舍,大中二部学生二千余人,学校前途方兴未艾。到了二十六年夏,卢沟桥事变起,本人和王故校长伯群及吴泽霖教授出席庐山谈话会归来,预知全面战争即将爆发,为支持长期抗战,深觉教育应在战争中发展,大学教育尤应表现其功能,不能冒炮火之险,以断送国家之元气,故即商议迁校,时政府准备迁都汉口,为求与政府保持密切之联系,选择了江西的庐山牯岭,并与友校复旦合组联合大学第一部于牯岭,第二部于贵阳。

牯岭的水路运动方便,不但是上海的船只可直达九江,且从此可溯江武汉,藉以配合政府的政策,加强民族的斗争,在牯岭租赁了大楼四座,一作教室及办公室,二作男女生宿舍,一作教职员宿舍;东南的学生纷至庐山,西南的学生却纷至贵阳。在牯岭,学生上课的情形非常良好,救亡工作也极紧张,大夏、复旦的同学联合起来,给庐山老百姓留下了深刻的印象,但当时战局失利,首都吃紧,本人偕复旦教务长章益先生暨一部教职员,兼程去贵阳,筹组联大第二部,贵阳的地址决定,事先曾受不少师生反对,但大夏校长王伯群先生料定战事非短时期可以结束,西南大后方将为抗战之砥柱,而贵阳与重庆交通尚便,且又为高等教育之处女地,需要大学之灌播,惟江西至贵阳,路远费多,幸当时教育部长陈立夫先生电汇二十万元,就凭着这雪中送炭的恩物,筹备的工作能在短时期内顺利完成。

那时人事的配合至饶趣味:第一部的校长为复旦的校长钱新之先生,副校长为吴南轩先生,教务长为大夏大学文学院院长吴泽霖先生;第二部的校长为大夏故校长王伯群先生,副校长即为本人,教务长为现任复旦校长章益先生。但是在友师上发生了很多的困难,如两校的经费分与合,校产的独立与混同,图书仪器的保管与使用,行政人员的分配与调借,在在多费周章。而学生中无形分为三派:大夏一派,复旦一派,新招收的联大新生又是一派,感情上颇难融洽,教书管理,时感困难。

---

[1]　原载《中华教育界》,1947 年 12 月 15 日,复刊第 1 卷第 12 期。

京沪沦陷，长江中流势紧，联大第一部也被迫下山，溯江西上，直抵重庆，行装甫卸，即假菜园坝复旦中学复课，充分表现抗战不忘学习的精神。

二、再迁贵阳　大夏新生

复旦和大夏联合的初意，是为迁校，校已迁定，而客观上已有分开的趋势，遂于二十七年三月二十五日，由第一部代表吴南轩、吴泽霖、金通尹、沈子善及第二部代表熊子容、王裕凯暨本人假渝筑公路的中站桐梓，举行联席会议，决定于二十七年四月起分家，复旦设在重庆，大夏设在贵阳，两校的教职员、学生各返原校，于是，大夏大学又在贵阳的讲武堂新生了。

讲武堂前身，是何应钦将军多年前所设的陆军小学旧址，古风盎然，后院沿墙柳树，苍郁参天，有广大的操场，有够应用的教室、实验室、办公室、宿舍、图书馆，每日清晨，学生齐集广场升旗，并有师长精神讲话，过着极有规律的生活，赢得了教育部的奖状和各界的赞美。而读书的空气特为浓厚，图书馆经常人满，抗战情绪复更热烈，在自强不息的校训下，发扬大夏"苦教""苦干""苦读"之三苦精神，加强学术研究，为正在苦难中的国家民族造福。同时为抢救上海沦陷区青年失学起见，特请鲁教务长继曾返沪主持上海分校校务，择定前公共租界静安寺路重华新村大楼为分校校址，并请吴总务长浩然，邵院长家麟及一部分教授襄助办理，时上海情势日非，租界渐受威胁，沪校同仁备受艰难，始终抱定"威武不能屈"之信念与敌伪周旋奋斗，忠贞自持，此种爱国爱校之热忱，极可敬佩。

当时贵阳校本部重要负责人为：校长王伯群，副校长为本人，教务长吴泽霖，总务长蓝春池，训导长王裕凯，文学院长谢六逸，理学院长夏元瑮，教育学院长邰爽秋，法学院长谌志远，商学院长金企渊，驻渝代表王毓祥；各学系阵容很强，如历史社会系附设的社会研究部，在吴泽霖、梁园东教授等领导之下，对西南苗夷同胞，作深度而广泛的研究；中文系在谢六逸、李青崖诸教授领导之下，将我们数千年来的文化遗产，曾列举正确细密的系统；理学院各学系亦均有成就。二十七年秋季，创办贵阳大夏中学，为教育学院学生实习之所，并在花溪圈购校地二千亩，兴建永久校舍，而黔省府并拨地为本校职业教育系实习农场。

二十八年春本人被任为湖北教育厅长，为全校师生所挽留，辞未赴命。二十九年春，本人又被任为贵州教育厅长，对这第二次的任命，无法摆脱；接任之始，即以效劳贵州教育，以报答地方人士对大夏协助的厚意。卅年部令贵阳校本部停办教育学院，主要原因，是为了政府要创设国立贵阳师范学院，当道要人，或以师资如由政府造就，给师范生免费，予以特殊训练，即可操纵其思想，从而统制青年与儿童的思想，因此，大夏具有历史且为国人所称道的教育学院遂被支解；抗战时期，各级学校师资同感缺乏，贵州尤甚，设立一个师范学院,要四五年后才有毕业生,而竟摧残我大夏的教育学院,深为不解。迄今政府还是不许私人办理师范,而现阶段中小学教员,大半都是私立大中学毕业的,全国师资需要数量正多,而国立的寥寥几个师范学院,是否能求供相应,这是众所周知,此种政令之推行,实在太矛盾了。

三十一年十月一日,行政院通过改私立大夏大学为国立贵州大学,后又任命王伯群先生为国立贵大校长,群情愤激,各地校友函电交驰,皆表示为顿绝之校命声援,反对更改校名,终赖王伯群先生敝屣尊荣,校董会与校友及全体师生之折冲呼吁,四月底,行政院乃复议大夏大学照旧维持私立,这件事充分证明大夏同仁同学,他们宁可安贫苦斗,爱好自由,不愿受统制与束缚。

三、三迁赤水　胜利复员

三十三年十一月下旬,敌人窥黔南,贵阳震动,王伯群先生仍作远大之决定,将大夏三迁于黔川边境之赤水,赤水有水道通重庆,可沿大江东下,三次迁校是兼为复员时之准备的,不幸,伯群先生于迁校赤水正在进行之时,于十二月二十日以胃疾逝于重庆,此为大夏西迁中无所弥补之损失;十二月三十日是孙董事长哲生召开校董会,推选本人和王毓祥先生为正副校长,艰危受命,责无旁贷,于是辞卸贵州教育厅长职,与在渝的王副校长商定,将未起运及尚在途中的图书仪器运至赤水。筑赤的路途十分险巇,经三个月的跋涉三十四年三月间全体安全抵达赤水,且于最短期内复课,本人在赤水曾对全体学生说过:"这一次迁校应是最后一次,如果再迁,便是复员回上海了。"这话于一年以后幸而言中。

在赤水的生活一年又半,得当地政府及地方士绅之协助,并与人民情感至为融洽,除当地拨给一所文庙为校舍外,省立赤水中学、私立博文中学、县立赤水女中都借给我们一部分房子,使我们数百箱公物及六百余师生都有合适的安置,于三月底即正式上课。

在赤水复课以后,有二件事特别值得一提的:

第一,加强抗战活动。赤水地处偏僻,民智闭塞,大夏本其过去为社会服务之夙志,积极负起社会教育之使命,加强抗敌活动,救亡工作表现得相当热烈,以歌咏、演剧及下乡宣传,引起民众深刻之印象,并协助当地政府配合政治要求,举办各种抗敌活动;因为赤水当地没有报纸,我们便藉了收音机出版大夏快讯壁报,报导战时消息,极得人民欢迎,凡国际及国内有重要消息时,均出版号外,成为当地民众之良好的教育;复与县民教馆合作,出版日报版,份数激增,八月十日本无条件投降,大夏快讯于夜间发出紧急号外,我校师生夜半挨户敲门,报告喜讯,并借全城人民燃放爆竹高举火炬游行,欢声震天,为一极动人之热烈场面。

第二，广泛的救济。自黔南展开战事后，学生断绝经济来源的更众，大夏虽为私立，而学生却多贫穷，故给学校以极大负担，大夏向有师生合作之优良传统，当竭可能予学生以救济，除由教育部公费办法外，学校自筹财源并向各界人士请求协助，而国际援华会、学生救济会都给我们以援助，经济救济、疾病救济、营养救济、衣物救济等项目众多，学生受惠至为广泛，救济工作之进行，极得校内外之信赖，我们的精神也得到了极大的安慰。

四、风风雨雨　　屡踬屡兴

三十四年九月二日，抗战获得最后胜利，教育部要各内迁的学校照常上课，我们于三十四学年度仍在赤水，三十五年五月以后开始复员，地方士绅和人民表示了眷恋不舍的最高情绪，我们为报答地方的厚意，把全部校具及修缮的校舍都分别捐赠各个学校，并于二十二周年校庆之日，至文庙竖立了迁校的纪念碑，且有大规模的纪念会。四月一日，在重庆设立复员办事处，本人亲往主持，王副校长毓祥四月底飞返上海，与沪校主持人鲁继曾、吴浩然、邵家麟诸先生主持沪校复员建设事宜，本人直到九月半员生公物全部离渝后才飞返上海。

在迁校复员的六个月中，对这长长的旅程，真有说不出的困难，政府所给我们的复员经费仅占国立大学数百分之一，而我们却担当了二件艰巨的工作：一件是长程的迁运，教育机关既无权力，又拙于经费，交通工具极费脑筋；一件是建设的工作，中山路校舍焚毁过半，遍地蒿芜，修整与新建迫不容缓；但我们得"自助天助"之幸，十年前所搬出之图书仪器等设备，十年后仍不失一人一物安返上海，且新建可容二千人之礼堂为复员后国内各大学最迅速之建筑。三十五年十月二十八日就在新礼堂——思群堂举行黔沪两校合流的历史性的始业式。理学院的复员，尤其迅速，物理化学生物土木工程设备，均较战前充实，附设大夏中学暂时未复员，全部附中校舍，改作理学院，体育场所和设备也应有尽有的设置起来了。三十六年又添建男女生宿舍，充实全部校具。三十六年春季恢复土木工程系，三十六年秋季恢复教育学院，全体注册学生达二千六百余人，极一时之盛。

大夏及教职员新村有近千亩之基地，战后尚有可容二千余人之校舍，目前虽经济方面捉襟见肘，但无妨从它的远景去衡量；大夏的精神是"苦干实干"，是"自强不息"，是"师生合作"，它永远在自动，在进步；无论物质与精神，都"操之在我"，向前迈进，凭着"革命""自由""民主"的三原则，十年来，大夏虽经风吹雨打，但屡踬屡兴，今后我们仍在研究上教学，研究上推广，我们随着国家的生命，配合世界潮流，永远坚强的奋斗！

教育不是私乐，大学教育是专才的培养，我们固希望政府于教育不分公私，随时辅导，我们更盼社会的贤达予我们多量的鼓励及协助！

关于请司法行政部派员参加毕业考试监试的代电

司法行政部公鉴：

　　查本校三十六年度第一学期应届毕业生毕业考试业经照章组织考试委员会，定于三十七年一月七日至十二日举行毕业考试，并呈请教育部派员莅校监试在案，兹以本届毕业生中计有法律系学生胡同怡等十七名同时参加毕业考试，特电祗请大部派员监试为祷。

私立大夏大学校长欧〇〇

副校长王〇〇叩

民国卅六年十二月卅一日

附：司法行政部关于无须派员监试的代电

大夏大学公鉴：

　　卅六年十二月三十一日夏教字第三〇二号代电诵悉，查贵校法律系学生毕业考试本部无须派员监试。

司法行政部子马[1]印

---

[1] 子马，即1948年1月21日。

春季开学感言[1]

三十七年春季学期于风和日暖中开课了,本校历史又将在新页上书写新章。

教育既为有计划的心智活动与人格修养,我们就该在开始新章的此刻,准备一切,使学校更快的向前推进一步。

我们无可讳言的,社会的现象未安定,人心还是彷徨不宁,似乎有一种"低气压"压住各人的心头,因此,表现在生活上特别显见急躁与苦闷。

教育的功能除适应之外,主要的是创造,如仅为适应社会的环境,则人类为一种低级动物而已,所以我们必须了解人类能量的伟大,冲破时代病流,铲除失败主义的观念,坚强地使自己生长、发展与充满光明的希望。

在学校的本身说,我们大夏就是在艰苦环境下产生的,在艰苦环境下发展的,我们还要在艰苦的环境下发扬光大,创造我们光明的未来。

我们的校舍虽被焚大半,二年以来,我们就在残余之中力求新生,除已修造或建筑之外,本学期我们还继续添建;然学校经费不裕,不足以言大规模之建设,本期将向社会人士及校友发起筹募建筑费运动,有赖于我校友及在校师生全体之协助。

本期开课以来,校中秩序如恒,此为在校同事艰苦奋斗与同学爱校热忱之表现。每当全国及本市学潮频起之际,我们的同学均能运用理智,镇定不惑,贯彻本校读书运动,各研究室人满,潜心研究,此种精神,尤堪嘉尚!我们深知在这样的动乱的现阶段,青年们的热情每易激动与无限的奔放,其结果徒增加社会环境之不安,然而下一代国家的领袖,无疑的必出于这一代的青年之中,青年们在求学时代,更宜充分准备自己,先作学术的研究,充实生活,然后进而领导社会,领导人群,谚云:"时势造英雄",惟英雄必须认识时势,以及可造的条件。

学术的可贵就在辨别善恶,认识是非,我们不怪群众之易操纵与煽惑,但我们应明白盲动的后果仅本身的受损而已,故当本期开学之初,我们同学应先抱定自己求学的目标,在学术上谋进步,在生活上谋俭约,自助天助,青年发展的前途是不能逆料的。

学校为知识的摇篮,舍知识不能称为学校;同样的,青年为国家的中柱,知识青

---

[1]　原载《大夏周报》,1948 年 3 月 15 日,第 24 卷第 10 期,第 3 页。

年——尤其是受高等教育的青年,更是"中柱"的领导人才,虽然,现社会中知识被人蔑视,但我们总不以为这是久常的现象,我们应该特别在这一时代打好自己的基础,则无事不可为的。

仍是大夏传统的一句话,当社会趋向于艰危,我们大夏的师生更要加强合作。

我们要兴奋努力,我们要消灭失败主义者的颓丧。

景色宜人的黉宫——大夏大学[1]

局长:各位先生:各位同学:

首先我应该向各位同学道贺,因为你们这班同学从初中念起念到高中,六年当中同班同学被淘汰的不少,而各位都念到高中三年级,现在要毕业,准备选择大学,本市教育局局长特为各位举办升学指导,邀请了许多大学的先生们来讲演,这实在是很难得的机会,各位想一想,现在有许多青年,要读书而没有书念,就拿我们江西省来说,有许多中学不能开学,谈不到毕业,更谈不到投考大学,各位由初中读到高中,现在计划进大学,这是首先应向各位道贺。

各位有了这个前途很好的读书机会,我觉得各位进大学千万不要为虚名求资格,要为自己的前途、社会国家的前途来进大学。如果进入大学随随便便的玩四年,将来弄张文凭讨个老婆就算完了,这样是牺牲了自己的光阴和家长的金钱。今天在座的男女同学都是精神饱满,准备进大学,一定有很坚定的意志。

刚才李局长说:大学的课程可分为两类,一是自然科学,一是社会科学。如果学自然科学,一定有很多的实验机会。学社会科学的实验机会比较少一点。我个人的经验觉得每个大学的学生无论学文科学实科最要紧的要学一两年有实验的科学。因为现在新的学问新的时代和老的不同。一个人要有科学的脑筋,不论处理那一种事情,都要有科学的态度科学的方法,科学的态度,科学的方法从何而来呢? 从实验、显微镜、玻璃管而来,不是空口说白话。我们常说这个人脑筋太不科学太武断,就是这个人没有经过科学的洗礼。所以我觉得他尽管文科的文学、哲学、教育,也要学一两年实验室的科学。无论是物理或化学,一定要有许多实际的实验,用实在的东西,经过自己的考察,肉眼看不见的用显微镜来看。一种物质有一种物质的变化,从许多变化之中,得到一种结论。由结论再作推论,这种学问是实验室得来,随便谈谈看不出来的,随便推测也推不出来的。现在是科学时代,无论治学作事,一定要有科学的脑筋科学的态度科学的方法,空口说白话是不行的,这个意思大家记住。

现在谈一谈进大学的机会问题:今天在座的青年大多数的人学问有根底,经济不成问题,而学力不够、经济困难的也大有人在。刚才李局长已经说过能进大学的最好,不能进大学的进职业学校也行,上海有很多的职业学校,都是高中毕业的程度,和大学一样。

---

[1]　原载《上海教育》,1948 年 6 月 15 日,第 5 卷第 11—12 合期,第 4—5 页。

有人以为大学的学生太多了，为什么要有这么多的大学生，我个人的看法不是如此。拿整个的国家来说，我们的大学生还不够。全国专科以上的学生只有十四万人，以四万万五千万人口来计算，一万人中只有三个大学生。我们和美国来比较相差得很远。美国的专科以上学生有一百七十几万人，人口只有中国的四分之一，一万人中有几个大学生，你们自己去计算。这样一比较，可以看出中国的大学生太少。我们不能看眼前的上海，有许多失业的大学生和留学生，我们应该把眼光放远一点，看整个的中国情形。譬如各县的地方法院，应设置检察官，推事，书记官等约六人至八人，这种法律人才非常缺乏，有些地方比工程人才还缺乏。许多边境县份，只有县长及首席检察官两个人。从广大的中国来说，我们的人才的确不够。所以各位不要悲观，不论是进大学或职业学校，只要有学问，前途是光明的。

其次再讲各位进大学到底进那一种大学呢？大学有国立的私立的；又有专科，独立学院，完全大学的分别。我个人不赞成把大学分成这些种类，可是有些学校专科改院，学院改大学，私立的要改为国立，我觉得毫无意义。各位要进大学，当然先考国立的大学，因为私立的大学实在负担太重。国立的学校没有什么费用，如果成绩好还可以得到奖学金。我国国立的学校也不少，拿上海来说，有四个大学，两个独立学院，一个专科。并且还有外埠的国立大学到上海来招考，如中山大学，重庆大学，清华大学，北京大学，南开大学等。如果国立大学联合招生，可以把第一志愿投考什么学校，第二志愿投考什么学校填写明白。不过国立的学校名额有限制，而投考的人很多，往往八百人的名额有一万或一万五千人去投考，结果只能录取八百人。其余九千或一万四千多人到那里去呢？可以投考私立的学校。我相信上海有很多非常认真而且办得很好的私立大学，不过在投考之前各位要调查清楚，自己不知道就要托亲戚朋友代为调查，你所要投考的学校靠得住靠不住，滑头不滑头。

今天教育局所举办的升学指导，一方面说些升学指导的问题，一方面要各大学校长报告自己学校里的情形，我是私立大夏大学的负责人，我把大夏大学的情形简单的报告一下：

大夏大学自民国十三年创办，至今有二十四年的历史。有五个学院十五学系：文学院有中国文学系，外国语文系，历史系；理学院有化学系，数理系，土木工程系；商学院有银行学系，会计学系，工商管理系；法学院有政治系，法律系，经济系；教育学院有教育学系教育心理系，教育心理系，社会教育系。本学期有学生二千七百七十人，其中有四百十七位女同学，住校的学生有一千九百人，其余八百七十人是走读，因为本校有二十四年的历史，毕业的校友将近六千人。本校是上海郊外最大的学校，占地四百亩，并且还有教职员寄宿的大夏新村，也有四百多亩的面积，与学校联在一起。学校里的风景相当的好，当中有一条小河，河的两旁种了各种树木。在河里养了很多的鱼，学生在课余的时候都来钓鱼。校址在中山路靠近西站。本校对于清寒学生的服务与救济特别注意,学校本身有二百多名的奖学金,此外还有李局长吴市长所办的上海市统一奖学金。过去几个学期因为本校的学生多,所以得到统一奖学金的数额也多。在学校里面极力提倡读书的风气,因为在二十四年前创办的时候有两句口号,一句是读书运动,一句是师生合作,以师生合作达到读书的目的,所以在校内合作与读书的空气相当的浓厚。本校的图书馆只有五六百人的座位,我们觉得太小,本年暑假将要建筑大的图书馆,同时可以容纳一千人。校内的图书,抗战以前出版的有五万册,抗战以后出版的一万册。普通杂志有三百八十种。此外还有五个研究室(每学院一个),各系应用的专门书籍杂志放在里面,由各同学自由阅览研究。本校注重多多观察多多自己研究,这样才能得到真知灼见,才不至于像刚才李局长所说随便跟朋友盲从运动,今天教育局给我这个机会除了一般的升学指导之外再把大夏大学的情形简单的报告一下,非常的感谢。

关于向教育部呈送抗战期间体育课程实施情形的代电

教育部部长朱钧鉴：

　　本年七月卅一日侨字第四二八五一号代电奉悉，查本校在抗战期间对于体育课程设施极为注意，黔部方面完全遵照部令规定办理，沪部方面则以场地不足改采室内运动及国术练习，以达到该课程应有之程度为准。自复员后本校因场地宽阔，无论分组训练、早操以及课外运动等，均经积极推行，以符规定。奉电前因，理合呈报，仰祈鉴核。

大夏大学校长欧○○　副校长王○○叩申哿[1]印

附：教育部关于要求各校查报抗战期间体育课程实施情形的代电

私立大夏大学：

　　查专科以上学校体育课程每周二小时，不计学分，各年级学生均须修习。二十八年颁布之《专科以上学校体育实施方案》及《大学科目表施行要点》均有明文规定。近查各院校所报毕业生历年成绩表内其体育成绩或为一年或完全未报，殊不一致。兹为明了各院校体育实施情形，凡在抗战期间因场地不足缺修体育其已毕业者应即造册报部备查，未毕业者应一律补修，否则不准毕业。嗣后各院校体育课程除早操及课外运动外，体育正课应照规定切实办理。

　　合电知照。

教育部印
中华民国卅七年七月卅一日

---

[1]　申哿，即 1948 年 9 月 20 日。

关于向教育部申复征收学生费用情形的报告

教育部钧鉴：

本年十月八日高字第 55034 号代电奉悉。

（一）查本校本年秋季学期学生应缴费用计学费六十元，杂费二十五元（包括水电医药图书体育等费），如寄宿学校另缴宿费十五元，以上数额业经列表于本月七日以复秘 228 号呈文报核在案。

（二）上项收费标准系依照上海市私立专科以上学校座谈会之决议，该会原定学什两费自八十五元至一百元，宿费在外。本校规定数额已为最低限度。

（三）该座谈会同时议决各校教员待遇标准，计专任教授月支一百三十五元，副教授一百十元，讲师八十五元，助教六十元，兼任教员每小时授课以二元至二元五角计算。现本校各级教员待遇悉系依照标准支发，且略予提高，以补研究补助费之缺。而于学生收费，则较本市任何私立大学为低。经济管制委员会所据控函，乃以本校收费较高，当未能明瞭上海各大学及本校实际情形。

（四）在本年六七月间币制改革以前，本校原定收费标准为学什费连同宿费合共中熟米四市石，根据九月上旬本校收费当时上海市政府公布米价每石二十三元五角计算，四市石米共合九十四元，与现定金额比较固相差甚微。本校为提高教职员待遇，自不能不照现定收费标准办理。

（五）本校注册于九月三十日截止，大部分学生均已照章缴费。其因家在匪区或经济过分困难，经本校核准暂缓缴交一部分学费者仅占 8.1%。故本期欠费学生实较以往各期为少。原控以本期费用增加，致学生家长无力负担一节，殊非事实。

（六）本校对于清寒学生为谋救济起见，每期均设置各种奖学金额，约占学生总数十分之一强。另加沪市府统一奖学金分配本校名额，各生因各方得奖而全部或部分免费者，几达全校总人数三分之一，是贫寒学生已有充分获得救济之机会。

奉电前因，理合将本期征收学生费用及有关情形据实申复，仰祈鉴核转复为祷。

私立大夏大学叩酉寒[1]印

---

[1]　**酉寒**，即 1948 年 10 月 14 日。

附一：教育部转发上海市政府要求审核征收学费情况以答复蒋经国转来相关控函的通知

私立大夏大学：

　　准上海市政府九月廿九日公函以准经济管理委员会蒋督导员经国转来控函，内称该校征收学杂费及宿费额骤然增高，原定收费标准为中熟米四石，折合金圆八十元，新定标准需缴金圆一百圆，较原定数额增加百分之二十五，学生家长无力负担一案请查照核办迳复等由，查该校征收学费未据呈报，是否任意提高，增加学生家庭负担，仰迅即申复备核。

教育部酉齐[1]印

附二：教育部转发国防部戡建工作第六大队要求申复变相增收学费的函的通知

私立大夏大学：

　　前准上海市政府函达蒋督导员经国转据报告该校任意增收学费一案，经电饬申复在卷。兹复准国防部戡乱建国工作总队第六大队十月四日沪三字第四七四号代电据报该校变相增收学费，案同前情，电仰一并申复，以便核转。

教育部酉梗[2]印

---

[1]　酉齐，即 1948 年 10 月 8 日。

[2]　酉梗，即 1948 年 10 月 24 日。

春季开学的话[1]

由于时局的变化,物价的波动,本校正逢着二十五年来校史上最大的危机。应付这一危机,本校同人,决定苦撑应变,但是,根本的方法仍在于师生合作,同舟共济,发扬我们的大夏精神。

本学期业已开学上课,注册学生虽受时局影响,然亦达三千人,我们为了兼顾学生的负担能力和员工生活的安定,对于收费和待遇,都做了合理的调整。就收费标准论,本校规定学杂费每名照四担米折价,宿费照半担米折价。而在上海,我们知道,好多大学学杂费要收四担半米,宿费甚至收到一担半的。又譬如开学第一周,外面的米价涨到了一万元一担,而本校仍维持决议案,只收六千元一担,这都是事实上顾全学生负担能力的证明,本校只要在弦歌不辍,收支相符的原则下,决不愿轻易增加同学们的负担。

就员工待遇论,本期我们的新方案是将学生缴费的收入,以四分之三,即百分之七十五作为教职员工的待遇,余下四分之一拨充全校的图书仪器体育医药水电及行政开支,本期教职员的待遇一律照其薪金依三百三十倍先付五个月,以免受金元贬值,物价上涨的影响,剩下的一个月薪金,由教职员同人组织保管委员会自定办法,活动保管,于学期结束时发给,这样一来,我们希望同人们能够在金融剧烈变化的情况下,自我准备,自我使用,即使来日大难,希望大家也能勉渡难关。

本校在抗战以前,对学生生活的指导,设有群育委员会,延聘教授主持,效果甚佳,其后因政府颁布大学组织条例,令设训导处,因为管理重于指导,行政反感不便,本期起本校特将训导处撤销,改设学生生活指导委员会,分请教授共同负责,以期规复本校以前群育委员会的遗制,达到学生自治的目的。民主和自由为今日国际安全的主流,我们希望人权安全和学术自由仍继续为本校的设施方针,本校过去曾不断为保释被捕的同学而努力,最近又有八人已获自由,我个人更希望这些同学能够体谅时艰,谨慎言行,以减少学校行政上的困难。

本校并未因时局的多灾多难而自懈其进步的心志,本学期起,在虹口榆林路上,我们的附中已经恢复,可以告慰于全校同人同学,我们仍朝着"安定求进步"的目标迈进,本期已添购大批理工器材,包括雷达在内。停顿了的图书馆新厦,也决定继续修建,以

---

[1]　原载《大夏周报》,1949 年 3 月 26 日,第 25 卷第 5 期,第 1 页。

底于成。复员以来,本校的建设,突飞猛进,同人的努力,同学的爱护,都是毋可讳言的。

大夏大学,非一人之大学,亦非少数人之大学,而乃是全体教职员五六千毕业生暨三千位同学共有的高等教育事业,风雨如晦,鸡鸣不已,这正是我们每一个人受时代考验的时候,希望大家团结努力,师生合作,以校为家,用众志成城的力量,来创造新的学风。

关于排定专家演讲给中国工业管理协会上海分会的函

迳复者：

　　三月十九日大函奉悉，贵会聘请专家多人拟前来敝校公开演讲，至表欢迎。兹谨就大函附单所开决定邀请沈立人[1]、曾世荣两先生莅临敝校为工商管理系学生分别讲演一次，以资启迪而惠后学，特排定讲演时间表一份，检同函复，即请洽照转达两先生准时莅临主讲，并希先行示复，以便预为通告诸生。届时当由敝校工管系关主任可贵及教务处课务组欧主任文柔迎候招待，并烦迳洽，是所企幸。

　　此致中国工业管理协会上海分会

大夏大学敬

民国三十八年四月五日

讲演时间表

次　　第	第一次	第二次
主讲人	沈立人先生	曾世荣先生
讲　题	在中国科学管理推行条件	泰洛先生及其贡献
日　期	四月九日（星期六）	四月十六日（星期六）
时　间	下午一时五十分至二时五十五分	下午一时五十分至二时五十五分
地　点	大夏大学思群堂	同左

附：中国工业管理协会上海分会关于普及工业管理演讲的函

迳启者：

　　按中国工业管理协会系集合工矿厂商企业机构暨其负责人、大学院校工业管理系科教授及工业管理专家学者等共同发起组设，以提倡工业管理、增加生产、减低成本而臻中国之工业化为宗旨，鄙会之初步工作是在宣扬工业管理之重要性，并介绍其学理与方法之内容，以为倡导。半年以来，每周均在上海广播电台有学术讲演之广播节目。兹为更

---

[1]　沈立人（1896—1953），浙江嵊县人。早年毕业于金陵大学农学院，后留学法国专攻高等会计。先后任教暨南大学、光华大学、上海商学院、重庆交通大学、无锡江南大学等。创办中华会计学校，设立函授部，是我国函授教育先驱。

求普及起见，拟就下开各讲题中选择若干项特请专家至贵校公开讲演。贵校如感兴趣，即请指定题目，复函鄙会，当即派员趋前接洽也。

此致欧校长元怀台鉴

中国工业管理协会上海分会谨启

卅八年三月十九日

主讲人	讲　　　题
荣尔仁	什么是管理? 什么才是科学管理?
曾世荣	管理的责任
夏宗辉	工业管理的范围
杨锡山	工厂厂址的选择
李瑞麟	生产管理
曾世荣	保障工业的解释
庄智焕	工程与管理
沈立人	在中国科学管理推行条件
沈立人	从工业发展的历史看中国工业管理的前途
陈德荣	会计与管理
曾世荣	泰洛先生及其贡献
夏宗辉	工业管理与工时研究
张兹闿	财务管理与工业
杨锡山	几个有关组织的基本观念

关于六月八日起正式复课的布告

本校已陆续迁返中,兹定于六月八日(星期三)起正式复课,除请住在校内宿舍各教授届时先行开讲外,其余居住校外教授并已由教务处分别征求同意。关于复课后开班课程及时间等俟由教务处与各位教授先生商定后再行公布。

特先布告,希各知照。

此布。

三十八年六月六日

关于改组总务处设置事务处的布告

　　本校自复校以还，事务行政百端待理，原有机构亟宜革新以资推进而增效率。兹经第二十六次校务会议议决，将原总务处关于事务方面改组为事务处，并设置事务委员会，协助策划进行，即席通过委员会暂行组织规程在案。除依照规程第三条规定分知员生工友各团体推举代表进行组织外，合行将该项规程公布于后，希各知照。

　　此布。

校　长

副校长

一九四九年六月廿一

关于请求核准临时校委会组织规程草案及委员名单的报告

上海市军管会文化教育管理委员会高等教育年公鉴：

查本校于解放之初经校董会及前校会议决定设置校务委员会以集体领导推动学校行政，当由教授会、讲师助教会、职员会、学生自治会四单位各推出代表三人，会同学校行政方面主要负责人三人成立校务委员会筹备会，进行筹备工作。集会多次，已拟定校委会组织规程草案，并议决"是项草案先予公布并分发教授会等各单位共同研讨，尽于八月十五日前提出书面意见，由筹备会集中讨论，将草案作最后修正，再提经各单位表决通过后成为定章，于秋季学期开始后规定时间内组成正式校委会"，藉昭慎重。惟筹备会以下学年各项重要校务均须于暑期内先行策划，为顾到当前实际需要，同时决定在正式校委会成立前由学校行政方面拟定三人、教授会推定代表十二人、讲助会职员会学生自治会各推代表二人共计二十一人先行组织临时校务委员会推动校政。现临时校委会业已组成，开会两次，进行顺利。相应将以上情形电达并检奉正式校委会组织规程草案及临时校委会委员名单各一份，至请鉴核指示，藉资遵循为荷。

　　大夏大学午养[1]印

附：上海市人民政府高等教育处关于核准校委会组织章程及委员名单的批复

七月二十二日民字一二号来文暨附件均悉，校务委员会组织章程准备查。校务委员会委员名单，经核准学校行政人员欧元怀、王毓祥两名，教授代表邵家麟、张隽青、何仪朝、黄敬思、刘焕文、张伯箴、吴泽、龚清浩、宋成志、张耀翔，讲助代表唐茂槐、程齐贤，学生代表程传泰、周子东。

　　相应函复查照为荷！

　　此致私立大夏大学

上海市人民政府高等教育处
一九四九年九月廿一日

---

[1]　午养，即1949年7月22日。

关于恢复师范专修科致上海高等教育处的请示

上海市人民政府高等教育处公鉴：

本校于一九二四年创办之初，即设置文理教育各学院，历年办理，均尚著有成绩，其中以教育学院，在社会特负声誉，嗣为适应社会要求，经就教育学院所有设备及人才，加以扩充，于一九二六年添设两年制师范专修科，专事培植中小学师资及普通教育行政人员，赓续十五年之久，毕业学生达一千余人。迨后国民党政府为巩固其反动统治，进行控制师范教育，本校师专科遂于一九四〇年被迫停办。今夏上海解放，即拟首先恢复，因奉大处通知，嘱暂维持现状。现全国解放战争即将完成最后胜利，新中国之建设正全面开展，而教育建设，应为最基本最广大任务之一，今后对于各级师资及各种教育工作人员需要至多。即以护幼教育而言，以往国内较鲜基础，尤必需广为培储人才。按本市近年原有各种师范专科学校均为公立，如国立幼专、市立师专体专等，于解放后悉已迁并他地，沪市师范专科教育暂在真空状态。本校房地较为宽广，以往办理是项学科尚存规模，并有文理教育三学院之设备及师资，易于配合。兹拟自一九五〇年春季学期起恢复原有两年制师范专修科，分设护幼教育、教育行政、文史地、数理化等四组，根据新民主主义教育方针，并在大处指导之下，为沪市建立一新的师范专科教育事业，以适应当前客观之需要。为特拟订科则及课程草案一份，是否有当，理合检同电请鉴核示复，以便遵行为祷。

私立大夏大学叩戌寒[1]印。

附一件

大夏大学师范专修科科则及课程草案

一、任务

本大学师范专修科的任务是根据新民主主义的教育方针及政策培养下列各种教育人才。

甲、儿童教育工作人员

乙、县市地方教育行政人员

丙、中等学校行政人员

丁、初级中学教员

戊、师范学校教育教员

---

[1] 戌寒，即1949年11月14日。

二、分组

本专修科分设下列四组：

甲、护幼教育组

乙、教育行政组

丙、文史地组

丁、数理化组

为求达成上列任务，各组教育应本下列原则学习：

甲、能了解社会发展的规律、新民主主义的性质、人民教育的方向，从而建立革命的人生观与教育观。

乙、能掌握政策、精通业务，并能接受领导，运用批评与自我批评。

丙、能谋理论与实践的一致，并在实践中不断的吸收、创造、批判、改进。

丁、能有学不厌、教不倦、和易近人、循循善诱的人民教师的作风。

三、入学资格

甲、高级中学毕业者

乙、师范学校毕业者

丙、具有高级中学毕业同等学力者

丁、在中小学校教学多年有志进修者

四、肄业期限

甲、本专修科各组修业期限均为两学年，计修满九十学分毕业。内普通及专修学程约占一半，分组应修学程约占一半。

五、各组学程表

甲、护幼教育组

第一学年	上学期	下学期	第二学年	上学期	下学期
社会发展史	3		儿童发展	3	
新民主主义		3	儿童保健	2	
政治经济学	3		儿童科学	2	
基本国文	3	3	幼稚园实施法	4	
教育概论	3		教育测验与统计		4
普通心理学	3		比较教育，偏重苏联教育	3	
教育心理学		3	儿童文艺		3
教育行政		3	托儿所实施法		2
中国近代教育史	3		父母教育	2	

（续表）

第一学年	上学期	下学期	第二学年	上学期	下学期
西洋近代教育史		3	儿童活动指导		3
护幼教育		3	琴法	3	3
琴法	2	2	乐歌	2	2
乐歌	2	2	参观与实习		4
手工,附玩具制造及研究	2	2	体育		
体育					
学分总数	24	24	学分总数	21	21

乙、教育行政组

第一学年	上学期	下学期	第二学年	上学期	下学期
社会发展史	3		教育测验与统计		4
新民主主义		3	教育研究法	3	
政治经济学	3		青年心理	3	
基本国文	3	3	社会教育	3	
教育概论	3		课程论		2
普通心理学	3		小学各科教材与教法	3	
教育心理学		3	基本教育	3	
普通教学法		3	中等教育	3	
教育社会学	3		比较教育,偏重苏联教育		3
教育行政,附学校行政	3	3	师范教育	3	
中国教育史,偏重近代	3		职业教育		3
西洋教育史,偏重近代		3	近代教育学说		3
教育生物学与实验		4	卫生教育		2
护幼教育		2	参观与实习		4
体育			体育		
学分总数	24	24	学分总数	21	21

丙、文史地组

第一学年	上学期	下学期	第二学年	上学期	下学期
社会发展史	3		国文教学法		2
新民主主义		3	短篇小说	2	
政治经济学	3		戏剧		2
基本国文	3	3	中国近代史	3	
教育概论	3		世界通史	3	3
普通心理学	3		史学名著选读	3	
教育心理学		3	中国地理	3	3
教育社会学		3	世界地理	3	3
教育行政			历史教学法	2	
中国教育史,偏重近代	3		地理教学法	2	
西洋教育史,偏重近代		3	教育测验与统计		4
中国通史	3	3	参观与实习		4
中国文学史		3	体育		
地理通论	3	3			
体育					
学分总数	24	24	学分总数	21	21

丁、理数化组

第一学年	上学期	下学期	第二学年	上学期	下学期
社会发展史	3		微积分	4	4
新民主主义		3	球面三角	3	
政治经济学	3		普通物理	3	3
基本国文	3	3	普通物理实验	1	1
教育概论	3		教育测验与统计		4
教育心理学		3	物理教材与教法	2	
教育行政		3	化学教材与教法		2
自然科学概论	3		数学教材与教法	2	
数学复习		3	教育生物学	3	
高等代数	4		教育生物学实验	1	
高等几何		4	参观与实习		4
普通化学	3	3	选修理科学程	3	4
普通化学实验	1	1	体育		
体育					
学分总数	23	23	学分总数	22	22

附：上海市高等教育处关于准予恢复设立师范专修科的批示

十一月十四日民字五七号代电暨附件均悉。据请恢复两年制专修科，准予设立。所拟师范专修科科则及课程草案应将（三）（五）两项分别修正如次：

（三）入学资格

甲、曾在高级中学毕业得有毕业证书者。

乙、曾在师范学校或高中师范科毕业得有毕业证书者。

丙、以同等学力报考者，须修满高中二年级课程并缴验成绩单。

丁、曾在初中毕业并充任小学教员三年以上有志进修者。

（五）各组课程表

一、各组添授"唯物论辩证法"，可于其他新政治课中匀出学分。

二、教育行政组之"青年心理"应并入"普通心理"中。

相应函复查照为荷！

此致私立大夏大学

上海市人民政府高等教育处

一九四九年十一月二十三日

关于在市区开设商学院及师专科一年级夜班的请示

上海市人民政府高等教育处公鉴：

　　查本校商学院及师范专修科学生多数居住市区，每日往返走读，甚多不便，如住宿校内，又须增加膳宿费等负担。最近本市一再遭匪机轰炸，警报频仍，时常影响交通，更易于耽误走读学生及居住校外教授上课时间。本校为响应政府反轰炸任务，尽可能照顾同学学业起见，拟在市区南京西路江宁路口重华新村本校原有房屋内开设夜班，范围暂限于商院一年级及师范专修科一年级，所有课程及教材标准、教授人员均与中山路本校无异，一方面可藉此解除部分走读学生之困难，一方面更可便利市区一般工商从业员及小学老师之晚间进修，以配合当前高等教育工作客观上之需要。特电陈明，敬请鉴核赐予备案为祷。

　　私立大夏大学寅鱼[1]印

附：上海市高等教育处关于同意在市区开设商学院及师专科一年级夜班的批示

　　三月六日民字一六〇号代电悉，据报拟在市区重华新村开设商学院及师范专修科一年级夜班一节，准予试办。

　　相应函复查照为荷！

　　此致私立大夏大学

处长唐守愚[2]

一九五〇年三月十日

---

[1]　寅鱼，即 1950 年 3 月 6 日。

[2]　唐守愚(1910—1992)，山东梁山人。1935 年毕业于北京大学历史系。解放后历任上海高等教育处处长、华东军政委员会教育部副部长、高等教育部工业教育司司长、福州大学副校长、北京图书馆副馆长、国家文化部文物局副局长、中国文字改革委员会副主任等。

在全校师生员工代表大会第一次大会的开幕词

诸位代表、诸位先生、诸位同学：

解放后本校第一次的师生员工代表大会现在开会。这一个大会，从发动到开幕，中间经过酝酿思想和筹备工作，不过一星期的时间，由于工会和学生会的建议，校务委员会审慎的讨论并决议召开这个师生员工代表大会。在这全代会上，有学代会决议的传达及学习动员报告，有校务委员会、工会、学生会、教务处、总务处、会议室等工作总结的报告，以及通过各小组而提出来的许多提案，希望大家予以讨论。其中校务委员会所提示今后的方针和任务，有关学校前途至大，更希望各位代表深切研讨，补充修正，予以通过，作为暑期和秋季校务进行的依据。

解放一年，我校已克服了许多困难，也做了许多成就。不过由旧的教育类型转变到新的教育类型，由半封建半殖民地的时代，转变到新民主主义的时代，绝不是一年半载所能成功、所能解决一切。很自然的，我们学校还存在着不少困难，等待全体师生员工群策群力去克服；也有很多缺点需要改进。当这旧的学年度结束，新的学年度行将开始的时会，我们需要在思想上一致认识下学期可能遭遇的困难，并且有计划有步骤的设法克服。一年来经验所得的教训，是加强师生员工团结，搞通思想，不但可以渡过难关，维持学校，还能够进一步改造学校，发展学校。

今天的时代与环境是有利于私立大学的。从中央人民政府成立以来不到八个月的时间，新中国已一跃而为国际民主阵营中的中坚分子。现在大陆上战争已告结束，西藏和台湾的解放为期不远，半年来国家财政经济做到统一管理，收支接近平衡，通货停止膨胀，物价趋向稳定，这是十几年来破天荒的事。最近中央教育部召开的全国高等教育会议，已明白的绘出高等学校的蓝图。关于高教方针的确定，制度的树立，院系的调整，行政组织的改进，课程的改革，教材的重编，教学方法的研讨，新立场观点的建立，以及高等教师的改造，都有一定方案与决议可资遵循。而对私立大学又有积极维持、逐渐改造、重点补助三原则之议定。我们应该进一步努力奋斗，为新中国培养高级建设人才。这也就是说，我们应该根据共同纲领，以理论与实际一致的教育方法，培养有高度文化水平、掌握现代科学技术的最新成就、全心全意为人民服务、从事新民主主义建设的各项专门人才。通过这一次的师生员工代表大会，我们要好好的有计划有步骤的改进学校，负起时代所赋予的使命。

最后祝大会成功，诸位代表康健。

一九五〇年六月二十四日

关于请华东军政委员会农林部予以指导的函

　　查本校现有地二百六十余亩,附近设农场一所。半年来有计划有步骤的从事农业垦荒,已收校内荒地开垦完成大部,种植食粮蔬菜已达收获时期,其间颇多学生参加是项工作。

　　兹为配合国家需要,迎接新中国经济建设高潮,培养具有新技术之农业人才,使理论与实际一致。拟于本年秋季添办园艺系及园艺作物专修科,配合农场实习之基本设备与原有生物实验室之设备,足供学生应用及经常实验工作。除陈报华东区教育部外,用特检奉该系科计划一份,函请查照赐予指导,并希惠复以便筹备招生事宜,无任盼荷!

　　此致华东军政委员会农林部

　　附送园艺系及园艺作物专修科计划一份

校长欧〇〇

一九五〇年七月二十一日

附:华东军政委员会农林部关于建议先设畜牧系科的复函

大夏大学:

　　(一)你校七月廿一日民字〇二七八号函悉。

　　(二)关于你校拟设园艺及畜牧等系我部曾于七月廿九日派何尚平、吴华宝、张宝昌三位同志前来你校了解情况,经加研究后,我部建议你校暂先添办畜牧系及畜牧兽医专修科。原因如左:

　　(1)目前华东方面对于畜牧及兽医的人才更感需要。

　　(2)照你校现有生物学和化学等教学设备而言,开办畜牧兽医系科较有基础。

　　(3)复旦大学农学院已设有园艺系,以上海目前情况言似尚无多设该系之需要。

　　以上意见提请你校参考。

　　副本抄致华东军政委员会教育部

华东军政委员会农林部部长张克侠[1]

一九五〇年八月七日

---

[1]　张克侠(1900—1984),原名树棠,河北献县人。1923年毕业于保定军官学校。时任华东军政委员会农林部部长。

关于请华东军政委员会核准开设畜牧系科的请示

华东军政委员会教育部钧鉴：

关于本校拟于本年秋季添设系科问题经于本年七月廿一以民字第〇二七五号代电连同计划三份送请察核指示，同时并分函有关业务部门之华东军政委员会工业部、财政部、农林部赐予指导各在案。

兹准农林部本年八月七日农技字(50)六九九六号函复，为本校拟设园艺等系，经于七月廿九日派何尚平、吴华宝、张宝昌三位同志前来你校了解情况，并加研究后，建议本校暂先添办畜牧系及畜牧兽医专修科，原因如下：(1)目前华东方面对于畜牧及兽医之人才更感需要；(2)照本校现有生物学和化学等教学设备而言开办该系科较有基础；(3)复旦大学农学院已设有园艺系，以上海目前情况言似尚无多设该系之需要。以上意见提请本校参考，并已将副本抄致钧部等由，查本校生物学及化学设备相当丰富，足供学生应用及经常实验工作，拟照农林部意见于本年秋季添办畜牧系及畜牧兽医专修科，而将园艺系及园艺作物专修科予以缓办，用特检奉计划一份，电请察核迅赐指示。

又前拟添设之化学工程专修科、测绘建筑专修科、会计专修科及保险专修科统祈迅赐一并核示，俾便慕手进行招生事宜，无任盼涛！

大夏大学未真[1]即附件如文。

附1：华东军政委员会教育部关于准予添设畜牧系及畜牧兽医专修科的批复

大夏大学：

一、八月十一日民字第〇三〇二号代电及附件均悉。

二、所请添设畜牧系及畜牧兽医专修科一节，经审查，同意办理，除向中央人民政府教育部报备外，准予备案。

华东军政委员会教育部部长吴有训

一九五〇年八月十八日

---

[1] 未真，即 1950 年 8 月 11 日。

附2：华东军政委委员会转发中央人民政府教育部关于私立大夏大学
添设畜牧系及畜牧兽医专修科准予备案的批复的函

大夏大学：

一、顷奉中央人民政府教育部八月二十九日高字第六九三号批复："关于私立大夏大学添设畜牧系及畜牧兽医专修科事，准予备案"等因。

二、兹特转知遵照！

华东军政委员会教育部部长吴有训

一九五〇年九月八日

关于办理解放前毕业证书的布告

　　本校在解放前之毕业证书奉令由校负责发给,毋须送部验印,凡一九四九年一月及以前各期毕业同学未领正式文凭者,希速来校或托人办理,领证手续与请领毕业证明书同。本校同学均可为毕业同学代办手续或通知其本人自来办理,除登报外,特此布告周知。

　　此告。

一九五○年九月六日

关于设置畜牧兽医系请华东军政委员会农林部惠予意见的函

　　查本校于本学期开学前决定添设畜牧系及畜牧兽医专修科,经拟具计划呈请华东教育部备案并分函征询你部意见,承多方指示协助至为感佩。按原计划拟定上项专修科为两年制专,其修习范围包括畜牧及兽医两项业务,嗣在具体研究课程时深感时间太短,无法完成教学目标。至于畜牧系虽为四年制,但学生专攻畜牧,如不同时充分具备防治畜类疾病之知识与技能,则其所学将缺少保障,似尚不能成为健全之畜牧人才。你部以前派员莅校联系亦曾表示华东区对于兽医工作者极感缺乏,希望本校协同负起培养此项专才之任务,因此本校最后决定将原计划予以变动,改畜牧兽医专修科为畜牧兽医系,仍为四年制。至畜牧系则暂行停办,当时考取上述原设系科之新生完全同意一律改入畜牧兽医系,并聘定兽医专家王兆麒[1]教授为系主任,当重行拟定计划,其第一学年课程业于本学期开始实施进行,除呈报华东教育部备案外,特检奉是项计划一份,函请詧阅惠予表示意见为荷。

　　此致华东军政委员会农林部

　　附计划一件

校长欧〇〇

一九五〇年十一月廿二日

附：华东军政委员会农林部关于设置畜牧兽医系得复函

大夏大学:

　　一、一九五〇年十一月廿二日民字第 408 号函件均悉。

　　二、除原计划存供参考外,以后关于畜牧兽医工作方面尚希多多联系。

华东军政委员会农林部部长张克侠

一九五〇年十一月廿六日

---

[1]　王兆麒(1892—?)江苏无锡人。1918 年清华学校毕业后赴美留学,依阿华大学兽医学博士。时任大夏大学畜牧兽医系系主任。

关于呈送改组后的校务委员名单的报告

华东军政委员会教育部钧鉴：

查本校校务委员会业经依照高等学校暂行规程第廿四条之规定改组完成,除校长、教务长、总务处及图书馆主任暨各院系科负责人为当然委员外,并由工会推定代表六人,学生会推定代表两人参加,兹特开具全体委员会名单,电请誉核备查。

私立大夏大学

一九五一年一月十二日

大夏大学校务委员会全体委员名单

（一）当然主席

欧元怀（校长）

（二）当然委员

吴　泽（教务长兼历史系主任）　　　　张瑞钰（总务处主任）

姚雪垠（文学院代院长）　　　　　　　邵家麟（理工学院院长）

黄敬思（教育学院院长）　　　　　　　张伯箴（法学院院长）

何仪朝（商学院院长兼代工商管理系主任）　程俊英（文学系主任）

王　兴（土木工程系主任）　　　　　　陈景琪（化学系主任）

杜佐周（教育学系主任）　　　　　　　许公鉴（社会教育系主任）

周覃绶（会计系代主任兼会计专修科主任）　蔡文熙（银行系主任）

刘焕文（法律系主任）　　　　　　　　姜庆湘（经济系主任）

王绍唐（政治系主任）　　　　　　　　王兆麒（畜牧兽医系主任）

陈伯吹（师范专修科主任）　　　　　　夏　炎（工业化学专修科主任）

程良生（测绘建筑专修科主任）　　　　苏希轼（图书馆代主任）

（三）工会代表

陈旭麓（工会主席）　韩闻痼（教授）　查汝勤（助教）

陈俊德（职员）　杨阿泉（工友）　侯朗轩（工友）

（四）学生会代表

程能荣（学生会主席）　徐凡（学生会副主席）

附：华东军政委员会关于备案校务委员会名单的批复

大夏大学：

一、一九五一年一月十二日民字第四四九号代电暨委员名单均悉。

二、准予备案即希知照！

华东军政委员会教育部部长吴有训

一九五一年一月十八日

关于严格按照教育部规定安排校历至校务委员的函

关于本校本学期放假日期及下学期校历,经承华东教育部负责同志指示,应严格依照教育部统一规定办理。

(一) 本学期应于二月二日开始放寒假,在大考结束(一月廿六日)后放寒假前一段时间,须进行下列各项工作:

1. 进行本学期教学总结(根据以往几学期经验,由各科师生共同商讨,作出书面总结)。

2. 全体教师尽可能先行拟订下学期教学计划。

3. 其他关于抗美援朝运动工作的布置。

4. 在大考后放寒假前同学知因有不得已事故离校时应事前向教务处办理请假手续。

(二) 下学期应于二月十六日起开学,二十日起上课。兹特根据以上规定将上次校务委员会通过之校历予以修订并检奉一份。

(三) 以上各项除布告外相应函请查照为荷。

此致全体校务委员

校长欧元怀

一九五一年一月十八日

关于工业化学、测绘建筑专修科更名的请示

华东军政委员会教育部钧鉴：

查本校为配合国家建设需要培养专门建设人才起见，经于一九五〇年秋季开办工业化学及测绘建筑两专修科，其计划与课程已于一九五〇年七月廿一日以民字第〇二七五号代电报请察核，并奉一九五〇年九月十八日教高行字第六〇五二号通知以奉中央人民政府教育部八月三十日高三字第七〇一号批复准予设立在案。惟经一学期来办理之经验，并在课程方面不断研究，深感上述两科范围较广，以目前本校经济与设备条件以及对于将来学科发展及联系社会应用均不尽适当。为使技术更趋专门与配合本校环境，拟予机动调整，自一九五一年春季起将工业化学专修科改为化学工程专修科，测绘建筑专修科改为建筑工程专修科，俾易加强教学而能达到训练专门技术人员之目的。是否有当，用特检奉调整后之两科课程表各一式三份，电请察核指示。

大夏大学子巧[1]，附件如文。

附：华东军政委员会转知中央教育部关于同意工业化学、测绘建筑两专修科更名的批复的批复

大夏大学：

一月十八日民字第四五五号电及附件均悉，关于你校请将"工业化学专修科"及"测绘建筑专修科"分别改称为"化学工程专修科"及"建筑工程专修科"事，经呈奉中央教育部二月十三日高三字第一〇八号批复："经核名实尚属相符，应予照准"。特此转知！

华东军政委员会教育部部长吴有训

一九五一年二月廿日

---

[1]　子巧，即 1951 年 1 月 18 日。

关于大夏大学废止学院制的请示

华东军政委员会教育部钧鉴：

查高等学校暂行规程第廿四条规定，"大学及专门学院的系为教学行政的基层组织，各设主任一人，受教务长领导（在设有学院之大学则受教务长与院长双重领导）"，根据此项规定，大学内原设之学院其重要性业已减少，今后新高教制度发展前途，学院制的废止当为一定方向。

本校原设文、理工、教育、商、法五学院，其与各系科的关系与职权划分甚不明确，若干系科又并不隶属于学院。而因学院藩篱之存在，院与院间殊不无隔阂现象。最近本校召开校务委员会扩大会议一致认为，加强今后教学行政的集中领导，发挥系科基层组织的作用，符合高等学校规程的基本精神，推行新的教学行政制度，决定自本学期起，原有"学院制"予以废止，各系科主任由正副教务长直接领导，事关学制变更，理合电请鉴核。

私立大夏大学丑篠[1]。

附1: 华东军政委员会关于同意大夏大学废止"学院制"的批复

私立大夏大学：

一、一九五一年二月十七日民字第四八四号代电悉。

二、我部同意你校本学期起废止学院制之意见，并经转报中央人民政府教育部备案，复希知照！

华东军政委员会教育部部长吴有训

一九五一年三月十三日

附2: 华东军政委员会教育部关于转发中央教育部准予大夏试行废止"学院制"并及时总结试行经验的批复的通知

私立大夏大学：

一、前据你校拟请废止学院制事，当经批复并转报核示各在卷。顷奉中央人民政府教育部一九五一年四月三日高一字第三〇〇号批复开："关于私立大夏大学拟自本学期

---

[1] 丑篠，即1951年2月17日。

起废止原有学院制,核与高等学校暂行规程的基本精神相符,可准予试行,仍希转知该校将试行经验定期总结报部"等因。

二、兹特转知遵照!

华东军政委员会教育部部长吴有训

一九五一年四月十八日

关于准予暂停办理畜牧兽医系的请示

华东军政委员会教育部钧鉴：

　　查本校前因鉴于华东区畜牧兽医人才至感需要，经于一九五○秋季学期呈准钧部添设畜牧兽医系，以培植是项专才为任务，惟招生结束，录取入学者只十一人。本校对于该系各项专门课程实验实习设备，除"生物学"一门有现成设备外，其他如"解剖学"等实验设备极感欠缺，而"牧场实习"又因本校原有丽园农场牧舍为附属中学借用无法腾让，既不能自饲畜类，致实习亦无法进行。此外如有关图书等亦感不足。凡此问题之解决必须具备充分之经济条件。本校目前经费仍甚困难，殊不易满足该系之需要，更难求其前途之发展。本期该系注册学生仅有六人，维持尤难，彼等均希望给予转学机会。为特将实际情形电陈钧部，拟请准予本校将该系暂行停办，并赐介绍该系学生徐燮福等六人至本区公立大学畜牧兽医系继续肄业，以贯彻学习，如何敬祈核示为祷。

　　私立大夏大学寅文[1]，附名单一份

大夏大学畜牧兽医系肄业学生名单
一九五一年春季学期

姓　名	籍　贯	年　级
徐燮福	江苏松江	一下
陆启英	浙江鄞县	一下
宋宏申	安徽安庆	一下
程玉贞	安徽绩溪	一下
俞惟麟	江苏吴县	一下
姚世雄	上海市	一下

---

[1]　寅文，即 1951 年 3 月 12 日。

大夏大学解放后二年来财经概况

一九五一年三月

甲、一九四九年秋季学期

本学期学生 1 505 人，特别注册生 19 人，共 1 524 人，学什费收入为每人 170 单位，共 255 850 单位，减去免费 22 066 单位，如全部收到应为 233 784 单位，但因有欠费 21 517 单位，至学期结束时尚未收到，故实收仅 212 267 单位，其中百分之八十为教职员工薪金，计 169 813.6 单位，工友薪金为 45 408 单位，服务生津贴为 3 793 单位，剩余 120 612.6 单位为教职员薪金。本学期教职员薪金总基数 18 439 元，折合每元仅得 1.10 单位，而国立学校则为 1.60 单位。

学校行政费用，除学杂费收入之百分之二十外，尚有新生入学费 12 145 单位，实验费 4 576 单位，杂项收入 3 038 单位，共计 62 203 单位，用于图书费 6 400 单位，实验仪器药品费 5 460 单位，修理费 13 100 单位，水、电、电话三项为 9 700 单位，房捐地价税等为 9 000 单位，所余仅 18 500 单位为一切教学及办公费用。更因所收各费全为人民币，无法移存为单位，因折储单位上涨之故，颇有损失，因之本学期经费情形甚为拮据。

乙、一九五〇年春季学期

本学期注册人数校本部为 1 168 人，夜班为 39 人，共计 1 207 人，学杂费收入为 191 827 单位，减除减免费 33 174 单位，计收入 158 653 单位，修建设备费 2 022 单位，上期欠费收入 409 单位，什项收入 2 450 单位，利息及折储牌价变动收入 7 001.83 单位，共计收入 170 568.83 单位。支出部分计教职员工薪金 137 279.92 单位，行政费计 19 775.72 单位，共计为 157 055.64 单位，计账面可剩余 13 513.69 单位。但因学费至放假时尚有 2 638 单位未能收回，垫付宿费、农场、基金户三项共计 12 051 单位，故至学期结束时，仍须向银行透支款项应用。

丙、一九五〇年秋季学期

本学期注册人数为 1 325 人，学什费收入为 196 270.85 单位，修建设备费收入 5 640 单位，利息收入 2 974.85 单位，什项收入 4 151.22 单位，上期欠费收入除偿还银行外，尚余 4 901.16 单位，以上各项共计为 213 727.92 单位。支出部分计教职员工薪金 166 672.36 单位，各项办公费用为 43 194.19 单位，应可剩余 3 761.37 单位，但因欠费的未能收齐，本期亦仅能达到收支平衡。

丁、一九五一年春季学期

本学期预算人数为 1 150 人,截至现今止,注册人数仅 1 083 人,如依预算数字为准,则学什等各费共可收入 169 550 单位,而支出项下教职员工薪金为 173 694 单位,办公费用为 38 324 单位,故存在赤字 42 468 单位。但上期之剩余及各期之欠费约可收回 5 000 单位,校董会结存 4 139 单位,又教部补助 3 225 单位以及水专租金收入 10 000 单位,如此则约可弥补 22 000 单位。因本期人数较预算减少 70 人,收入项下又减少 11 550 单位,故本期经费短绌约为 32 000 单位左右。

关于教授参加土改请教育部准予备案的报告

华东军政委员会教育部钧鉴：

此次本校工会响应上教工会发动部分教授参加土改工作的号召，现有志愿请假参加土改工作者，计邵家麟[1]、姚雪垠[2]正副两教务长及王绍唐、刘焕文、许公鉴、夏炎、李贤瑗、宋成志、史守谟等教授共九人，即于日内出发，所有缺课补授办法亦已由各教授与各班学生自行商定，尚属恰当。兹谨造具本校教授参加土改工作及补课办法一览表乙份，请鉴核备案。

私立大夏大学卯冬[3]，附件如文

私立大夏大学教授参加土改及补课办法一览表

一九五一年四月二日造

姓　名	课程名称及时数	补课办法	备　注
邵家麟	普通有机化学下及实验 4	（一）请假期中，两助教于上课时，指导学生做实验；（二）回校后，利用实验时间补课。	
姚雪垠	中国现代文艺思潮 3	（一）请假缺课的时间，借给丁勉哉先生教新闻学；（二）回校后新闻学停若干时补本课程。	
王绍唐	中华人民共和国国家组织 3 中国政治思想史 3 行政组织及管理 3 西洋政治思想史 3	（一）请假期中由学生根据教学提纲自习；（二）阅读指定参考书做报告；（三）回校后利用星期日补课。	西洋政治思想史系代桂崇基先生的
刘焕文	新刑法原理上 4 刑法分则原理下 3 新民法原理 2	（一）请假期中由学生阅读指定参考书；（二）回校后再行补课	
许公鉴	群众学校教材及教法 3 群众教学概论 3 教学实习 3	（一）群众学校教材及教法之缺课调与电化教育授课，回校后调回补课；（二）群众教育概论已补授一部分，并指定参考资料进行小组讨论；（三）教学实习已参观二学校并指定参考资料进行小组讨论。	

---

[1] 邵家麟（1899—1983），字稼荪，浙江吴兴人。1920 年毕业于清华大学。1924 年美国威斯康星大学硕士，1927 年美国康乃尔大学博士。长期担任大夏大学理学院院长，1951 年担任教务长。曾任上海对外贸易管理局副局长，华东化工学院副院长等。

[2] 姚雪垠（1910—1999），河南邓州人。时任大夏大学副教务长、代理文学院院长。其长篇小说《李自成》（第 2 卷）获首届茅盾文学奖。

[3] 卯冬，即 1951 年 4 月 2 日。

（续表）

姓　名	课程名称及时数	补课办法	备　注
夏　炎	有机选论 3 有机综合 2 有机化学及实验 6	(一)请假期中由学生自习;(二)回校后设法补授。	
李贤瑗	商算上 3 商算下甲 3 商算下乙 3	(一)已补授一部分;(二)请假期间指定参考资料进行小组讨论;(三)回校后补课	
宋成志	教育概论 3	请假期中指定阅读参考资料,做报告	
史守谟	中国通史下 3 中国近代经济史下 3	(一)请假期中由学生按照教学提纲自行搜集材料进行研究;(二)回校后重点讲授。	

附：华东军政委员会教育部关于大夏大学教授参加土改补课办法准予备查的批复

大夏大学：

一、一九五一年四月二日民字第五七二号代电暨补课办法一览表均悉。

二、准予备查,覆希知照!

华东军政委员会教育部部长吴有训

一九五一年四月十六日

关于呈送大夏大学概况的报告

华东军政委员会教育部钧鉴：

（一）本年五月四日教高教字第〇〇一二九九号通知奉表。

（二）本校拟参加华东区高等学校一九五一年暑期统一招生。

（三）编奉本校概况一份,电请查核赐予汇编为祷。

大夏大学辰虞[1],附件如文

大夏大学概况(一九五一年五月)

一、学校名称及地址

1. 名称：大夏大学

2. 地址：上海沪西中山北路苏州河北首一六六三号

二、现有院系科名称及修业年限和报考资格

1. 系科名称：

本校已废除学院制,现设文学系、历史学系、化学系、土木工程学系、教育学系、社会教育学系、银行学系、会计学系、工商管理学系、法律学系、经济学系、政治学系(不招生)、师范专修科(内分文史地组、数理化组教育行政组、护幼教育组)、化学工程专修科、建筑工程专修科、会计专修科。

2. 修业年限：各学系均修业四年,各专修科均修业二年。

3. 报考资格：高中毕业生或同等学力有证明文件者。

三、本校主要优特点及师资情况

1. 本校主要优特点：

本校理工仪器设备相当丰富,化学、物理、生物、电讯及土木工程共计一万三千余件,足供师生教学之用。土木工程学系、化学工程专修科及建筑工程专修科均由华东教育部列为重点系科。又本校现有校地近三百亩,水木清华,环境幽旷,运动场地广大,有足球场二、排球场二、篮球场五、网球场一及四百米田径场一,可以同时活动。

2. 师资情况：

---

[1]　辰虞,即1951年5月7日。

本校师资阵容尚称齐整,现有专任教师六一人,兼任教师六四人,教师半数住校,随时可指导学生学习;职员全体住校。

附1: 华东军政委员会教育部通关于编写各校概况的通知

华东区公私立各大专院校:

为加强对高中毕业生的升学工作,经决定编印《升学指导》一书,凡拟参加华东区高等学校一九五一年暑期统一招生的学校,希即依左列各项目编写本校概况(以简要为主)于五月五日以前(山东、安徽、福建等地各样可延至五月十日)报部汇编:

(1)学校名称及地址(详细地名)。

(2)现有院系科名称及修业年限和投考资格。

(3)本校主要优特点及情况。

华东军政委员会教育部部长吴有训

一九五一年五月四日

附2: 关于呈送本校概况补充资料的报告

华东军政委员会教育部钧鉴:

查本校概况经于本月七日以民字第〇五九九号代电报请察核在案。兹因交通、夜班、特点三项兹未编列或未详告,均有补充之必要,用特编奉概况补充资料一份,电请察核赐予编入《升学指导》,无任盼祷。

大夏大学辰养[1],附件如文

大夏大学概况补充资料(一九五一年五月)

一、校址交通

位于沪西之梵王渡苏州河北首,中山北路三六六三号,学校备有校车,日间每隔一小时经常往返于南京西路江宁路美琪大戏院附近及学校所在地之间。如由校步行至中山公园约廿分钟可达,乘坐三轮车或人力车费时更少。该处有十路公共汽车及廿路无轨电车直达市区,交通颇便。

二、市区夜班

---

[1] 辰养,即1951年5月22日。

　　为便利在业青年就学起见,于一九五〇年春季起在南京西路江宁路口一〇八一弄重华新村开办夜班,内设工商管理学系、会计学系、银行学系及会计专修科、师范专修科,一切学制、师资、课程内容,均与校本部同。

　　三、主要优特点

　　校地广大,房屋充足,有群策斋、群英斋及丽娃舍学生宿舍三座,可容男女学生千人住宿。

关于工商管理及银行两系分别更名的请示

一、本校工商管理系及银行系为配合新民主主义经济建设,确定前者任务在培养国家公私企业管理人才,后者任务在培养财政及金融部门工作干部,各该系本此要求,曾于本年春季开学前改订全部课程并拟将前者改名为企业管理学系,后者改名为财政金融学系,使更能符合各该系新的教学任务与内容(关于各系全部课程草案业于本年四月七日以民字第五七五号代电呈报,文中并提及工管系申请改名一节)。

二、按目前华东区高等学校原有工商管理系及银行系,部分均已改定如上新的系名,此次统一招生委员会编印之"升学指导"一书中并已采用新系名为主,在本校情况下,亦感采用新名较为适当。

兹经校务委员会决议,本校工商管理系正式改名为企业管理学系,银行系改名为财政金融学系。理合报请鉴誉备案。

谨呈华东军政委员会教育部

私立大夏大学校长欧○○

一九五一年六月廿九日

关于大夏与光华合并成立华东师范大学的校董会纪录

大夏大学校董会一九五一年春季学期第三次会议

时间:一九五一年七月二十日下午七时

地点:南京西路中国实业银行三楼

出席:

黄钦书(裴延九代) 裴延九 李偶夫 王志莘 黄敬思

邵家麟 欧元怀 江问渔(欧元怀代) 徐国懋 强锡麟

周炳林 唐志尧

列席:

张瑞钰 孙尧年

主席:王志莘董事长

记录:孙尧年

(一) 欧校长报告校务:

中央教育部为有计划的培植中等学校师资,决定在全国各大行政区分别设置师范大学一所。华东方面,教育当局认为本校与光华大学过去有革命斗争的优良传统,解放后也有改造进步的成绩表现,因此决定以两校为基础,合并成立华东师范大学。前天华东教育部首长莅校正式宣布,对于两校原有教职工及学生,保证不使有一人失业失学。师大准备设立十一个学系,本校原有系科和师大没有关系的,予以并入其他公立大学。政府这个措施,事前曾与两校行政负责人多次商洽,酝酿达两个月以上,始作最后决定。在协商进行时,曾向王董事长报告。上次六月廿九日校董会开会亦曾提出报告。今后大夏校名虽然取消,但事业本身在政府直接主持下,可以更好的发展,前途灿烂远大,是值得我们欣庆,也为全校师生员工所热烈拥护的。

按目前全国高中毕业生人数暂呈极度"荒歉"现象。此次华东区上海统一招生,原估计考生有一万五千人,实际报名的只九千余人,其中绝大部分系报考工程医学等科,报考文法财经的人数较少。似此现象,在未来的三五年还要延续下去。私立大学主要依靠学生学费维持,所设又多属文法财经等系科,今后学生来源减少,办理困难,是无可避免的事实。

本校本学期学生共一一四〇人,经费预算赤字为三万五千单位,靠下列三方面款项弥补:(1)租出部分校舍,收入租金二万单位;(2)华东教育部补助一万单位;(3)校董会基金五千单位。但由于学生欠费有六千余单位尚未收回,因此仍不敷开支。经向租用本校校舍之司干班预支三个月房租方渡过难关。下学期如仍维持私立性质,困难一定更大。政府今天这个决策,就经济方面来说,也是对于大夏的照顾,我们应表示感谢的。

1951年7月大夏大学全体校务委员欢迎华东教育部沈体兰部长陈琳瑚处长
莅校宣布大夏光华两校合并成立华东师范大学的决定特留影纪念

(二)校董发言总结:

1.大夏办理了二十七年,培植不少人才,尤其解放前后,大批学生参加了革命和建国工作,对国家有它的贡献,这些成绩是应当肯定的。

2.大夏由欧校长领导创办起来,廿七年来他一贯负责校务,艰难奋斗,使学校不断壮大发展,今天由他亲手献给自己的政府,这是光荣的表现,值得本会同人欣佩的!

3.大夏虽是私立性质,但属于人民教育事业的一部分,校董会办理学校,原是为人民服务,今天把学校交给代表人民的政府,完全符合本会的初衷,也很好的完成了对于学校的历史任务。

4.新师大的成立,对于整个华东中等教育事业前途负有非常重大的任务,大夏能够获得这个适当的时机,贡献出它的一切,来帮助政府实现这个发展人民教育的伟大计划,校董会首先感到兴奋和光荣。

5.大夏原有物质设备基础,今后在新校管理之下,可以大力的加以充实发展,发挥更大作用,全体师生员工可以获得更好的教学工作的条件,为新教育事业加倍努力。

(三)决定事项:

1.本会对于政府以大夏光华两校为基础合并成立华东师范大学的决策,表示坚决拥护,即请王董事长与欧校长代表本会将学校全部产业负责移交办理手续。

2.本会对于当初创办和一贯领导学校的欧校长一致表示敬意,并制备纪品赠送。

(请强锡麟、邵家麟两先生计划办理)

3.本会对于校内全体教职员工同人多年来艰困奋斗、团结合作和今后将参加更重大的光荣任务表示感谢、慰劳与祝贺(另函)。

4.俟学校移交手续办理完毕,本会即向华东教育部呈报结束。

主席王志莘

第三编　经费筹募

关于请教育部核拨收音机及电化教育经费的报告

　　查赤水地处偏僻,交通不便,消息稽迟,如日报之传递由渝至赤水需时五六日,由筑至赤,恒在旬日以上。本校迁设此间,深感风气之蔽塞,文化之阻滞,实有推行电化教育之必要,故于今春复课之始,即利用无线收音机广播消息,任令民众倾听。一面指派负责人员,撮集国内外新闻,每日出"大夏快讯",分贴本校及城内通衢,以供众览。各种消息已往一周左右始克到达者,今则当日即能耳闻目见,而中央政情亦得迅捷下递,不特全校师生称便,赤邑居民,亦莫不喜形于色,其于社会教育不无贡献。惟现有之收音机,原向贵州广播电台借来,嗣呈奉钧部核准本校价购,此次由筑迁赤,装运公物车辆在遵义附近失事,该项收音机受震损,业将经过情形于本年三月二十四日备文呈报,并请另拨一架在案。

　　本校以灵通消息之迫切,不可一日无收音机之装置,乃设法将原机修复,勉强使用。惟震损之余,机件时生故障,屡加修理,困难滋多,如送渝中央广播事业管理处修理,则往反稽时,传递消息之任务,行将中断,势有不可。爰重申前请,敬祈钧部俯念电化教育设施之重要,从速另拨直流五灯收音机一架以资应用而利广播。

　　再钧部近年积极倡导电化教育,期于最短期内普遍推行。本校对于电教事业,既略其基础,赤邑环境,复有迫切之需求,故扩展范围,实为当务之急。惟是机件之修理,电池之购备、管理与速记人员之薪津米贴、缮发快讯之纸张笔墨及其他必需开支,在在非款莫办。本校经费原属短绌,经常度支,犹虞不给,益以此等费用更感拮据。而电化教育事业关系钧部功令与实际需要,又不可一日或废。爰披沥陈词,敬恳钧部俯准每年核拨电化教育经费五十万元,以利进行而赴事功。所有呈请另拨直流五灯收音机一架,暨核拨电化教育经费每年五十万元缘由理合备文呈请,伏祈俛赐核准施行,实为公便。

　　谨呈教育部部长朱
　　附大夏大学快讯一份

私立大夏大学校长欧〇〇

民国卅四年六月四日

附一: 教育部关于同意另拨收音机及不同意核拨电化教育经费的指令

令私立大夏大学:

　　三十四年六月四日总字第一〇六八号呈:请另拨直流五灯收音机一架暨核拨电化教

育经费伍拾万元由,呈悉。

查该校收音工作,应皆率学生负责办理,并指定教职员一人指导,据请补助经费一节,应毋庸议。

所请另发收音机一架,准予照办。仰即派员至重庆中央广播事业管理处洽领,并将旧机缴交该处转部。除函达中央广播事业管理处查照外,合行令仰知照!

此令!

部长朱家骅

中华民国卅四年七月十二日

附二:关于收音机款已经汇缴并请另拨收音机一架的报告

案奉钧部本年三月七日社字第一〇八五四号指令,为准半价配拨本校直流电五灯收音机一架,饬即以半价价款柒千伍百元解部等因,奉此自应遵办。

查此次本校由贵阳疏散至赤水中有疏散车一辆在离遵义二十余公里之凉风垭失事,员生数人身受重伤,器材损失甚钜。中央广播事业管理处贵州电台转拨之直流五灯收音机亦遭震损不能使用,赤水远处边地,无本埠报纸,外地报纸数日一到,消息隔绝,一般民众对中央情形颇为隔膜,急需收音机之装置,以资传播。拟恳钧部赐准另拨一架,实为公便。

至半价价款柒千伍百元已由贵州银行缴奉,合并呈明。

谨呈教育部部长朱

民国三十四年三月二十四日

附三:关于派翁祥麟前往中央广播事业管理处洽领新收音机的函

案奉教育部本年七月十二日期社电伍8字第三四六五零号指令,为本校呈请另发收音机一架准予照办,饬即派员至重庆中央广播事业管理处洽领,并将旧机缴交该处转部等因,奉此,自应遵办。兹派本校无线电管理员翁祥麟携同旧机前来贵处洽领新机,拟请赐予照发以便运赤应用,相应函请查照办理为荷。

此致中央广播事业管理处

附旧收音机一架

民国三十四年七月十七日

附四：中央广播事业管理处关于新收音机已转交的复函

接准贵校总字第一一一三号函，派翁祥麟携同旧收音机前来并洽提教育部配发新收音机乙架，嘱查照办理等由，查本处前准教育部社教司函请拨发直流五灯收音机除已代为办妥转口手续发交来员请将转口证用毕送还以便缴销外，送来之旧收音机已代收，经检查系全部真空管烧坏，业转知教育部矣。相应函复，即希查照为荷！

此致大夏大学

中国国民党中央执行委员会广播事业管理处

中华民国三十四年八月二日

关于请求教育部从优拨助复员经费的报告

　　查本校自抗战军兴,即奉令西迁,由庐山而贵阳而赤水,八年来流离播迁,备历艰苦。现敌寇投降,复员开始。据查悉上海中山路原址虽曾被敌毁一部分,而现存校舍尚堪敷用。本校董事会经于八月廿四日在渝召开会议,议决于卅五年春季迁回上海原址开学,并派本校沪部教授鲁继曾、吴浩然、邵家麟等就近接收校舍及电请上海市政府予以协助,同时由董事会组织复员委员会筹划复员一切事宜。惟兹事体大,需费颇巨,且黔校员生六七百人及图书仪器等五百余箱必需有运输船舶方能济事,用特具文呈祈鉴核,从优拨助复员经费,并恳转咨交通机关予以运输便利,实为公便。

　　谨呈教育部部长朱

全衔名
民国三十四年九月一日

附：教育部关于复员事宜正在通筹的指令

令私立大夏大学:

　　卅四年九月秘字第一一三一号呈一件为本校定于明春迁回上海原址复课呈祈鉴核由,呈悉。各院复员本部正在通筹中,仰该校员生安心教学,候令饬遵。

　　此令!

部长朱家骅
中华民国卅四年九月廿六日

关于请求教育部核拨复员补助费二千万元的报告

查关于本校复员后必需迁回上海原校址暨迁校时更切冀钧部拨款补助一节,校长在渝参加教育复员善后会议时曾向部长面陈一切,并蒙赐准迁回原址酌予补助等因,返校后当转告全体员生,同表感慰。

伏思抗战八年来,本校在政府重视整个高等教育发展政策下,对于在校学生公贷费之申请、教授生活研究各费之补助、历次迁移费之拨补等,均荷钧部按内迁各公私立院校例一体核给。此次由赤迁沪学生约四百五十人,教职员及眷属约二百人,可能携还之图书仪器约百数十吨。由赤水河沿江而下至渝所需旅运费,尚易筹措;由渝至京沪段之旅运费,依目前运输船舶相当困难情形估计,所需约在五千万元以上。本校校董会历年来对于经临各费之筹募,备具苦心,其数经播迁而犹幸能维持弦歌于不坠者,确已尽最大之努力。胜利消息骤临,即由孙董事长哲生召开会议,决定于明年春季迁返上海,一面电请沪部教授鲁继曾等,就近接收校舍。最近复由副校长王祉伟飞沪与军政当局洽商有关接收事宜。沪部校舍及设备之摧毁于敌者,尚须另行筹款予以修葺。对是项迁沪旅运费,实感无力全部负担。

溯本校由沪西迁庐山贵阳,去冬复北迁赤水,每次均蒙核发补助费,于兹乃最后一次迁沪,亦即构成政府对教育复员计划一部。各公私立院校之迁校,政府均分别拨款及补助。自审在抗战期中已善尽其任务,值兹全面筹备复员之际,为此特呈请钧部本一视同仁之旨,一次核拨本校复员补助费两千万元,以利进行。是项补助费,在教育复员总预算中所占成分极微,如蒙优赐核准,则本校即可连同校董会所筹募无数运用,尽速于明春迁沪原校址得课,以重奠为国育才之基础。

可否迅予核拨之处? 敬祈核示祇遵!

谨呈教育部部长朱

全衔名

中华民国三十四年十月十七日

附:教育部关于复员迁运费俟行政院核定后再酌予补助的指令

令私立大夏大学:

卅四年十月十七日秘字第一一五九号呈一件:为本校决于明年春迁回上海原址恳请

优予核拨复员补助费两千万元以利进行由,呈悉。该校复员时所需迁运费已汇案呈请行政院拨发。俟奉核定后,再行酌予补助。

　　此令。

部长朱家骅

中华民国卅四年十一月八日

关于拨助教职员复员费的函

溯自抗战军兴,本校首率全体员生西迁,由上海而庐山,由庐山而贵阳,去年冬,因敌寇窜扰黔南,复仓卒播迁黔北之赤水,备历艰苦,公私损失綦重。此次政府在渝召开教育善后复员会议时,本校经教育部允准,仍迁还上海原校址,并经校董会决议,于明年春季,由赤水开始迁运。本校现有学生约五百人,教职员及眷属约二百余人,预计由赤水河入江水运至渝,由渝沿江东下至沪,每人最少须筹付旅膳宿杂各费三万元至五万元。本校系私立大学,所需经临各费纯由校董会捐募供给。数年来因迁徙频仍,支用浩繁,已极感支绌。复员后,对于在赤可能携走图书仪器之搬运,在沪被毁于敌校舍校具之修制,又在在需款,因此对各员生迁沪之旅膳宿杂各费,实再无力全部负担。经查诸生籍隶各收复区占百分之十,教职员则悉为外省籍。值兹交通未复常轨,各人经费来源濒于枯竭之际,尤难责其设法筹借。

爰思贵会对于本校教授及讲师等向有核发各项补助费之规定,其有助益于各教职员之平昔生活安定者甚巨,热忱襄学,良深感佩。于今复员在即,该员等返沪有期,对其所迫切需要之旅膳等费,拟请仍本向来爱护之谊,概予补助该员等复员费共六百万元,交校统筹配发,不敷之数,悉由本校负责拨补,俾能于明春共同随校返沪。是项复员费之核拨,实无异于苏涸鲋而济燃眉,为效至宏。除关于学生复员补助费部分另函请全国学生救济委员会从优补助外,相应函请,惠赐照额拨汇,并先示复,毋任感荷!

此致教授补助金管理委员会(重广马蹄街 84 号)

民国三十四年十月十八日

附：教授补助金管理委员会关于歉难同意补助教授复员的函

准贵校十月十八日总字第一一六〇号大函,以贵校准备东迁,各教授复员在在需款,嘱予拨款补助等由,查教授补助办法无是项规定,歉难同意。

相应复请查照察谅为幸!

此致大夏大学

教授补助金管理委员会启

卅四、十、廿六

教育部关于指派复员船位及拨发复员费的指令

令私立大夏大学：

　　三十五年三月一日秘字第一二四〇号呈一件，为呈请钧部于五月初派船复员并祈一次拨发复员及修建经费共二万万元由，呈悉。

　　该校迁移时间应依照迁校会议决定之"在渝候船次序"办理，至复员补助费已分配一亿五千万元，并通知国库迳拨。仰即知照。

　　此令！

部长朱家骅
中华民国卅五年五月三十日

附：教育部关于复员补助费包括迁校补助费及旅运费的代电

私立大夏大学：

　　六月十八日沪夏字第一一四九号代电悉。查拨发该校复员补助费一亿五千万元内包括有教职员迁校补助费及旅运费，所请比照国立学校发给旅费一节应在所拨该校复员补助费内自行统筹核发。仰即知照。

　　又发迁校旅费者不得再发还乡旅费，并仰遵照。

教育部
中华民国三十五年七月廿七日

关于向教育部请求追加复员费的报告

　　查迩来物价激增,复员舟车票价及公物运费等均随之高涨,职校由贵州赤水复员上海,间关万里,长途跋涉,所有预算经费与实际开支不敷甚钜。前承钧部拨发复员补助费乙万万五千万元元,杯水车薪,深感支绌。

　　钧部维护职校素具热忱,拟恳优赐追加复员费,以资补救,理合具文呈祈鉴核示遵。

　　谨呈教育部部长朱

私立大夏大学校长欧〇〇　　副校长王〇〇

卅五年十月十二日

关于暂时无法全部出具补助费分收据的报告

立武次长吾兄勋右:

　　十月九日惠书奉悉,美国援华会拨助本校教职员补助金因最后一批教职员被复员轮驳延搁,尚在东驶途中,月内可望抵校,目前歉难取具分收据,一俟到达,当即汇集寄奉不误。知关锦注,谨先奉复,敬颂勋绥。

怀

10/16[1]

附一: 杭立武催索美国援华会补助费分收据的函

愧庵校长吾兄大鉴:

　　敬启者。查美国援华会援助贵校教职员补助金前经派员致送,顷接援华会来函催索教职员所领补助金之收据相应函请汇寄俾便转达藉清手续。至前具总收据当于收到分收据后照为奉还,即希詧洽为荷。

　　耑泐,敬颂时绥。

弟杭立武　顿首

十月九日[2]

附二: 关于再次告知杭立武延迟汇奉补助费分收据的函

立武次长吾兄勋鉴:

　　违教至念。前承转发本校教职员之援华会补助费业已分别转发具领,惟尚有一部分教职员未能随校复员轮驳来沪,或在汉口或在重庆或在贵阳等地,兹已由邮将补助费汇寄,一俟收据寄校,当即汇奉不误。

　　恐劳锦注,特先奉复。

　　专此,敬颂公绥。

怀

11/22[3]

---

[1]　1946 年 10 月 16 日。

[2]　1946 年 10 月 9 日。

[3]　1946 年 11 月 22 日。

关于请上海市财政局允许免纳房捐的函

查本校中山路一五六六号校舍建于民国十九年,抗战时间为敌人占用,教室宿舍被毁泰半,胜利以后始行收回,现留存者仅教室等五六座而已。本校在抗战期间损失至大,在复员期内辗转延悮,所费不赀,经费正极拮据不堪。拟请贵局惠念教育机关,依照本校在抗战前成例及东吴等各大学现行办法一概准予免纳全校房捐。相应函达,即希查照惠允见复为荷。

此致上海市财政局

中华民国卅五年拾月廿九日

附一：上海市参议会关于免征房捐的复函

迳启者:

接准贵校本年九月十三日未列字号公函,略以战乱之后各校校舍均被摧毁修葺非易艰苦情形当为各界所深悉,近接财政局通知应缴房捐数额至钜,嘱转市府当局予以免捐等由,准。查房捐一项依照中央公布房捐条例第六条第一项规定"政府机关及公私学校所有之自用房屋免征房捐",贵校校舍如合上项规定自可免纳房捐。相应复请查照,迳向财政局依法申请办理为荷。

此致大夏大学

议长潘公展

副议长徐寄庼

中华民国卅五年九月卅日

附二：上海市政府关于免纳房捐无的复函

案准贵校等本年九月十四日函嘱准予免纳房捐等由,经饬,据财政局呈复以"查本市各私立学校函嘱免征教室及办公室房捐,本局均依照本市免征房捐变通办法规定办理,惟学生宿舍房捐向例均须照征,东吴等四大学中东吴大学法学院昆山路一四六号校舍及沪江大学虎丘路一二八号南京东路三五三弄一号及圆明园路二〇九号等校舍房捐曾准各该校先后函嘱豁免,业经照办。至大夏及圣约翰等两大学则未准函知,无从照免。恳祈转知各该校将房屋产权及居用情形连同房捐缴款书迳函本局,以便照章办理"等情,相应函复,即请查照办理为荷。

　　此致私立大夏大学

上海市政府启

中华民国卅五年拾月廿四日发出

关于请蓝春元将复员余款汇沪的函

春元同学青鉴：

日前赴京，诸承款待，至为感谢。

本校最后一批复员员生于华泰轮驳抵京后第二日即乘车转沪，所有图书仪器等公物亦已运到。现开课已匝月，学生千八百余人，校务进行尚称顺利，新建礼堂已告落成，其余建筑限于财力一时无法兴工，惟有分期进行，欲求恢复旧观，尚有待于时日也。

前存贵行之款尚有四百七十二万元，请即汇沪，请费仁神，不胜感荷。

专复，并请时祺。

怀

十一月十一日[1]

附：蓝春元关于询问复员余款如何处理的函

愧师函丈：

日前钧从莅京，招待多所不周，尚乞俯谅。

敬启者。前吾师留存四百七十二万元拟如何处理？并恳降示祗遵。

专肃，敬请勋安。

师母前乞代致候，又及。

生蓝春元顿首

十一、九

---

[1]　1946 年 11 月 11 日。

关于教育部公费生膳费请领清册正在办理的报告

骝公部长钧鉴：

奉读手谕，敬悉种切。职校本年一至十一月份公费生膳费请领清册正在赶办中，日内自当呈部，不敢有误。

恐劳厪念，谨先奉复，敬颂钧安

怀

十一月廿二日[1]

附：朱家骅关于催促赶报公费生膳费清册的函

魁安校长先生大鉴：

各校公费生膳费早经垫发有案，现急待结算以便汇案请款。贵校本年一至十一月份请领清册迄未报部，无法办理，请饬经办人员于文到一周内赶办报部。如再延迟，不但影响垫款，亦足有碍整个业务。用特函达，即希台察，并盼见复。

专此，顺颂公绥

弟朱家骅启

十一月十五日[2]

---

[1] 1946 年 11 月 22 日。
[2] 1946 年 11 月 15 日。

关于致谢丁务实组织捐款并询问交汇情况的函

务实同学英鉴：

接读手书及捐册五本，备悉种切。足下等爱校情殷，响应捐助，至为感谢。惟该款合共壹百零四万五千元，重庆交行迄未详细报告，未悉何时交汇，汇单号数能一一列单见告否？拟据情□重庆交行询问。

本校由黔赤水复员至沪业已完满结束，前建校舍被毁泰半，恢复旧颜有待时日。现新建大礼堂方告落成，其他建筑而为目前所急需者估计非大数十亿元莫办，更有赖毕业校友群策群力，多多协助也！

另寄校刊希查收。

专复并颂时安

怀

12/21[1]

附：丁务实关于寄还捐册及汇报捐款情况的函

愧安吾师校长道鉴：

敬启者。去年在立煌时曾奉母校寄交千万基金捐册五份，当由苏民同学分交黎一鸣(221)苏民(222)宋克灼(223)吴庆寅(224)汪廷霖(225)等五同学，分别捐募计共收到玖拾陆万五千元，另由郑正冕同学（未登捐册）经募捌万元，合共壹百零肆万五千元，均分别经由各经手人寄交重庆交行转交。兹将各经手人交回捐册五份，特检奉吾师惠詧，并交基金会存查是荷。

德风有便，尚乞不弃，时锡教训，俾资遵循，至感至盼。

专此。

敬肃教安。

学生丁务实拜上

（二十五年夏教育学院毕业）

生现供职安徽省府任视察职，谨并附闻。

---

[1]　1946 年 12 月 21 日。

关于孙科转知朱家骅答复大夏申请补助的函

愧安吾兄校长大鉴：

关于大夏请补助事现已得骝先部长覆函，用录原函转送台览。

顺颂教祺。

孙科

六月廿四日[1]

附抄原函一件

抄教育部朱部长来函

哲生先生赐鉴：

本月十七日惠札祗悉，关于私立大夏大学经费困艰情形，弟所深知，且极挂念，重以尊嘱，原当设法。惟今年本部补助各私立专科以上学校预算早已分配完毕。弟近察各私立专科以上学校实在困难之状，经已呈院追加二百亿元，尚未核准，一俟通过，届时自当设法优予补助也。

崇此奉复，并祈垂詧是幸。

顺颂勋绥

弟朱家骅拜启

六月廿一日[2]

---

[1] 1947 年 6 月 24 日。

[2] 1947 年 6 月 21 日。

关于请凌纯声帮助获取边疆文化研究补助费的函

纯声[1]司长先生惠鉴：

敬启者。敝校于二十六年西迁贵阳，鉴于该省边胞关系抗建工作之重要，特设社会研究部着手研究边民社会实况，先后编著《贵州惠水乡土教材报告》、《贵州宗族概况调查》、《贵州各县迷信调查》、《苗胞歌谣集》、《苗胞生活照片》、《贵阳市劳动人口概况调查》、《边疆建设讲座记录》等书，三十二年曾以成绩显著渥蒙钧部奖励补助，弥增感奋。复员以还，对于边疆文化之研究赓续努力，薄有贡献，惟经费支绌，工作每受阻碍。素仰先生爱护学术，对于边疆文化提倡奖助尤为尽力，关于敝校此项研究工作定荷赞同。前经编具工作概况连同申请补助预算表于六月廿五日呈部请予补助，谨再函达左右，务祈鼎力玉成，增列分配比率，无任感荷！

祗颂时绥

欧

民国三十六年七月八日

---

[1] 凌纯声（1902—1981），字民复，号润生，江苏武进人。早年就读于中央大学，后获法国巴黎大学博士学位。历任中央研究院历史语言研究所研究员，民族学组主任，国立边疆教育馆馆长，教育部边疆教育司司长等。

关于请孙科接洽朱家骅从优拨发补助费的函

哲公董事长赐鉴：

　　敬启者。

　　本校自复员返沪，各项校务莫不积极进行，惟以经费支绌，未能按照计划迅速达成。关于请领补助费已迭向教部交涉，尚无头绪。此次教部指定拨补省私立大学经费二百亿元正在支配中，务祈面晤朱部长时赐予催询，或请费仁神以电话接洽，从优拨助。因女生宿舍、膳堂及教职员宿舍等项建筑需要迫切，建筑费不下十亿元，所有图样早经绘具，一俟款到，即可兴工，早观厥成也！

　　专肃，祗颂勋安

欧○○

王○○

八、九[1]

---

[1]　1947 年 8 月 9 日。

关于请杭立武一次拨发补助及申请每月补助的函

立武次长吾兄大鉴：

顷奉九日大函敬悉，本年度敝校临时补助费经蒙鼎力设法，准拨五亿元，重情厚谊，公私均感。秋季瞬将开学，刻正兴建女生宿舍、学生膳堂及教职员宿舍，连同内部装修共需十二亿元，承拨补助费务请迅赐，一次拨发，以利进行。

又敝校前曾呈请每月补助贰亿元一案，至盼下年度能照列入预算。迩来政府一再调整待遇，私立学校不得不勉力追加，但经费支绌，临时超支巨额，学校经济弥感困难，至祈体念下情，鼎力支持敝校呈请之数，无任感祷。

祗颂暑安。

欧○○

八、十二[1]

附：杭立武关于补助费已通知国库迳行拨发的复函

媿庵吾兄教坛：

顷奉环章敬悉，经查贵校请拨补助费五亿元当已通知国库迳行拨奉，至所拟按月补助一节，目下财政困难，一时无法办到，如情形好转时再当尽力赞助也。

专此奉复，敬候暑安。

弟杭立武拜启

八月十八日

---

[1]　1947 年 8 月 12 日。

关于请社会部赐拨大夏民众教育实验区经费的函

查报载行总以现款五十二亿移交贵部及福联分别转发各公私福利机关团体，作为办理福利事业之经费，凡办理儿童福利、伤残教养、乡村服务或福利人材训练之机关团体，均可申请经费补助。

敝校为推行社教工作，特附设大夏民众教育实验区，进展尚称顺利。近该区复组织乡村服务队及创办福利农场，惟限于经费，工作不无受阻，相应备函申请，即希查照赐拨福利经费，以宏施教，至纫公谊。

此致社会部

民国三十六年十二月二日

附：附设大夏民众教育实验区请求学校转函社会部赐发福利经费的报告

窃查大公报本年十月二十八日载有："行总以现款五十二亿移交社会部及福联（私立福利团体联合会）作为办理福利工作之经费……该款由社会部及福联各收半数，分别转发各公私福利机关团体，作为办理福利事业之经费。凡办理儿童福利、伤残教养、乡村服务或福利人材训练之机关团体，均可向社会部或福联申请经费补助……"一节，不胜欣慰。本区自顾乡村服务工作，百端待举，而民众福利之建设，在在非工具与资金相扶掖不易举办，如本区福利农场之筹设，迄未实现者，亦即以此故也。为此，理合仅文呈迹前由，谨请钧长准予转函社会部或私立福利团体联合会，请赐核发福利经费若干，俾便补助本区乡村服务工作暨创建福利农场，不胜迫切待命之至！

谨呈大夏大学校长欧、副校长王

大夏大学附设大夏民众教育实验区兼主任曾作忠[1]

副主任唐茂槐

中华民国三十六年十一月十四日

---

[1] 曾作忠（1895—1977），字恕存，别号素忱，广西灵川县人。1932 年美国华盛顿大学获哲学博士。1946 年至 1949 年在大夏大学任教。

关于筹募百亿建筑费告校友书[1]

本校立校迄今,已历二十五年,本"读书救国"及"师生合作"之精神,学校已臻厚实之基础,惟抗战以后,原有校舍半遭焚毁,群力斋、群英斋、体育馆、科学馆、大礼堂、疗养室、实验工场等均已片瓦不留,而初奠基之黄浦图书馆亦成泡影。复员以后,虽建有思群堂及男女生宿舍,以扼于财力,已不如过去校舍之堂皇,而入学学生有如潮涌,学校前途之发皇正得其时,无如现有宿舍仍未能容纳,致使一部分学生跋涉于途,浪费精神,浪费财力,且影响学校之管理教学,故计划恢复群力斋男生宿舍,为本年努力要图之一种。

大学教育之使命,为造就专才以备国用,故学校教育之内容,应求学术研究空气之浓厚,而图书馆常为知识之实库。本校现有图书馆仅供储藏之需,且新书正在大批添购之中,数已合逾七万册,故复员以来,学生阅览室另在群贤堂勉强划设,然仍偏促,未能以供所需,故各研究室中人满为患,影响专门研究工作至巨,是以重建图书馆亦为本年之另一要图。

顾学校财政之收入,大都取自学生所纳之经费,而本校收费向不愿超越学生之负担,与沪上各大学比较尚稍低减,益以清寒学生之救济数额众多,故全学期之收入,尚不足用,以言建筑,固无论矣;以言政府之补助,则亦难能,而本校之发展迫不可待,爰特发起百亿建筑运动,分别缓急,尽先添建图书馆及群力斋男生宿舍、教职员宿舍,我校友散处各地者近六千人,当能为母校尽其至大之爱护;除募捐册已分寄各募捐队队长外,深盼我全体校友热诚拥护,分别向有关亲友广为捐募,期底于成,本校之幸,亦国家之幸也!

---

[1]　本篇由欧元怀与王毓祥联名发表。原载《大夏周报》,1948年1月15日,第24卷第9期,第3页。

关于请教育部补助大夏民众教育实验区实验事业费的报告

查本校对于民众教育,原有整个计划,曾于民国二十二年春创办"梵王渡普及民众教育区";二十三年春,改为"大夏民众教育实验区";翌年秋,复与上海市教育局暨中国民生教育学会合办改名为"沪西民生教育实验区",继续推进,至八一三后,始告停顿。当时办理成绩,颇负声誉,全国各地大学、各省教育厅之参观团,暨国际人士,咸来参观。尤以试验邰爽秋氏所创制普及教育车之教学活动及拉车纺织合作之教育法,名闻遐迩。西北诸省曾采购该普教车达二百余架,并邀请派员前往训练。又当时该区各项活动亦曾自摄影片,预定参加在日本东京举行之世界教育会议。不幸战事爆发,各项事业遂成泡影。抗战胜利后,本校复员返沪,乃将该区恢复成立,仍定名为"大夏民众教育实验区",根据旧有基础,积极扩展。惟原有设备,泰半被毁,实验事业费无法筹措,种种设施,莫不因陋就简,尤以电化教育之科学利器,如放映机、收音机等,亦无力购置,心余力绌,拮据异常。基本教育为民主政治之基础,已为世人所公认。远东基本教育委员会前在我国首都举行首届会议,对于基教之推进研讨至为详尽。今后如何加强工作,启迪民智,充实国力,诚宜悉心规划,付诸实行。本校民教实区十余年来对于基本教育薄有贡献。际此行宪时期,自应积极推进,以宏实效。理合检呈"民教实验区工作计划"及"工作进程表"各一份,备文呈请鉴核,准予拨助本校附设民教实区实验事业费十五亿元,暨低价配购放映机、收音机各一架,藉以提高公民训练之效率,实为德便!

谨呈教育部部长朱

附呈大夏民众教育实验区计划暨实验工作进展表各一份

全衔名

民国三十七年五月十九日

关于请上海教育局补助大夏民众教育实验区事业费的报告

查本校对于民众教育原有整个计划,曾于民国二十二年春创办梵王渡普及民教区;二十三年春改为大夏民教实验区;翌年秋复与前上海市教育局暨中国民生教育学会合办改名为沪西民生教育实验区,继续推进,至八一三后,始告停顿。当时办理成绩,颇负声誉。全国各地大学、各省教育厅之参观团,暨国际人士咸来参观,尤以试验邰爽秋氏所创制普及教育车之教学活动及拉车纺织合作之教育法,名闻遐迩,西北诸省曾采购该项普教车达二百余架,并邀请派员前往训练。又当时该区各项活动亦曾自摄影片,预定参加在日本东京举行之世界教育会议,不幸战事爆发,各项事业遂成泡影。抗战胜利后,本校复员返沪,乃将该区恢复成立,仍定名为大夏民众教育实验区,根据旧有基础,在本校教育学院主持之下积极扩展,不遗余力。惟原有设备,泰半被毁,实验事业费无法筹措,设施莫不因陋就简,尤以电化教育之设备等,无力购置,心余力绌,拮据异常。基本教育为民主政治之基础,已为世人所公认。远东基本教育委员会前在我国首都举行首届会议,对于基教之推进,研讨至为详尽。今后如何加强工作,启迪民智,充实国力,诚宜悉心规划,付诸实行。本校民教实区,十余年来,对于基本教育略有贡献。际此行宪时期,自应积极推进,以宏实效。相应检同民教区工作计划、工作进程表及实施扫盲具体办法各一份,备函送请鉴核,酌予拨助本校附设民教实验区实验事业费十亿元,俾便充裕财力,推进工作,无任公感。

此致上海市教育局局长李

附送大夏民教实区工作计划、工作进程表暨扫盲具体办法各一份共三份

校长欧○○

副校长王○○

民国三十七年七月十七日

关于请朱家骅优予提高补助数额的报告

骝公部长赐鉴:

日前立院休会,曾晋谒辞行,适值驾出,未晤为怅。

敝校仰赖钧部指导,并承各方赞助,校务日益发展,现有校地三百余亩,校舍设备莫不具有规模,本期学生增至二千七百余人,办公费、薪金、水电等支出亦皆比例增加,收入短少,维持不易。最近立法院通过国家总预算,关于省私立各大学补助费将近二万亿元,将来送请钧部统筹支配,务祈垂念敝校实际情形,优予提高数额,籍谋发展,不胜企幸!

祗颂察安。

欧○○

七、廿六[1]

---

[1] 1948 年 7 月 26 日。

关于请孙科斡旋朱家骅从优补助大夏大学的函

哲公董事长赐鉴：

敬启者。

本校基金支绌，校务进行，诸感困难。前为筹建新图书馆发起募捐，虽承各方赞助，略有成数，而物价日涨，币值低减，秋季兴工之议恐难如愿。年来学生增加，薪金、水电及其他各项支出为数益钜，下期转瞬开学，深感不易维持。最近立法院通过国家总预算案，关于省私立大学补助费列将近二万亿元，将来教部统筹支配当按各校实际情形斟酌多寡。本校规模素钜，比之多数国立大学尚为优越，自不能与规模局促之间学校等量齐观，此次补助款额希望优予增列，拟请我公致函朱部长斡旋，俾获得公允之支配。

兹代拟函稿一件，即祈裁夺签发，不胜盼切。

祗颂暑安。

欧○○

王○○

七、廿七[1]

代拟孙董事长致朱部长（南京教育部）

骝先部长吾兄勋鉴：

敬启者。

大夏大学自立校以来，校务发展与时俱进。现有校地三百余亩，校舍宏伟，设备充实，沪市各大学除国立交大、复旦两校外，殊鲜其匹。复员以后，积极重建，学生人数陆增至二千七百余人，教学严格，秩序安定，谅蒙勋鉴。惟以物价狂涨，预算难以平衡，维持至感不易。兹以国家总预算案关于教育文化部门内列省私立大学补助费约二万亿元业经立院通过，将来送由大部统筹支配，自必依照各校实际情形斟酌至当，无待烦言。

科忝长该校董会，对于校内情形知之最谂，自惭绵薄，心余力绌，用特专函奉达，即请惠念大夏规模之钜，需助之殷，优予补助，以宏发展，不胜感荷。

祗颂教安。

孙○

七、廿二[2]

---

[1]　1948年7月27日。

[2]　1948年7月22日。

关于请杭立武将剩余补助费迅赐核发的函

立武次长吾兄惠鉴：

上月杪在京趋承教益，至为快佩。

关于本学期省私立专科以上学校补助费一案，大部第一次核发总额百分之四十，分配本校部分计三千七百金圆，业已领收，其余百分之六十前承面示，不日即可颁发。迄今两周，尚未见汇，深以为念。顷自限价开放，全国物价一致暴涨，而上海一地物价在短期内竟上涨十倍至三十倍不等，金圆实值贬落至钜，沪市各私立院校经济一时均遽陷于困境。大夏员生人数较众，度支浩繁，尤感维持为难。大部统筹全局，对于以上情形，定必了然。所有剩余补助费，尚祈迅赐核发，以济各校燃眉之急，本校同深拜嘉，敬函奉读，至乞鉴詧办理示复，无任感祷。

顺颂勋安。

弟欧

民国三十七年十一月十三日

关于兑换金圆券贬值请教育部给予特别补助的报告

查沪市自限价开放，物价发生空前波动，在短期之内，主要食用物品比较八一九平均上涨达念倍以上，金圆实值仅余百分之五。本校本学期经费收入，除八、九月依照预算开支外，自十月份起，即因黑市猖獗，急剧加增，无法弥补。

按本校复员以还，曾以节余款项购储黄金美钞，乃因政府颁布经济改革政策，本校为遵守法令，当于九月底以一部分兑换金圆，一部分存放美汇，以备将来向国外购置图书仪器之用。现所兑得金圆因贬值，结果一扫即尽。而存放国行之外江，格于规定，又无法动用，遂使学校经济陷于极端困难，教职员同仁以及工役生活益形艰苦，为期安心教学工作，仍不得不予调整待遇，自十一月起按月加倍支发薪津工资。此外学校办公及供应学生水电等各项费用，亦同时增加甚多。以上两项，每月约需增支十万元，以十一月至明年一月三个月计算，共需三十万元。除学校用剜肉医疮并筹挪一部分外，其余不敷为数尚钜。本校学生虽众，清苦居多，既未便增收学费以加重其负担，罗掘之方，苦无所出。钧部主管教育，对于本校当前困难情形，当在洞鉴。兹拟恳赐予一次特别补助本校款项念万元，以渡本期难关，而维教育事业。理合沥陈缘由，并检奉本校前向银行兑换金钞单据三纸，仰祈俯予鉴詧，如数核准补助，无任感祷待命！

谨呈教育部部长朱

全衔　欧○○　王○○

民国三十七年十一月二十四日

附：关于请朱家骅赐予特别补助的函

骝公部长钧鉴：

日前驾从莅沪，面承謑教，无任欣佩！

本校近同受物价空前暴涨之影响，财政度支已陷山穷水尽之境地。学校自复员以来，曾以节余款项购有黄金近二百两，美钞逾二千元。此次为遵守政府法令，以美钞兑换外汇存放国行，一时固无法动用，其黄金亦兑为金圆不足四万元，用以补助开支，至今历年积储已瞬告罄竭。本校教职员工凡五百余人，本月起调整待遇，均加倍发薪。全校学生共三千七百余人，所有学校办公及供应各生生活种种费用亦同时剧增。以上两项计每月至少需增支十万元，自十一月至明年一月三个月共需三十万元之钜。学生学费既未便加收,如何张罗,殊感计无所出。

　　兹拟恳大部一次特别补助本校款项十万元,用资维持而渡本期难关。除另行备文呈请外,敬函奉达,至祈鉴照俯念本校当前困难情形,赐予如数核准,无任拜祷。

　　祗颂勋履。

欧○○

关于请中央银行垫借金圆券五十万元的函

　　查本校自限价开放,币值惨跌,经济方面遭受空前损失。现在学期仅半,势难停顿,而度支方面罗掘俱穷,无法应付。为此恳请贵行体念本校特殊困难情形,作紧急之救济,先行惠垫金圆券伍拾万元,一俟教部与贵行会商私立专科以上学校之救济借款成立后再行填补以救眉急而渡难关,即希查照速予惠拨,至纫公谊。

　　此致中央银行

校长欧元怀

副校长王毓祥

中华民国三十七年十二月一日

关于续建图书馆募捐的函

敬启者：

本校自民国十三年夏迄廿六年夏，前后十三年间，内经全体师生之努力奋斗，外承各界达之热心援助，校务发展日异月新，进步之速，规模之宏，几为沪上各校之冠。不幸抗战军兴，仓卒播迁，庄严上庠，遽沦浩劫。胜利复员以还，惨澹经营，未遑宁息，气象一新，而旧容未复，加以学生人数倍于往昔，现有图书馆狭小不便钻研，前途发展深受影响。去秋兴建之图书馆工程甫达四分之一，即惨遭金圆券贬值之打击，工料暴涨，工程遂告停顿。兹拟继续建筑，预计需黄金一十五条方可竣工。素仰台端热心公益，有口皆碑，对于本校关怀素切，敢请大力鼎助，惠溥菁莪，功在教育，私情公谊，同感云天。

耑此奉达，至希鉴詧。

大夏大学校长欧元怀
副校长王毓祥
卅八年二月

关于请教育部拨发陆仰松等退役复学应缴费用的报告

　　查本校青年军退役复学学生陆仰松、詹宪章、林维次、王章绮、钟毓秀、何美德等六名，前由钧部分发到校，其每期应缴学什宿费规定向由钧部发给有案。关于上学期每生应缴费用计金圆壹百元，六生共计六百元。本校于上学期开学之初即经专案呈请核发，直至学期结束始奉钧部本年一月十七日高家第 1866 号代电如数核准，并于二月八日汇发下校。按本校近年征收学生费用，均系按照米价计算，上学期开始时适值币制改革物价冻结，本校学生学什宿费原规定共为食米五石，经按照当时米价每石二十元折合金圆共为壹百元。自后限价开放，币值惨落，物价逐日腾涨，米价一项亦随之增高，即以二月八日米价为例，每石计为五千元，五石米价应合贰万五千元，六生缴之数共计壹拾五万元。兹钧部进发六万元，在当时每元币值仅抵八一九改币后本校开学收费时约二百五十分之一，实属不敷过钜，除将原款暂为保存外，拟请赐准即按上述二月八日米价六生应缴十五万元总数酌核补发，用符实际，庶副钧部补助该生等费用之原旨，以免本校蒙受重大之损失。

　　再本校本学期学生缴费经参照上海市私立专科以上学校座谈会决定标准每生应缴学什宿费共计上白粳米四石半，按缴费前一日沪市米价折收现款。近日本市米价每石已至一万一千余元，以上六生本期应缴费用为计算便利起见，暂按每石一万元折算，共计应缴二十七万元，理合造具清单一份，随文附呈，仰祈鉴核赐在一周内进发，俾该生等得以及期注册继续学业，并免本校再受巨大损失，实为公便。

　　谨呈教育部代部长陈

　　附呈一件

全衔　欧○○　王○○

中华民国三十八年二月二十四日

私立大夏大学青年军退役复学学生三十七年度第二学期应缴学什宿费清单

姓　名	学　费	杂　费	宿　费
陆仰松	上白粳米叁石	上白粳米壹石	上白粳米五斗
詹宪章	上白粳米叁石	上白粳米壹石	上白粳米五斗
林维次	上白粳米叁石	上白粳米壹石	上白粳米五斗
王章绮	上白粳米叁石	上白粳米壹石	上白粳米五斗
钟毓秀	上白粳米叁石	上白粳米壹石	上白粳米五斗
何美德	上白粳米叁石	上白粳米壹石	上白粳米五斗
共　计	上白粳米拾八石	上白粳米六石	上白粳米叁石

以上总计米二十七石,暂以每石市价一万元计算共折合金圆贰拾七万元正。

附:教育部关于准予补助青年军复员学生学宿杂费的函

私立大夏大学:

　　本年十一月二十日复秘字第〇三〇〇号呈件均悉。青年军复员学生陆仰松等六名卅七学年度第一学期学宿杂费共金圆券六百圆,准予如数补助,款另汇发,仰收到后填具印收报部备查为要,件存。

教育部

中华民国卅八年正月十七日

关于请中央银行贷款的函

中央银行公鉴：

此次贵行贷与本市各私立专科以上学校款项，嘉惠所沾，咸深感纫。

关于各校领得借款之分配系根据全体联谊会决议以百分之四十为员工生活补助费，百分之四十为学校行政及设备补助费，其余百分之二十为还本付息准备金。其员工补助费部分多系以去年九月份员工薪资为基数增加若干倍发给，业经分别依照办理。但因各校规模之大小，校址之广狭，设备管理之繁简，员生宿舍之有无，与夫所设院系之多寡，所开课程之多寡，种种情形各有不同，故其聘用员工人数与行政费开支各校之间相差甚巨，此次借款分配结果遂致发生极不平衡之现象。其最明显者，厥为员工补助为一项例，如无锡国学专科学校所发者为 8 900 倍，诚孚纺织专校为 8 000 倍，光夏商专为 7 000 倍，上海法学院为 6 800 倍，诚明文学院为 6 300 倍，新中国法商学院为 5 500 倍，中法大学药科为 5 400 倍，中国新闻专校为 5 000 倍，立信会计专校为 4 235 倍，而本校等以员工人数较多所得乃最少，计大夏为 3 200 倍，光华为 2 700 倍，大同为 2 500 倍，较以上各校竟差一至四倍之多，相形见绌，难免触望。

本校等在沪创设，历史悠久，成绩昭著，规模设备及学生人数为本市各私立院校之冠，平时行政费用开支浩大，此次借款分配于行政补助者尤感杯水车薪，比之他校实际相差恐尚不止倍蓰。抑最近国立院校员工待遇已由中央新订办法大加改善，本校等同负国家高等教育之使命，殊途同归。

此次贵行慨允贷款，原为体念私校之困难，临时救济，但事前各校员工人数及开支情形既未能周详顾及，而临时贵行以本校等借款总数较大又遽予大量折拟，致与其他各校轩轾益甚，当非彼此始料所及。

兹为补救起见，拟恳贵行根据本校等原申请数额，仍赐全部核准，将前扣减部分按照上次贷放之日（四月六日）银元或食米价格估值后一次分别贷与，藉符贵行济助之原意，而使本校等同仁得沾均平之惠益，庶与其他私校借款比例可以均衡合理。

敬电奉商，务祈查照惠允示覆，无任公感。

私立大夏大学校长欧○○　副校长王○○

私立光华大学校长廖世承

私立大同大学校长胡敦复

卯文[1]印

---

[1]　1949 年 4 月 12 日。

关于向教育部申请工资补助的报告

华东军政委员会教育部钧鉴：

查中央教育部对于私立高等学校曾揭示积极维持、逐步改造、重点补助之方针，其前二项不仅为政府管理私立学校之原则，亦为本校全体师生员工共同努力之目标。

惟在本校当前具体情况下，认为巩固学校基础、改进教学，对于校内重点院系之设备须有必要之补充，对于作为教学场所之校舍需要局部之修整，对于教师及工作人员之待遇须作更适当之调整，凡此均关系经费问题，非学校本身能力可以解决，爰根据钧部所颁申请补助暂行办法草案之规定，分别造具申请补助书三份：

（一）申请补助教职员工薪给及医药费等部分，内包括四项，共计二二四二五单位；

（二）申请补助校舍修建部分，共计人民币五三九九七万四千元；

（三）申请补助理工学院仪器设备部分，共计人民币二六三三〇万元。

以上三项总共二二四二五折实单位，又人民币八〇三二七万四千元。

敬特检奉是项申请书及有关附件电请鉴核，准予酌赐补助，以利学校之维持改造与发展，无任祷幸。

私立大夏大学亥养[1]印

附申请补助书三件合订成一件，又表四件

附：华东军政委员会关于核准大夏大学申请补助的批复

大夏大学：

一、你校一九五〇年十二月廿二日民字第四三二号代电暨附件均悉。

二、我部决定补助九〇〇〇份折实单位，分配如下：

工资：六二二五份折实单位

修缮费：二七七五份折实单位

三、以上补助费工资部分除赴华东人民革命大学政治研究院学习之教授二人薪给三二二五份折实单位外，其余三〇〇〇份折实单位应就你校教职员中薪给特低及负担特重、生活困难者予以救济，不得作为一般性的调整工资之用。修缮费应就急待修理者予

---

[1]　亥养，即 1950 年 12 月 22 日。

以修理,不得移作别用。

四、希即就上项补助额照前给预算表式由适当科目编具预算一式四份,即日送部核转并切实执行,即希知照。

华东军政委员会教育部

部长吴有训[1]

一九五一年二月五日

---

[1] 吴有训(1897—1977),江西高安人。1920 年毕业于南京高等师范学校,1926 年获美国芝加哥大学物理学博士学位。1948 年选聘为中央研究院院士。1955 年选聘为中国科学院院士(学部委员)。时任华东军政委员会教育部部长。

关于向教育部申请 1951 年春期补助的报告

华东军政委员会教育部钧鉴:

本校本学期因学生人数减少,经费预算短绌三万余单位,除经多方设法可以弥补大部分外,仍有一万单位左右赤字不能解决。同时为发展重点的系科需要增加理工设备及图书设备,为保持校舍完整与增进环境安全急需有若干必要的修缮工程,另有个别教授二人因病休假,为维持家庭生活须予特殊的照顾,以上各项更非学校财力可以胜任。兹拟向钧部请求补助,计分下列各项:

(一) 申请补助经常费壹万单位。

(二) 申请重点补助理工设备费共计人民币三亿八千万元。

(三) 申请补助图书设备费共一万一千八百单位。

(四) 申请补助修缮费共计人民币三千三百四十五万元。

(五) 申请补助个别教授因病休假期间薪给共二千七百二十一单位。

以上五项总数计人民币四亿一千三百四十五万元又二万四千五百二十一个折实单位。敬造具申请补助书一份,说明情由,连同附件两件,专电呈请鉴核准予补助为祷。

私立大夏大学辰佳[1]附三件。

附: 华东军政委用户教育部关于核准学期补助的批复

大夏大学:

一、一九五一年五月九日代电悉。

二、核准拨你校本学期补助人民币一○一二六七六七六元,兹分项说明如下:

甲、经常费补助一○○○○单位,折合人民币五三三一○○○○元照拨。

乙、申请修缮费群策斋男生宿舍造分间壁人民币一○七二○○○○元,群贤堂屋顶修理人民币九八○○○○○元,学校周围建造竹篱笆一二九三○○○○元,共计三三四五○○○○元均同意照拨,该项专款补助若有多余,必须退回,不得移用他处,报销时应连同原始凭证一并报部凭核。

丙、吴泽、张伯箴二教授致力人民教育事业,现患肺病,经济困难,申请补助一四五

---

[1] 辰佳,即 1951 年 5 月 9 日。

〇五六五一元同意照拨，以该二人领据报销。

丁、上甲、丙项补助款可迳来本部秘书处财务科洽领，乙项先将正式估价单报核后再领。

三、关于申请补助化工厂倒塌修理费一〇〇〇〇〇〇〇〇元原则上同意，希即在一亿元范围内详细估价，送部再作正式核定。

四、关于申请重点发展理工学院设备及图书设备补助需统筹处理，应暂缓议。

华东军政委员会教育部

部长吴有训

一九五一年六月廿一日

第四编　教职员管理

关于蔡元培[1]推荐戴君仁[2]任职的复函

子老先生大鉴：

承介绍戴君仁君，至感雅谊。惟敝校教员下年度蝉联与否，此时尚不能决定，将来如有借重戴君之处，当再函奉商。

先此奉复，祇颂大安

欧□

五、廿七[3]

附：蔡元培关于推荐戴君仁任职的函

玄怀先生大鉴：

迳启者：戴君君仁，毕业北京大学，专研国文，具有根底，文字学尤所专长，在高中及大学担任教员，历有年所，经验宏富，学子翕然，特为介绍。如贵校有相当之席，敬请延揽，俾得展抒所长，不胜同感。

专此奉商，顺颂教祉。

附呈戴君履历一纸

蔡元培启

中华民国二十年五月二十一日

戴君仁，浙江鄞县人，国立北京大学民十二国文系毕业，历任南开大学兼中学、浙江第一中学第一部、浙江第四中学国文专任教员，宁波效实中学、宁波市立女子中学国文兼任教员，浙江省立高级中学文科主任、普通科主任兼国文专任教员，浙江大学文理学院中国文学史讲师，着有《中国文字构造论》待印。

---

[1]　蔡元培(1868—1940)，字仲申、鹤卿、民友、孑民，浙江绍兴人，近代著名革命家、教育家、政治家。时任中央研究院院长。

[2]　戴君仁(1901—1978)，字静山，浙江鄞县人，著名语言文字学家，文学家。1923年毕业于北京大学国文系，先后在浙江大学、北平大学女子文理学院、北平辅仁大学、国立西北大学、台北省立师范学院、国立台湾大学等校任职。

[3]　1931年5月27日。

关于叶企孙[1]询问郑一善[2]通讯处的复函

企孙先生大鉴：

接奉手稿，展诵之下，就谂兴居安慈，至以为谢。

郑一善本学期仍在敝校任课，现寓上海极司飞而路梅村十五号。

承询敬复，并候新祷

弟欧□

一、十一[3]

附：叶企孙关于讯问郑一善通讯处的函

元怀先生道鉴：

久未获晤，至以为念。

兹敬恳者：贵校物理系讲师郑一善先生不知现仍在贵校授课否？因彼之友人屡次不得覆信，故弟专函兄处询问，敬祈费神查复为感。如彼已他就，祈以新通信处见示。

专恳，敬请研安。

弟　叶企孙敬启

八号[4]

---

[1] 叶企孙(1898—1977)，名鸿眷，上海人，著名物理学家和教育家，中国近代物理学奠基人。1918年毕业于清华学校，1920年获芝加哥大学理学学士学位，1923年获美国哈佛大学博士学位，1948年当选为中央研究院院士，1955年被选聘为中国科学院院士。时任清华大学理学院院长。

[2] 郑一善(1910—1997)，字子贞，江苏武进人，著名光学家。1932年毕业于清华大学物理系，1948年获得美国俄亥俄州立大学理学硕士学位。先后在浙江大学、大夏大学、复旦大学、暨南大学、交通大学、同济大学以及华东师范大学等十余所大学从事物理教学和科研工作。1952年院系调整，由同济大学调入华东师范大学任物理系教授。

[3] 1937年1月11日。

[4] 1937年1月8日。

关于吴澄华接任文学院院长的布告

　　本校文学院院长黄淬伯[1]先生辞职离校,遗缺经聘吴澄华[2]博士接充,合行布告周知。

　　此布。

校长欧元怀

副校长王毓祥

三十五年二月七日

---

[1]　黄淬伯(1899—1970),江苏南通人,字脆白、垂伯。1927年清华大学国学研究院毕业。曾任中央研究院历史语言研究所研究员,历任青岛大学、重庆中央大学、四川白沙女子师范大学、大夏大学、南京临时大学、徐州江苏学院、南京东方语言专科学校、华东革命大学、南京军事学院等校教职。毕生从事汉语音韵研究和教学。

[2]　吴澄华(1903—1998),福建同安人,生于1903年。1927年大夏大学毕业后赴美留学,先后于斯坦福大学、华盛顿大学获硕士和博士学位。1935年回国后历任大夏大学、河北女师学院、湖南大学、浙江大学、华西大学、西北大学、广西大学、兰州大学、北师大西北分校、湖南国立师院,湖北师范学院等学校教授。长期致力于经济理论方面的研究。

关于聘任校医及领取医品办法的布告

查本校校医业经聘请赤水县卫生院蒋院长磊兼任,同学中如有患病者可免费前往医治,需用何种医品,若为本校卫生室所备有者,须经蒋兼校医证明后再向该室领取。

仰各知照。

此布。

校长欧元怀

副校长王毓祥

三十五年元月十六日

关于同意贵阳附中提高教职员待遇的函

照恩[1]同学青览:

十月十七日手书诵悉,本校中学教学认真,校誉日隆,至为欣慰。迩来各地物价激增,公教人员待遇时有调整,吾校中学教职员待遇允照所在地省级学校所定标准发薪,足下拟向校董会请求动用基金利息甚妥。尚望早为进行,以安同仁之心。

专复,并请时祺。

怀

十月廿九日[2]

附: 吴照恩关于请求提高贵阳附中教职员待遇的函

愧安校长吾师道鉴:

自违教范,倏忽数月,寸心驰系,无时或释,尤以道旌东下,两地睽违,更增思念。

本校本学期于上月一日开课,学生达四百六十八人,均系来自省内外各地。兼以同仁努力,教学认真,校誉日渐隆盛,堪慰远注。惟以物价波动不常,中央及省级公教人员薪给时有调整,而本校待遇未曾增加,一般教职员心理颇有动摇之势,若不力谋补救,影响堪虞。除向校董会陈明请求设法外,尚望吾师多予赞助并常赐教言藉获进益为祷。

专此,敬颂道安

受业吴照恩顿首

十月十七日[3]

---

[1] 吴照恩(1910—2008),贵州兴义人。1939 年毕业于大夏大学师范专修科,时任贵阳大夏中学主任。

[2] 1946 年 10 月 29 日。

[3] 1946 年 10 月 17 日。

关于陈湛铨[1]来沪任教的复函

湛铨吾兄惠鉴：

十月卅日手书诵悉,台端有意惠临讲学,本极欢迎。惟本校上课已达三周,课务不便久悬,故已另聘他人教授。来日方长,仍盼能有共事机会。

专复,并颂教绥。

怀

十一月一日[2]

附一：陈湛铨关于即将来沪任教询问薪金并请求预支交通费及寄送聘书的函

愧安校长道席：

十七日来谕拜悉,铨决计来沪上课,因最近机位较前易得,可朝发夕至也。今所可虑者,不知到沪后六口之家(一工人)可以维持否？本年度铨底薪若干？月入共几何？希即赐知,并乞电汇一百万元来渝,俾即购机赶至。此款可在铨各月份薪水款内扣除。因留渝数月,所耗甚大。现朋好先后离去,援假无人,故作此想,否则在本人未到校前不拟虚领一钱也。

至铨暂留工商学院,本意除当时确无法东下外,以淑陶[3]兄因公留京,未克遽还,院事无人负责,故与承元兄毅然承之。迄今月余,尚未得其归讯。不容更待,以违本衷。且近接家兄自港来书,亦促铨东下,俾将来团叙稍易,是以前志益坚耳。

比闻学校开课未久,自审到校不至太迟,即补课亦殊易事。对工商学院既已尽仁,对旧校亦未失义。经缜密考虑后,乃断然出此。乞我公将薪额见示及汇款外,并冀将改正

---

[1] 陈湛铨(1916—1986),字青萍,又自号修竹园主人,晚号霸儒,广东江门人。国学家,著名诗人。1941年中山大学国文系毕业后,留校任教。1943年任教大夏大学,赤水时期曾代理中文系主任。大夏复员期间,曾出任香港私立华侨工商学院渝校秘书长兼训导长。1947年又回大夏任教。之后相继在珠海大学、香港联合书院、经纬书院、香港浸会学院、岭南学院等校任教。

[2] 1946年11月1日。

[3] 王淑陶(1906—1991),广东中山人。曾任广州华侨大学校长、重庆中华文商学院院长、香港华侨中学校长及董事长、华侨工商学院院长、澳门华侨大学校长。

聘书寄来,现航函迅捷,有时速于电报。铨得书及款后,可能在一星期内到校检较课程、追补钟点,重与诸先生及同学欢叙矣。

别来忽忽月余,校情颇有疏隔之感,雀恋故巢,燕寻旧馆,就中怀想,难以言喻。

工商学院在铨等焦头烂额、披榛斩棘为之部勒后,现一切颇上轨道,开课已三周矣。铨于此时言去,亦可无见义不为之责,而还我本来疏放狂懒、孤云野鹤之身矣。

临书倥偬,不可一一。

即颂道安。

祉伟公均此。

晚弟湛铨再拜

十月卅日[1]

附二：关于请陈湛铨尽快购票来沪任教的函

湛铨吾兄惠鉴：

十月十三日惠书诵悉,本校因华泰轮驳迟迟未到,延至十月十一日始行开学上课,甚盼驾能来校讲学,如重庆不易购买直放京沪船票,大可先至宜昌访廖德光同学,渠为去年在赤水毕业者,在宜昌社会服务处服务,现调宜昌各界复员辅导委员会办理复员船位登记事宜,有提前压后之权,苏训导长等十数人在宜换船得其助力尽先购票,现已抵沪多日。拟请台端照此进行,保证一路旅行正为顺利也。

再华泰轮驳已于国庆日安抵汉口,月内可望到京,同仁均已先后到校,知念并告。专此,顺请时祺。

怀

十月十七日[2]

附三：陈湛铨关于无法购票不能及时来沪任教的函

愧安校长吾公阶下：

电函拜悉,至难为怀。自前书去后迄今,分访友朋,交涉机位,杳不可得。复往民生公司探问,则该公司轮船只能航至宜昌,直放尚无确期。

---

[1]　1946 年 10 月 30 日。
[2]　1946 年 10 月 17 日。

屈指沪校想已开课，料难赶及，若再事延冀，殊恐有误诸同学学业。连宵思之，惘惘不寐。怀书未复，盖亦有由。顷光阴疾驰，日过一日，去就之间，情须早决。是以凄然命笺，诉其苦怀。希早聘贤能瓜代，庶几无误于公。傥隐烛下情，不弃管蒯，则请准假一学期，待航路开放，当于明春赶至。要之本学期留渝，实畏行路艰难，情非得已，诚恐或人讥讪，随意以为贪慕名位，多所反复，用特详言，惟公体谅。

若或开课不早，同事同学楷未到齐，拜承命召，不责愆期，当加紧进行，机轮客位有着，即行也。

华泰轮未审已安抵京否？至深劳念。中系诸同学当乞代致惘惘之意也。河广宋远，东望碎心。

专达，即颂道安。

祉伟公均此。

晚湛铨再拜
十月十三日[1]

---

[1]　1946 年 10 月 13 日。

关于屠修德^[1]请假的复函

修德同学兄台鉴：

　　顷接手书,备悉种切。足下在校服务著有成绩,当兹复员伊始,端赖群策群力,共济时艰,务希继续讲学,勿兹退志,至为盼切。

　　专复,并请时祺

怀

十一月四日^[2]

附：屠修德关于请假的函

欧、王二位校长钧鉴：

　　敬陈者。生深感学力不及,且复身体日衰,不克支持,拟自下周始请假(此事于上月曾请苏希轼先生转达),伏乞恩准,至盼至祷。

　　专此,并颂日安

生屠修德谨上

十一、二^[3]

---

[1]　屠修德,(1914—2008),浙江诸暨人。1938 年毕业于大夏大学经济系,1942 年获南开经济研究所硕士,先后在大夏大学、复旦大学、上海财经学院等校任教,大夏大学期间还担任过注册处主任。

[2]　1946 年 11 月 4 日。

[3]　1946 年 11 月 2 日。

关于应允马镇国[1]缓寄余款的函

践岷吾兄惠鉴：

十月卅一日手书诵悉。本校最后一批员生复员轮驳已于十月廿四日抵京，并于廿六日转沪，过汉之时多承协助，至为感谢。现校中上课已三周，学生一千八百人，校务进行尚称顺利，堪以告慰。

所余之款，有便寄来，勿庸介意。

专复，并请时祺。

怀
十一月五日[2]

附一：马镇国关于暂缓寄还余款的函

傀公校长钧鉴：

前奉手示，并即收到九十万元无误，此款多寄廿万元。当职发电时，系韩、来、李三兄嘱要此数，及取时仅取七十万元，故于其行时曾快函奉闻。此款（廿万元）原想日内寄还，因某种用项，拟请缓至十一月中旬再由交行或中行寄还，未免延误，敬祈鉴谅。

彦起[3]兄惠书敬悉，嘱查询故友陈友群[4]兄之葬地，职已记不清楚。在朝天门之对岸某林，为一善堂捐赠之善地，并为之立石碑。当时职似曾报告钧座，未知旧位已否遗失，否则只有询诸平坝其本家陈府矣。问雨田兄即可知之。祈利公便告黄兄。

校中一切谅均顺利进行。

---

[1]　马镇国，生卒年不详，字践岷。1945年受川康盐务管理局派任大夏大学担任盐务专修科主任，后兼代学校总务长。

[2]　1946年11月5日。

[3]　黄彦起（1915—1991），原名黄邦光，福建闽侯人，1939年大夏大学政治系毕业，1945年起任大夏大学校长室秘书。

[4]　陈友群（1906—1946），江苏扬州人，1938年毕业于大夏大学教育学院，曾留校任师专科助教，后担任贵州省立盘县师范校长，1945年秋重回大夏大学担任讲师及校刊编辑与校友会秘书，1946年初在重庆病逝。

谨肃,即颂钧安。

旧属马镇国拜
十、卅一、下午[1]

附二：关于答谢马镇国给予复员协助并汇还费用的函

践岷吾兄惠鉴：

真[2]、寒[3]两电奉悉,本校员生过汉诸承协助,至为心感。韩来二君在尊处挪借九十万元已于今日电通惠银行汇还,到请察收。本校经于十一日上课。如华泰轮驳十七日不续航东下,船中除韩来二君外,余请设法自行购票来校,仍希鼎力协助以利行程,无任感盼。

专此,顺请敬祺.

怀
十月十七日[4]

---

[1]　1946 年 10 月 31 日。
[2]　1946 年 10 月 11 日。
[3]　1946 年 10 月 14 日。
[4]　1946 年 10 月 17 日。

关于请马保之[1]赐赠马君武[2]遗照的函

保之吾兄惠鉴:

　　违教至念。敝校复员圆满完成,已于上月十一日上课。本期学生一千八百余人,校务进行尚称顺利。惟浩劫之余,恢复旧观有待时日,新建大礼堂业已建筑竣事。兹拟请赐赠老伯君武先生遗照一桢,以便放大悬挂礼堂而资瞻仰,无任盼幸。

　　专此,顺请大安。

怀

十一月廿二日[3]

---

[1]　马保之(1907—2004),广西桂林人。1929年毕业于南京金陵大学农学院,1933年获美国康乃尔大学博士学位后再往英国剑桥大学研究一年,1934年学成归国。时任农林部农业司司长。大夏大学首任校长马君武长子。

[2]　马君武(1881—1940),原名道凝,字厚山,后更名同,又名怬,字贵公,留学时改名和,字君武。广西桂林人。1906年毕业于日本西京帝国大学,1911年毕业于德国柏林工艺大学,1915年获得过柏林农科大学博士。中国近代著名政治活动家、民主革命先驱、教育家、翻译家。大夏大学首任校长。

[3]　1946年11月22日。

关于唐茂槐来校任职的复函

茂槐同学台鉴：

接读十一月廿二日手书，备悉种切。足下进行之事，怀直接间接均可作书介绍，惟路远情疏，成效较微。本校复员伊始，教务处积件较多，亟待清理，非有经验者不易着手，拟请足下返校服务，叙以文书主任职位，月薪二百四十元，照京沪一带中央规定标准支给，即七百二十倍，生活补助十一万元，合共二十八万三千零四十元，校中供给个人住宿，参加教职员伙食团每月餐费约五万元，如愿就是职，盼即兼程来校，并先告行期为幸。

专复，并颂时安。

怀

十一月廿九[1]

附一：唐茂槐关于请求介绍工作的函

欧校长夫子尊鉴：

顷奉手谕，令生候机待邀，至深感谢。

兹恳者，在浙知己同学咸相怂恿从事主持省校（中师）之活动，并闻有先辈同学张彭年兄现复入浙省教厅任秘书，颇有助力，因拟恩赐介书，藉叨托庇之荫而倍龙门之价，一俟介书到达，当谨持晋省，乘便将事，最低限度必获同学之谊也。（如厅长李超英氏，亦与夫子相知，亦盼分致。至需生之履历，拟待自行补具也。又及。）至若其他助力，亦当另行设法支援，为母校争光，亦不敢有辱使命。未审尊意何如，谨候待教。

母校复校完竣，规模自能益臻完美。过去学宿之群贤、群策、群力、群英暨新村何如？吴泽霖先生仍在校否？高芝生、许公鉴等诸同学亦仍在校否？风便随示及之，尤盼。

专此，肃颂教绥。

受业唐茂槐谨上

卅五年、十一、廿二

---

[1]　1946 年 11 月 29 日。

附二: 关于答复江恒源[1]推荐唐茂槐来校工作的函

问渔先生道鉴:

日昨由京返沪,奉读十月廿二日手教,敬悉种切。弟以复员及开学事忙碌逾恒,未及走访面聆教益,怅惘何似! 现复员已告竣事,开学亦已十余日矣,本校教职员多系旧人,且由赤水随校复员来沪任教职者亦复不少,唐茂槐同学之事一时苦无机会,容日有暇,当再造访而陈一切。

匆复,敬请道安。

怀

十月廿九日

附三: 江恒源关于推荐唐茂槐到校工作的函

愧安、继曾先生有道:

久未晤教,至念念。愧安先生想已早返沪上矣。

昨接唐茂槐同学来函,云在浙服务某校,近来职务有变动,希望回母校服务,托为函荐。唐君精研教育有素,时有论文发表。前近曾有一文寄来,托为介绍登载,察其内容,颇有见地。惟以日报方面,以篇幅较长不宜登出,仍存敝处。如先生有意一阅,当即寄奉。如尊处可允其到校帮忙,亦乞函示,以便转告。

专此奉达,敬请道安。

弟源再拜

卅五、十、廿二

---

[1] 江恒源(1885—1961),字问渔,号蕴愚,别号补斋,江苏灌云人。1904年师范科举人,1921年北京大学国文系学士,曾任江苏省、河南省教育厅厅长,长期从事职业教育,曾任中华职业教育社副理事长。1935年后一直担任大夏大学校董。

关于王成组[1]请求教授证书的复函

成组吾兄大鉴：

　　惠书奉悉，教授证书已由部颁发到校，经交苏希轼君，于八日送府面递矣。

　　本校复员以后，应兴应革事项繁多，终日忙碌，席不暇暖，有暇当造访面罄积愫也。

　　专复，并请教绥。

怀
12/11[2]

附：王成组关于请求教授证书的来函

愧安校长先生勋鉴：

　　夏间趋候，正值大驾匆促赴川，竟尔相左。近者弟曾作东北之行，回沪乃知台从亦已东返，亟欲晋谒，奈以课务繁重，一时未得分身。

　　兹有恳者，教部审查教授资格，前在沪校服务时早经参加申请，但因太平洋战事爆发，结果如何，久无消息。尊处当有案可稽，幸乞查明示知为感。

　　专此，敬颂铎安。

弟王制成组顿首
十二月一日[3]

　　祉伟、省三、养吾诸先生并之代为道候。

---

[1]　王成组（1902—1987），原名绳祖，上海人。著名地理学家。1923 年毕业于清华学校高等科，后在东南大学历史系进修，1924 年赴美，1926 年获哈佛大学历史学硕士，1929 年获芝加哥大学地理学硕士。先后任职清华大学、厦门大学、大夏大学、圣约翰大学、西北大学等。1934 年至 1945 年间曾长期担任大夏大学历史社会系主任，并兼大夏沪校文学院院长。

[2]　1946 年 12 月 11 日。

[3]　1946 年 12 月 1 日。

关于袁岳龄[1]索求证件的答复函

岳龄先生台鉴：

十一月卅一日手书诵悉,前台端交由本校转呈教部审查资格之证件因怀接长大夏移交之文卷中并未发现该项此证件,或因卅三年冬黔南告紧贵阳疏散本校迁设黔北途中校车失事因此遗失,如台端需此证件,请开列件数、服务机关名称寄校,即出具证明。

专复并颂教安

怀

12/11[2]

附：袁岳龄关于请求返还毕业文凭等有关证件的函

愧公校长钧鉴：

违教良久,时以为怀。晚三十二年春在筑忽患头晕病症,即率春回里休养,至去冬方就痊可。病中未曾函候为罪,尚祈原宥。顷阅前方日报载有《大夏大学通讯》一文,敬悉贵校正如蓬勃中春天之季节,前途发展无量。我公毕生尽瘁教育,建国建才,获此成效,不仅为公贺,更为国庆也。晚不才奔走卅余年,迄今一事无成,尤其害病三年,当中困居家乡,与世隔缘。今春因体康复,本拟再图外出,但敝县中学办理不善,地方人士及政府强留出长该校,稍事整理,惟地方人事上之难于应付,诸感辣手,决在最短期间设法摆脱耳！

兹有恳者,晚卅年在筑任教贵校时,曾奉令已将所有毕业文凭及服务证件检交由秘书室汇呈教部审查,同时取得该室收据一纸,迄今数年证件未还,不识尚在教部？抑已寄存贵校？务烦代为询查,并将原件用挂号寄江西安福县立中学晚亲收为感,余后及。

肃此敬颂钧安,并候赐复。

晚袁岳龄谨上

十一月卅日

---

[1] 袁岳龄,生卒年不详,早年留学日本东京高等师范学校,1941年曾出任大夏大学教育系系主任。

[2] 1946年12月11日。

关于韩闻痀[1]事假后回校讲学的复函

闻痀吾兄惠鉴：

顷奉手示，敬悉种切。

吾兄在校任教多年，深得青年信仰，良深钦佩。本校复员伊始，百端待举，仰仗大力协助之处正多，省行事布置就绪，仍祈返校讲学，俾青年得能朝夕请益。

不情之请，并希亮詧是幸。

专复，并请教绥

怀

十二月十七日[2]

附：韩闻痀关于因事请假的函

元怀、志苇[3]校长赐鉴：

弟服务本校将近拾载，极愿终始追随，乐观学校之大成。兹以江苏省银行以人事纠纷必欲弟出长无锡分行，主持该区业务，屡经固辞，以种种关系不得不暂行前往，所任各课深愿继续担任，惟以中途调动钟点诸多未便，已商得本系教授王默存兄同意照原钟点代授各课，至于论文之核阅及学术研究之指导，仍当继续负责并时常到校工作。务恳俯念苦衷，准予自本月拾陆日起（星期一）暂行请假，毋任感祷。

除请鲁教务长转商外，特此奉达，敬请筹祉。

教弟韩闻痀上

十二月十五日[4]

---

[1]　韩闻痀（1908—1973），又名文桐、博浪，江苏镇江人。经济学家。1931 年毕业于上海暨南大学经济学系，1937 年获法国南锡大学经济学博士。曾任江苏省银行无锡分行经理，南京中央信托局副经理，曾任教光华大学、上海商学院、大夏大学、复旦大学、上海财经学院等高校。1942 年起担任大夏大学沪校经济系主任，复员后继续担任至 1948 年，1951 年任银行系主任。

[2]　1946 年 12 月 17 日。

[3]　即王祉伟。

[4]　1946 年 12 月 15 日。

关于李青厓[1]询问学校薪津待遇的答复函

青厓吾兄惠鉴：

　　久违教益，正深驰念。忽奉手示，籍悉尊况，至为快慰。

　　贺小范君曾在本校服务多年，忠勤可佩。渠愿返校工作，至表欢迎。拟叙底薪二百四十元，照京沪一带现行国立大学薪给加成标准支领，与本校毕业在校长期之同学同一待遇，并供住宿，膳食自理，教职员伙食团伙食每月四万元。

　　本校校舍浩劫之余，恢复旧款有待时日，惟有分期进行，新建大礼堂已建筑完竣，可容两千人。返沪三阅月，校务特忙，有空当来候教也。

　　祉伟兄出席国大，日内返沪，并告。

　　专复，顺颂教绥。

怀
十二月十九日[2]

附：李青厓关于询问亲友服务学校薪津待遇的函

愧安、祉伟两兄校长有道：

　　兹耑启者，近得舍亲贺小范（晓帆）弟来函，言其自奉从者允其到校服务之函，正愿即来，但因刻正为其老翁之山陵而工作，是以未能如愿，容假以时日。

　　又，彼亦预知将来薪津所定共达若干，托弟奉询，故将函从者，幸烦便中相示，俾乃转复是以为荷。

　　弟近仍碌碌，无善可陈，容缓当来走候也。

　　此颂炉安。

弟李青厓
十二月八日[3]

---

[1] 李青厓(1886—1969)，即李青崖，原名李允，字戊如，湖南湘阴人，著名法国文学翻译家、作家。1907年在复旦公学土木工程科二年级时到比利时列日大学官费留学学习采矿专业。1912年毕业回国后先后在湖南高等师范学校、中国公学、同济大学、复旦大学、大夏大学、湖南大学、中央大学、震旦大学等校任教。解放后曾担任上海文史馆副馆长。1935—1942年间曾出任大夏大学中文系主任。

[2] 1946年12月19日。

[3] 1946年12月8日。

王故校长与思群堂[1]

今天是本校举行王故校长逝世二周年纪会大会,同时举行思群堂落成典礼,董事长孙哲生先生及副校长王祉伟先生因国大延期,未能至校。

这两个大会同时举行有深长的思义。王故校长系政治家,亦系教育家,于前年今天与世长辞,随后重庆与贵阳均午后举行公祭,惟彼时适因战事失利,交通困难,这二次的公祭,全体同学无法参加;去年此日,赤水与上海,亦均特别举行纪念会,今天贵州与上海师生及故校长的亲属戚友部旧都来参加,可说是第一次纪念大会。

故校长早年留日,曾追随中山先生奔走革命,历史悠久;回国后云南起义,与蔡锷同举义旗推翻袁世凯,当时为国内革命重要人物,嗣后北伐成功,奠都南京,故校长为国民政府第一任交通部长;交通部长迄今已数易人,但交通部重要的设施,如收回邮政权,创设邮政储金汇业局、航政局、航空公司、真如无线电台及上海南市之自动电话等,皆为王故校长任交通部长时所手创,铁路方面王故校长曾主张自湖南直达贵州,设当时政府能采纳故校长之意见,则战时交通之困难定可减少。

本校之民国十三年创立时,我们都是书生,均不知如何筹措,后王故校长允为董事长,先出资二千元为筹备费,随后又独立建立群贤堂,并募捐其他建筑费用;抗战起后,作颇具眼光之决定内迁贵阳,学校得能在后方继续弦歌与参予爱国运动;黔南告紧之后,故校长又早料敌人之必败,将学校迁於黔北至赤水,以便胜利时顺流东下,故本校此番复员为国内各大学中之最迅速度者,虽本校复员经费教部仅补助一亿半,而我们凭王故校长在天之灵,却安全渡过难关,新建礼堂,俾纪念周会按时举行,并有如何之整齐,为其他大学所尚不及者,均为王故校长之精神所感召。

本校原有宿舍三大座,现仅遗一座,此为学校与同学重大之打击,三分之一的同学现尚在外通学,尤其是女生宿舍更需先重建。战前各种建筑与设备,破坏殆尽,许多事情,均须从头做起。本期新建礼堂,由校务会议议决命名为"思群堂"以纪念王故校长,我们更希望社会各贤达及故校长之戚友部旧仍随时协助。

本校复员修建经费几近四万万元,本学期新购置的图书仪器及体育设备亦近一万万元,大夏是私立的,是穷的,是穷而益坚的,以一钱作二钱用,我们向重视外界人士及毕业同学对学校经济的援助。

---

[1] 原载《大夏周报》,1947年1月1日,第23卷第4期,第2页。

今天礼堂落成,承各界惠赠礼物,我们都不能忘怀。在礼物中我们看见了一个镜屏,镜屏上有一张画,大船边旁有救生船,这表示风雨同舟,意义很大。我们今天在思群堂上纪念王故校长,每次纪念周及用膳也在思群堂上,可说是"每会不忘""每饭不忘"王故校长之功勋。

来宾中有两位美国老友,即美国援华会主任艾德敷先生伉俪。艾夫人曾在敌伪时期于本校"集中营"内监禁了七个月,许多外国的朋友,被拘留了数年,而艾夫人却七个月速成科就毕业了,她关在群贤堂三楼第十一教室,艾老先生特往巡礼。

我们今天纪念王故校长,远近来宾不嫌跋涉,谨致感谢之忱。

三十五年十二月二十日

关于请鲁继曾[1]担任教育基金会奖学金委员的函

敬启者：

　　顷接中国现代文化教育基金董事会来函，拟在本校设置奖学金三名，每名每年金圆券壹百贰拾圆，指定给予教育学院各系，每系一人。依照该会章程，应组委员会主其事，兹请台端为本校该项奖学金委员会委员并请鲁教务长为召集人，相应函达，即希查照为荷。

　　此致鲁教务长继曾

欧元怀　王毓祥　同敬启

八月廿八日[2]

附一：中国现代文化教育基金董事会关于请尽快办理领取奖学金手续的函

敬启者：

　　查本会自卅七学年度上学期起在贵校设置奖学金额三名，每名每学期金圆券陆拾元，其详细办法已达在案。现虽未接贵校函示本学期膺奖学生名单及其成绩报告，但因开学已经多日，此项奖学金亟应发给，俾得及时应用。为特函请贵校于决定发给此项奖学金时派人携带正式收据加盖贵校及贵校长图章来会支领，以便发给膺奖各生，并希按照贵校此项奖学金委员会章程办理各项有关手续，如膺奖学生名单、成绩报告及委员会章程等，以备存查。

　　特此函达，至希查照为荷。

　　此致私立大夏大学欧元怀校长

中国现代文化教育基金董事会

总干事王稼书谨启

中华民国卅七年十月十六日

---

[1]　鲁继曾（1892—1977），字省三，四川阆中人。美国哥伦比亚大学硕士，长期担任大夏大学教务长。

[2]　1948年8月28日。

附二：关于领取中国现代文化教育基金董事会奖学金的收据

　　兹领到中国现代文化教育基金董事会发给本校教育学院学生王玉芬、张金福、张瑛然等三名奖学金金圆券共壹百捌拾元正。

　　此据

大夏大学校长欧元怀

副校长王毓祥

中华民国三十七年十一月十八日

关于给顾岳中寄送聘书的函

岳中[1]先生惠鉴：

接展大札，藉审一是。承允屈任教席，无任忻感。兹寄上聘书一份，即希察收，一俟课程编定，当由教务处迳行函告。

耑复，祗颂时绥。

弟欧□
八月二十九[2]

附：顾岳中关于自荐到大夏任教的函

欧阳[3]校长先生台鉴：

久仰荆州，无缘晋谒，深以为歉。

顷奉教部杭次长来函，嘱迳函先生请益，想见先生提携后进之高谊，曷胜感激。

岳中在美初研习教育行政于斯丹佛大学，于完成硕士学位后转学哥大师范学院研读成人教育行政，原拟续读高级学位，以外汇关系，不得已于今春返国任教于社教学院，私意关于教育行政及成人教育或社会教育有关课程，皆可担任，至恩赐予安排，岳中谨当追随先生及教育系主任之后，努力服务，以负雅望，冒渎之处，容当面谢。

专上，并颂教安！

后学顾岳中拜上
八月二十四日[4]

---

[1] 顾岳中（1906—　　），原名炳嵩，字岳中，江苏盐城人。1930年毕业于江苏教育学院，1945年美国斯坦福大学教育硕士，后在哥伦比亚大学师范学院研读博士学位一年。历任河南大学、国立社会教育学院、江苏教育学院、江苏师范学院、大夏大学、上海师范大学等校教职。

[2] 1947年8月29日。

[3] 即欧元怀。

[4] 1947年8月24日。

关于粮食不继提前放假谣传致全体教职员的通告

　　查近日沪市食粮燃料等发生严重恐慌，本校学生食堂所需因尚稍有积储，最近并商准民调会将十一月份本校配米提前配发半个月，在下月上旬前已足敷供应。嗣后并当由校续向有关方面积洽购，务使不虞匮乏。乃昨日本市各晚报刊载消息谓本校因粮食不继，即将于期中考试后提前放假云云，纯属无稽谣传。除已分函各该报请予更正并布告学生说明外，诚恐诸位先生不明真相，特将以上情形备函布达，至请查照为荷。

　　此致全体教职员先生

校长欧○○

副校长王○○

卅七、十一、十一

关于时局不稳提前放寒假致全体教职员的通告

迳启者：

自政府放开限价，沪市百物任涨，影响民生至为严重。本校本学期经费收入，除八、九、十三个月开支外，所余款项在短时间内惨遭贬值，几全部化为乌有！致学校财政困窘异常！学生方面，清寒居多，殊难再胜负担重缴学什费。

惟际此时会，我全体同仁生活并形艰苦！本校于万分困难之中，不得不多方罗掘，对待遇勉为调整。兹经决定自十一月份起至明年一月份止，照每月原定薪额加倍发给，并定每月一日发给原薪，每月十六日发给加薪（各同仁前已预支十二月份之薪津可即抵作十一月份加发之数）。聊资补助，至希亮察，共维校序，以渡难关，实深祷盼！

再本校远道外埠学生为数綦众，近因鉴于时局不宁，纷拟早作归计，兹特将本学期期终及应届毕业生考试改订于十二月廿三日（星期四）至三十日（星期四）举行，卅一日即行开始寒假。现本期上课只除一月，务请各教授同仁体念诸同学求学之苦，加紧教学，俾能授毕预定课程，以减少诸同学学业之牺牲。知关素抱，定荷赞同，不胜祈祷！

此致全体教职员先生

校长欧元怀
副校长王毓祥
三十七年十一月廿三日

关于期终毕业考试再次提前致全体教授的通告

迳启者：

　　迩因时局动荡,各地交通日趋困难,兹为便利学生于考后返籍起见,本学期期终考试及毕业考试特提前于本月十三日(星期一)起至十八日(星期六)止同时举行,凡未授完各课于考后继续讲授至本月底为止,卅一日起放寒假。除考试日程由教务处公布外,特函奉达,即希察照为荷。

　　此致全体教授先生

欧元○　王毓○　同启
十二月八日[1]

---

[1]　1948 年 12 月 8 日。

关于 1949 年春季学期即将开学致全体教授的函

敬启者：

韶光易逝，寒假瞬将结束。本校春季学期业定于二月十一日开学，十七日起学生注册，二十一日开始正式上课。最近战事南移，局势较为紧张。惟沪市情形尚见安定。青年学业重要，不宜轻易任其旷度。本校春季学期一切照常进行，务请台端于开课前赶返校中，继续施教，以慰喁望。

又本校鉴于各地战区青年来沪日众，决定于二月中旬招生一次，并为收容中学学生起见，经觅定本市榆林路九十四号房屋一所，筹备恢复战前本校原设之附属中学，刻附中部分正同时进行招生。及一应开学事宜，知关素抱，敬以附闻，并希随时惠予协助为荷。

此致 　　先生

欧〇〇

王〇〇

二月三日[1]

---

[1] 1949 年 2 月 3 日。

关于 1949 年春季学期即将开学致全体职员的函

迳启者：

　　本年春节本校各处室休假一周，计自一月二十八日起至二月二日止。假期以后自二月十一日起至十五日止即须办理新生报考事宜。至春季学期业定于二月十一日开学，十七日起新旧学生注册，二十一日开始正式上课。最近战事南移，局势较形紧张，但沪上情况安定，本校春季学期一切照常进行。兹春节假期届满，各部分工作亟待积极推动，务请足下即日返校销假协助工作，至所企盼。

　　此致　　　先生

欧○○

王○○

二月三日[1]

---

[1]　1949 年 2 月 3 日。

关于课程改革等复教授会理监事联席会议的函

接准七月二十五日大函抄附贵会理监事联席会议纪录均已诵悉,兹分别奉复如后。

一、关于我校下学年共同必修课程建议改革各项均关切要,惟事属教务专门问题,拟俟本校教务委员会于最近期间组织成立后交由该会会同教务处讨论实施。

二、关于同仁福利事项,现各折实存款及配米领发均由学生自治会负责办理,其他由事务处办理者已知照该处负责人特别注意,争取时效,并盼贵会出席事务委员会之同仁迳行随时提供具体意见以利改进。

三、本校原有吉普车两辆,近因牌照税捐及汽油费用增加,不胜负担,业已停驶,原牌照亦已退还。本校现已再函本市公共交通公司要求恢复十路甲线公共汽车,以期解决同仁出入交通问题。

四、贵会需要缮写油印文件,请迳送教务处印务组林超主任,由该组代办,至必需纸张亦可由校暂垫。又贵会开会时会场布置等自可由事务处派员帮同办理。除已分知印务组事务处外,即请随时迳洽为荷。

此致本校教授会理事会

欧○○　王○○同启

一九四九年八月三日

附：教授会理监事联系会议关于课程改革及同仁福利的建议函

敬启者:

兹经本校教授会理监事联系会议已决有关教职员同仁福利及本会工作应请惠予办理或协助办理者,分条抄列于后,推请刘焕文教授前来面洽。诸希查照为荷。

此致欧校长、王副校长

大夏大学教授会理事会敬启

一九四九年七月廿五日

摘抄教授会理监事联席会议纪录:

一、关于本校课程改革拟先就共同必修科作如左之建议:

1.增设《新民主主义》课程,一年级新生及其他各年级旧生一律必修。

2.普通必修科《哲学概论》之教材内容应以唯物论辩证法为主。

3.《中国通史》应就唯物观点侧重社会发展史之教学。

4.政治学、经济学及社会学等社会科学均应就唯物观点并配合新民主主义理论革新教材,改进学习方法。

5.基本国文及基本英文之教材应力求符合新时代之需要彻底革新。

6.取消伦理学及理则学。

二、政府方面有关公教人员福利之措施学校在以往未能密切注意,多失时效,应请学校设法改善,争取时效。

三、十路甲线公共汽车停驶后迄未恢复,交通极感不便,请校中拨吉普车一辆往返本校与中山公园之间,专供接送本校教职员之用,如吉普车不易拨给,亦请雇佣马车或其他交通工具以资代步。

四、本会会议开会通知等各种缮印文件甚多,既无缮写人员,又乏油印设备,工作进行诸多困难,拟请学校方面指定缮印人员协助办理。

五、本会缮印文件需用之纸张在秋季开学前请学校暂行垫用,候会费收有成款再行归还。

六、本会举办座谈会时需用会场请事务处派人会同布置。

祉伟先生永生[1]

祉伟先生逝世,倏已逾月,我除制了一副粗浅的挽联致悼外,还没有公开说过什么话,实因沉重的哀痛压在心头,有时竟说不出话来!

我和祉伟兄一部交谊的历史,可以说也就是大夏校史的一部分,除学校事业外,我们的友谊便会落空,无从说起。可是我祉伟兄相识,比大夏校史开始还要早了两年。这两年——民十一至十三——我们从上海先后到厦门任教,在友情交流中加深了我们的认识,也从这里种下了毕生事业合作的基本因素。十三年夏季同时离开厦大来到上海,奠下大夏立校第一块基石的,原不止我和祉伟兄两个,还有傅筑隐、林天兰、余泽兰、李拔峨、吴毓腾、吕子芳诸君子。这时学校成立了一个筹备处,由我和祉伟兄、筑兄三人担任执行干事,事情大至组织校董会,小至抄写递送信件,都是我们分头洽办。伟兄擅长文翰,长篇短牍,下笔立就,筑兄精于财务钩稽,我则统筹全校行政。那时正值革命前夕,上海处于帝国主义势力和军阀统治之下,环境极为恶劣,我们这一群正是年富力强的教育事业工作者,提倡苦干苦教苦学的三苦精神,怀着一个远大的共同理想,终于靠我们不断的斗争,在学校发展的途程上,克服了一切艰难困苦。直到十九年春,中山路的校舍落成,大夏才胜利地建立了永久的基础。

自从十一年直到二十七年,我和祉兄一直生活在一起,朝夕共事,远至赴南洋募捐及后来学校播迁贵阳,总是两人共同行动。抗战中期他留在重庆几年,代表学校在中枢洽办校事,我也凑巧暂时离开学校职务,掌理贵州教育行政工作,可是我们无论通信或见面,不谈则已,一谈还是离不开学校的事。他对学校一份热心,并不比我为差,他个性刚直,喜欢仗义执言,有时也会和同事闹些脾气,但稍经劝说,就立刻回到学校立场,不惜牺牲任何个人成见,因此在他半生中为大夏服务时期,学校创办的以至中途参加合作的同志,虽时有来去,他是始终如一,他可以说是以学校为生命,除学校外,他没有个人利害的打算。

大夏是为国家教育人才的一份事业。它在革命初期诞生,随着时代发展成长、前进,在这里祉伟老友是尽了他最大的努力。他为人乐观,永远保持着年青时代的热情与兴致,大夏在解放后,他以衰病之躯,还勉强兼任教务长,为校事力疾奔走,朝夕勿懈,也尽了他最后的努力。作为一个教育事业工作者,是需要这样损己利他锲而不舍忠实地服务

---

[1]　原载《大夏周报》,1949 年 11 月 6 日,第 26 卷第 1 期,第 2 页。

的精神。我们知道,为国家人民服务的任何事业,有这样的人和这样的精神,是决不会没有成绩表现的。同样地,我们做任何一种学问,也不应缺少这种锲而不舍精益求精的态度。

祉伟兄的逝世,对于大夏无疑是一种很大的损失。我个人哀痛,与其说出于私交,还不如说由于公谊更为确切。我们今天共同追悼他,不仅是纪念着他半生中对大夏、对国家教育事业不可磨灭的贡献,我们每一个"大夏人",是更应当珍重他和继续着他那样的精神,配合着时代,共同努力,以求我们这一教育事业的发扬光大。

让我们祝福祉伟先生的永生! 大夏的永生!

伯群先生逝世五周年纪念[1]

1949 年是历史大转变的时代,中华人民共和国在这年诞生,人民的世纪从此开始。在本年最后一个月里,旧中国的反动残余,又在他们的最后根据地迅速的被消灭着,西南的贵州、四川两省大部分和贵阳、重庆两大都市先后获得解放,昆明事实上也已解放,在一片胜利声中,我们来纪念本校前校长王伯群先生,是有着特别深切和现实的意义的。

贵州是伯群先生的故乡,昆明是他参加护国讨袁起义之地,重庆是他的逝世之所,在重庆的对江,靠江岸占据雄壮形势的一角——猫儿石,是他的墓穴所在。现在先生已逝世已整整五年,学校里即使是最高年级的同学,恐怕也没有一个亲炙过先生的教言。同仁中在学校返沪后参加的,当然也不会认识他。可是这一个真正的大夏创造者,我们一切的"大夏人",是不容许轻易忘记他的。

一九二四年夏天,厦大一部分穷教授和穷学生,来到上海,空着双手,准备建立一个理想的教学园地,第一个给予伟大的同情和真实的援助的是伯群先生,此后他无时无地不是这样一贯地做去。到一九三〇年,学校置下今天大规模的校地,在一片荒漠中一气完成了四大幢建筑——群贤堂和群策、群力、群英三斋,这些计划的发动、经营,尤其是款项的筹集,大多是出于伯群先生之手。在那时半殖民地的上海,大学教育是素以物质设备优越为号召的帝国主义支持下的学校的世界,大夏并不以此自诩,可是从那一天起,社会终于开始认知了本国人办学的可惊力量。

抗战发动,大夏首先西迁入黔,因此保全了一部分物质设备,也是伯群先生决定大计。在贵阳的八年,学校经济情形艰困万分,这在贵阳来的同仁们或者一部分在抗战后方读过书的同学也许可以想象到一些,也只有伯群先生,凭他无比的勇气,伟大的魄力,和超越的才干,坚决的负担了这一个任务,艰苦地维持着学校光辉的生命。在日敌最后一次,也是最大一次的打击下——黔南事变——他身体精神已不能支持,但他仍旧在学校危迫形势中,安排好一个拯救的对策——再迁赤水,这样,他才算尽了他最后努力,于一九四四年十二月二十日悄悄地撒手瞑目离开我们而去。

在伯群先生的后半生中,对于学校,只有"牺牲自我,功成不居"八字勉强可以概括。

---

[1]　原载《大夏周报》1949 年 12 月 20 日,第 26 卷第 2 期,第 4—5 页。原编者注:第十一次常委会决定十二月二十日王故前校长伯群先生忌辰,是日上午十时至十二时举行纪念会,停课两节,今日下校旗半旗,并由欧校长特撰文纪念。

在今天我们可以看到的，还只是他对于这一件教育事业的物质上的贡献。其实，他在精神方面的自我牺牲，也彻头彻尾是一个革命者的典型的表现。在二十年中，他不受学校一些报酬，他有着较优的境遇，可是他不以此自逸，他经年为学校奔走忙碌，尽心竭力，以至牺牲生命。

今天我们来纪念伯群先生，除应致深切敬意外，同时也不能感到无限惭愧。这些大半出于他造的学校，物质建设，不幸已被日敌部分摧毁，就这剩余部分，在今天全校教学上无疑的发生了莫大功能，但是我们连维护保持的力量还感到不够，为着使这些物质条件能够更好的为新中国人民高等教育服务，我们是必须好好维护它，更应当进一步使他发展和充实下去。

新中国当前任务是加紧建设，在大夏，我们就近取式，伯群先生的伟大的建设力量和精神，是值得我们学习的。

关于学校改制赠送董事长王志莘纪念品的函

志莘董事长吾兄大鉴：

　　大夏创办廿七年来，获承我兄热忱戮力，早年即参加校董会组织，嗣复领导会务，一贯扶持学校积极发展事业，功在教育，钦仰弥深。

　　兹学校奉令改制，校委会同人为纪念先生之绩业，敬备奉湘绣镜画一帧，聊申微意，由弟代表专函送上，至祈哂存为幸。

　　顺致敬礼

弟欧○○
一九五一年八月一日

第五编　学生管理

十九年之新年[1]

日居月诸。时间接续不断,历数千万年如一日,盖无所谓新与旧也。而社会习惯,必指一日,谓为元旦,谓为新年。我亦从俗,谓之新年,而于此新年中,谨致吾新年感想之敬礼于同学之前:

就国家言,民国缔造,已经过十八新年。其开国史不在元旦,而在双十节。就学校言,大夏创始,亦已经过五新年。其发轫史不在元旦,而在六月一日。是则吾人对兹新年元旦,实无意味之可言也。虽然,十九年之新年,决非过去十八年之民国新年,与过去五年之大夏新年得而比似者也。党国建设,于今三载,民权之坠落如故,民生之凋敝加甚,民族之凌夷益深。溯过去一年中,如西北之饥馑,苏俄之侵入,各省之匪氛,在在呈亡国之朕兆。而彼有枪阶级者,方且穷兵黩武,杀人盈野,以为割据地盘之代价。政府为维持统一,巩固中央计,借用公债,已达四万万余元,民穷财尽,于斯为甚。故以国运言,十九年之新年,实吾侪卧薪尝胆,砺学力行,为民利国福继续革命之年,而非奉行故套,恭贺新禧,讴歌鼓舞之年也。

至若大夏过去之光荣,固昭然在人耳目。回忆十三年夏季之大学筹备处,室大如斗,筚路褴褛,风雨晦明,再接再厉,卒成黉舍之雏形。自是校务发展,日增月盛。而过去一年之猛进,尤有一跃千仞之势。吾人在十八年元旦所高呼之三种口号,曰购置永久校址,曰办理立案手续,曰建筑永久校舍,曾几何时,而沪西中山路侧,已有校地百余亩,教育部批准立案,已逾半年,而新校舍即定于此十九年之元旦行其破土礼。使非已往二百余之夏大离校同学,数十位旧时教授,及在学之千四百余学生与夫百余同事,自校长教职员以至同学,本师生合作之旨,艰苦卓绝,共同奋斗,曷克臻此? 然先哲有言,满招损,谦受益,今日之大夏,盖去吾人理想中之最高学府,相差何啻以道里计也? 精神方面,须重新振作;物质方面,须再加充实;课程应力求其切于实用;学生应辅导其自动研究。此外如领袖人格之培植,优良校风之养成,导师制之推广与改善,新校舍建筑之完成,新校场之布置,行政效能之提高,经费之力求撙节,可谓千绪万端,非内得师生之合作,外得社会之赞助不为功也。

语云,一日之计在于晨,一年之计在于春。当兹新年,正大地回春之际,亦吾侪努力奋斗之时。同志同学,愿共勉之。

---

[1]　原载《大夏周报》,1930 年 1 月 1 日,第 72 期,第 2—3 页。

发扬大夏精神，致力专业训练[1]

　　诸位进了本校，应该知道本校的精神。本校的精神是什么呢？便是："师生合作的精神。"九年十年如一日。说大夏的成功，使是师生合作的成功；也就是历年来几百教员，几千学生合作的成功。

　　我们遇到有了问题，大家协商办法；彼此往来不坚持个人的私见。你们初到本校来，两年后或是四年便毕业了，若是没有学到大夏合作的精神，还不能算是毕业。中国最大的毛病，便是社会系一盘散沙，不能合作，随时闹意气，不能够成功一件大事，这是很可痛心的。本校虽有过去九年光荣的历史，师生共同的努力，规模粗具，但距理想计划很远，应该改良的地方极多。各方面的应兴应革的事项，全靠同学们贡献意见，随时作为学校办事人的参考。

　　此外以师专科代理主任的资格说几句话。师专科的同学，顾名思义应该注重专业化的精神。我们在受职业学校的训练，责任重大；将来准备为人师表，千万不要忘记使命的隆重。在校两年的时间很短，在这两年中间，应如何振作起来，决心读书。至于同学们，初离家乡，一种思家心理，在所难免；尤宜暂时割爱，专心学业，不要患思乡病。身体方面，亦应十分小心，锻炼健全的体魄，蔚为大用。对于用钱，务必特别樽节，上海的环境诱惑力太强，你们应该顾及家长们的负担。总之，盼望新来的同学们充分利用上海作为研究学问以及事业的发展中心则可，千万不要染上奢侈的恶习。我想要说的话很多，以后随时再谈罢。

---

[1]　原载《大夏周报》，1933 年 10 月 2 日，第 10 卷第 2 期，第 38—39 页，标题为编者加。原编者注。（记者按：欧副校长于指导教育学院及师专科新生训话时，首先介绍美国大学新生入校时礼节，亦庄亦谐，全体捧腹。次述本校艰难困苦缔造之历史，颇有不堪回首，大堪回首之概。全场感动。词长从略。——芝生）

毕业生应如何与母校发生密切关系[1]

——答复学生韩茂一来信

茂一学兄大鉴：

项接来信，藉悉足下爱校情殷，溢乎言表，至堪欢佩！兹将函中所云各点，分别答复如下：

（1）母校毕业同学虽多，而历届学籍表均载在大夏一览，一时有不详细明了者，亦可一查便知。

（2）母校事务固繁，同学有信来时，莫不拨冗答复之。

（3）同学忙于职务者，可利用星期假日通讯。

（4）凡关于服务地方风俗人情、服务困难问题、及事业发展情形，均为通讯实际材料。

（5）离校稍久，校友多不认识，尤须设法联络。关于各种询问事件，可由校长室叶鋆生君或毕业同学会高芝生君转达。

至建设母校设立学术咨询机关，以解答毕业同学学术上质疑问题，法善意美，良多足取。惟查去春王校长曾发起组织大夏学会以研究学术、团结意志、力谋复兴民族、并发展母校为宗旨。内设研究一部，分为国学、史地、教育、政治、经济、法律、文艺及国防科学八组，凡毕业同学均可加入为会员，并欢迎散处各地之毕业同学组织分会。兹附寄该会简单一份藉资参考。足下如有具体改进意见或拟组织杭州市分会，请即函陈王校长或该会文书干事高昌琦君可也。

专复，顺颂文祺！

欧元怀

三月九日

愧安吾师尊鉴：

敬启者，前曾奉禀一函，谅邀青及。生本期仍在此间服务。知关锦注，特以奉闻。项阅母校周报，载有师座演讲毕业生与母校之关系，无任感慨；尤以"大多数毕业生，除了需要学校替他们介绍职业时，才有信来，平常消息隔膜，对于服务的经过，我们不大清楚"数

---

[1]　原载《大夏周报》，1935年4月1日，第11卷第21期，第618页。

语,感意所用,如骨鲠在喉,实有不能已于言者,简略为吾师一陈之。(一)因母校毕业同学甚多,虽欲通信,恐师长等不尽其记忆。(二)恐师长等事繁,无暇置答。(三)虽欲修候,而往往羁于职务。(四)每欲通音,而苦于万语千言无从说起;(五)离校稍久者几无可通信之人。以上数点,均为生自身所感觉者;其他同学,据生等于晤面待读话中,亦有不少同感。窃生离母校,六载于兹。生在校时,学文科政治系——时学院制尚未颁行——因科系关系,与吾师接触时即少;而彼时离始开行导师制,然公布导师名单不久,生等导师卢锡荣先生即离校他去;继任者为严先生,严先生任职一学期中,即无一次与生等亲近;待毕业后,生等四散,而严先生至今亦不再闻于母校矣。即以生个人而论,此种情形,不特生无由与母校发生真诚之通信,即在社会中感遇困难时,质疑问难,亦感无从。故遇事能奋斗解决者,即亦不愿小题大做;如实处万不得已时,始敢求九鼎之力。此在心理在事实生等之少有信来者,实均不得已也,岂愿弃先进贤达与终身有关之母校而不愿哉。今更有二事为母校一建议者:(一)能否设一学术咨询机关,以备毕业同学遇有学术方面之疑难时,得有请教之所。(二)各大城市,无毕业同学会者或有而未进行者,可否委一较有永久居留性之同学作联络员,按月将是地各毕业同学消息简为报告。总之吾师云"诸君的成功是学校的成功,诸君的失败也是学校的失败。"又云:"母校是你们永久的母校。"诚金玉之言,生等敢不奉为圭臬;惟对维系同学之人事方面,似亦不能不图加以改进也。

刍荛之言,冒昧上陈,不恭之处,尚祈吾师海涵! 有机当再趋前,面请教益也。

肃请铎安!

生韩茂一顿首
三月六日晚

秋季运动会感言[1]

本校秋季运动会,今晨开幕,作者忝与其会,深有所感,特赘数语,愿与全体同学共勉之。

国人体格衰弱,为民族大病之一;东亚病夫,吾人闻之久矣。近十几年来国人渐知体育训练之重要,然因训练未能普遍,运动家在平日又甚少能持之以恒,故即有少数杰出人才,成绩总难与外人比拟。今年世界运动会在柏林举行,我国代表团全军覆没,可证明国人体力与技能远不若人,而其原因则在于平日缺少充分训练。本校每学期均有校内运动会举行,吾人希望全体同学,均能以此次世运惨败为民族之奇耻大辱,以此为严重教训,树立雪耻信念,刻苦训练,持之以恒,我想下届世运会开幕之际,即是吾中华选手大显身手之机。此其一。

中国提倡体育,不自今日始。照理国民体格水准,应相当提高;但是吾人举目一睹,鸠形菜色之徒,仍比比皆是。此其原因不在体育方式之欠健全,而在体育推进之未能普遍。我国过去体育多局在学校内,并未推行至整个社会;此实畸形发展。一部分学校体育只实施在少数选手身上,而并不注意到全体学生,斯尤绝大错误。如是提倡体育,训练体育,其成绩当然可想而知。本校目前年实施普及体育,空气为之一变。广大运动场中同时有数百人学生运动,此实为一可欣慰之事。惟吾人不能以是而自足。吾人希望本校普及体育运动,能扩大而为全国国民体育普及运动,而如何使此种运动逐渐具体化,则有赖于我全体同学,都负推进之责。此其二。

徒有技术上体力上充分训练而缺少精神修养,不是健全的运动家。吾人希望今日之会,全体男女同学,均能不自示弱,一致参加,尤希望参加诸君,都能严守规则,服从指挥,养成"运动家的丰度"(Sportsmanship),则今日之会,斯不虚度矣。此其三。

上述三点,我以为是今日与会诸君应有之信念,希望大家都能默念斯旨,前来参加。

---

[1]　原载《大夏周报》,1936 年 10 月 30 日,第 13 卷第 5、6 合期,第 92 页。

创造理想环境[1]

由于敌寇威胁黔南，本校奉令疏散。在迁移途中，不幸王前校长病逝陪都，本人经校董会提议为本校校长，并决议校址迁设赤水，已经报教育部备案。迁建迄今，幸得同仁同学之□□，地方人士之协助，今日才能复课，实是□□值得欣慰的事。

□想这次疏散，本校所受的损失，在时间上□□□个月，在空间上则跋涉近千里，经费□□□□百万元，□外在贵阳的校具完全损失，□□□□，□□书籍不能带走的也不可以胜□□□。物质的损失，可以金钱来补偿，惟□□□□经受的威胁痛苦，就非金钱可以计□□，□□今日还能在此研究学问，本人敬向□□□□！

□□□仪器的好几位先生及同学，他们□□□□□苦，历受艰难，有的并遭受□□□，□□□□□繁重的图书仪器完全运□□□，□□□□之意！

□□□□□，承地方人士热诚协助，借用□□□□□，□□不少的便利，本人要在此敬致□□！

□□□□□"春光明媚，鸟语花香"的文□□□□，□□□□是感受无限的快乐！我们绝不承认自己是一群难民，因为物质的缺乏绝不可以穷人之志，我们在学校的任务只有读书。我们到什么地方就要把那地方造成读书的环境。但此种理想的环境，则非一朝一夕所为功。所以我们需要忍耐、奋斗；然后才能创造享受。在创造的过程中，不以目前的困苦而失望，纵受到一点委屈，也不应该灰心。一个人应有一个美丽的理想，才不致受困苦现实的支配。因此我们要把握现实，对目前艰苦中发展的学校要开诚布公，互相原谅，共同努力，来创造新的环境。

其次，我要讲的是维持心理的卫生。要是人心理上不健康，足以影响身体和学业。孔子说："学而时习之，不亦乐乎。有朋自远方来，不亦乐乎。"我们来自各省的教授和同学，在此共同创造理想的读书环境，这应该是一件快乐的事情。在积极地方面就要维持这种快乐，在消极的方面要修养自己，不发脾气，自寻烦恼，心里精神才能维持健康，才能实现读书的理想，建立心理的乐园。

第三，我们要注意学业的开始。俗语说"一年之计在于春"，外国人说"慎始功半"，同样都是注意新的开始的意思。

希望大家在开学的第一天起努力学习，安心读书。

---

[1] 本篇系欧校长三月廿六日首次国父纪念周暨春季始业典礼中报告摘要，原载《大夏周报》，1945 年 4 月 10 日，第 21 卷第 1 期，第 2 页。

关于法律系毕业生人数不足征调名额的报告

案奉钧部本年六月(未列日)第三〇一〇七号代电以准军法总监部电送征用证名册格式等件,请将各校本届法律系毕业生人数列表见示一案,饬遵照办理等因,附抄发征用证名册各式各一份及本年度增加旅费令文抄件一纸,奉此,遵。

查前奉钧部本年五月十六日高字第二五五五八号训令曾饬以法律系毕业生照章应由军法执行总监部微调百分之十五,则七人中始征一人,兹以本校本年暑期法律系应届毕业生仅有五名,人数不足自难应征,奉电前因,理合据实陈复,仰祈鉴核示遵。

谨呈教育部部长朱

全衔名

中华民国三十四年六月廿五日

附:教育部关于征用法律系毕业生的代电

私立大夏大学:

案查关于军政部征用法律系毕业生移归军法总监部办理一案经于本年五月八日以高字第二三九三八号训令饬知在卷,兹准军法总监部法行(卅四)三字第四二六号代电,略以"本年暑期将届,各校法律系毕业生应征人数究有若干,急待先行明了,以便统筹分发。请将各校本届法律系毕业生人数列表见示,并检送征用证名册格式各一份及本年度增加旅费令文抄件一纸,嘱通饬知照"等由,准此。

查各校本届各学系应届毕业生人数简表早经令饬呈报在案,惟尚有一部分学校迄未遵报,准电前由,除将原件抄发仰即遵照办理外,至尚未呈报卅四年暑期各学系应届毕业生人数简表或名册之各校,应于文到后迅即补报以凭核办为要。

教育部印

民国卅四年六月

附抄发征用证名册格式各一份及本年度增加旅费令文抄件一纸

关于战区学生升学预试的布告

　　查战区学生升学预试,经商准黔教育厅,委托本校代办,考试日期定七月廿五、六两日举行,凡在校肄业战区学生学籍未经核准而确实来自战区者均得报考(报考手续由教务处另布),并定每名酌缴考卷邮递等费一千五百元,交出纳组取具收据,以凭应试。

　　此布。

校长欧元怀

副校长王毓祥

三十四年七月十日

秋季始业的话[1]

今天在此地举行本学年度的始业式,时近中秋佳节,桂子花香,我们处此优美环境讲学研究,实值得纪念。这一次的始业,情形特别,大家均极高兴,似乎有喜事的象征。诚然,国家抗战胜利,八年苦斗终于成功,随着胜利要复员回家,真是喜上加喜。

中国说话"时乎不再",西人亦以"光阴潮水不候人"之语为警惕。当此秋高气爽花好月圆之时,正好读书,不好因快乐而忘记正业,所谓"善始者半成功"、"业精于勤",均为我们为学立业的箴言。我们饱尝了八年的战祸,于今痛定思痛,在此半年中,应如何的奋斗,发愤为雄,创造学业,才是我们的中心工作。

八年前我们看得非常清楚,抗战必属长期,故自八一三展开抗战,我们学校便于九月十五日起内迁,此非轻举妄动,乃是有了明确的认识,一部分先到庐山,一部分随到贵阳。虽经二十八、二十九年的大轰炸,但本校在筑七年,仍能安然度过,此不能不感谢王故校长伯群先生。对于内迁,不但最早,而且彻底,使本校能深入支持抗战后方的重镇,进行国家作育人才的工作。因去年筑市的虚惊,搬来赤水,亦为我们远远看到,在这个河边的县城,不久胜利来临,即可顺流而下,直达甜蜜之家——上海梵王渡本校原址——的一天。今在赤水生活轻松,而胜利已经到来,我们更要由欢欣而警惕。

敌人虽已无条件投降,但自其天皇至东条之一群,并未承认自己的错误,仍以为"神权"在支配他们。东久弥宫在议会报告,并未提及悔祸投降,九月二日签字以前几天,尚有日机在东京飞散传单,煽动民众,不服投降,其著名科学家某氏则先切腹自杀,以其不能发明新武器,故不能制胜。一般军人亦归罪于其科学追不上作战,后方赶不及前线。日本兵又曾射击新加坡行将登陆之英舰水兵,一方面却又以神的意旨来掩饰其罪行。这些矛盾的事实,在在说明了日本天皇以至一般军阀根本未能悔祸。我们却不能因为这样胜利而不警惕。同时我们知道,仅仅帮助我们太平洋战事两天的国家,便要了我们许多礼物。苏联已经出卖给日本的铁路,于今胜利,我们照理应该收回,但现在仍为共管。我们更不能忘记,当我们被敌人打得凄惨的时候,而苏联却和日本订定互不侵犯条约。史达林送松冈洋太到火车站,那种亲善的情景,我们应该作何感想?现在苏联对各国都很客气,其原因何在?中央对此国必深谋远虑,决不因小不忍而乱大谋。我们抗战最长,始终不屈,此种精神,实可惊天动地。故我们既得到胜利与光荣,还要持续此胜利与光荣。

---

[1] 原载《大夏周报》,1945 年 10 月 1 日,第 22 卷第 1 期,第 1—2 页。

　　我们在此高兴的开学，不能因为将来可以回甜蜜蜜之家——上海大夏——而忘记一切，我们极应在趁此大好辰光，奋发努力，在赤水最后一学期，我们一定要给赤水留下一个优良的印象。

　　今天的天气非常好，阳光普照，万里无云，使我们很容易想到上海梵王渡，也许他们亦当此花好月圆的季节，正在举行秋季的始业。我们遥祝沪校坚贞不屈的师生健康，更祝大夏大学万岁。

关于公布毕业考试加试科目的通告

查本学期各院系应届毕业生加试主要科目日期经第五十五次校务会议议决定于十二月十、十一、十二日下午在图书馆举行,兹将加试主要科目表公布于后。

仰各知照。

此布

校长欧元怀

副校长王毓祥

三十四年十月卅一日

私立大夏大学三十四年度第一学期毕业考试各院系加试主要科目表

院 别	系 组		加试科目	备 注
文学院	中国文学系		文学概论、历代文选、中国文学史	
	外国语文学系		英文散文及作文、英国文学史、翻译	
	历史社会学系	历史组	中国通史、史学方法、西洋通史	
		社会组	社会学、社会问题、社会思想史	
理学院	数理学系		微积分、微分方程、普通物理	
	化学系		定性分析、普通有机化学、工业化学	
法商学院	会计银行学系	会计组	会计学、经济学、商业数学	
		银行组	货币银行学、会计学、经济学	
	政治经济学系	政治组	政治学、各国政府及政治（即比较政府）、中国政治史	
		经济组	经济学、经济政策、财政学	
	工商管理学系		经济学、工商组织及管理、会计学	
	法律学系		民法总则、刑法总则、宪法	

关于复学者应于开学前到校注册的布告

查本校三十五年春季仍在赤水续办一学期,暨开学及结业日期业经第五十六次校务会议议决通过并已另行布告,凡前受战事影响而辍学与春季课程相衔接者或休学期满之学生有志回校复学者,应于开学前到校注册。

如在校同学知其通讯处者请代函告,除在渝、筑二地登报通告外,合行布告通知。

此布

校长欧元怀

副校长王毓祥

三十四年十一月廿八日

关于三十五年春季学杂费收取标准的布告

一、三十五年春季学杂费经第五十六次校务会议议决仍照三十四年秋季规定缴纳壹万肆千元。

二、代收学校学生自治会费改为五十元。

三、公利互助社费仍收五十元。

以上共收一万四千一百元。

仰各知照。

此布。

校长欧元怀

副校长王毓祥

三十四年十二月廿六日

一个伟人成功的秘诀[1]

去年十二月份的读者文摘(Reader's Digest)有一篇短文,很可宝贵,也很有趣味,本人拟介绍给全体同学,此篇短文亦可作背诵的材料。今天我讲话的内容就是从这短文中提出四个要点,可算是当代一个伟人成功的秘诀。我们知道,麦克阿瑟将军为美国首屈一指的军人,对此次大战,他给全世界的贡献是很大。他的牺牲精神,自有其成功的哲学在,这就是麦克阿瑟将军的座右铭"如何保持青春"(How to stay young)的短文。在麦氏办公桌上放着三个镜框,左边放华盛顿的遗像,右边是林肯德遗像,中央则为 How to stay young 这篇短文。原是一位朋友送给他的,多年陈于他的桌前。读了这篇短文,便可知青春的保持方法。一个人的年龄很轻,但精神可以成为老朽。反之,年龄很老,而其青春的精神亦可依然年青。这就是麦克阿瑟的座右铭中显然的说明了这个正确的观点:

第一,高尚的理想——一个人最怕的是没有高尚的理想,理想与梦想不同,理想是可能实现的,梦想是不能实现的。譬如由重庆可以开公路乘汽车来赤水,这是理想,可以实现的。但若在这条路上,全用黄金来铺盖,这是做不到的梦想。理想是人类内心的公园,例如上海本校附近有一公园,内有假山,人工小河,如地毯一样的草地,异花奇卉和参天的大树在使人感到舒服。我们的理想即是一种令人愉快的公园设备,这种设备就可说是未来的事业。这和理想,可以分作几种:一是利人的,二是既利己又利人,三是利己而不利人,四是利己损人,这是最不好的一种,但只是利己而不利人的也不好,最好的是利己利人,必要时大可牺牲自己以利人。如居里夫人费尽苦心发明医病之镭,有一商人拟将十万美金买了她的专利权,居里夫人不允,因为她以自己的发明,全是为了利于人类,而不是为了金钱的专利,足见其理想之崇高。

第二,进取的精神——有了高尚的理想,就不是可以坐享其成的,而必要进取,才能实现那高尚的理想。也许在进取的过程中会受到危险或牺牲。例如甘地为印度奋斗的精神,可说是进取的。他为民族革命,几次曾有性命的危险。他很可能养尊处优,但他并未享受他个人的幸福。他却为复兴民族而受苦和冒险。由此足见进取的精神是代表实干、苦干,冒危险,不惜为利人而牺牲一切的特质。

第三,乐观的态度——也许在事业上不幸而遭受失败,但心地仍然是乐观的,因为失

---

[1] 该篇系欧校长于二月十八日国父纪念周会中演讲摘要,原载《大夏周报》,1946 年 4 月 1 日,第 22 卷第 9 期,第 1—3 页。

败之后必可获到宝贵的经验或教训,必然更近于成功,所以虽败犹荣。乐观就是年青。反之,悲观就是老朽。我们在赤水船上可以看到船夫那种乐观的精神,他们把载重的船,拖过急流的滩头,他们歌唱,他们不断的说笑,虽然他们的话很粗俗,这是因为他们的辞类太少,除掉那些粗话就不能表达他的情绪。他们的乐观虽不知是从何而来,但对于工作他们是乐观的持续着。工业化的国家,就难看得见这种情绪。他们只有阶级斗争,多一分的工作也不肯多做,下班号一响,各人就溜走了。不像我国的船夫那样兴奋而安逸的乐观。又如我们的领袖自九一八以来,十多年如一日的乐观奋斗着,尤其在七七事变后,虽然很苦,但他一贯都是乐观的,今天我们才能看到他乐观的真价值。

第四,坚强的信念——这差不多是宗教的说法。宗教家对于 faith 不是空的。你尽可说他无聊,但他们无论如何都是有着他们坚强的信心,肯到穷乡僻壤去传教,如在赤水福音堂的几个男女教士,他们虽然几年可以回国走一趟,但他们仍然还来年长月久的住下去的。我们大夏同人,在这里不过一年多就不耐烦了,是什么东西在支配他们呢? 归根结蒂,就是他们有一个信心。如果你自己的自信心失掉,你的一切就完了。

麦克阿瑟的座右铭当然不只这四点,不过我看了他那篇短文,而觉得上述四点很重要,特别加自己的感想提供全体同学参考,并介绍诸君去读他的原文。我已将原文油印,每人送一份。

关于提前征收学费致学生家长的函

敬启者：

查本校本学期开学以来，各院系学生共计一千三百七十四人，每人原缴学杂费三万元，计收四千一百二十二万元。依照本年三月二十四日校务会议所通过之预算，教职员薪水自三月至八月底止六个月共需三千五百零六万零八百八十元，校工工资及米贴共需六百二十万元，两共四千一百二十六万零八百八十元。挪用全部杂费以为薪工，始可勉强平衡。是故行政费用，例如水电文具印刷纸张之消耗，图书体育卫生之设备，理化仪器药品及宿舍校肯具之添置，校舍之修理等，至少亦需五六千万元，均赖校董会及毕业同学另筹专款，以资挹注。政府方面本学期本校沪校，并无分文补助，故学校经济，已感捉襟见肘，支绌万分。负责当局，惨淡维持，心力交瘁。乃自开学迄今，沪市生活指数，又复逐渐高涨，各项物价，俱达战前二千余倍。本校教职员薪给，原按照国立大学薪俸标准，然每人每月所入，亦不过数万元以至十数万元，戋戋收入，何以维生！

目下沪市其他各校，都已征收第二期学杂费以资补救，本校自难例外，而熟视全校员工生活困窘竟苦无睹！当经四月二十八日复校后第四次校务会议全体一致议决，本学期决定征收第二期(最后一次)学费每人二万四千元，俾按照三月份薪工标准，增加教职员薪水及校工工资百分之八十，其不足之数，由学校设法筹措。并规定自即日起至五月十日止，各生须向会计处领缴费单，赴静安寺路戈登路口新华银行或本校中山路校舍之该行分办事处缴费，然后持银行收据至教务处办理第二期注册手续。事非得已，务祈贵家长体念学校处境之艰难，教授生活之困苦，以及子弟求学之重要，惠于合作，曷胜感缪。

至家境清寒实际系无力负担之学生必须请求减免学费之一部或全部者，盼即日由家长或保证人负责正式具函，连同本校清寒贷金申请登记表(由学生向本校总务处索取详填)于五月十日前(逾期无效)交由该生亲向各该院院长申请救济，经本校慎重审核后，自当酌予减免，以示体恤，而免失学。

除已向教育部呈请备案并布告周知外，特此函达，即希台詧为荷。

此致贵家长

上海大夏大学校长欧元怀

副校长王毓祥

三十五年五月一日

关于程维贤询问胡宗铎[1]之子入学情况的复函

维贤吾兄惠鉴：

接奉手示，敬悉种切。胡上将公子晓峰昆仲二人参加入学考试，成绩尚佳，业已取录，并已注册入学矣。

知关注念，特以奉复，并颂大安。

十月十八[2]

附：程维贤关于请求收录胡晓铎的函

元公校长尊在：

月前崇驾来京，以事羁，致疏招待，甚歉！

嘱办之件已与主管科商谈，现正签请中，结果再另奉告。

又胡上将宗铎公子（胡晓铎）前承允设法收录，至感！顷得胡先生自牯来信，据谓其公子已遵照吾公指示报考贵校，胡君问学情殷，务乞准予入学以免失学，不胜感祷！琐事烦神，尚希亮詧是幸！

敬颂道安。

晚程维贤敬启

十、十一[3]

---

[1] 胡宗铎（1892—1962），字今予，湖北黄梅人，国民政府陆军中将。其两个儿子胡晓铎（入读大夏大学数理系，后转学金陵大学）、胡晓愚（1928年生，大夏大学化学系毕业，曾任兰州大学生物系生物化学教研室主任）1946年同时进入大夏大学。

[2] 1946年10月18日。

[3] 1946年10月11日。

认清环境、力求进步、加强合作[1]

诸位同事,诸位同学:

今天举行本学期开学典礼,这是大夏校史上一件值得大书特书的事情,过去十年,敌人将我们这种盛大的聚会剥夺了,过去虽在庐山、贵阳、赤水和上海我们仍继续教学,但像今天这样几近二千人的大会,却没有举行过。胜利带给我们欢笑与幸福,今天我们复员的工作又能告圆满完成,黔沪两部的师生相聚一堂,精诚团结,这是十年来破天荒第一次的大团圆。

黔校师生及公物全部到校,最后一条复员船前天到南京,今天赶到参加盛会,这使得我们无限的兴奋。在复员期中,许多机关学校物散人亡,我们却坐在小得可怜的轮驳,经了一月半的旅程,终于平安地到达了。在这期间,我们天天祷告与怀念,竟得侥天之幸,从今天要我们合一了。以后不但是物理上的结合,而且是化学上的结合,精诚团结,永不分开。

在快乐与兴奋之余,谨提出了三点意见以互勉:

一、认清环境

十年前,我们的大夏有黄金的时代,巍峨校舍,大小建筑不下二十座,现在大夏新村三十余所教职员住宅,尚不在内。校舍虽一半以上被毁,但仅留下的校舍与图书仪器已是极可观的校产。我们有优良的物质环境,广大的基地,校河的幽美,相当充实的设备……这些成为我们大夏深厚的基础。前几天来了几位贵宾,羡慕不止,故今后加上我们大家的努力,前途极可乐观。上海有很多的专家,有很多的文化机关,国内外的书籍……都是近水楼台有尽先享受的机会。环境太好了,我们要认清,我们要利用它。今天国家的环境距吾人之理想太远,需青年们加紧警惕,国家已是五强之一,我们该大家努力,建立名副其实的强大国家。

二、力求进步

抗战期中,因环境特殊,全国各级学校程度都低落了;我们应在这时期急起直追,特别用功,多加研究,再不能象沦陷时代的那种散漫与不安。现在群贤堂三楼所有教室,都改为自修室,装置日光灯,与在赤水时期的用菜油灯相比,差了几个世纪,故宜于优良的设备下,努力自修,充实学问。物质方面今后要随时加以建设,做好日新月异的境地。惟

---

[1]　原载《大夏周报》,1946 年 11 月 15 日,第 23 卷第 1 期,第 3 页。

大破坏以后，兴华正多，目前校舍部分正分期添建，大礼堂业已落成，暂兼膳厅及篮球房之用，可说三位一体，一物三用，不久将来当有一番好消息，正在具体化之中。学校既时时求新，刻刻求进，故个人与学校全体力求进步，使大夏成为像样子的高等学府。

三、加强合作

大夏二十二年半中进步到现在，唯一的法宝就是"师生合作"。翻开学校的历史，有光荣的全页，我们要重视与爱护，我们要加强过去"迎头赶上""急起直追"的精神。

在过去的几年中，学校虽穷，但有师生合作的宝贝；目前各方面的生活尚感舒适，不久的将来，或另有房子可供利用，而各地的校友与在校服务的毕业同学，都极帮忙；诸同学在校的日子仅短短的四年，要处处表现同学与同学间的合作，教授与教授的合作，同学与学校的合作，然后汇为大夏的全面合作，学校既有决心办好学校，应要求同仁和同学全体的合作。

王故校长伯群先生为大夏"鞠躬尽瘁，死而后已"，故新建礼堂拟定名为"思群堂"，届时当请王氏家属来校揭幕，以表示学校对巨人之永久不忘。

——三十五年十月二十八日补行开学典礼时

关于向谷正伦[1]推荐叶玉岩[2]的函

纪常部长先生赐鉴：

久违教益，想念为劳。近悉我公荣膺特命，出长粮部，从兹鸿猷丕著，闻望日隆，良深贺忱。

敝校由赤水复员至上海，业经竣事。开学上课亦已兼旬，校务进行尚称顺利，差堪奉慰。弟在贵省从事教育作达九年，印象至深。此次复员归来，不胜依依。

兹有敝校毕业生叶玉岩君服务教育界历有年所，学识经验两俱丰富，前长省立安顺中学六年，成绩卓著，贡献良多，当在洞察之中。最近叶君辞去安中校长职务，复员至京，函欲追随左右，藉供驱策。我公接篆伊始，需人孔多，如叶君者素承奖掖，用敢专函介谒，敬祈惠赐提携，安插位置，感受同深。

专肃，敬颂公绥。

怀

十一月一日[3]

---

[1] 谷正伦（1889—1953），字纪常，贵州安顺人。时任国民政府粮食部部长。

[2] 叶玉岩（1909—?），福建南平人，1939 年毕业于大夏大学教育行政专业，1941—1946年曾任贵州安顺中学校长。

[3] 1946 年 11 月 1 日。

光荣的校史[1]

今天为本学期第一次纪念周会,现在,报告我们大夏的校史,俾各同学有所认识。

大夏创办迄今有二十二年半的历史,在中国的各大学中历史亦并不算短,创办时在座的同学中有的还未出世,有的则仅在孩提时代,在以往的时日,大夏与各位同学同在一个时间内长大的。

大夏的校史,可分四个时期:

一、创办时期

民国十三年夏,福建厦门大学忽起巨大的学潮,在六月一日那一天,校方把几个学生打得头破血流,激起了许多学生义愤,并宣誓不再回校,一面请求在校九位教授至上海另创办大学为彼辈继续读书。"大夏"乃"厦大"之沿革,而去其地方性之"厦",为华"夏"之夏,表示乃大中华国族之学府。这九位教授中本人和副校长祉伟先生亦在其内。初至上海时,吾人一无所有,毫无凭籍,后租定前法租界贝谛鏖路美仁里二十四号一楼一底之民房为大夏筹备处,而二房东住在楼下客堂,因彼吸食鸦片,大门紧闭不开,而楼上即为大夏筹备处;出入须走后门。后于小沙渡路,租得三〇一号三楼三底小洋房为教室,劳勃生路致和里为宿舍,开始招生上课,学生二百多,但这九位教授中谁也不愿意担任校长,乃组织校务执行委员会,开中国大学行政委员会制之先河;时适马君武先生隐居吴淞躬耕,校董会乃请马先生出任大夏校长,并推王伯群先生为董事长。马博士为中国学术界之权威,但以我们的热忱感动了他,竟慨然应允,由于马博士之博学与苦学精神,大夏学术研究之风气遂以建立,我们并以"三苦精神""师生合作"互勉。是时上海的大学有四十四校之多,参差不齐,时人亦曾以"野鸡大学"之头衔加诸大夏身上;但不到一年,社会上观感全变,已刮目相看了。第二年即十四年五月三十日以后,大夏学生参加"五卅"惨案民族解放运动之宣传,被捕甚多,致为帝国主义之爪牙所不满,工部局竟勒令大夏于二十四小时内迁移出境,那时校具简单,凭着学生的自动,仅以三板车搬移一空,搬到了胶州路槟榔路潘园,遂计划自造三层口字形校舍,连运动场占地仅十余亩,秋季开学,学生增至五百人以上,此时大夏逢凶化吉,履险如夷,创办虽只一年,而猛进精神,大有一日千里之慨。

二、发展时期

自十四年秋至二十六年全面抗战的阶段可说是大夏的发展时期。十四年胶州路自

---

[1] 原载《大夏周报》,1946年11月15日,第23卷第1期,第1—2页。

建校舍,底层为办公室,图书馆,礼堂,实验室等,二楼为课室,三楼为男生宿舍,并在劳勃生路致和里租民房十余幢为教职员宿舍,后在校舍附近另建女生宿舍,请了许多的名教授,如现任光华大学校长的朱经农先生,沪江大学的前故校长刘湛恩先生,国立暨南大学的前故校长何炳松先生,现任清华大学教务长吴泽霖先生,现任苏宁分署署长郑通和先生……及文化界名作家郭沫若、田汉诸先生,在那座房子里做了许多的"文章"。凭着师生的合作,校誉日起,而"野鸡"亦一蹴而为"凤凰"了。到十八年时,学生已达千人,校舍不能容纳,马校长于十五年北上就北平工大校长,校董会推行推选董事长王伯群先生兼校长,王校长任职后,大夏物质的基础遂而奠定。十六年教育部派员视察认为办理成绩优良正式批准立案,十八年选择中山路本校现址为校基,是年夏马君武、王祉伟二先生及元怀同往马来半岛募捐建筑新校舍,经了数年的努力,渐渐凑买了地校三百余亩,自十八年开始建筑,十九年春搬此,除现存群贤堂、群策斋及图书馆外,尚有男同学宿舍群力斋,女同学宿舍群英斋,及各种工场、实验室、大礼堂、膳厅、体育馆、疗养室等,并在校场内另造中学部全部学舍,真所谓崇楼杰阁,美轮美奂。二十五年度大学部学生一千五百人,中学部七百人,济济一堂,极一时之盛。大学部分文、理、教、法、商五学院及师范、体育二专修科,校外各种正当活动均有本校教授及学生参加并领导。迨八一三全面抗战,本校乃奉令西迁。

三、蒙难时期

七七事变后,主席在庐山召开谈话会,本人与王故校长及吴泽霖教授均被邀前往参加,乃知道政府抗战的决心,返校后亟整装运公物准备内迁。本人九月半循苏嘉公路至京,其时王故校长尚留首都,乃商洽与光华、复旦、大同联合内迁,事为教育部前部长王世杰先生所赞许,嗣后光华、大同未及迁移,于是与复旦合组联合大学第一部于庐山,设立第二部于贵阳。人事的配合,至饶趣味。第一部的校长为复旦校长钱新之先生,副校长为吴南轩先生,教务长为本校文学院院长吴泽霖先生;第二部的校长为本校王故校长,副校长即为本人,教务长即现任复旦校长章益先生。迨沪京沦陷,第一部迁至重庆时以交通不便,遂于二十七年四月间联大假贵州桐梓开会决定复旦大夏分设:复旦设重庆,大夏仍设贵阳。同年夏天,大夏复校,六月一日会举行盛大校庆。我们大夏之未损元气,当佩服王故校长之远大眼光。我们至贵阳后,对西南文化教育贡献甚大。三十年教育部曾并请行政院改为国立贵州大学,旋因校董会校友会坚决反对仍维原校名维私立性质。三十三年冬,黔南局势紧张,贵阳因而混乱,大夏又奉令安全地点。王故校长是时已感劳瘁,但对吾校再度作有眼光之决定,迁至黔北赤水。该地生活费用低廉,赤水河通长江,可顺流而下。彼时本人因主持贵州教育,校务未能多顾,曾于校长力疾遄赴陪都之日,赶往送行,见校长亲自打卷行李,生活之困顿可知,且以筑交通极度困难,沿途劳顿过甚,至陪都后,校长病势转剧,医药罔效,痛于十二月二十夜半与世长辞,斯为吾校内迁时期极大之损失。时校董会在渝开会,推选本人为校长,祉伟先生为副校长,虽值学校前途荆棘正多,但义不容辞,不能不负起艰巨之责任,乃辞去教育厅长职。至赤水时,途中装运先后达四月之久,幸人与物均未损害,遂于三十四年三月在赤水复校。在过去三学期中,王副校长与本人费尽心血,终抱着"能屈能伸"之情神在黔边苦渡难关。然于赤水之贡献颇大,特别是籍收音机之力量作迅速之时速报导,予地方父老以极度之兴奋,此以赤水在过去经一周后方能看到报纸。故去年校庆时,全县老百姓来参加者极多,校庆变成了"县庆"。敌人投降时,本校全体师生即日半夜到老百姓家中挨户打门召唤他们参加胜利之大庆祝。

三十五年三月半至九月半,本人为筹备复员在渝设立办理处,因交通困难,备尝生平之至苦。后经决定员生分由西北及西南公路东下,最后又包雇轮驳三艘运载员生及公物,所幸均已安全到校。二十六年搬出之公物全部运回且增加了许多新添的校产,这该为学校之"校宝",依现价估值,则十万万元都不能买到。

抗战时期本校上海部分在重华新村办理,二十七年请鲁教务长由黔返沪主持后,他和吴浩然、邵家麟诸先生与敌伪周旋,始终不屈,难能可贵,故大夏虽在蒙难时期弦歌不辍,未受丝毫污点。

四、复兴时期

五、现在,本校该为复兴时候了。敌伪产业处理局已将本校毗邻之丽园农场拨归本校保管使用,今后建设工作亟待开展。当校史写上第四时期之新页时,希望大家觅取助力建设新大夏。我们不仅要恢复过去之光荣,并且要创造成为国内最佳大学之一。愿与全体同仁同学共同努力,完成这高尚的使命。

——民国三十五年十一月四日纪念周

关于林永熙[1]办理成绩证明的复函

永熙同学台鉴：

前接十月十五日手书，备悉种切。嘱发历年成绩单，因是时本校由贵州赤水复员至沪，所有卷宗尚未运到学校。兹已办妥，特随函附来，即希查收为荷。

专复，并颂时绥。

怀

12/3[2]

附：林永熙关于请求发给成绩证明的函

愧安校长夫子钧鉴：

谨启者。查上学期曾上芜函，谅经邀览。旋以仙人排菁，酿成学潮，钟瑛辞职调长厦中，生等亦分别返菁服务。适蓝锵由平返闽，教厅委长莆中，力聘生主教务。比年以来，工作单调，乏善奚告，羞懒奚似！

兹有恳者，查生前在母校肄业时历期各科成绩尚属优良，刻为核叙薪级起见，拟请母校发给历年成绩单乙纸，以资应用（毕业成绩在八十分以上者得进一二级支薪），原评成绩为一等或二等者请改用百分法登记或注明某等等于若干分，各学期应有总平均数。生系廿二年八月入学，至廿四年七月在师专科毕业，廿四年八月至廿六年七月在教育学院行政系毕业，学号为四二七七。恳请饬办寄下，不胜感祷。

专此，敬请教祺。

受业林永熙谨上

十月十五日[3]

地址：福建省立莆田中学

---

[1] 林永熙（1907—1994），字缉文，福建莆田人。1937年大夏大学教育行政系毕业，长期从事基层教育工作。

[2] 1946年12月3日。

[3] 1946年10月15日。

新年三愿[1]

今天大家非常快乐，大礼堂内喜气洋洋，座前女同学穿着红衣服，而许多男同学也围着红围巾，昨天阴霾满布，今天阳光普照，万象更新，这是欢迎新年，庆祝中华民国成立的日子，庆祝我们中国立国五千年第一次宪法颁布的日子。昨晚上依向例外国的各娱乐场狂欢达旦，哄闹到马路上，当最高的钟指着十二时零一秒时，一九四七年的炬光出现了，大家仰着头对这景象狂呼，但我们中国庆祝农历的新年则颇热闹，这是时间的问题。

新年是应庆祝的，我们应望前看，望光明看，望乐观看；昨天的譬如乌云蔽天，今天则旭日当头，故不论我青年心理如何，均应为国家贡献我们的才能，合力同心，使国家朝光明及有希望的路上走。

第二的意义为庆祝宪法的颁布。我国历史上，每次的内战，如云南起义、广州护法等运动均为制宪发动，民国成立了已三十五年，这次经过全民的努力制成了宪法，虽然国大会议中民盟及共产党没有参加，但此次通过的宪法是依政治协商会议的原则通过的，可说是全国的民意。今天我们应该骄傲，我们的大国家有了宪法了，今后一切事项均可以此衡量，这是一件划时代的大业。

学校此次举行团拜，实为节省时间。当兹国家颁布宪法之日，个人表示三个愿望：

一、希望宪法付诸实施。宪法为国家大法，有了大法，施政有所遵循，人民有了合法的保障。如宪法不能实施，将来的纠纷愈多。

二、希望中央政府有各党派参加。国民党既已结束训政，还政于民，民盟及共产党应以国家第一，民族在上，毅然顾全人民的福利；并希望国民党作最大的让步，俾民盟及共党参加，藉便政府的机构众才兼收，发挥政治的功能。

三、大夏在这一年，希望能有崭新的建设。第一座房子为群英斋，春季即可动工；秋季添盖教职员宿舍，及充实理工学院及图书馆的设备。一个大学虽有赖于物质，亦当添醴饱学专家领导研究，并拟出版种种学术上的刊物。过去，大夏的女生宿舍颇极富丽堂皇，现舍址前边疏林曲径之遗迹尚在，故从前得有雅号"西宫"之称。现在女宿舍建筑费约需五六万万，校方已接洽颇有头绪，这座房子重盖时不愿再像皇宫与西宫，相当平民化，以坚固朴实为主。现在是民主的时代，应打倒皇宫与皇后。希望大家帮助学校，使学校日有进展，然后希望你们"母亲的"学校。

---

[1]　原载《大夏周报》，1947年1月15日，第23卷第5期，第2页。

关于请上海市统一奖学金委员会核发邵振民奖学金的函[1]

迳启者:

　　兹据敝校教育学院四年级学生邵振民函陈于三十年八月请假停学担任本市比德小学教职,嗣于本年暑期应试复学,因家境清寒申请奖学金,而上年度无学业成绩,未曾列入,请予转函证明,俾便核发以济贫困等情,查该生所称各节确系实情,贵会奖学金如有余额,至请酌予核给,以惠清寒,无任感荷。

　　此致上海市统一奖学金委员会

欧○○

---

[1]　1947 年秋。

欢迎校友返校[1]

校友返校,时刻在欢迎之中,今天面对着校友节,更欢迎校友返校。

首先,我得表示很重视这一个纪念节日,因为站在校友与学校的两方面说,这个意义的深长为众所周知的。

秋天是一个朗爽的季候,我们大家相聚在这一个佳节里,彼此都是心旷神怡当各位跨进了母校的校门,三座新建的校舍已在复员后呈现了。

本校自复员发来,赖同仁与同学之合作,在安定中求进步,在实际上求发展,本期在学学生已突破历年人数,但学校在现实情形之中并没有留恋于学生人数多寡,暑假前曾将成绩低劣者予以淘汰了将近二百,这就说明我们的学校在提高学生的素质;图书与仪器之设备,亦在日增月累之中。

但一个大学的教育成功与否,完全看着我们的毕业校友服务于国家社会的贡献,凭着所受的教育以发展个人的才智从而表现其优良的成绩,为母校争光,毕业的校友中有少卓越优异之士,领导社会各阶层向前奋斗,如今我们学校的基础稳实,在中国的各大学中的历史亦颇悠长,只要配合校友的爱助,我们的大夏即更可飞跃性的发展。

可是,我们有不可讳言的缺陷,我们的校友与学校之间及校友与校友之间,仍缺乏严密的联系,仍如散沙,没有黏合的胶着性,这在学校与校友个人前途均为莫大的损失。

我们的学校虽已相当庞大,但我们的学校是穷的;亦正因为庞大,耗费实在惊人,我们在校的同学大多数是清寒的,我们已尽量做到比其他私立大学收费减低,而在校用膳的一千六百余人的膳费,学校还要为他们增加许多设备,本学期开学以来,添造了女生宿舍一座,男生宿舍二座,因为学校经济的困难,所以建筑不能如过去的堂皇,我们正盼望校友予以多面的协助与捐款,所幸我们的校地广阔,校友私人或各地同学会,如能自行设计划地分配建造馆舍以留纪念,以垂千秋,使你们的母校迅速地恢复图书馆、科学馆、体育馆、疗养馆、大膳厅、宿舍、工场……成为较合理想的大学,则所受惠的非仅本校而已!同时也盼望各校友运用自己各方面的关系,鼓励各界人士多多协助。

一件事业的成功,是集合大家团结的力量,私立大学有其传统的优点,师友之间的情谊永久,制度与人事亦少变更,此种精神,远非公立的随人存废可比。我们是"才"与"力"的总和,而公立的机关难免以人事的掣肘发生"力"灭"力"的现象;即以英美的大学而论,

---

[1]　原载《大夏周报》,1947 年 11 月 9 日,第 24 卷第 5 期,第 3 页。

大都私立的大学能发挥教育的功能,学术自由的风气特盛,故名流学者类皆出其门下,推其发达的原因,当由于社会人士及校友之爱护,我们的大夏立校以来,勤教勤学,博得社会之赞誉,精神与物质可说受赐颇多,但我们的校友中"有心爱校""无力助校"者大有人在,学校于此等校友同表无穷之关怀与感谢。

第一届校友节,是校友与母校一个珍贵的日子,在这一个节日里,使我们想到离母校较远或很远的校友们,我相信他们思念母校之心更切,可是事实上不能使他们有一次返校的机会,学校对他们也有说不尽的关怀,我们将觅取机会使我们所有的校友共聚一堂,来一次空前的大团聚,这正是一件极有价值的。

在二十四个年岁里,我们的学校迁移了七次,第八次的迁移随着胜利复员,这中间经了多少的磨折困厄,今天,在宪政实施的前夕奠定校友集体返校的第一幕,我们精彩的表演当寄放在和平统一民主的明天。

我怎样求学的[1]

我是一八九三年生于福建莆田,第二年即为甲午战争,生命的开头就碰着了国难,几十年来,我的命运与国家的命运同被战争的气氛笼罩着。

我虽然出生书香门第,但家徒四壁,一贫如洗,先父是一个穷秀才,为了准备考举人,除了自己研读以外,并至各地做家馆私塾的教师,我六岁进邻居私塾,八岁随先父至江口镇进私塾,后又至涵江镇家馆,我虽生长在城里,但因年幼时在乡镇读书,故从小就熟悉乡间的情形。

六岁至十一岁,是我的私塾时代,但不幸,正在十一岁那年,先母去世,从此,我更走向艰难的苦境中;我十一岁的那年曾经参加秀才考试,故科举制度中的考场情形亦曾看到。

自一九〇一年辛丑条约后,国内维新运动勃起,家乡第一个官立小学堂在我十二岁(一九〇四年)时设立,莆田县知事亲自主考,考题是《"而志于学"义》,我去应试,幸而录取,学校在城里凤山寺,校门口挂着"学堂重地,闲人免进"的虎头牌;开学之日,地方长官及士绅老师等都穿满清官制礼服,冠盖云集,琳琅满目,主持学堂者为老举人、做过吏部主事的张介安先生,他任的是监督名义。第一天拜孔盛典,有一位教体操的先生袖口镶着三条金边担任司仪,这个隆重的典礼,给我以极深刻的印象。小学堂里共八十学生,分甲乙二班,开学的第一天以考试成绩评定的,其题目为《孟子见梁惠王论》,如现在交卷,我定交了白卷,但当时发榜后名列甲班。学堂虽具新型,而教授仍未脱科举时代方法,个别至老师身旁的;校中设备极简单,桌椅均由学生自备,后来张监督的公子左如先生自东洋留学回来,功课方面添有卫生理化博物等科,校务措施,焕然一新,始有现代学校之模型。那时,城里设有私立砺青小学,比官立小学办得更有精神,功课的分科亦较繁多,后经两校商量合并,改名为官立砺青小学堂,由名举人林翰出任校长,两校人才集中,名师荟萃。学堂初期的学生全是男性,绝未有女性入学。自图画教师的小姐入学后,社会上引为奇闻,市民列队在街上观看这绝无仅有的女学生。我在小学时代,家庭生活最苦,依曾祖母为生,每天早起,自己烧饭,打扫,洗衣,梳自己的辫子,出门时用拉绳子的方法关

---

[1]　本篇是 1948 年 4 月 24 日在上海广播电台的演讲词,其时,上海国民教育实验区每周六聘请名人专家作同题演讲。欧校长在 4 月 19 日周会上已先向大夏同学演讲。原载《读书通讯》,1948 年 6 月 25 日,第 159 期,第 5—6 页。

上家里的大门,以免老人家为我早起;每天烧两次饭,中饭则吃早餐余饭,以致幼时即患胃疾,痛时每在地上打滚,同时将自己的破旧房子用纸糊上,以顺应曾祖母的好洁,工作虽忙,亦不以为苦;但最苦的是无钱买教科书,依先父之意,借了同学的书手抄,兼为习字。

一九〇八年,小学堂毕业时,四书都已读完,诗经与尚书亦曾读毕,并已学习笔算、英文、中外史地、博物、卫生、理化、修身等科,毕业考时,总考以上各科全部,毕业班停课半年,让学生温习旧课,全班淘汰只剩四十人,还要到省城会考,结果一榜及第。我自小学毕业后,新的痛苦又复开始,当小学将毕业时,先父要我学织布,毕业后又要我至小学教书,均为我坚强之读书欲所冲破。

宣统元年正月初三,我借旅费至福州投考省立师范,初五抵达时,该校都已提前考过,藉此排挤外县学生,于是只得回乡请小学的英文教师代为设法入教会学校,经绍介至本乡哲理中西学校,该校校长为美国人,以中国人为监院,经考试后,学费全免,课本向校借用,但膳食尚无着落,乃助学校书记抄写讲义,每月得报酬二元足供伙食。至此,升学问题解决,为生平一大转折;同班中三四十人,读了一年,渐被淘汰或辍学,一班中仅剩我一人,学校当局以一人不能开班,嘱我附入三年级肄业,五年制的课程,我四年修完,考试成绩在该班也并不落人后。

中学毕业时,先父已在哲理附设小学教书,他老人家又要我至社会做事,但中学里的美国教师都劝我入福音书院进修。当时,有一位美国新到教士,他教我英文,我教他中文及本地话,如此经过二年,我的英文程度大有进步,得师友之资助,决定赴美留学。一九一四年随佳尔逊老师至福州办理留美护照,因患沙眼,未能通过;一九一五年又随郜温柔老师赴美入干萨斯州西南大学,因英文程度不够,校方嘱随英文教师补习,我在她家中每日服务二小时,在刈草洗扫等工作,故在第一学期结束时,英文已无问题;在西南大学读三年半,以三个暑期补足一学期。大学时期,半工半读,我曾先后为人摘樱桃,为杂货店送货员,为校中办公室发信,为农家割麦,文武粗细,风味均尝。当在西南大学时,共四个中国学生,曾合租一陋室,水电设备俱无,扫、烧、打水,轮流担任。今日所烧之柴,由轮值者先一日预备。冬日洗脸,浮冰块块,此中全凭着个人之相当抱负与坚强意志乃得克服此一厄闲。在西南大学研习时,我以生物学为主系,教育为副系。

一九一八年六月毕业西南大学,仅余美金五元,但心中很想进研究院,苦于无力继续读书,恰巧大学附近有一教堂被火焚,而美国当时因参加第一次大战,工资昂贵,我遂设法前往新造教堂地方做了搬砖的工人,做了二星期的工,旅费已有着落,立刻想去芝加哥过夏做工并向哥伦比亚大学的师范学院申请入学。我去东方路经爱荷华州,佳尔逊老师为我介绍到他的亲戚达霖先生处拜访。达霖是个瘫废的人,和他初次见面时作了一夕长谈,他将平生艰难奋斗之情形与成功之秘诀,一一见告,给我极大的鼓励,他留我在他的汽车行中做工。过了夏天,我学会了修车开车,星期一至星期六做工,每至礼拜天,我穿上整齐衣服到附近乡镇去讲演,也得了不少收入,暑期满后,已获得五百多差不多,遂动身去纽约。

到纽约时,没有一个熟识的人,我进哥大师范学院教育行政系,缴费入学后,尚有二百多美金存学生银行。但哥大此时因美国参加欧战之故将宿舍改为兵营,外国学生不能居住,我和陈鹤琴同学等另租房屋组织 China House,陈为主任,我为副主任,稍有收入,但仍不足维持生活。于是另在幻灯影片公司画幻灯片,一般人每小时画一张,我则二小时画三张,收入殊不恶,工作可带回在课余做。不料欧战停止的那天,眼疾突发,故从此不再画了。

哥伦比亚大学留学时期的欧元怀

一九一九年,我应一个教育电影公司的聘请做编辑部副主任,每日上午上课下午往公司做事,每月报酬为一百元美金,我的生活从此好转。在该电影公司做编译工作达三年之久,我因系苦学生出身,生活俭朴已惯,故当时尚有余力借助他人。

在纽约四年(一九一八——一九二二)在师范学院专习教育行政、教育心理、儿童学、乡村教育等科,我对课外活动,相当有兴趣,曾任哥伦比亚师范学院中国学生会二任会长。当时国内正推行注音字母,我在纽约时即加学习,后来主办注音字母班训练侨胞学习国语。在这个时候,还有一次小插曲。在纽约中国学生会组织剧团为华北灾荒筹款,曾由张彭春先生编"木兰从军"一剧,由洪深先生导演,我在这个剧团中担任"和尚"角色,曾至各地公演,我并往美国中部募捐,当劝募团至华盛顿时,哈定总统在白宫欢迎我们,我们也捐募了不少钱给华北灾民。

民国十一年夏返国,曾受北平师范学院及北京大学聘书,后来到上海却受了厦门大学的聘。十三年夏起,和朋友共同创办大夏大学,因为生平至苦,所以提倡三苦精神,即学生苦学,教授苦教,职员苦干。

关于学生前往指定银行缴费的布告

查秋季学期学生应缴各费业经布告在卷，兹定于九月一日起开始缴费，希新旧各同学于是日起向会计室领取缴费单前往下列各指定银行缴费，凡经训导处核定住校学生缴费后即可入校住宿。希各知照。

此布

校长欧元怀

副校长王毓祥

民国三十七年八月廿六日

大陆银行——总行在九江路江西路东首，南京西路卡德路口分行

金城银行——总行在江西路汉口路南首，静安寺愚园路口分行

新华银行——总行在九江路江西路，南京西路江宁路口分行

通惠商业银行——天津路山西路口

聚康银行——中正东路九十七号

秋季开学三句话[1]

经漫长之暑假,本校如期开课序幕,诸同学亦如期到校,凉秋序幕,天高气爽,本校地处沪西郊外,有优越环境条件,值此读书季节,择数要语为同学告。

一为把握现实:现实为我们日常生活的具体总和,为过去生活经验之继承,未来生活之起点,我们应把握这个宝贵的时间,以及这个时间所赋予我们的意义;因为一个人倘不着重现实生活,徒憧憬于将来,或咀嚼于过去,浪费眼前之精力,则生命不仅毫无所成,且将陷入于空虚渺茫之苦域,青年人血气方刚,创造力强,可塑性大,光明的前途在等待每个青年人,若是我们本身没有力量去迎接,即使最理想的社会到来时,仍不能发挥自己,也无从发挥自己,这因为能力的培养是一点一滴的经验积累,而宝贵有用的经验的获得,全凭不放弃现实而长成,所以,把握现实为成功的基石,我们应重视这一基石。

二为注重研究:大学教育为学校教育之最后阶段,一切学问重在自由研究,有人以为我国中小学教育为填鸭式的教育,缺乏启发与创造,被动过多,致青年丧失自动习惯,此在多数学者及青年本身均引为不满,但有许多青年在受所谓"填鸭式"的教育时表示反对,而在可以自由研究的阶段时又任意放浪,此种情形,急应自我检讨,自我纠正。本校向着重同学学术研究,故于图书设备方面力求添购,凡每一本可读之书,虽在经济困厄之下,仍设法购置,图书馆于每学期开学之始,即向各教授征求开列购书目录,尽速采购,至于外文书籍杂志因一时购买外汇不易,仍竭力设法争取,上期美国援华会美国新闻处英国文化委员会赠大量书籍即为一例,阅览室与参考室亦将本市所有报纸杂志陈列,开架以供便利,本期新图书馆已动工,寒假前定可落成,我将提倡各同学于课内作业及注意健康之外,每日前往新图书馆,该馆建筑可同时容纳千人,足见学校方面于各同学之学业研究十分重视。

三为理性之培养:各同学攻读于大学阶段,智力均已达成熟时期,情感冲动应化为理智之启发,一种运动,应预期其是否可能,举例言之,私立学校经费困难,大部取之同学,即学校顾全同学之负担仅能比照各私立大学,设法稍为减低,故本期学杂费已较本市任何私立大学为低,并尽量扩充奖学金及设法使伙食方面低廉,多数员生住校,处此国家财政困难之日,私立大学之存在自可补公立之不足,国家财政绝无法接收私立大学增加若

---

[1]　原载《大夏周报》,1948年10月25日,第25卷第1期,第1页。

大之负担,我全体员生,要本苦学苦教苦干之立校精神,体念时艰,推诚合作造成良好校风与坚固校基,人人都有责任。

现阶段时局仍在动荡,政府一再声明维持治安,稳定秩序,青年应守求学之本位,勿以身尝法,各位同学之家长当亦希望各位平安进步,一如学校者然,开课伊始,用致数语以勉。

写在第二届校友节[1]

本校校庆节到今天恰是周年,在历史方面说不长,在意义方面说是值得十分重视的。

我们知道周岁孩子每被亲朋庆贺,这因为周岁的孩子正值学步的开始,为一个人昂头起步的时期,表现生命独立的意义。本校校友节新届一周年,在各校友的爱护之下必有光明开展的前途。

还记得第一届校友节的时候,女生宿舍新英斋正在群英斋的废墟上竖立完工,群英桥也在那时剪彩,今天第二届校友节日,新力斋及教职员新宿舍已落成,新图书馆适赶工建造中,娘家的兴旺,当为出嫁的姊妹们所乐观,更何况有一部分的出嫁姊妹们曾为新图书馆尽其或多或少的捐献。

一个事业的成功,有赖于群体的维护与爱戴,目前的社会,决没有孤立发展的可能,我们大夏的光荣生命就是群策群力的具体例证,校友节便是校友间团结的具体表现,由于爱校精神的发挥,促进同学情谊的永固,但是检讨我们校友间及校友与同学会间的联系仍欠密切,校友与母校间的关系也还是松懈得很,于此,我们更觉得校友节的意义是极深长的。

在以往的日子里,有不少的校友向母校寻找校友的协助,也有不少的校友寻求适宜的工作,我们正惭愧自己不能将"人"与"事"作妥善的调配,这个原因是母校没有清楚认识各校友的擅长,因而有"有事无人,有人无事"的脱节现象,为了这种原因,我们要补救过去的缺陷,今后彼此严密的联系是应加紧的。

首先,我们要健全毕业同学会的组织,毕业同学会是校友组织的核心,要是这个核心的自身不健全,那各个细胞均无从作有机体的结合;希望各地已有校友会或毕业同学会组织的,经常加强联系,特别是上海的毕业同学会更应在组织方面加强,母校曾拨南京西路重华新村旧办公处房屋二大间为毕业同学会应用,一面可作为上海诸校友集会之需,一面并可为远道来沪无处住宿者为临时暂居之用,解决校友之困难,故以后毕业同学会如何才能改进工作,各校友均有责任,务使此种组织成为节节相通,首尾相贯之机体。

毕业校友之中,有的已有卓著之事业,有的在学问方面获得社会之推崇,有的在政治方面具有基础,中国之大,而每一都市城乡之中都有我们的校友服务其间,领导各部门的工作;也有的沟通国际间的文化教育,为世界人类尽其理想;故母校在立校二十四周年又

---

[1]　原载《大夏周报》,1948 年 11 月 7 日,第 25 卷第 2 期,第 1 页。

半以来,于世界及国家均有贡献;此种贡献,即表现在各校友服务之成绩与学术之阐扬;我们要使在学术界方面获有崇高之地位,以及工作机会之广泛开展,那末母校的发展前途与校友之前途相关至切;同样地,校友的成就亦是增加母校的光辉,母校与毕业校友间其荣辱;所以,母校希望每一校友能有成功与成就,而每一校友亦希望母校蒸蒸日上,凭着这种休戚相共的精神,校友节当予我们有方之启示。

我们的大夏,在遍地麟伤中复员。两年以来,物质的建设与时俱进,但仍与战前相差至巨,诸如科学馆,体育馆仍未恢复,男女生宿舍不敷应用且距理想太远,群力斋仍无力复建,教职员宿舍亦亟须添造,凡此,均为母校所当致力者;本学期学生人数三千七百〇五人,突破历年来之人数,而投考者亦异常踊跃,录取比例极低,足见社会人士重视母校,今后,我们当在质上更求充实,使每一毕业学生皆能成为最优秀之建国人才,仍希校友协力。

娘家是私立的大学,传统的情谊将永远胶着我们师生之间的情感,我们须知大夏的将来,仍属于大夏的儿女,假如我们着眼于大夏的创造合作精神与自强不息的校训,我们就知道地不论东西南北,我们的校友就凭着这种精神和校训为人类谋福利,为母校争光荣。

第二届校友节已呈现在前,我们极欢迎校友返校,值此秋将气爽,蟹肥花香之际,母校得利地之优良条件,丽娃河,夏雨岛,正随秋兴,够人欣赏,惟校友中服务遥远之区域者仍未能得机前来,我相信他们也正关怀着母校,等待将来交通正常社会安定之日,我们将大规模邀请所有出嫁的女儿回娘家!

大夏大学校史[1]

学校成立已过廿四周年,现在是廿五周年的开始,要是在一点钟之内说完,未知从那里说起。学校自创设以来,本人从未离开过,现在且分四个时期说明本校的简史。

一、创办时期

民国十三年,福建厦门大学忽起巨大学潮,六月一日激起学生的义愤,请求在校九位教授至上海另创大学,从事读书运动,因此创办大夏;故大夏为厦大之沿革,而去其地方性之"厦",为华夏之"夏",表示大中华民国的学府,故校徽六角代表六月,红色代表牺牲之革命精神,白色象征洁白无瑕,蓝色象征青天,所以六月一日为本校校庆日。

厦大是陈嘉庚先生创办的,规模宏大,当时教育科的同学还要供给伙食,要在上海创办这样的学校,当时的情形亦极困难;九位教授中,王副校长是当时的商学院院长(前称商科主任),本人为教育科主任,但当时经费困难,到上海市赤手空拳,一无凭籍,后由各同学先缴五十元学费,租定前法租界贝禘鏖路美仁里二十四号一楼一底之民房为大夏筹备处,因二房东住楼下客房,吃食鸦片,故只好在大门贴一纸条"请走后门",我是八月一日到沪,二日登报招生,到三日还没有学生报名,下午即开紧急会议,我与王副校长等三人决心不惜任何牺牲,创办大夏,其他六位乃教我们三人签名,书明以后大夏一切法律经济上的责任,由我们三人负责了事,因此,八月四日可说是本校的复活日。

后来在小沙渡路租得三〇一号三楼三底之小洋房为教室,劳勃生路致和里为宿舍,开始招生上课,学生二百数十人,但我们九个人中谁也不愿担任校长,乃组织校务执行委员会,开中国大学行政委员会制之先河,我任教育科主任兼注册主任,王副校长为商科主任兼会计主任,时适马君武博士隐居吴淞耕田,校董会乃推马先生为第一任校长,并请王伯群先生为董事长,因当时王先生隐居上海,对我们的办学甚表赞同,且以两千元支票捐助,使本校在开办时期得一有力的支援,马博士为中国学术界之权威,为了我们的热忱与毅力感动了他,由于马校长之博学与苦学精神,大夏学术研究之风气遂而建立,我们并以"苦教苦读苦干"之三苦精神与"师生合作"至勉。是时社会人士对本校的印象不深,但不

---

[1]　原载《大夏周报》,1948年11月7日,第25卷第2期,第4—5页。

到一年,由于师生合作之结果,社会观感全变且刮目相看了。第二年即十四年"五卅"惨案暴发,本校同学热烈参加宣传此一民族解放运动,被捕者颇多,当天我与王副校长过工部局门口,目睹此景,经严重交涉始设法全部保释,但工部局遂而迁怒本校,勒令本校于二十四小时以内迁出租界,此一霹雳,本校遂在愤怒与忙迫之中迁至胶州路槟榔路潘氏公园,时以校具简单,仅以三个板车即可搬走,是夏并在潘园招生并于胶州路劳勃生路口建造三层楼口字形校舍一大座,有十余亩运动场毗连,秋季开学,学生增至五百人以上,此时大夏逢凶化吉,履险如夷,创办虽仅一年,而猛晋精神,遂有一日千里之势。

二、发展时期

自校舍自建以后,以低层为办公室、图书馆、礼堂、实验室、娱乐室之需,二楼全部为教室,三楼为男生宿舍,另一部在致和里,并在校舍之斜对面另建女生宿舍,当时请了国内许多名教授,如现任光华大学的校长朱经农先生,沪江大学前校长刘湛恩先生,暨南大学前校长何炳松先生,现任清华大学教务长吴泽霖先生,青年部副部长郑通和先生……以及文化界的名作家郭沫若、田汉、洪深诸先生,在那座房子里做了许多的"文章"。校誉日起,当时所谓"野鸡"遂一跃而为"凤凰"了。马校长于十五年就北平工大校长,校董会已选董事长王伯群先生兼校长,王校长任职后,大夏的物质基础更为巩固。十八年,学生人数已达千人,校舍不敷容纳,马君武王祉伟二先生及本人同往马来半岛捐募校舍经费,于中山路现校基购地四百亩,十九年春,教部准予立案,遂于同年迁入,原校舍除现存群贤堂、群策斋、图书馆及理工学院(前为大夏附中校舍)外,尚有与群策斋相等之群力斋、群英斋、大礼堂、体育馆、疗养室、科学馆、实验室以及各种金土木工场,崇楼杰阁,雄视沪滨,并有自流井、水塔等设备。一二八沪变起后,本校又搬回胶州路之原地址与中学部共同上课(时中学部尚办在此)。迨一二八事变以后,又迁回中山路新址,并又创办大夏新村,建造洋房三十余幢,守望相助,鸡犬相闻,并有网球场儿童游嬉场之设置。廿四年买来十万鱼苗,放养丽娃栗妲河之内,专设渔夫管理。是时,大学部学生一千五百人,中学部七百人,大学分文理教法商五院及师范体育二专科,以战前规模比之各大学,实已"至大"了。我们眼看树木成荫,佳景频来,正沾沾自喜,而八一三抗战爆发,本校即首先奉命西迁。

三、蒙难时期

民国廿六年七月下旬,本人及王故校长、吴泽霖教授奉蒋委员长之邀出席庐山谈话会,乃知政府抗战决心,返校后亟整装运公物准备内迁。本人九月半循苏嘉公路至京,其时王故校长尚留首都,乃商洽与光华、复旦、大同联合内迁,事为教育部前部长王世杰先生所赞许,嗣后光华、大同未及迁移,于是与复旦组联合大学第一部于庐山,设立第二部于贵阳。人事的配合,至饶趣味,第一部的校长为复旦校长钱新之先生,副校长为吴南轩先生,教务长为本校文学院院长吴泽霖先生;第二部的校长为本校王故校长,副校长即为本人,教务长即现在复旦校长章益先生;迨沪京沦陷,第一部迁至重庆,时以交通不便,遂于二十七年四月间联大假贵州桐梓开会决定复旦大夏分设;复旦设重庆,大夏仍设贵阳;同年夏天,大夏复校,六月一日曾举行盛大校庆。我们大夏之未损元气,当佩服王故校长之远大眼光。我们至贵阳后,对西南文化教育贡献甚大。三十年教育部曾并请行政院改为国立贵州大学,旋因校董会校友会坚决反对仍维原校名且维私立性质。三十三年冬,黔南局势紧张,贵阳因而混乱,大夏又奉令迁移安全地点,王故校长是时已感劳瘁,但对吾校再度作有眼光之决定,迁至黔北赤水,该地生活费用低廉,赤水河通长江,可顺流而下,彼时本人因主持贵州教育,校务未能多顾,曾与校长力疾遄赴陪都之日,赶往送行,见校长亲自打卷行李,生活之困顿可知,且以筑渝交通极度困难,沿途劳顿过甚,至陪都后,校长病势转剧,医药罔效,痛于十二月二十夜半与世长辞,斯为吾校内迁时期极大之损失。时校董会在渝开会,推选本人为校长,祉伟先生为副校长,虽值学校前途荆棘正多,但义不容辞,不能不负起艰巨之责任,乃辞去教育厅厅长职,至赤水时,途中装运先后达四月之久,幸人与物均未损害,遂于三十四年三月在赤水复校。在过去三学期中,王副校长与本人费尽心血,终抱着"能屈能伸"之精神在黔边苦渡难关,然于赤水之贡献颇大,特别是藉收音机之力量作迅速之时事报道,予地方父老以极度之兴奋,此以赤水在过去经一周后方能看到报纸,故去年校庆时,全县老百姓来参加者极多,校庆变成了"县庆",敌人投降时,本校全体师生即日半夜到老百姓家中挨户打门召唤他们参加胜利至大庆祝。

三十五年三月半至九月半,本人为筹备复员在渝设立办事处,因交通困难,备尝生平之至苦,后经决定员生分由西北及西南公路东下,最后又包雇轮驳三艘运载员生及公物,直至十月底最后一条船到上海,才算完成了复员工作,二十六年搬出之公物全部运回甚增加了许多新添的校产,这该为学校之"校宝"。

抗战时期本校上海部分在重华新村办理,二十七年请鲁教务长由黔返沪主持后,他和吴浩然邵家麟诸先生与敌伪周旋,始终不屈,难能可贵。故大夏虽在蒙难时期弦歌不辍,未受丝毫污点。

四、复员时期

三十五年复员以来,一切破烂不堪,校舍毁损大半,吾人之校舍已被敌人作为外人集中营及高等法院,理工学院为敌人的华中矿业研究所,现在教职员宿舍据传曾充敌人之卫生队及慰劳所,别后十年,胜利归来,广场荒芜没胫,到处颓垣残瓦,经两年之苦斗,我们已先后新建思群堂、新英斋、新力斋及五个桥,场地重予布置,夏雨岛重整,群丽斋新辟,大小建筑正值物价猛烈之下兴建,最近以十一万余金圆建筑新图书馆,虽未能与昔日之崇楼相比,亦已竭尽心力了。

日前,我们的在校学生三千七百〇五人,规模不能说不大,所幸校地宽广,只要在经济方面有办法,不难可与欧美之各名大学并驾齐驱。

我曾说过,本校是本"师生合作""读书运动"之精神为解决同学读书问题而设立的,一切问题,当由学校帮助解决,各位要尽量利用机会努力做学问,将来带满腹学问,才是我们的希望,大夏大学有它不屈不挠的校格与优良的传统,为人类文明尽其贡献。

关于学期提前结束学生应加倍惕励的布告

　　本校因各地战事紧张,交通不便,学校经济复陷于万分困难,一部分学生生活并形不安,爰经决定将本学期结束时间略予提早,业已布告在案。现本学期上课只余一月,所有各班课程已由本校分函担任教授,请照预定进度加紧教学,俾能如期讲授完毕,以免影响同学学业。诸生负笈来校,志切求学,际此危疑之秋,务希加倍惕励,充分利用本期最后一段时间,贯彻初衷,共维学业,有厚望焉!
　　此布。

校长
副校长
中华民国三十七年十一月二十三日

关于闽粤两省及南洋侨籍学生返籍登记的布告

　　据悉本市当局对于此次疏散各校中闽粤两省及南洋侨籍学生返籍交通可代设法协助予以便利,所有本校上列各地同学,如愿返籍者,希于五月十日以前亲来本处学生生活指导委员会登记,以便由校汇向市当局申请为要。

　　此布。

校长欧○○

副校长王○○

三十八年五月五日

关于代为收拾行李处理办法的布告

　　本校此次奉令紧急疏散,事出仓卒,当时有少数同学本人不在校内,其行李书籍及什物等多由其他同学代为收拾携带出校,兹盼尽在本学期内送交本校临时办事处学生生活指导委员会汇收登记,以便归还物主本人或其家长。再如因行李等笨重运送不便,可仅登记存放地点,由本校通知物主前往认领。

　　此布。

校长欧○○

副校长王○○

三十八年五月五日

关于外埠同学宜早日设法返籍的布告

本市已入战时状态,当局亟谋疏散全市人口,定有各项便利疏散办法,□择要剪贴如后。本校所有外埠同学目前如无留沪必要,自宜早日设法返籍,藉符疏散之旨为要。

此布。

校长欧元怀　副校长王毓祥

三十八年五月六日

附剪报一：便利人口疏散——警备总部决议六项办法

【中央社】京沪杭警备总司令部上海市人口疏散委员会,为谋便利本市人口疏散起见,于本月五日上午十时召集各有关交通机关人员开会,决先做到以下六项：

（一）船舶管理办法,须放宽核准,放行手续须迅捷,以免延缓开船时间。

（二）出境旅客购票,除无黄牛嫌疑者外,虽无身份证亦可购票,对出境旅客之检查手续亦尽量简化。

（三）飞机轮船应尽量增加班次,定期航线班次不准减少,如船只须调用时,须另以船只抵补。

（四）飞机票航空公司委托各旅行社代售,由票价内付手续费,旅行社不准包机自行售票,轮船票价须有三处以上分售,以免旅客购票困难。

（五）空运旅客免费携带行李增加为廿五公斤,过重行李仍尽量照章收运。

（六）海港检疫所除往国外旅客外,往本国各埠之旅客,准用合法医师注射证,由该会通知办理。

——1949 年 5 月 6 日《申报》第 3 版

附剪报二：淞沪警备司令部公告（三十八年五月四日和三希字第 783 号）

一、为使迅速疏散本市人口,兹规定自本（五）日起所有由沪出境旅客得不受身份证防疫证（牛痘证）等之限制；

二、各交通机关公司及检查机关对出境旅客应尽量予以购票及放行便利,不得藉故留难、受贿、舞弊并准人民检举法办；

三、凡入境旅客仍应按照规定严格限制切实检查；

四、右各项规定由运输司令部会同本部各检查所切实监督执行并分令遵照；

五、特此通告。

——1949 年 5 月 6 日《申报》第 3 版

关于派人管理疏散学生致上海市立师范专科学校的复函

迳复者：

接准五月三日大函,洽悉种切。此次本校一部分疏散学生寄住贵校,猥承关照,多予便利,至深感纫。关于寄住学生之管理事项,以后本校自当每日派员前来负责指导一切,以维团体秩序。

相应复请查照为荷。

此致上海市立师范专科学校

大夏大学启

三十八年五月六日

附：上海市立师范专科学校关于请派人管理借住学生的函

迳启者：

本校校舍现有数机关借用,人数众多,公共秩序自应特别注意。查贵校借住本校学生昨日统计已有二百余人,实已超过原定二百人之数,勉强容纳,难期妥适。对于管理方面,本校实无法负责。拟请贵校迅派专人常川驻校,办理一切。

又现借住本校学生并请转知一律佩戴校徽,俾资识别为荷。

此致大夏大学

上海市立师范专科学校启

五月三日

关于本学期学业成绩处理办法的布告

　　本校此次奉令紧急疏散,全体员生统已迁离原校,一应校具及图书仪器等亦已搬运市区。现全市进入非常时期,盱衡局势前途及本校疏散后实际情形,在本学期内已属无法恢复上课。关于诸生本期学业成绩结束办法先后经四月二十八日临时校务会议及五月八日第二十五次校务会议议决如后:

　　(一)关于应届毕业生者,即以本期期中考试成绩作为毕业考试成绩。俟担任各课程教授将成绩送校结算竣事即行核发各生毕业证明书,至毕业论文应于领到正式文凭前补缴。

　　(二)关于各级肄业生者,一律以本期期中考试成绩作为学期成绩。现各生如需肄业证明书可至教务处申请,准予先行核发。俟成绩结算后再发成绩报告单。

　　(三)关于业已修满全部学分而未修足学年之学生,俟本期成绩结算后准予核发修满学分证明书。

　　以上各项希各知照。

　　此布。

校长欧〇〇

副校长王〇〇

一九四九年五月十日

关于学生尽快回校复课的布告

本校自本月八日复课以还,查当日到校教授有王书纶先生等二十一人,九日有汤心仪先生等二十四人,综计此两日中,每日仅五六位先生于上课时有少数学生报到听讲,其余均告缺,似此情形与政府及本校暨学生自治会各方号召积极复课之原意距离尚远,且各位教授先生其中颇多寓居校外者,每日远道来校,空劳跋涉,亦未免失望。各位同学重视本身学业,学习兴趣素不后人,深盼以后依照各人原来选定课程按时参加听讲,是为至要!

校长

副校长

三十八年六月十日

时代为青年们安排了好的环境[1]

大夏附中,有悠久的历史,抗战期间因故一度停办,中经万难,终于在上海解放前夕复校成功。今年暑假,高初中两部都有学生毕业,这是附中全体师生员工一年半努力的成果,为大夏平添一件大喜事,每个大夏人都感到高兴,并都在预祝毕业同学前途光明!

在过去,所谓毕业,意即"学毕离校",毕业生从那时起,就与母校,少有往来,甚至断绝音讯,但在现在,毕业生出了校门,不管是投考别个学校再求深造,或到工作岗位执行人民所交付的任务,都是一种学习,因为学习是无止境的,它不受时间地点所限制,所以现在学生尽管照常读完"毕业",但不能算是完全离开母校,应该看作学习地点的转移,而母校对于同学离校后的生活工作情况,照样是记挂着,毕业同学也和在学时一样关怀母校前途的发展。

翻开附中历届毕业同学的学籍表一看,无论是初中与高中,一般同学的年龄都不到廿岁,这真是人生中黄金的时代,一切事业由此萌芽,百尺高楼,在这个时候打好基础。在旧社会里,由于久受着反动教育制度的压抑,不知有多少人才遭受摧残,不能获得自由发展的机会,正像刚出土的幼芽,突遭雨雪侵袭,生机全失。今天的青年同学们,在人民政府领导之下,受新民主主义教育的培植,犹如一棵桃树,受了和煦的春风吹拂,开满了绚烂的花朵。

的确!年青时代欣逢祖国自由解放,这种个人与国家公私两者之间不可多得时期的巧遇,真是相得益彰。时代为青年同学们安排了好的环境,大家所最关心的升学与就业等等政府都照顾周全,希望紧紧掌握时机,努力学习充实自己,毋负母校的教诲,毋负人民的期望!

---

[1]　原载《1950 大夏附中毕业纪念刊》,1950 年 7 月,第 41 页。

关于学生参加军事干校给家长的信

敬爱的家长先生：

当我们这封信到达您面前的时候，想您早已得到了　　　同学报名参加军事干校的消息，并已经同意了他走上光荣的革命岗位，现在他已经被录取了。我们特向您报告，并致崇高的敬意！

中华人民共和国已经成为世界上最大的强国之一，成为保卫世界和平的坚强的堡垒。我们有五千年的优秀文化，有纵横万里的锦绣河山，有四万万七千五百万的众多人民，我们的祖国是这般可爱。优秀的青年们去建设国防，保卫祖国的和平繁荣，使祖国成为人间乐土，岂不是最神圣的英雄事业？

如今　　参加了这神圣事业，这是您同府上的无上光荣！无上骄傲！我们深知道他在校中是好学生，将来在国防建设的岗位上也必然是一个最有前途的青年，所以我们不能不向您同府上祝贺！

同时，希望您和府上的老人家应当为自己的子弟感到高兴，不必挂念。今后他将有着更愉快和健康的生活，一定会带给你们更多安慰的。此致

敬礼

大夏大学

一九五一年七月十二日

第六编

总务及其他

国货展览会之演讲词[1]

提倡国货不自今日始。有清末业,海市互通,商战屡北。爱国之士,知漏卮之足以贫国困民,即奔走呼号,以倡用国货为救国之策。暨乎南洋劝业会之开,神州天宝,灿然杂陈。当时国货颇有发皇之象。然而三十年矣,外货之进口,突飞猛进,入超之数,岁以数万万计。反顾国内工业,旧有者失其市场,相继就萎;新兴者植基未固,弱不禁风。国人日常生活所需者,几无一不仰给于舶来,可不痛哭流涕长太息欤? 推其原因,属于国内者四,属于国外者四,可得析而言之。

(一)自辛亥革命以还,内争不息,兵匪遍地,民不聊生,实业无由振兴。(二)人民摹仿欧风者日众,奇丽纤巧之外货,每足使质朴无华之国货,相形见绌,为人所唾弃。(三)制造国货,几全操于无知识之工匠手中,惟知偷料省工,粗制滥造,以致产品日形退步。(四)国货多为手制,一旦与机械竞争,势非所敌。此四者国货失败之原因,属于国内者也。

再就外力之反响于国贫者言之。(一)关税受外人之宰制,得反保护之结果;而国货受厘卡税之百般敲索,成本益重,推销愈难。(二)内地土产因军事影响,制造停顿,运输艰滞。外货有外轮海军之保护,直达腹地。(三)各国工业发达,生产过剩,以大宗廉价之货品,夺我市场,更足使国货无可抗衡。(四)外货率属大资本有组织之国营业,复有强大之海陆军为后盾,与小资本无组织无援之国货竞争,胜败之数,无待龟蓍。凡此四者,皆国货失败之原因,属于国外者也。

是故今日而言提倡国货,非空言提倡所能为力,亦非一般民众空口呼号所能策励,尤当速求国内之平靖,庶政府日臻稳固,人民能安居乐业,有资本者方可一意经营企业,不致横受意外之摧折。此外如工业人材之培养,制造工作之改良,皆为当务之急。譬如吾闽之漆器,凤负盛名,今后更当力求精进。盖事物改善,初无止境,推陈出新,固制造家之责也。日本之漆术,原传自吾闽,逐渐改良,日臻完善。今其价廉式巧之漆器,遍见于各国市场矣。于此一端,可见其余。深望国中各实业家共图加速进步之方,勿以墨守成法,自引为满意,此为振兴国货之根本问题。至于关税之束缚、外力之侵略,目前固为国货之大敌,然但求国内政策蒸蒸日上,国际地位自易提高,国人苟不甘自暴弃,努力向上,俾国货制造既精、价值又廉,虽欲令人勿购且不可得,奚俟提倡乎? 曾国有言,莫问收获,但问耕耘。将来之结果,全视吾人今后之努力如何耳。

---

[1]　原载《大夏周刊》,1929 年第 63 期,第 16—18 页。

　　此次之国货展览会，实足表示政府发展民生之肇端，予吾人以甚满之印象。我全国民众应知购用国货为国民之天职，凡有血气之伦，当勿再崇拜外货，自绝生路。抑更有不能已于言者，国人奢侈之习，日甚一日，实为外货盛销之机会，盖外货中究以奢侈品占最大部分。一般号称知识阶级者，提倡于草上之风，莫之能正，此所以日言提倡国货，而效力于甚薄弱也。往年有学生数人赴乡间演讲，劝人购用国货。一村农语之曰：吾家日用所需，而用火石，可谓无纤毫之外货，何待君劝？若君则洋装也，自来水笔也，手表也，眼镜也，有一物非外货乎？曷不自劝？学生语塞。故今日多一男女学生，即不啻多一外货之好顾客，此实最为痛心之事。故吾人于提倡国货之际，不得不同时提倡朴俭。举凡奢侈玩好之品，均宜屏而勿御。而有高等知识，居社会领袖之地位者，更当以身作则，树之风声。土耳其以国中未能制造铅笔，竟禁止学校中用铅笔，此种举动，虽然免因噎废食之嫌，然其提倡国货之苦心，未始不可取法也。

　　近来吾国几成为标语化之国家，自都市之街衢至村落之里巷，自党政机关至学校，房舍墙壁上，无不遍糊各种标语，满坑满谷，目为之眩，而其所用纸张布料，要皆舶来品物，打倒帝国主义之口号，即书于日本运来之新闻纸上，取消不平条约之标语，即书于英国运来之白洋布上，此诚滑稽之至者！

　　吾为此言，非云国人永远不应购用外货也。倘输出之国货，能超过输入之外货，或至少与之相抵，则购用外货，亦贸迁有无之意。人以其所贡献于我者，我亦以我所有贡献于人，为人群之互助合作。今输入远超输出，则舍倡用国货之道，直经济自杀政策耳，打倒帝国主义云乎哉？

关于原校址改作贵阳市难民临时救济所致贵阳市政府的函

　　顷准贵府市一字第〇〇九四号灰秘代电,略开以本校校址经贵州省难民安置委员会商定作为设立贵阳市难民临时联合救济所之用,嘱即迁让等由。查本校现尚有一部分图书仪器及公物什件正在接洽车辆待运中,且有教职员十余人留校负责办理迁移,亦需暂时留住校中。相应复请贵府对本校校址,除总办公室、储藏室及教职员宿舍外,其余房屋自当尽先让出,至希查照为荷。

　　此致贵阳市政府

校长欧〇〇

元月十二日[1]

---

[1]　1945年1月12日。

关于请西南公路运输局川桂线区司令部拨给空车的函

迳启者：

　　本校迁设赤水开学复课，现尚有一部分图书仪器需由筑运往重庆，再行绕道赴赤水。又本校前于敌寇进犯黔南时，曾将大部分图书仪器及重要文卷由筑疏散至鸭溪。兹以学校迁设赤水，是项公物要件，亦须先运重庆，再绕道转赤水，用特函达，至希贵局（部）惠准拨给由筑开往重庆空车二辆，并请指派由鸭溪开往重庆空车六辆，俾本校图书仪器及重要文卷，早日运抵赤水，以利教学，不胜感荷！

　　此致

　　西南公路运输局局长陈[1]

　　川桂线区司令部司令斯[2]

校长欧〇〇

元月十四日[3]

---

[1]　陈延炯（1894—?），字地球，广东番禺人。毕业于日本东京帝国大学。时任西南公路运输局局长。

[2]　斯立（1891—1983），字卓然，浙江东阳人。保定陆军军官学校第 6 期步科、陆军大学第 7 期毕业。时任川桂、川滇公路线区司令。

[3]　1945 年 1 月 14 日。

关于请后方勤务部赐准拨给空车的函

迳启者：

本校前于敌寇进犯黔南时，曾蒙贵部长令饬西南公路局贵阳站拨给车辆疏散图书仪器及教职员眷属，由筑运往鸭溪，公私均感！

兹据本校鸭溪招待站负责人来函略称，以本校运抵鸭溪之图书仪器，若用人工挑运，则大部分箱篓均嫌过大，须为改装，该地无木板可购，须由贵阳携带木板前往改装，且以鸭溪至茅台间，道路崎岖，步履维艰，地方安全亦不无问题，运输更感困难，故拟用车由鸭溪经遵义运至重庆，再绕水道运往赤水。用特函请贵部惠准拨给由鸭溪经遵义开往重庆之空车六辆，以利运输。

又本校在贵阳尚有图书仪器及重要文卷，需车二辆直接运往重庆，以便一并运赤。除请贵部长惠准拨给由鸭溪开重庆之空车六辆外，并恳赐拨由筑开往重庆空车二辆，俾本校图书仪器早日运抵赤水，以利教学，不胜感荷！

此致后方勤务部部长俞[1]

校长欧〇〇

元月十四日[2]

---

[1]　俞飞鹏(1884—1966)，字樵峰，浙江奉化人。1913 年毕业于北京军需学校。1937 年
　　任交通部部长，后兼任国民政府军事委员会后方勤务部部长。
[2]　1945 年 1 月 14 日。

关于请贵州政府赐发护照以便迁设赤水的函

　　查本校迁设赤水县城复课，经商准后方勤务部饬由黔桂线区司令部拨车四辆作为本校员生及图书仪器乘运之用，兹因启行在即，拟请贵省府赐发护照四张，以利行旅。相应函请查照办理允复为荷。

　　此致贵州省政府

怀

元月廿九日[1]

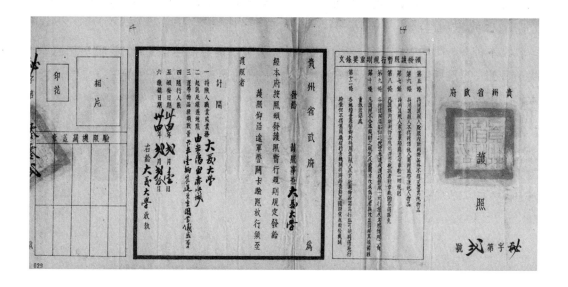

---

[1]　1945 年 1 月 29 日。

关于请张瑞钰[1]继续雇工运送图书仪器的函

瑞钰同学青鉴：

迭接惠书，欣悉种切。学校留在鸭溪之图书仪器，仍盼足下雇工全部运往赤水。此次母校迁移，有劳足下跋涉长途押运此大批公物，爱校精神，公私均感！此间接洽之车辆四部，约于本月五六日可直放重庆，留筑各教职员亦全部随车赴渝转赤，知注特告。

此复，顺颂时益。

欧○○

二月二日[2]

---

[1] 张瑞钰(1917—   )，江苏无锡人。1941年毕业于大夏大学化学系后留校，1950年曾任大夏大学总务处主任，后相继任职华东师范大学，南京工学院(今东南大学)。

[2] 1945年2月2日。

关于向侯之担[1]租借房屋用作教职员宿舍的函

迳启者：

　　敝校前因黔南战事关系，由筑迁来赤水，惠承台端热心赞助，多方指导，侠谊豪情，公私均感！兹以本校教职员宿舍不敷应用，拟请台端特别成全，将贵公馆右侧楼房一栋租借本校教职员居住，如蒙俞允，则不徒怀等□□□□□□，阖校同人亦同感得广厦之仁。特函奉达，至希鉴谅惠允，无任盼切为荷。

　　此致侯之担先生

校长欧○○

副校长王○○

三月廿二日[2]

附：关于租借赤水侯铁肩楼房的契约

　　立租约人：私立大夏大学（甲方）

　　　　　　侯铁肩（乙方）

关于租住赤水县城文昌路八十八号楼房，订定条款如左：

（一）乙方以文昌路八十八号楼房全座共计　　间均出租与甲方

（二）租金额每月　　元

（三）租期暂定壹年

（四）付租方法每年分　季缴纳，先付后住

（五）本约一式两份，双方各执一纸

出租人：侯铁肩

承租人：私立大夏大学

右代表人：欧元怀

王毓祥

中华民国三十四年六月　日立

---

[1]　侯之担（1894—1950），名祖佑，字铁肩，贵州桐梓人。贵州讲武学堂毕业。1935年在乌江阻截长征红军，兵败后被蒋介石撤职关押，释放后于1938年寓居贵州赤水。

[2]　1945年3月22日。

关于租借赤水王君实民宅的契约

今立约佃到王君实先生名下杉树坝寄庐右面全部、前进两间、后进陆间、厨房壹间合计九间，并借用家具，当日凭中议定每月租金国币贰仟元正，房屋漏滥粉刷由承租人自行盖照，恐口无凭，特立合约，双方执存有据。

房主：王君实

承租人：大夏大学校长欧元怀

中人：苟前何

民国三十四年三月

关于收音机价款已汇送教育部的复函

案奉钧部本年四月六日社字第一七六二九号训令，为令迅将配发直流五灯收音机价款七千五百元解部等因，查该价款已于本年三月廿三日由赤水贵州银行汇总 61 信 29 号号汇款单汇奉有案，奉令前因，理合备文复请鉴核。

谨呈教育部部长朱

私立大夏大学校长欧〇〇

民国三十四年四月十七日

附一：教育部关于迅将收音机价款解部的训令

令私立大夏大学：

查本部前准配发该校直流五灯收音机一架，业经通知中央广播事业管理处，即以该校所借贵州广播电台收音机配发在案。兹准该处函复已饬贵州台遵办，惟该校迄今尚未将收音机价款解缴，合行令仰迅将价款柒千伍百元解部为要。

此令！

部长朱家骅

中华民国卅四年四月六日

附二：教育部关于同意拨发收音机一架并半价缴款的指令

令私立大夏大学：

卅四年二月十二日校秘字第四号呈一件，为呈请拨发直流收音机一架由，呈悉。兹于本部卅三年度所订二十架直流五灯收音机内半价配发该校壹架（原机价为壹万五千元），仰即将半价价款柒千五百元解部。除分函中央广播事业管理处转令贵州电台照拨外，合亟令仰遵照。

此令！

部长朱家骅

中华民国三十四年三月七日

关于请赤水县政府拨给官地辟建浴室的函

本校自迁设赤水后,多承贵府协助,至深感纫。

兹以时届暑期,天气渐热,拟就省立赤水中学大门口左前方之官家空地计宽二丈五尺长二丈辟建浴室一所,以供本校员生淋浴,相应函请将该空地惠拨应用 ,并希见复为荷。

此致赤水县政府

民国三十四年四月二十五日

附：赤水县政府关于同意拨借官地修建浴室的复函

案准贵校总字第一〇三〇号公函,嘱拨给赤水中学大门口左前方之官地为贵校辟建员生浴室之需等由,准此,自应借用。除令县财委会迅即派员会同贵校前往丈量宽二丈五尺长二丈地点,指定借用修建外,相应函复即希查照为荷。

此致大夏大学校长欧

县长何干群

中华民国三十四年五月

关于请赤水县政府将应元宫内空仓房拨给理学院应用的函

查本校前承贵府拨借应元宫为本校理学院址,至深感纫。

兹以该址内尚有封存空仓房一间,上贴镇公所封条,现该仓房偏设校内,乏人照料,看管不便,用特函请将该空仓房会同启封,惠拨本校理学院应用,并希见复为荷。

此致赤水县政府

校长

副校长

民国三十四年六月二十六日

附: 赤水县田赋粮食管理处关于不能拨用应元宫内空仓房的复函

案准赤水县政府移来贵校大函,嘱将应元宫内空仓拨用等由,兹查该仓系属省政府粮政局发款修建之军粮仓,现田粮合并,正呈请验收中,故未存储粮食,暂交镇公所看管。嘱将该仓拨借应用一节,歉难照办。除请示省处核夺俟奉复再行函达外,准函前由,相应复请查照为荷!

此致大夏大学

兼处长周世万

中华民国卅四年七月六日

关于请将贵州广播电台借出收音机拨转学校的报告

查赤水地处黔北僻县,民气蔽塞,新闻迟滞。本校迁来以后曾往呈准钧部拨发五灯直流收音机一架,装设校内,经常收听无线电播音,刊发大夏快讯,报导国内外重要消息,除本邑外,邻近习水、仁怀、合江三县传递新闻均唯快讯是赖。

兹拟加紧社会教育工作,并在离县城十里之文华乡从事文盲调查,予以识字及公民常识机会,为求工作进行顺利计,业已借得贵州广播电台五灯直流收音机一架,自从设置以来,人民兴趣提高,乐于就教,拟请钧部赐准转函该电台拨作本校领用,理合备文呈请鉴核示遵。

谨呈教育部部长朱

全衔名

民国三十四年十一月二日

附:教育部不同意拨转收音机的指令

令私立大夏大学:

卅四年十一月二日总字第二六八号呈一件,为从事社会教育工作,经借得贵州广播电台五灯直流收音机一架,拟拨归本校领用呈祈祉鉴核示遵由,呈悉。查该校前已领用收音机一架,毋庸再拨,仰即知照。

此令!

部长朱家骅

卅四年十一月

和平建国的任务[1]

抗战胜利，全国朝野上下，都注意今后的卅年，因为这个期间非常重要。中国是否能成为名副其实的第一等强国，或竟从此达于不堪设想的地步，则以此卅年为标准。因为我国已与苏联订立了卅年的协定。对于日本无大顾虑。麦克阿瑟将军曾宣布在一百年内，日本不能复成为第一等强国。卅年内，日本当亦不足为患。故在无敌国外患的卅年中我们唯有努力建国，这一个重要任务就是我们这一辈和你们这一辈所担任的。我们为前一道防线，你们为第二道防线。今后你们陆续毕业任事，当第一道防线的人员告老退休下来，就由你们接防第一道防线担当重大的任务了。建国的任务绝非空洞的高瞻远瞩，在这卅年中，凡受过高等教育或中等教育的人，若每一个人都下决心，要做一件有价值的事，或帮助别人做一件有价值的事，每人都为创造事业而努力，则建国的成功，指日可待。

翻阅近五十年的历史，我国曾有好几次建国的机会而不建。一八九四年的甲午之战，日本第一次以武力征服我国，我国割地赔款求和之后，若能在当时发愤图强从事建国，想必有所成。至戊戌变政失败后，又有一九零零年的庚子之变，八国联军攻陷北京，西太后和光绪都逃跑了。这种空前国难只以订立丧权辱国的条约了事。清廷愈昏聩，建国愈无望。一九一一年的辛亥革命，推翻满清，建立民国，这是建国的大好机会。不料刚推倒满清，即有北洋军阀穷兵黩武，闹成十多年的内乱。国民政府建立之后，所有建国措施，均遭日本之忌。九一八与一二八，不过是七七抗战总清算的前奏。现在抗战胜利，建国的黄金时代又复来临。朝野上下，此时要有大觉醒。大家励精图治，认真担当建国任务。只要每个人立志做一件有价值的事，或帮助别人做，建国大业一定成功。

今天的建国，在个人意思，以为有一个大前提：即在今日民主政治高潮之中，建国必须抓住"民"字。但这并不是了不起的时髦。在三千年前，中国的哲人已经说"民为邦本，本固邦宁"。国家的基础是人民，基础稳固，国家必定安宁。所以我们今谈建国，必须顾到人民的福利，今天要讲的是人民基本需要，就是衣、食、住、行、医药、教育等六大需要，应该急谋解决。

（一）衣——我们试看农村，广大民众的衣是否够穿？大多数是不够的。甚至有人

---

[1]　该篇系欧校长于十月廿二日国父纪念周会中演讲摘要，原载《大夏周报》，1945 年 11 月 10 日，第 22 卷第 3 期，第 1—4 页。

说:在边僻地方十多岁的女孩,竟然没穿裤子。有些人家两个人轮流穿一条裤子。我曾到外县视察,自己身上穿着大衣尚觉得冷,但那地方的小孩,许多衣不蔽体,肚腹裸出,这些小孩不病不冻,真是万幸! 诸如此类的事例,不胜枚举。从各种统计看起来,我国的棉花并不足用,因此我国的衣大成问题。现在我们接收国内日本纱厂,可得棉纺锭三百万余枚,如果能增加到五百万枚,则全国人民必有衣穿。我们见学校邻近许多老太婆用手车纺纱,非常勤力,终日没有休息,但都不足自给,自己仍穿破衣,足见生产的不足。富强的国家,人人有衣穿,还有棉花纱布出口。相形之下,更感觉我辈今后责任的重大。如何推广植棉、广设纱厂、运销布匹,使老百姓买得起、穿得够,这是大问题。

(二) 食——许多人吃不饱,纵使眼前过得去,而营养亦大有问题。总理的民生主义曾说"要人人都有饭吃"。这是今日首先要注意的问题。今天我们师生有了饭吃,是因为许多人不吃饭,把米让给我们吃。许多人自己吃杂粮,把他们辛苦所收得的谷米出卖,自己却以山芋苞谷等作主要的食物。此次抗战,我们看见美国兵的体躯高大坚实,比前次世界大战时兵士的身体要高出五寸,他们并非天生高大,而实是他们的食品充足,营养良好的缘故。反观我们,吃就不够,吃好的更谈不到。蒋主席近在教育复员会议中说农工并重,更言此时农业应重于工业。中等教育亟应多注重农业。中学生要做农村地方自治的干部。我们要提高农业生产,则对于选种、施肥、农具的改良等必须讲究,才能达于农业科学化的途径,食的问题才可以解决。

(三) 住——我们老早脱离穴居野处的时代,崇楼高阁固然不少,但无数的人民仍住在茅屋里,甚至与牛马家畜共处一屋,不卫生的情形可想而知。又不知多开窗户,玻璃窗纱窗的设备,更谈不到了。是以空气淤塞,一般小孩即在此种地方生长! 住的问题不改善,人口的疾病死亡率怎么能降低呢?

(四) 行——我们对于行多是徒步,而别人则到处飞行,二者相较诚有天渊之别。蒋主席在双十节讲词中说,在十年内要建筑铁路两万公里,而现在我们所有的铁路不过两万公里,有很大的部分在东北,故交通极为梗阻。我感觉在赤水这个地方,样样都满意,惟有交通不便,却是最成问题的。由渝到赤水,不过六百里,要是在别的国家,平常可以算是几个钟头便可到达,但我们现在却要几天。交通工具亦至为古老。外国人视旅行就是享受,中国内地旅行却是苦差。在外国旅行,什么都不要带,只带一把牙刷就得了,要是有行李,不限多少件,均交给交通机关,即可到达目的地领取。我国的行是一件大麻烦的事。十年之后,有两万里铁路,虽可解决一部,但尚难与别人相比。

此外尚有教育和医药,同样不可忽视。

(五) 教育——"天生民,作之君,作之师",这句古话,包括管与教,或教育与政治之问题。我国人民大多数是文盲,近日高喊民主,然大多数人民不懂得民主的真义与实行民主的各种步骤,如现在做地方官非常困难,征收田赋、捐税往往收不到,在过去是提得人来,田赋便很易收清,而现在不能抓人,因人民有身体自由,人民即因此拖欠田赋,使征收机关颇感困难。由此见今日要推行地方自治,教育,尤其是普及教育是异常的重要了。社会教育方面,我国的设备更落人后。英美人民平均每十人以内即有收音机一架,本校置备这一架收音机,竟然连邻县的合江、仁怀,都需要它所收得的中外快讯。其他各地,则更不待言了。我国需要普及教育,赶快扫除文盲,实为极其重要的工作。

(六) 医药——今天我们在十五万人口的赤水,尤感觉医药的困难,医师的缺乏,竟然连一个内政部登记、曾发执照的医师都没有。对于人民的生命,竟毫无保障。怪不得人民尚有以画符念咒为治病的方法! 不信医药,其实是因为没有良医,加以人民知识低落,故不肯信医药的效力。

综上所述,今谈建国,亦无何大道理,只要抓住"民为本"的原则,解决人民最低限度的六大需求,使其达于合理,即为至要的事。这个重大的责任,就是我们这一辈与你们这一辈来担负。今天大家不妨自问:自己配不配做一个和平建国的人才? 应以"吾日三省吾身"的精神来作自我的检讨。我们全国大学及专科学校在校的学生总人数只不过七万人,还比不上外国的一个大学的学生数,真是差得太远! 在教育复员会议中有人说"我国教育过去畸形发展",而吴稚晖先生则说"畸形则有,发展未也",虽是一句笑话,但确属实情。在此情形下难免外国人看我们中国为文化落后的国家,我们极应认识我们的弱点。当此和平建国之际大家共同努力,负起上述重大任务。至于国防建设、科学建设等等大问题,千绪万端,今天暂且不谈了。

民主政治基础之形成[1]

今天对各位讲一个题目"民主政治基础之形成"。前天池水县政府公布一张名单,本县参议员候选人的名单,这件事是象征民主政治基础在开始形成了。这一种形成是一个划时代的事件。我们不要被内战火药气扰乱了视线,应该明了这一事件实在太重要了。

贵州全省各县市在今年年底,要将民选的参议员选出来。贵州共有七十八县一市。赤水县规定十二月二日举行选举,选举后,从前临时参议会的职权,即要交给现在民选的参会。从前临时参议会的产生,是由政府会同党团洽商圈定。中国政治的病,往往上层不易把握下层,下情亦不易上达。现在要人民直接参加政治,这真是一件空前的事件。讲到赤水县民选的参议会,要做赤水县的民意机关,要做赤水县的人民喉舌,要替赤水县的人民兴利除弊,这是多么庆幸的事。中国的范围太大,要了解民选的基础组织,实是不容易的事。好在赤水县范围小,全县共有二十乡两镇,每一乡镇选举参议员一人,职业团体,如商会、工会、农会、教育会等,选举九人,总数要选出三十一人。各乡镇参议员由各该乡镇民代表产生,称为区域选举,代表的产生,称为职业团体会员选举。选举的方式,兼采直接选举法与复选的办法。

参加被选举人称为公职候选人。要取得甲种或乙种公职候选人的资格,必须经过考试。考试的方式分为两种,即考试与检覆。因为词题太复杂了,现在各地方多采检覆的方式。事实上许多人不申请检覆。士大夫的习气素来自命清高,有资格的偏偏不参加检覆,事后又多作批评。这种现象,在现代民主政治的浪潮中,可真是一种病态。有些人是不能参与候选的,如现役军人及学生等。

"民主政治基础之形成"何以是极重要的事?中国的政治,过去往往与人民脱节。老百姓常不过问政治,让土豪劣绅来把持一切。现在好了,老百姓不但可以过问政治而且直接参加政治。今后如何统筹地方上的预算及决算,如何增加地方上的税收,如何办理地方上的应兴应革的事件,都是直接自主。假如民选的参议员不能称职,经过原投票人三分之二的出席投票可以议决罢免。民选的参议员,现在如认真做事,老百姓要如何做,经过合理的研讨,决议就交给政府执行,老百姓当不会反对的。最近县城的小学教师,因待遇低罢教,县长就无法加薪。因为加薪就要增加税收,县长自行加税是违法的事,任何

---

[1]　该篇系欧校长十一月二十六日于国父纪念周演讲摘要,原载《大夏周报》,1945年12月1日,第22卷第4期,第1—3页。

人都可以控告。小学教师的待遇,实在太低了,如人民自动起来找财源,由人民代表民意机关参议会议决筹款方法,解决小学教师当前的困难,这才是合法的举动。

民主政治基本原则是"民治""民有""民享",即林肯所谓"by the people, of the people, for the people"。现在民选的步骤,第一要先选出三个正乡长,三个副乡长,再由县政府圈定,这是民主政治基础的初步形成。以后的步骤,连县长都是民选的,到那时,才是真正的民主政治的基础。在美国,人民需要一条马路,人民就建议参政会、立预算、找财源,经会议通过实行,这是自主的政治基础,这是自下而上的政治基础。至于做得好坏,是由人民自负其责。中国过去的政治组织,是自上而下的,地方的官吏,都由政府委派,许多人的看法,都以为是来压迫榨取的。现在如真正的实行民主政治,就一反以前的现象了。

民主政治的组织,已走上初步形成的阶段。要是还不满意的话,中国的事,要按部就班推进,要精益求精,以现在比从前,不经过选举,只经过圈定的方式,要好得多了。西人说,"罗马不是一天建成的"。总之,真正的民主政治,是最公平也是和平的,假如国家一切的纠纷,不用和平公平的政争,而用杀人盈野的兵事,老百姓实在太遭殃了!我们需要的,我们迫切需要的,是公平的政争,是和平的政争。

我们因所学不同,将来不一定从政,然而国家是我们的,政治是应该由人民自主的,现在正好把学校所在地赤水县的政治基础的形成,深切地了解一下,俾作将来的参考资料。英国的民主政治历史总算最悠久,曾辉煌地写下民主政治史上的一页。可是经过他们选出来的领袖,常不能如他们的理想。不过,人家经过几百年的改革,总成绩是有目共睹的。我们认清这一点,大家要参加政治,推动政治,监督政治,巩固政治的基础。外人"力的剩余",一方面用到运动场上去,做各种竞技,所谓"Be a good sport"。另一种"智的剩余",用到政治方面竞争。美国大科学家爱迪生又一次去投票,因为耳聋,思想易集中。当他走到票柜前面时,忽然想到另一个问题,结果票未投,而人已走过,只好退到后方去,仍然从新排队前进,把票投好了才回去。以大科学家爱迪生,都不肯放弃投票权,为此可以想见,民主政治的基础,在外人的心目中是如何的重要,如何的神圣!不久,赤水县要热闹异常,要开始民主政治的初步形成的实验,我们却适逢其会,对于国家政治基础的组织,能从事深切的探讨与了解,真是难得的大好机会。

关于派员前往上海教育局洽领寄存图书仪器的复函

迳复者：

接准三月廿一日大函，关于发还敝校存放中央研究院之图书仪器一节，承嘱派员前来洽领，兹特由敝校职员林君云修趋前，即希赐洽检交为荷。

此致上海市教育局

大夏大学

中华民国三十五年四月十六日

附：上海市教育局关于发还寄存中央研究院图书仪器的函

案准市政府总务室市总字发第四八六号函开："迳启者。奉交下贵局市教秘（三五）字第一三〇七号呈一件为准大夏大学函称愚园路底中央研究院存有该校图书仪器转请签核发还一案，查该项图书仪器等件前经本府接收点存在卷，该校所请发还之处似可照办，相应函复，即希贵局转知该校前来洽领为荷"等由，准此。相应函请贵校查照办理为荷。

此致大夏大学

局长顾毓琇（公出）

副局长李熙谋（代行）

中华民国三十五年三月二十八日

关于杨崇善律师有关校舍租赁问题的复函

迳复者：

接准四月十八日贵律师大函，祗悉种切。关于敝校免费承租南京西路一〇八一弄三〇号内底层第四号及二三层各号计房十一间一节，系由故校董虞洽老于陪都面允王故校长伯群公及现任校长欧元怀先生之请求，洽老本维护学校栽植青年之意，慷慨应承。敝校亦只知感纫厚谊，永铭校史；业主方面初非孳孳为利，是以数年以来，主客之间，从无间言。此系实在之情形，亦即有力之证据。今者洽老已归道山，坟土未干，言犹在耳，该公司何不迳询洽老哲嗣以明真相，遽乃妄事狐疑，诚令人不能无遗憾于该公司矣。至谓"利用出顶他人以图利，置业主之所有权于不顾"，又谓"调查所得，底层第四号已出顶与成龙照相馆"云云，查敝校以底层第四号供成龙照相馆使用，同时亦使用成龙承租之二楼第十二号房间，此为对调，抑系出顶，不待智者而后知，何意调查所得？颠倒是非，宁非趣事！敝校与成龙两方，立有协定，爰请证明。

该公司对于神圣清高之学府，出言侮辱，既敝校不欲与较，不知何以对洽老英灵于地下？何以不为洽老哲嗣留一与敝校相见之余地？悖谬若此，堪为痛心！

大函又云："若二层之十七号十八号、三层之廿四号，均已不为使用，尤应尽先交还"，查二层十七号等房间，均系理学院实验各室，敝校自迁回中山路复校以后，该处校舍十之三四毁于兵燹，以全校一千四百余人之众，不敷需用，可以预知。是以一部分员生，不惮往返之劳，仍在南京西路校舍上课。窃揆鄙衷，岂图鸠占？事非得已，有□者当知其诚，当能相谅耳。

况今夏敝校赤水总校迁沪，同来员生亦复不少，目下筹备安顿，颇费愁绪，是以在重华新村已承担之全部房屋仍当续租，未便交还。至于由本月一月份起应纳租金，该处其他房客如何付租，敝校亦当按照比率给付。前上两函及敝校职员徐家琛君之口头叙述，想蒙洞鉴，无俟费词。务希贵律师仍本息事宁人之旨，劝告该重华公司仰体洽老遗意，善始全终，勿为已甚。曷胜翘企，感祷之至！

此致杨大律师崇善。

附成龙照相馆证明书一纸

大夏大学

中华民国卅五年四月廿二日

证明书

查敝馆承租南京西路一〇八一弄三〇号内第二层第一二号房间与大夏大学承租同处之底层第四号房间交换使用，互无出顶情事。

特此证明

成龙照相馆马成龙
卅五、四、廿二

附一：杨崇善律师关于南京西路校舍租赁的质询函

迳启者：

接上月二十一日贵校复本律师来函一件，当经转交敝当事人重华公司，去后，兹据复称，该校谓租金已由业主允其免费，既未提出证明文件，本公司未得业主之通知，何能置信？而该校自迁回原址开学后，虽尚有少数房间仍在使用，其已不使用之房间是应迅即交还。今该校竟利用出顶他人以图利，置业主之所有权于不顾，此种行为出诸于一般商人已为法所不许，不图竟见之于教育机关，尤为业主所难容忍。

兹就本公司调查所得底层第四号已出顶与成龙照相馆，其他若二层之十七号、十八号，三层之二十四号均已不为使用，尤应尽先交还，其余仍在使用之房屋亦应预定迁让交屋之期。

间为此委，请代函答复。合函据情代达，即希查照并盼见复为荷。

此致大夏大学校

律师杨崇善
三十五年四月十八日

附二：关于答复杨崇善律师终止南京西路房屋租约的函

迳复者：

按准贵律师三月十六日代表丁葆生先生来函，读悉之余，不胜诧异。查本大学于民国卅年四月向丁葆生先生租赁南京西路一〇八一弄二十号二楼十二号房屋壹间，数年以来，双方均极融洽，从无积欠租金情事。本大学虽有一部分学生迁回中山路原址，而高年级学生仍在南京西路上课，该处房屋仍属需用。来函所称"并有私擅出顶之意"绝非事实，终止租约一节，概难同意。并希贵大律师本息事宁人之旨，转劝丁葆生先生对于教育事业多加维护。

专此奉复，即请查照为荷。

此致杨大律师崇善

三月廿日

关于请教育部转咨行政院申请拨发图书仪器的报告

　　窃本校设立多年，著有成绩。抗战军兴，中山路校址大部毁于炮火，所有设备荡然无存，损害极钜。今者建国伊始，百废待兴，本校亦积极筹备复员，拟定本年暑期内由黔北赤水迁返上海，除修建残存校舍暂资应用外，理学院之化学、数理两学系所需之图书仪器药品以及全校师生需要之医药卫生材料等急需充实，而非本校经济能力所允许，为特缮呈科学图书仪器化学药品等用品单一份，具文呈恳钧部鉴核，迅予转咨行政院善后救济公署及联合国善后救济分署，请即照单拨给，以利教学，不胜迫切待命之至。

　　谨呈教育部部长朱

　　附呈科学图书仪器化学药品等用品单一份

大夏大学校长欧元怀

民国三十五年五月六日

附：教育部关于不同意拨给图书仪器的指令[1]

令私立大夏大学：

　　三十五年五月六日呈一件"为呈请转咨行总暨联总请拨给图书仪器由"，呈件均悉。

　　查联总补助我国教育善后专款仅以购置收复区设有工、农、医院系之专科以上学校所需仪器之用，前经令饬知照在案，拟请转咨该署分配图书仪器等一节应毋庸议，附件退还。

　　此令。

部长朱家骅

中华民国卅五年十一月廿一日

---

[1]　欧元怀批示：本校设有理工学院，所有化学工程及土木工程及有关图书仪器急待充实，再呈申请，附件并再送去。怀，十一、廿七。

关于大夏新村通路致上海市卅二区区公所的函

准贵区公所本年八月二十日如民字第一五九号函：略以本校新村内原有通路直达中山路，为便利附近居民交通计，嘱予开放等由，准此。查该通路系本校私有土地，目前沪西治安尚未确立，本校复员以来，地方宵小，滋扰靡常，损失殊重，不得已于该通路两端装置铅丝，停止往来，以防意外，是以开放该路，碍难照办，准函前由，相应复请查照为荷！

此致上海市第卅二区公所

校长欧〇〇

副校长王〇〇

附：上海市卅二区区公所关于请求开放大夏新邨公路的函

案据本区第五保保长诸茂卿报称：本保第十一甲境界位于中山路西大夏大学后大夏新邨内，本甲居民交通原有新邨公路一条直达中山路，交通非常便利。自抗战胜利后大夏大学复员以来，该校派员在公路上四周装置铅丝，绝断该路交通，附近居民实感不便。为特备文呈请钧区鉴核转请大夏大学撤去该公路上之铅丝网，开通此路，实为公便等情，经本区派员前往勘察，该新邨公路确系贵校所有土地，惟体谅附近居民出入便利起见，祈于可能范围内准予开放，以利居民交通。相应函达，即希查照见复为荷。

此致大夏大学

区长夏明瑞

副区长王乃封

中华民国三十五年八月念日

关于派人前往上海市立图书馆调查散失图书的函

迳启者：

　　抗战期间，上海沦陷后本校未及搬运之图书悉为日兵侵占，分散各处，近闻贵馆尚有本校图书甚多，兹特派本校职员林云修先生前来调查，希予协助并请将贵馆所存图书扫数归还，由该员具领，至为感荷。

　　此致上海市立图书馆

大夏大学

九、一四^[1]

附一：上海市立图书馆关于请派员前来具领图书杂志的函

迳启者：

　　贵校所有图书杂志刻已整点就绪，并备有点交清册，即希派员前来具领为荷。

　　此致大夏大学。

上海市立图书馆启

中华民国卅六年三月卅一日

附二：上海市立图书馆关于再请派员前来具领图书杂志的函

迳启者：

　　查贵校图书馆书籍尚有一百余册刻已清出，即希派员前来具领为荷。

　　此致大夏大学。

上海市立图书馆启

中华民国卅六年四月九日

---

[1]　1946 年 9 月 14 日。

附三：关于请上海市立图书馆再次归还图书杂志的函

查本校图书杂志前承贵馆两次归还九百一十六册，良深感纫。兹查贵馆杂志室尚有本校图书杂志五百余册，相应造送清单一份，函请查照，惠予代为检出归还，至纫公谊。

此致上海市立图书馆

附送图书杂志清单一份

三十六年五月十六日

附四：上海市立图书馆关于若发现贵校图书杂志自当归还的复函

接准贵校五月十六日公函"查本校图书杂志前承贵馆两次归还九百一十六册，良深感纫。兹查贵馆杂志室尚有本校图书杂志五百余册，相应造送清单一份，函请查照，惠予检出归还"等由，准此。查贵校图书杂志本馆曾派员全部检出奉还在案，嗣后本馆如发现贵校图书自当奉还，相应函复，即希查照为荷。

此致大夏大学。

馆长周连宽

中华民国三十六年五月二十六日

关于再请教育部转咨联总发给图书仪器的报告

案奉钧部本年十一月廿一日高字第三二九四四号指令为联总补助我国教育善后专款仅以购置收复区设有工、农、医院系之专科以上学校所需仪器之用,本校所请转咨该署分配图书仪器等一节饬"毋庸议"等因退仪器目录表二份,奉此查本校现设有理工学院,内有化学及土木工程,办理多年,努力贡献,为钧部所洞悉。对于该两系有关之图书仪器急待充实,俾员生得有研读机会。拟恳钧部转咨该署惠予分配有关图书仪器,以表一视同仁。理合检同仪器目录表,备文呈祈鉴核示遵。

谨呈教育部部长朱

附呈仪器目录表二份

中华民国三十五年十一月三十日

附:教育部关于不同意转咨联总发给图书仪器的指令

令私立大夏大学:

卅五年十一月卅日复秘字第一三号呈一件"为呈请转咨联总发给图书仪器由",呈件均悉。

查联总补助实验仪器仅以收复区各校工、农、医院系为限,理学院所需仪器并不包括在内。该校所设土木工程学系尚未经核准备案,所请转咨联总请予补助化学系及土木工程学系仪器一节,格于规定,碍难照转,仰即知照,原件发还。

此令。

部长朱家骅

中华民国卅五年十二月十九日

关于请方金镛[1]为复员轮驳到达南京提供便利的函

金镛同学兄惠鉴：

　　顷接韩钟琦同学由汉来电,得悉本校复员轮驳(华泰)已于国庆日安抵汉口,至深欣慰。兹预计该轮驳在汉口停留四、五日,航行五、六日约本月廿日左右可抵南京,特函烦请足下转告有关方面预为准备一切,以免临时周章,不胜感盼。届时怀或将来京一行,向华泰交涉赔偿损失问题,并告。

　　顺请时祺

怀

十、十一[2]

---

[1]　方金镛(1907?—1987),字西圃,福建莆田人,1934年毕业于大夏大学社会教育系,贵阳时期曾担任过大夏大学图书馆馆长。

[2]　1946年10月11日。

关于请王凤城律师办理华泰轮驳赔偿复员损失的函

风城同学如握：

在京畅谈为快。本校此次复员包定华泰轮驳，原定至迟九月三日由渝启行，无如该公司张经理多方招揽客货，再四延期，方于九月十二日中午启碇东下，以致中途为江水上涨所阻，在奉节县停留达十四天之久，公私损失至钜。兹拟该轮抵京后与其理论赔偿损失，或收诉诸法律，拟签请足下办理此案，特附奉要求赔偿损失一千万元缘由一份，暨合同、收到公函收据各一件，共三件作为参考，费神至感。

专此。顺颂时祺

怀

十、十二[1]

附: 大夏大学要求华泰轮船公司赔偿损失壹千万元缘由

查本校复员由渝返沪，包定华泰轮船公司之轮驳，当经本年八月廿四日订立合同，依照第五条规定，该轮驳至迟应于九月三日启碇离渝，直驶南京，所有本校员生及眷属一百余人于八月廿七日由贵州赤水抵达重庆，整装待发。是时江水低落，重庆水位不及三丈，适宜轮驳航行。无如公司经理张士林在渝多方招揽客货，不顾信用，再四延期，以致本校员生寄居旅馆，耗费至巨。后经多方交涉，始于九月十二日下午一时许启碇东下，同月十五日下午一时许抵奉节时因江水上涨无法续行，停留达两星期之久，延至同月廿九日上午方继续航行，翌日下午三四时抵宜昌。本定停泊一二日，讵料为宜昌水上警察局扣留，经查结果始知该公司曾与中央设外局订立合同，后因退款手续未清有以致之。经本校代为交涉，始于十月五日放行。本校员生多人因职务课业关系，不耐久候，在奉节、宜昌、汉口等处改乘火轮东下。再本校原定九月卅日上课，因复员轮驳迟迟不到，延至十月十一日上课，而该轮驳是时犹未抵京。假如该公司履行合同，最迟九月三日启碇，抵奉节时则不至为须水暴涨所阻，本校公私方面亦不至蒙受巨大损失。查本校重庆办事处于九月七日曾去函该公司叙明本校损失情形应由该公司负全部责任。兹依据合同第七条"甲乙方在立约后均不得随意变更，如有违约等情，各负对方因此而蒙受之损失"之规定，至低应由该公司赔偿损失一千万元。

---

[1] 1946 年 10 月 12 日。

关于押运复员轮驳有关事宜致韩钟琦[1]等的复函

钟琦、雨田[2]二位同学如握：

接读函电，籍悉本校复员轮驳业已抵汉，船中同仁钧获平安，欣慰无似。于九日由通惠银行电汇汉口该行马镇国兄收转六十万元，合前留存该处四十万元共一百万元。轮驳沿途延滞，同仁居处不宁，实深悬念，故拟除足下等押运公物仍乘该轮驳驶京外，余请设法另行购票来沪，款项倘有不敷之处，可请马镇国兄设法挪借，由校汇还。至于欠该公司之款绝难照付，俟抵京后再为交涉。在张经理方面，可婉劝其早日惠允。怀拟于轮驳离汉后赴京迎候，住三牌楼交通银行蓝春元处，电话 32519。又方金镛同学现在行总南京办事处□曾处任秘书，地址西康路 17 号，电话请查。又张廷甫同学办公处在蓝春元银行斜对面，即后勤部，电话 32434 接办公厅张秘书可达。再足下等来函所云曾电请电汇一百五十万元，迄今犹未收到。又该轮驳十七日离汉驶京，时间上已来不及矣。

匆复，即颂时祺。

怀

10/14[3]

附：韩钟琦、来雷关于复员物资轮驳运费超预算的报告[4]

窃职等奉派洽运公物复员，业于八月廿四日至渝，和华泰轮船公司签订合同直运南京。订约时以公物分置南岸龙门浩中国银行仓库（以下简称甲库）及大佛殷华生电厂（以下简称乙库），未便精确丈量，据估计约有四十吨，是以合同第一、三两条载明公物约四十吨，每吨法币三十三万二千五百元，按装载实际数量计算。二十九日运甲库公物六十七箱上船，丈量为二十三点五三吨，装载二舱半。三十日运乙库公物二百三十三箱上船，丈

---

[1]　韩钟琦（1907—?），江苏泰县人。1934 年毕业于大夏大学社会教育系，曾任贵州省立图书馆馆长。大夏大学由赤水复员时与来雷等负责押运物资到沪。1945 年至 1950年任大夏大学图书馆馆长。

[2]　雨田，即来雷（1915—?），浙江杭州人。1940 年毕业于大夏大学社会教育系，曾任重庆卫戍部上校咨议，贵州省立毕节师范教务主任，大夏大学庶务主任等职。

[3]　1946 年 10 月 14 日。

[4]　欧元怀批示：交王副校长、鲁教务长、吴总务长阅后存查。九、一，元怀。

量为三十七点六一吨,装载四舱半。查两处公物丈量乙库属实,甲库之公物因堆置不齐,地形不正,因此丈量不确,较范克洪和陈旭麓两位同学所量者为十五点九吨(恐亦不确)相差七点六三吨,嗣与该公司经理及丈量人员交涉,据经理之若照船舱计算,每舱要装十吨,而今满装七舱,应按七十吨计算。惟以限于合同规定,仍按装载实际数量六一点一二吨计算,已属吃亏。至于甲库公物准置不齐,地形不正,丈量或有错误,但决不致相差七点六三吨。职等具理力辩,并示以本校有关档案及保险公司丈量记录,交涉再四,方承认减去四点一二吨,即按五十七吨整计算,在公司方面只少收入壹百卅二万元,在本校方面要超出预算五百五十五万二千五百元之多,数目较大,未敢决定,可否之处,理合签请鉴核。

　　谨呈校长欧

职　来雷　韩钟琦
卅五年八月卅一日于重庆

关于请苏浙皖区敌伪产业处理局拨给房屋恢复附中的函

案准行政院分配上海各机关房屋委员会本年十月七日秘字第七二〇号公函以本校前请分配敌伪房屋一节应向苏浙皖区敌伪产业处理局洽办等由,准此。查本校创设附属中学历有年所,社会人士颇多奖许。民国十九年随大学部迁移中山路,自建校舍,规模益弘。不幸抗战军兴,校舍全部被毁,厄于环境,遂告停顿。胜利以后,本校大学部已在原址继续教学,恢复附中急不容缓,无如乏力兴建新舍。拟请贵局本兴学育才之旨,依照敌伪房屋分配办法,惠拨广厦一幢,俾附中复校工作顺利进行,相应函请查照惠允见复为荷!

此致苏浙皖区敌伪产业处理局

校长欧元怀

副校长王毓祥

民国卅五年十月十六日

附一: 行政院分配上海各机关房屋委员会关于分配敌伪房屋的复函

接准上海市政府转送大函,嘱分配敌伪房屋以资应用等由,准此。查请配敌伪房屋应请迳向苏浙皖区敌伪产业处理局洽办,准函前由,相应复请查照为荷。

此致大夏大学

主任委员吴国桢

副主任委员何德奎 黄伯樵

中华民国三十五年十月七日

附二: 关于请求上海市政府分配房屋恢复附中的函

迳启者:

查本校自民国十四年创设附属中学以来,历届毕业人数计达数千,社会人士对本校办理成绩颇多奖许。迨至民国十九年随大学部迁移中山路,自建校舍,益弘旧规。不幸抗战军兴,校舍全部被毁,厄于环境,遂告停顿。胜利之后,本校大学部已于原址继续教学,拟于秋季恢复附中,而劫火之余,房舍垆墟,兴建无力。顷悉贵府对于敌伪房屋行将分配使用，对于战时被毁之学校尤有优先之待遇，至祈本兴学育材之旨，依照敌伪房屋分配办法，惠拨广厦一幢，俾本校附中，得以如期复课，实弥公感。

　　此致上海市政府

中华民国卅五年五月四日

关于请苏浙皖区敌伪产业处理局同意大夏大学保管丽园农场的函

查本校中山北路校址毗连之处有空地一方，战前有人辟为丽园农场，战时转售与日人，当属敌产，战后迄今无人过问该场。本校在抗战时间，校舍大半被毁，现已迁返原址开学上课，学生众多，房舍不敷应用。兹查该农场建有房屋数间，年久坍坏，如加修葺，尚可应用。拟请贵局本维护教育之旨，拨交本校保管，以后再照手续归移本校收用。相应函达，即希查照惠允见复为荷。

此致苏浙皖区敌伪产业处理局

中华民国三十五年十月十七日

附：苏浙皖区敌伪产业处理局关于准予大夏暂时保管丽园农场的复函

案准贵校复总字第五号公函"为拟保管丽园农场请查照惠允"等由，查丽园农场贵校如需应用，准予暂时保管，另俟处理。除函请中信局洽办外，相应复请查照迳洽办理为荷。

此致大夏大学。

局长刘攻芸[1]

中华民国三十五年十月廿四

---

[1] 刘攻芸（1900—1973），福建侯官（今福州）人，原名驷业。1927 年获伦敦经济学院博士学位。时任中央信托局局长兼苏浙皖区敌伪产业处理局局长。

关于请杭立武准予配发联总补助图书仪器的函

立武吾兄次长惠鉴：

　　昨奉大部指令，以本校呈请转咨联总发给图书仪器饬"毋庸议"，不胜怅然。

　　查本校于民十三年创办时即设有理学院，内化学系历年均开工业化学、陶磁学及其他化学工程等学程，而土木工程系创设于二十一年，从未间断。复员以后，承大部派交通大学工学院院长、土木工程系主任莅校视察，认为该系设备合于标准。本校仰体大部作育工程人才之旨，充实设备，提高程度，未敢稍懈。无如私立学校经费素感困难，而中央拨发之复员补助费及每年经常补助费为数甚微，杯水车薪，无济于事。此次联总既有补助我国大学图书仪器之举，则本校设有化学及土木工程两系，应符合分配范围。如今大部饬毋庸议，诚使办学者啼笑皆非。

　　兹除由校再呈申请外，拟恳吾兄惠念本校二十余年来对理工人才之贡献，赐准配发有关图书仪器，俾员生得有研习机会，公私感纫，匪可言宣。

　　专此，敬请公绥。

十一月卅日[1]

附：杭立武关于答应酌量分配联总图书的函

媿安校长吾兄道席：

　　奉书谂悉。贵校理工学系创设多年，于人才之钧陶诸多贡献，甚佩！

　　承嘱，联总图书俟陆续运到时当为酌量分配，以重台命。至于所云理学院设备一节，联总并无补助也。

　　专此布闻，敬候教安。

弟杭立武拜启
十二、九[2]

---

[1] 1946 年 11 月 30 日。

[2] 1946 年 12 月 9 日。

关于请教育部拨发美国赠予图书的报告

　　查二十六年抗战军兴,本校拥护国策,迁设黔省,上海校舍沦入敌手,以致图书散失至钜。复员以后,虽加补充,然亦有限,且自一九三七至一九四六年间之美国出版书籍购得者极少。兹查美国拨赠我国图书堆存在上海伯利南路中央研究院者数极可观,前经陈奉钧长面允拨发一部分以资充实,理合具文呈祈鉴核并赐拨给,俾便员生研读之用,实为公便。

　　谨呈教育部部长朱

怀

民国三十六年六月十二日

关于请教育部转咨联总配发土木工程试验仪器的报告

查本校土木工程学系自创办迄今已逾十五载，历届毕业学生服务各地为数甚众，多能贡其所学，为国效劳。值兹复兴建国时期，土木工程人才之培育尤为当务之急，本校计划就原有基础积极发展。前闻联合国善后救济总署有将大批土木工程实验仪器分配各大学之举，本校曾与接洽，已荷允诺列入分配单位，一俟钧部裁定，即可统筹分发。本校土木工程学系既经呈准继续设立有案，设备上之需要较之国立大学尤为迫切，理合备文呈请。敬祈鉴核，迅赐转咨联总优予配发，以宏教育为祷。前于七月九日复秘字〇〇九一号呈误为行总，合并陈明。

谨呈教育部部长朱

校长欧〇〇
副校长王〇〇
民国三十六年七月十六日

关于请南京农林部图书馆曹约校友检赠图书的函

曹约[1]同学兄惠鉴：

前在京中晤叙，无任快慰。母校各方面莫不力求进步，对于图书之充实尤加注意，凡可资各院系员生之参考研究者，皆设法搜求，冀臻美备。贵部图书馆藏书宏富，且有不少复本图籍，拟请割爱赠送，以利研究。附公函一份，即请转交，并希惠予洽办为荷。

祗颂时绥

欧○○

卅七年八月十四日

附一：关于请农林部检赠有关农林图籍的公函

查本校设有农业经济、农业化学、土壤学及乡村建设等课程，参考书籍深感缺乏。素谂贵部图书馆藏书宏富，且有不少国外赠送复本图籍，倘荷割爱检赠，无论中外语文复本书籍及杂志均所欢迎，嘉惠学子，感纫无既。

相应函达，即请查照为荷。

此致农林部

校长欧○○

副校长王○○

卅七年八月十四日

附二：农林部图书馆关于分赠有关书籍请派员领取的函

迳启者：

前奉本部秘书处交下贵校函请赠送有关农业图书复本一案业经签准，分赠贵校西文期刊及年鉴年报等书一批（数量详收据）。兹特随函检附收据一份，即请加盖印章派员持来领取为荷！

---

[1] 曹约(1901—1950)，江苏南通人，1927年毕业于大夏大学教育科，时任南京农林部图书馆主任。

此致上海大夏大学

附本馆分赠复本图书收据一份

农林部图书馆启

三十七年十月一日

附三：关于派韩钟琦前来具领西文期刊等书的函

迳启者：

本年十月一日图发文字第三〇五号大函暨附件均敬悉。承赠西文期刊及年鉴年报等书一批，良深感谢。

兹派本校图书馆韩馆长钟琦携同已用印章之收据前来具领，即希查照赐洽为荷。

此致农林部图书馆

附收据五纸

大夏大学启

十月六日

关于回购大夏新邨宅地致苏浙皖区敌伪产业清理处的函

查已判从逆人傅式说、诸青来战前曾任本校教授,不意战时变节,殊深遗憾。该傅诸二人在大夏新邨各有住宅一座合计,占地不满三亩。兹闻贵处正在标卖逆产,傅诸二人之住宅村地想亦□括其中。惟此项新邨系由本校校地划出,以最低代价售予教职员建筑住宅者,拟请赐准本校备价购回,如蒙惠念教育机关,准予无代价收回,尤为盼涛。相应函请查照见复为荷。

此致中央信托局苏浙皖区敌伪产业清理处

9/30[1]

附：中央信托局苏浙皖区敌伪产业清理处关于备价赎回大夏新邨宅地的代电

大夏大学公鉴:

准贵校复秘字第二一八号公函,以汉奸傅式说、诸青来战前曾任本校教授,在大夏新村各有住宅一座,占地不满三亩,惟此项新村系由本校校地划出,以最低代价售予教职员建筑住宅者,拟赐准本校备价赎回等由,准。

经派员查明,原有房屋被毁,现仅空地二方,除由本局房屋地产处派员接收外,惟查诸青来本处无案可稽,业已分函上海高检处及首都高检处查复。所请备价赎回傅式说案内财产业经判决,确定没收,自可依法准予优先承购,一俟高检处将诸青来判决情形查复后再一并估价,另函通知办理承购手续。

相应电复查照为荷。

中央信托局苏浙皖区敌伪产业清理处

(37)沪理逆戌删[2](46568)

---

[1]　1948年9月30日。

[2]　戌删,即1948年11月15日。

关于同意市立民建国民学校暂借空地兴建校舍的函

接准本年十月一日贵校来文，"以建筑教室六间、办公室一间、教职员宿舍两间，以应急需，请拨借旧丽园农场隙地两亩，俾利兴建"等由，准此，自可照办。兹将本校接管旧丽园农场南首围篱外空地全部暂借贵校兴建校舍，嗣后本校教职员之子女就学贵校者应请惠予便利，相应函达，即希查照为荷。

此致市立民建国民学校

大夏大学启

三十七年十月十四日

附：市立民建国民学校请求拨空地两亩兴建校舍的函

窃查民建国民学校创办仅二年，学生数由数十人剧增至三百人，本学期更为踊跃，因不能收容而失学者尤众。校舍系租借民房，屋舍湫隘，光线不足，而每年所缴租金竟高达白米二十石之钜，取之于学生未免浪费，更属不胜负担。本校为谋地方福利一劳永逸计，前曾呈请教局请求拨给建筑费，业蒙准许三分之二，不足之数由地方热心人士捐募筹集，预定建筑教室六间、办公室一间、教职员宿舍两间，以应需用。兹查旧丽园农场荒芜隙地甚多，为特恳祈拨借隙地两亩以利兴建。况大夏大学教授及员工子弟在本校就读者亦有数十人，本校均予免费优待，钧长又属热心教育，谅亦乐于赞助而玉成义举，地方幸甚！教育幸甚！

谨呈大夏大学校长欧、副校长王

市立民建国民学校校长彭毓炯

中华民国三十七年十月一日

关于商请空军通信总队拨借榆林路房屋恢复附中的函

敬启者：

本校于抗战前原在中山北路现址附设中学一所，校舍设备均臻完善，早经市教育局核准立案、教育部备案，办理多年，卓著成绩，先后毕业学生已踰千数，为当时本市有名中学之一。自八一三淞沪战事爆发，中学校舍不幸毁于炮火，复员以还，以校舍无着，重建匪易，迄未能恢复设置。惟近年各地青年及战区流亡学生来沪日众，本市中学已感不敷容纳，而本校教育学院学生亦久苦无教学实习之场所，为适应内外亟切需求，实有从速恢复本校附属中学之必要。

顷悉贵室业已他迁，所遗本市榆林路房屋极合中学教学之用，素仰贵室关怀青年教育、爱护本校并具热忱，拟请惠予拨借上项全部房屋为本校附属中学临时校舍，以便即日开办收纳就读学生，事关教育事业之兴举，特函奉商，务乞查照惠允，无任公感。

此致空军通信总队研究室

校长

副校长

民国三十八年一月八日

附：关于请李柏龄支持拨借榆林路房屋恢复附中的函

柏龄[1]署长吾兄勋鉴：

筑垣别后，数更葛裘，远企风猷，时用神驰。

兹有启者，本校于抗战前原在上海中山北路现址附设中学一所，校舍设备均臻完善，早经市教育局核准立案，办理多年，卓著成绩，先后毕业学生已踰千数。乃自八一三战事爆发，中学校舍不幸毁于炮火。复员以还，以校舍无着，重建匪易，迄未能恢复设置。惟近年各地青年及战区流亡学生来沪日众，而本校教育学院学生亦亟需教学实习之场所，本校中学实有从速恢复之必要。

---

[1]　李柏龄(1903—？)，辽宁人。1930年毕业于北平大学机械系，1932年美国密歇根大学航空工程硕士。中国第一座航空发动机制造厂首任厂长(1939年筹备于贵州大定)。时任空军总司令部第四署少将副署长。

　　顷悉贵部所属沪市榆林路通讯总队研究室业已他迁,所遗房屋极合本校中学之用,经商承该室李主任敬永[1]及空军供应司令部王司令卫民[2],同意全部拨借,业由本校专函该室转呈贵部核示中。事关教育事业之兴举,吾兄乐育为怀,爱护本校,定荷赞助。拟恳就近转商贵部工程处侯处长于文到时予以核准,以便即日借用复校。惠溥菁莪,将无涯矣。

　　专函奉达,敬烦察洽主管,毋任感企。

　　顺颂春祺。

弟欧○○

---

[1]　李敬永(1902—1987),浙江临海人,1928 年毕业与莫斯科中山大学。1932 年在上海负责中共中央和共产国际的无线电通讯工作。时任空军通讯器材修造厂厂长、空军通信总队研究室主任。1948 年在大夏大学担任教授,1950 年后调京任职中央教育部等部门。

[2]　王卫民(1902—?),辽宁沈阳人。毕业于辽宁师范学校、东北讲武堂航空学校第一期。时任空军供应司令部司令。

关于请国防部雷达研究所拨赠雷达机等仪器的函

敬启者：

敝校理学院物理研究室为充实设备,亟需增添各项最新科学发明器械及一应物理仪器,兹拟请贵所拨赠雷达机一架及其他仪器若干,以为敝校员生研究实验之用,特派职员欧文柔、陈超两君前来奉洽,至祈查照惠允,无任公感。

此致国防部雷达研究所

校长欧〇〇

副校长王〇〇

中华民国三十八年一月二十日

附一：关于请葛正权[1]拨赠雷达机等仪器的函

正权吾兄所长大鉴：

久疏音敬,至念贤劳。

兹有启者,本校理学院物理研究所现需增添各项最新科学发明器械及一应物理仪器,藉资充实设备。久仰吾兄领导贵所研究雷达机械,卓著成绩,兹拟请惠予拨赠本校雷达机一架及其他有关仪器若干,以备员生研究实验之用。吾兄爱护大夏凤具热忱,用敢专函奉读,并由本校职员欧陈两君赍具公函访前晤教,至祈赐洽,惠允所请,并指示一切,无任感企,专颂筹祺。

弟欧〇〇

中华民国三十八年一月二十日

---

[1]　葛正权(1896—1988),字秉衡,别号葛蠡,浙江东阳人,物理学家。1920年毕业于南京高等师范学校,1930年美国南加州大学物理系硕士,1933年伯克利加州大学博士。时任国防部科学研究发展厅设计处处长兼雷达研究所所长。

附二：大夏大学护照

　　兹派本大学职员欧文柔、陈超两君前来南京洽领物理仪器一批，并即随事返沪，至希沿途军警查验放行。

校长

副校长

民国三十八年一月

附三：关于请国防部拨赠雷达仪器全套的代电

　　查科学进步日新月异，本校理学院对于各项仪器之设备力求充实，以便研究。顷闻贵部接收有日本雷达多架，拟恳惠赐该项仪器完整者一全套，俾利教学，相应函达，至祈慨允拨赠，无任感荷。

　　此致国防部

校长欧〇〇

副校长王〇〇

中华民国三十六年十月卅日发

关于淞沪警备司令部将伤兵医院移设他处的函

查本校本学期学生达 3120 人,此次奉命紧急疏散,大部多已疏散返籍,而无家可归之学生业经贵部照准全校学生人数四分之一集体留居沪市。兹分别安顿在市区各校之学生共 460 人,并未达到四分之一之比率,而集体寄居武进路八六号市立师范专科学校者为数最多,占 227 人。现该校尚住有中国儿童教养院难童七百余人、暨南大学教职员眷属数十人及复旦大学多量仪器。兹闻贵部将在该校设立伤兵医院,如果属实则寄居该校无家可归之教职员眷属及学生势将颠沛流离、安身失所,为特专函奉商,至祈惠念员生困苦情形,俯赐将是项伤兵医院移设他处,俾资两便,藉惠青衿,无任公感。

此致京沪杭警备总司令部政务委员会金神父路 114 号淞沪警备司令部

校长

副校长

五月九日发[1]

---

[1] 1949 年 5 月 9 日。

关于商请上海市宪兵第九团借用榆林路房屋作疏散学生临时宿所的函

敬启者：

本校前奉京沪杭警备司令部通知紧急疏散，全体学生三千一百人已有四分之三疏散离校，其余尚有学生数百人多属无家可归，在沪又无亲友可以寄依，必须校方代为安顿。兹悉贵团原驻本市榆林路大连路口房屋目前业已腾空，拟请惠予借用为本校上述疏散学生临时宿所，藉免流离。

特函奉商，至祈查照惠允，无任公感。

此致上海市宪兵第九团

校长

副校长

5 月 23 日[1]

---

[1]　1949 年 5 月 23 日。

关于借用校舍给西南服务团作临时团址的布告

兹奉上海市军管会文管会高等教育处笺函,以西南服务团成立,拟借本校房屋为临时团址等因,自当照允。兹决定将群策斋全部及群贤堂底层拨借为该团团员宿舍及办公之用,所有现住群策斋同学应即日腾让搬迁至新力斋集中居住,至本校各处室校务行政仍在群贤堂二楼办公。

特此布告,希各知照。

此布。

校长

副校长

一九四九年六月二十九日

附一：关于同意暂借校舍为西南服务团临时团址的复函

敬复者:

日前楚际明先生莅校赍到大函洽悉一是,关于西南服务团拟借本校校舍为临时团址一节,自当照允。惟本校自经前次被迫疏散播迁,校舍建筑间有损伤,一应校具毁损尤多,复校以后尚无力修理完善,各方面恐难供应周至为歉。除已与楚先生面洽一切外,专函奉复,即祈鉴照为荷。

此上海市军管会文管会高等教育处

大夏大学敬启

三十八年六月二十九日

附二：上海市军管会文管会高等教育处关于暂借大夏校舍作西南服务团临时团址的函

查西南服务团即待筹备成立,当缺团址,兹特介绍楚际明同志前来商洽,请于课余之暇,假贵校黉舍作为临时召集团中工作人员之用,以期早日观成,迅获西上服务为盼!

此致大夏大学

上海市军管会文化教育管理委员会高等教育处

六、廿七

关于无法暂借房屋给华东人民革命大学的函

关于贵校拟借用本校校舍一案,本校汇将实际困难情形函请本市军管会高等教育处转达在案。兹特再分别奉告如下:

(一)查本校上学期有学生三千一百人,除半数通学外,其余仅一千人数百人住宿校内,已感拥挤不堪。秋季学期学生人数虽可能减少,但开班课程如故,需用教室及办公室等,均难缩减。

(二)本校附属中学一所原设市区,解放后迁返校内,有学生数百人,当拨用本校一部分房屋,正在装修,即将上课。

(三)本校教职员工,以往自行居住校外者颇众,近为市区赁屋及交通费用不胜负担,多陆续迁住校内,所有校中零星小屋亦均住满。

本校本学期遵照高教处规定于九月十二日开学,时间极迫近。以往西南服务团借用本校一部分校舍已蒙逐步腾让,刻正积极布置,远近学生多陆续迁返,集中住宿。贵校如再须借用,势必影响本校秋季开学。事关数千学生学业以及数百教职员工生活,实属无法照允,祗深歉仄,敬函布复,至祈谅察另行设法,籍策两便,曷胜企幸!

此致华东人民革命大学

一九四九年九月二日

关于无法续借房屋致曹获秋^[1]的函

获秋团长大鉴：

　　本年暑季本校拨借一大部分校舍为贵团同志集中学习场所，先后两期，时踰二月。本校本服务人民政府之立场，利用暑期休假尽力协助，公私兼顾。最近贵团学员赴京，承陆续腾还房屋两。

　　本校秋季学期止高教处规定亦决于九月十二日开学，正积极整理布置一切。日来远近同学多纷纷返校要求住宿，乃闻华东人民革命大学又有大批学员将参加贵团，仍借本校集中。阖校闻讯，感惶惶不安。兹特将本校全部校舍实际分配应用情形奉告如下：

　　（一）本校上学期有学生三千一百人，除半数通学外，其余仅一千数百人住宿校内，已感拥挤不堪。本学期学生人数虽可能减少，但开班课程如故，需用教室及办公室等，均难以缩减。

　　（二）本校有附属中学一所，原设市区榆林路，解放后迁返校内，有学生数百人，当拨用本校一部分房屋，正在装修，即将上课。

　　（三）本校教职员工，以往自行赁屋居住校外者颇众。近为节省负担，多相率迁住校内，所有校中零星小屋，亦均住满。

　　现已面临开学前夕，贵团如再需拨借房屋，势必影响本校秋季开学。事关数千学生学业以及数百教职员工生活，委实难于照办。务请台端转商华东军大另行设法或由各学员仍在原驻住地点集中，籍策两便，功德实无量也。

　　专函奉商，尚希谅照，无任感盼！

　　顺致敬礼

欧〇〇

王〇〇

一九四九年九月三日

---

[1]　曹获秋（1909—1976），原名曹聪，又名曹仲榜，号健民，四川资阳人。曾任上海市市委书记、市长，时任西南服务团团长。

关于请陈家渡乡政府查照备案丽园农场归属的函

　　查中山北路本校校址内南首丽园农场，前准前苏浙皖区敌伪产业处理局一九四六年十月廿四日沪壹字第五二四六五号公函准由本校保管，并自保管使用以后曾向前中央信托局地产处缴纳使用费各在案。去年本市解放后，本校附设大夏中学由榆林路迁返中山北路上课，遂以该丽园农场为校址。兹又向本市人民政府房地产管理处洽办手续中，特函奉达，即希查照赐予备案为荷。

　　此致陈家渡乡人民政府

校长

一九五○年元月十二日

关于向上海房地产管理处请示丽园农场使用费缴纳的函

　　前准前苏浙皖区敌伪产业处理局一九四六年十月廿四日沪壹字第五二四六五号公函为本校校址南首丽园农场准由本校保管等由,查该丽园农场自本校保管使用以来曾向前中央信托局地产处缴纳使用费,惟本市解放后该项使用费因久未奉通知,以致迄未缴纳,究竟如何办理之处,拟请赐予指示,俾便遵行,相应函达,即希查照见复为荷。

　　此致上海市人民政府房地产管理处

一九五〇年元月十四日

关于请上海市房地产管理处核减丽园农场使用费的函

　　顷准贵处缴纳房屋使用费通知单,嘱缴纳中山北路丽园农场房屋一九四九年十、十一月份二个月使用费每月基数 210.40 元,共计折实单位 504.96 分等由。

　　查丽园农场房屋在抗战期间破烂不堪,自本校保管使用以来,时加修葺,所费不赀。本市解放前本校被迫疏散,该房为反动军队占用,又经剧烈破坏。解放以后,本校附设大夏中学迁返上课,以该房作为校舍,经重予修理,耗费亦钜。本校系私立学校,经费万分拮据,该项使用费深感不胜负担,拟请赐准于一九五〇年一月份开始缴纳,并将使用费基数酌予以核减,以利教育。

　　用特专函奉商,即希查照惠允见复为荷。

　　此致上海市人民政府房地产管理处

校长

一九五〇年元月十八日

关于请高等教育处出具证明以核减丽园农场使用费的代电

上海市人民政府高等教育处公鉴：

　　查本校校舍内南首丽园农场房屋前经前苏浙皖区敌伪产业处理局拨交本校保管有案，该屋在抗战期间破烂不堪，自本校使用以来时加修葺，所费不赀。本市解放前，本校被迫疏散，该屋为反动军队占用，又经剧烈破坏。解放以后本校附设大夏中学迁返上课，以该屋为校舍，经重予修理耗资亦钜。兹照章应向房地产管理处缴纳使用费，惟本校系私立学校，经费困难，照一九四九年十、十一月份二个月使用费每月基数 210.40 元共计折实单位 504.96 分，是则每月均须缴纳二百五十余折实单位，诚属无力负担。据该处负责人表示，如蒙大处证明本校办理优良及经费困难情形，可予酌减，用特电请鉴核转函该处赐予证明，俾得减轻负担，实为公便。

大夏大学子梗[1]叩

---

[1]　1950 年 1 月 23 日。

上海市公共房屋管理处关于同意核减农场使用费的函

大夏大学欧元怀：

关于你校附中租用中山北路丽园农场请将修缮费抵付一九五〇年一月以前之租金一节，本处为照顾教育事业起见，可予同意。兹检还原送单据粘存簿，并补发一九五〇年一月份使用费缴款书一份，随文送达，即希查照。惠将一月份使用费缴付后派员携同缴款收据来处办理订约手续为荷。

附单据粘存簿一册，使用费缴款书一份

上海市人民政府公共房屋管理处静安区办事处

一九五一年元月十一日

第七编

附 录

欧元怀自传[1]

一、家世——里居及童年生活之回忆

我生长在福建莆田,这是闽南的一个小县,山明水秀,气候温和,物产丰富。一般人民生活都颇优裕,其文风之盛在本省除闽侯县外要算首屈一指。过去出了不少名人,例如国学史上鼎鼎大名著作通志的郑樵氏,弹劾庆亲王的名御史江春霖氏,均为故乡先贤,莆田受新文化洗礼也比较早。现在欧美留学生不下百余人,日本留学生二百余人,国内中等以上学校毕业生数在五千人以上。小学教育极发达,全县文盲扫除殆尽,所以旅行到莆田的人最触目的是当地文物遗迹名胜地方牌坊很多。记得有一个牌楼题字是"海滨邹鲁",另一个是"文献名邦",这些并不是夜郎自大等的铺张,而是帝制时代钦赐的纪念物。故乡文物环境大致如此。

我是一八九三年八月一日生于所谓书香之家,家父名龙翔,字剑波,他在清末乡试进学,补廪贡生,他做过二十多年的私塾和小学教师,一生勤苦谨慎,严以律己。我的初期教育就是他在私塾里给我的。当我十一岁时家庭突然发生大变故,也算是我一生的大厄运来临!这一年家乡瘟疫流行,我的祖父、母亲、二叔、大哥同时遭殃而亡!我和五岁的弟弟交由七十多岁的曾祖母抚养。小康之家自然负担不了偌大一笔的医药和善后费,从此家庭经济破产,老弱妇孺,相依为命,过赤贫的生活!这时我学烧饭洗衣,举凡家里的洒扫什务,大半由我担任,忍饥耐寒那是司空见惯的事!有时家父在外教书没寄钱回家,曾祖母还要拿她的首饰到当铺里去当钱过活。

二、求学经过

我十二岁始进县里创设的官立小学堂,这新式学堂的入学考试由知府知县亲自主持,只试一篇国文,题目是《敏而好学义》[2]。被录取后进校的第一天举行拜孔拜师,礼

---

[1] 本自传为欧元怀写于1940年9月前往重庆中央训练团党政训练班第十期受训期间,选用时略有删改。
[2] 欧元怀在1948年4月24日上海广播电台演讲"我怎样求学的"(第329页)时,曾说考题为《"而志于学"义》。

毕,开始编级试验,编级也只凭一篇文章评定甲乙,文题是《孟子见梁惠王论》,荒谬滑稽,当时教育可见一斑。

家父于生母逝世后三年才续弦,从十二到十四岁,即我的继母未来时,我艰苦备尝,一方管家事,一方要赶功课。家里连购买课本的钱都没有,除笔算、英文二科外,其余如历史、地理、修身、博物、物理科等都是用手抄课本,星期日向同学借各科课本回家去抄,抄一天一夜用一星期,当时的小学经书科学并重,我们读四书五经,也学史地英算! 教师一部是科举出身,且留学东洋回国的,他们学什么就教什么,不管小学有没有这科目。还有,在毕业的那一学期,整整停课半年,温习预备考试,考全部课程,把六年所读的功课全考! 考试也异常严格,除县里初试外,并还到省城由提学使司复试。初试全班八十人被淘汰一半,只剩四十人送省,却一榜及第回乡,当时我是十六岁,父母亲戚乡里都引为极大光荣,我反喜极生愁! 因为卅九位同学,都升官立中学校或师范,只有我无力升学,有志未遂。我小学的英文教员是由教会办的哲理中西学堂出身的,他悯我贫而好学,特代为介绍进中西学堂并得该校当局派我管理油印讲义,除免缴学费外,每月并津贴伙食费二元。我由十七岁到二十岁,修完中西学堂课程后,由二十一岁至二十二岁修完福音学堂课程,因之英文一科颇具基础,留美志愿即萌芽于此,而对于基督教的牺牲服务奋斗精神和我自己的身世配合,造成极深的印象!

我二十三岁时,即一九一五年,亦即第一次欧战开幕后之第二年,这时美金兑价极低,一元国币可换一元美金,有一度一元美金反只换八角多国币,我的同学由美籍教员之介绍负笈留学的,实繁有徒! 为上进心所驱使,我也筹借了五百块钱,于一九一五年春赴美进西南大学文理学院做一个工读生,我把四年的大学课程用三年半零两个暑期修完,这里一切的学杂各费都是做工得来的。西南大学在堪萨斯州胜田城,此地民风敦厚,家裕人足,对外籍学生,优礼相待,至今思之犹存好印象。三年半的苦学生生活,很容易过去,而在各处工作所得经验,对为人处世之道,更加明了! 在胜田除求学外,结交了不少彼邦人士,体会了不少民治国家的精神。

一九一八年夏毕业时,大问题又来了! 我决心进研究院,可是学费无着! 这时刚是美国参战的第二年,劳动甚感缺少,工资亦甚昂贵! 我毕业后学做两星期的泥水匠,每小时工价一元,赚了八十元做旅费,预备到芝加哥去找工作,道经爱荷华州之苏城,即在一汽车公司获得工作,做四个月的工,赚得美金五百元。一九一八年九月底即赴纽约进哥伦比亚大学师范学院,一九一九年冬得硕士学位。在该校肄业四年,主要的学习是教育学和心理学,我并进哥伦比亚大学听社会学和经济学的功课。在物质文明登峰造极的纽约城,做四年的学生,增加了不少学识和经验,我在纽约的生活比较舒适,一到那里就应一个教育影片公司之聘,担任编审工作,后又作为副主任。我上午在师范学院做学生,下午在公司做事,共任职两年,月薪由八十元增至两百元,一人费用绰有余裕。偶尔我并寄款回闽给元德弟完成中学学业,并维持家用。第三年我辞影片公司职进司法部设立纽约情报局任编译。第四年,专做学生,研究社会教育。至一九二二年夏应北京师范大学李建勋校长之约回国。

我在国内各大学服务十年后,母校美国西南大学考察奋斗的成绩和对于教育的贡献,于一九三二年由该校校长建议其校董会赠予荣誉法学博士学位,自认才学疏陋,受之有愧矣。

在纽约时,曾任中国留美学生会职员及中国教育研究会会长,并被选为美国教育荣誉学会 PI Kappa Delta 会员,这算是求学时代课外活动的点缀吧。

纽约留学期间房东(前排中)、侯德榜、查良钊、欧元怀、蒋廷黻(后排左起)合影

三、经历

（一）毕业后就业及创业之经过

本来我是应北京师大之聘而回国,讵料一到上海,披开申报一看登载"李建勋三上辞呈"的专电,探悉该校学潮方兴未艾,李氏愤而辞职,于是又改应厦门大学之聘。民十一年九月到厦大任副教授兼教育科主任,第二年,又兼总务长职务,我在厦大任教职三年,深得学生爱戴,林文庆校长也非常优待我,可惜该校地方成见太深。民十三年六月学校闹起轩然大波,我被卷入学潮中心,这是一件至不幸的事！我离校后,有外省学生二百余人,占三分之二的同学跟我走路,并要求为之创立新校于上海,定名大夏大学,这是十三年夏天的事。我固念青年失学堪虞,遂本平生牺牲奋斗、急公好义精神,与二、三同志创建大夏,于今已十有六年,毕业学生达三千人,服务各界,崭露头角者颇不乏人！

抗战前,上海大夏在中山路,拥有校地三百余亩,校舍十余座,校务突飞猛进,管理教学设备诸项,堪与海上任何公私立大学比而无愧色!民十五年,我并兼任光华大学、国立政治大学讲师,十七年,曾一度兼任江苏省立上海中学校长,又曾兼任上海公共租界教育委员会委员五年,对租界工部局所设立中小学二十余所课程之改造及教学之改进贡献颇多。我初到上海办学,毫无凭藉,独任艰巨,殊非易事,而内得师生之合作,外得社会政府之援助,卒能奠定最高学府基础!

(二)抗战后生活与事业之动态

抗战军兴后,上海中山路沦为战区。昔日弦歌不辍之黉舍,一变而为敌人牧马之场,千辛万苦经营之事业,突遭摧毁,瞻望沪滨,不堪回首并大堪回忆!

当卢沟桥事变起时,委员长适召集庐山谈话会,我也应召参加,从训示里,深知政府已决心抗战,七月底返沪校,和诸同事商量将大夏迁移内地,以避敌人凶焰,并约复旦、光华等校采一致行动。

1938 年,欧元怀(左 4)勘查大夏大学贵阳花溪校区校址

八一三全面抗战发动后，就开始迁移，大夏和复旦联合设立第一部于庐山，九、十月间，我参加筹备完毕，十月底，又领导两校同仁经汉皋入黔，筹备联大第二部于贵阳。嗣后首都失守，第一部西迁重庆。于二十七年四月起，复旦大夏复分立，大夏设于贵阳，两校由分而合，由合而分之经过，我都任奔走之劳，现在想起似乎是多此一举，其实联合是理想，联合而不成功，只可说是人事之未尽。大夏迁黔已历三年，对黔省青年不无贡献！上海尚有一部分因交通关系无法内迁，现亦在租界赁屋开办，课程开学一本教育部之规定，惟处境异常困难！

民二十七年夏，中央为集思广益起见，设置国民参政会，我也被任做国民参政员，先后五次大会，我都出席。自认贡献极微，惟对抗战时期教育政策与设施参加若干愚见而已。

民二十九年春，教育部陈部长和贵阳省政府吴主席以继任黔省教育厅长事征询意见，当以一年前政府虽命我赴鄂主持教育，卒因大夏校务羁身，未能就任，内心异常抱疚，今兹如不应命，未免有违政府意旨，更重罪戾，于是向大夏告长假于五月一日就任教育厅厅长，四个月来，一切进行尚称顺利，惟黔省教育积习积重难返，人力财力亦感两难，自当以最大努力打破难关，从事逐渐改进。上月举行之省立中等学校校长谈话会与中等学校各科教师暑期讲习会，精神均甚佳！我做四个月的厅长仍保持学校时代生活，克勤克慎，以身作则，僚属均能合作！最近又承省府保荐为贵州省地方行政干部训练团教育长，固辞不获，而中央命令已下，从此职责更加繁重。惟当沽其余勇，尽智竭忠，勉为共难，以报国家于万一也。

欧元怀年表[1]

1893 年 8 月 1 日,生于福建省莆田县城内水关头。

1899 年至 1903 年,进蒙馆私塾肄业,后两年由父亲(名龙翔,号剑波,满清秀才,廪生)自教。

1904 年,考进本县官立小学堂,该校后于私立砺青小学合并改称官立砺青小学堂。

1908 年,砺青小学毕业。

1909 年 2 月,考进美以美教会设立哲理中学。同年,受美以美教会洗礼。

1912 年 12 月,哲理中学毕业。

1913 年 2 月,进福音书院。

1915 年 1 月,留学美国,进堪萨斯州西南大学。

1918 年 6 月,西南大学毕业,得文学士学位。同年暑假在爱荷华州苏城汽车行工作。

1918 年 9 月,进哥伦比亚大学师范学院。

1919 年 6 月,哥伦比亚大学师范学院毕业,得硕士学位。后继续在校研究。

1920 年至 1922 年,担任哥伦比亚大学师范学院中国教育研究会主席。

1921 年,加入 PI Kappa Delta 荣誉学会。

1922 年 8 月,取道加拿大由温哥华返上海。

1922 年 9 月至 1923 年 6 月,任厦门大学教育学教授,兼教育科主任、注册主任。

1923 年 7 月至 1924 年 6 月,任厦门大学教育学教授,兼教育科主任、总务长。

1924 年 6 月,厦大闹学潮,和王毓祥等教授九人离校,应厦大离校学生二百四十余人之请,往沪筹办大夏大学。

1924 年 9 月,上海大夏大学成立,任教育学教授兼教育科主任。

1927 年 3 月,担任大夏大学副委员长。同年,加入国民党。

1928 年 3 月,任大夏大学副校长。同年,兼任江苏省立上海中学校长。

1929 年 6 月至 9 月,偕马君武、王毓祥赴马来半岛募捐,购置大夏大学中山路永久校址,第二年春兴建新校舍,秋季全部迁入。

---

[1]　本年表由欧元怀自订于 1951 年 9 月赴华东人民革命大学政治研究院学习时期,略有删改。1951 年后由欧天锡增补。

1932 年,美国西南大学赠予荣誉法学博士学位。

1933 年至 1937 年,担任上海公共租界工部局教育委员会委员。

1937 年春,再次加入国民党。

1937 年 7 月,出席蒋介石庐山谈话会。

1937 年 9 月,抗战军兴,携校前往庐山,筹设复旦大夏联合大学第一部。

1937 年 11 月,前往贵阳筹设复旦大夏联合大学第二部,并任联校第二部副校长。

1938 年 7 月,前往汉口出席国民参政会第一次大会,(先后担任第一、二届国民参政员至 1940 年 4 月底止)。

1940 年 5 月 1 日,担任贵州省政府委员兼教育厅厅长。

1940 年 9 月,前往重庆中央训练团党政训练班第十期受训。

1941 年,兼任贵州省县政人员训练团教育长。

1944 年 12 月,大夏校长王伯群去世,校董会推为继任校长。

1945 年 2 月 1 日,辞卸贵州省教育厅厅长。

1945 年 3 月,抵达贵州赤水,主持大夏大学校务(大夏于 1944 年底疏散至赤水)。

1946 年 9 月,大夏大学复员竣事,由渝返沪。

1947 年 9 月,前往南京出席联合国远东区基教会议,被聘为中国代表团顾问。

1947 年 11 月,会见福建莆田田径访问团

晚年欧元怀

　　1948 年 5 月,当选立法院委员,赴南京出席第一次大会。

　　1949 年 9 月,偕 53 名国民党立法委员联合发表声明留在大陆,接受中国共产党领导。

　　1949 年 12 月,被上海教育工会推为高教界代表,出席上海市人民代表大会(历任第一、二届上海市人大代表)。

　　1950 年 9 月,在上海加入中国国民党革命委员会,历任民革上海市委委员、民革中央团结委员。

　　1951 年 7 月,上海市各界抗美援朝代表大会上被推为高教界代表。

　　1951 年 7 月,华东军政委员会教育部改组大夏、光华两大学为华东师范大学,出任筹备委员兼常委。并代表大夏大学和校董会将全部校产移交给华东师范大学。

1951 年 9 月,在华东人民革命大学政治研究院学习。

1953 年 4 月,担任华东师范大学副总务长。

1955 年 1 月,被聘任为华东师范大学校务委员会委员。

1955 年 5 月,出席中国人民政治协商会议上海市第一届委员会会议,历任第一、三、四、五届上海市政协委员。

1967 年至 1971 年,被监押在上海市漕河泾监狱。

1978 年 1 月 7 日,在上海病逝。

1984 年 1 月,中共上海市教育卫生工作委员会复函中共华东师范大学委员会,宣布"文革"中对欧元怀的审查及定案处理完全错误,予以平反昭雪,恢复名誉。

大夏大学结束时各类物品移交列表[1]

序号	类　别	数　量	备　注
1	各类图书合计	60 561 册	其中移交复旦等院校 7 503 册。此外有资料室 8 728 册未计入。
2	校长室档案	310 卷(册、包)	
3	教务处档案表册	367 种	各种类数量不一。
4	学校地产	298.559 亩	估价 10 485 392 080 元
5	学校房产	11 437 平方米	估价 16 676 670 000 元
6	生物化学仪器药品	多种分类计数	估价 2 222 930 650 元
7	物理仪器	多种分类计数	估价 923 751 000 元
8	大学文艺体育器具	126 种	
9	大学电化教育器具	16 种	
10	大学校具	多种分类计数	估价 669 315 050 元
11	医药用品	多种分类计数	估价 5 958 787 元
12	中学图书	1645 册	
13	中学木器、什物类	117 种	
14	中学校舍	学生宿舍平房一座(10 间)膳厅一座(大间可容 200 人)教职员宿舍平房二座(14 间)	借大学部及社会用房不计
15	中学各类文卷	133 种	
16	中学教本及用具	259 种	
17	中学生物、化学、物理仪器药品等	296 种	

[1]　本表由馆藏大夏大学向华东师范大学移交各类清册汇总而成。

大夏大学房产清册

1951.8.30

房屋编号	房屋名称	建筑情形	平面面积（m²）	估价（万元/m²）	金额（万元）	备注
1	群贤堂	三层楼钢骨水泥结构 水泥平屋顶钢窗	1 237	325	402 025	
2	群策斋	三层楼红瓦水墙 水泥扶梯过道木楼板	1 675	275	460 625	
3	新夏堂	红砖瓦顶水泥地双层窗	688	120	82 560	
4	工友宿舍、膳团保管室	平房红砖墙油毛顶	93	55	5 115	
5	大厨房	黑瓦及石棉瓦顶	293	22	6 446	
6	化学馆	二层楼红砖墙铁窗 磨石子过道及扶梯木楼板	413	190	78 470	
7	工程馆	楼板同	388	190	73 720	
8	数理馆	红砖红瓦平上房木窗	585	100	58 500	
9	实验工场	木架席顶砖墙	561			
10	材料试验室	红砖墙瓦顶钢窗平房	204	86	17 544	
11	丽娃室	红砖墙黑瓦二层楼 水泥扶梯水泥过道	344	190	65 360	
12	体育部办公室	单墙青瓦顶木门木窗平房	118	50	5 900	
13	理学院仓库	平房石棉顶红砖墙 木门窗有平顶	171	65	11 115	
14	甲字平房	单墙青瓦顶平房地板木门窗	280	50	14 000	
15—18	新力斋	同上	1 122	50	56 100	共四排
19	浴室	单墙青瓦顶平房	94	50	4 700	
20	新力斋后厕所	同上	31	50	1 550	
21	群策斋后厕所	同上	113	60	6 780	
22	理学院门房	木墙铁皮顶	21	45	945	
23	大门口驻卫警室	砖墙平房木门窗瓦顶水泥粉刷	32	95	3 040	

（续表）

房屋编号	房屋名称	建筑情形	平面面积（m²）	估价（万元/m²）	金额（万元）	备注
24B	工友宿舍储藏室	板墙铁皮顶及芦席顶	134	15	2 010	
24A	米库	红砖墙水泥顶	73			
25	群英斋	红砖墙瓦顶二层楼木门窗	242	155	37 510	
26	图书馆	红砖墙黑瓦二层楼木窗	273	165	45 045	
27	电话间	红砖墙瓦顶平房	98	85	8 330	
28	新村门房	单墙瓦顶	12	25	300	
29	托儿所	单墙瓦顶有平顶水泥地	95	40	3 800	
30	老汽车间	单墙瓦顶水泥地	24	30	720	
31—33	教职员宿舍	水泥粉刷墙木门窗二层楼四间一幢独立式共三排	668	130	86 840	
34	教职员宿舍	前后水泥走廊红瓦顶二层楼木楼板水泥扶梯	669	165	110 385	
35	教职员宿舍	单墙平房石棉瓦顶木门窗	189	35	6 615	
36	教职员宿舍	同上	66	25	1 650	
37	老教职员宿舍饭厅	红砖墙平房石棉瓦	70	40	2 800	
38	礼堂南木屋	木墙瓦顶	60	16	960	
39	礼堂南厕所	单墙木顶	11	20	220	
40	新存门口单房	草顶竹墙	87	15	1 305	
41	理学院走廊	石棉顶木栏杆	32	16	512	
42	教职员门房	瓦顶	7	10	70	
43	木匠间	板顶板墙	31	10	310	
44	木匠间边草房	草顶竹墙	24	15	360	
45	丽园厕所	平房单墙瓦顶	20	50	1 000	
46	老农场	单顶竹墙	85	15	1 275	
47	草屋（丽园）	单顶竹墙	23	15	345	
48	草屋（运动场北端）	单顶碎砖墙	81	10	810	

延年坊市房一所(未估价,参阅总务处移交清册乙字十四号案[1])

总计人民币壹佰陆拾陆亿柒仟陆佰陆拾柒万元整。

说明:

1. 24A 号米库,此屋由闸北水电公司修建,现暂由本校使用。

2. 25 号群英斋楼下原有二间由大夏附中使用,1951 年夏季通过在 1951 年秋增加二间(共四间)由大夏附中使用。

3. 36 号图书馆全部由附中使用。

4. 46 号老农场草屋全部由附中使用。

5. 45 号丽园厕所全部由附中使用。

6. 26 号东边有厕所一座由附中建造,平面图及清册上均未列入。

7. 丽园原有建筑四座,向房管处租来,由附中使用,平面图及清册上均未列入。

8. 36 号墙外有草屋二间,系木匠陈亮仙及离职工友所建,平面图及清册上均未列入。

9. 运动场河边有小草屋一间,由王士英所建,平面图及清册上均未列入。

10. 45—48 等屋在平面图上均未画入。

11. 南京西路延年坊二号住房一座产权证未曾领到,可参阅总务处移交清册乙字十四号案。

---

[1]　据移交清册,第十四号案为"延年坊房屋由大陆银行过户收据"。

大夏大学一九五〇年度第一学期教员名册

一九五〇年十一月

职　别	姓　名	性别	年龄	籍　贯	简　　　历	担任课程	担任钟点	到校年月	底薪[1]	备　注
文学院										
院　长	姚雪垠	男	41	河南邓县	河南大学文学院文史系肄业,曾任东北、齐鲁等大学教授	中国现代文艺思潮文艺习作文艺学	9	1949/8	520	文学系教授兼代
文学系										
主　任	程俊英	女	50	福建闽侯	北京国立师范大学毕业,曾任国立师大、暨南大学等校教授	基本国文(上)中国文学史(上)基本国文(下)	9	1943/2	520	教授兼
专任教授	刘　锐	男	35	湖北大冶	中央大学毕业,中央大学研究院研究生,曾任中央大学助教及中文学部助理研究员,本校讲师,副教授,教授	基本国文(上甲)中国语文概要	6	1945/8	360	
专任教授	丁勉哉	男	44	浙江金华	本大学毕业,曾任报社出版社总编辑,中学教导主任,校长,贵阳世界语传习班主任,中国新闻专科等校教授	本期起苏州革大政治研究院学习		1931/8	400	中途离校十年半

[1]　专任教员按月计薪,兼任教员按小时计薪。原文注:本名册"底薪"一栏专任教员系根据各人月支底薪教额,兼任职员系根据各人每小时薪给教额(教授一律为 3.8 元,副教授 2.8 元,讲师一律为 2.2 元)。

（续表）

职　别	姓　名	性别	年龄	籍　贯	简　历	担任课程	担任钟点	到校年月	底薪	备　注
兼任教授	陈铭恩	男	51	江苏吴县	美国伊里诺大学硕士,曾任之江、武昌,暨南等校教授,中国公学教务长,本校外文系主任,文学院院长	世界名著选读 英文散文选读及习作	6	1928/2	3.80	
兼任教授	许　杰	男	50	浙江天台	曾任中山,暨南,同济,安徽等大学及社会教育学院,广东文理学等校教授约二十年,现任复旦大学教授	鲁迅研究	3	1949/8	3.80	
兼任教授	周煦良	男	46	安徽至德	英国爱丁堡大学文硕士,曾任暨南,四川,武汉等大学教授,现任光华大学外文系主任	英文翻译	3	1950/9	3.80	
兼任讲师	魏照风	男	37	福建福州	北平辅仁大学毕业,曾任上海市人民政府文化局文艺处编审,上海市学生文艺处工作辅导委员会副主任委员	新文艺选读	3	1950/8	2.20	
历史系										
主　任	吴　泽	男	39	江苏常州	北平中国大学毕业,曾任复旦,朝阳等大学教授	中国思想史（上）	3	1945/8	540	教授兼教务长
专任教授	蔡维藩	男	51	江苏南京	美国伊里诺大学研究院硕士,曾任南开大学,西南联大,昆明师范学院等校教授	英国近代史 世界通史（下） 帝国主义侵略史	9	1950/9	560	
专任教授	史守谟	男	47	江苏丹阳	国立劳动大学毕业,曾任北平民国大学,朝阳学院,国立台湾大学等校教授	中国近代经济史（上） 中国通史（上、下）	9	1949/10	420	
兼任教授	陈守贫	男			国立复旦大学教授	明代史 史料学	6	1950/8	3.80	
兼任教授	冯　契	男			私立上海纺织工学院教授	中国思想史（上）	3	1950/10	3.80	

（续表）

职别	姓名	性别	年龄	籍贯	简历	担任课程	担任钟点	到校年月	底薪	备注
专任副教授	陈旭麓	男	33	湖南湘乡	本校毕业，曾任贵州修文中学校长，本校讲师，新中国法商学院副教授，现兼任圣约翰大学教授	社会发展史(甲、乙、丙)中国近代史	12	1946/2	320	
专任副教授	张承识	男	41	安徽合肥	本校毕业，曾任国立编译馆教科书中学历史编纂，宣城中学教务主任，清华大学历史讲师	世界通史(上、下)	6	1934/6	340	兼副主任，中途离校十一年半
理工学院										
院长	邵家麟	男	52	浙江吴兴	美国康乃尔大学化学博士，曾任暨南、复旦等大学教授，华东区国外贸易管理局输入处处长	普通有机化学(上)有机化学实验(上)药物化学	8	1927/8	600	化学系教授兼
化学系										
主任	陈景祺	男	55	福建莆田	美国哥伦比亚大学化学硕士，曾任中央、之江、安徽、复旦等大学教授	普通有机化学(下)有机化学实验(下)定性分析定性分析实验	11	1934/8	600	
专任教授	杨善济	男	40	浙江临海	美国哥伦比亚大学工程硕士，曾任遵义化工厂技正，主任工程师，美国纽约Mt.sinai医院Brooklyn电化实验室化验师	无机工业化学化工工程化工计算物理化学实验(上)	10	1 934/8	440	中途离校十四年
专任教授	张瑞钰	男	34	江苏无锡	本大学毕业，曾任本校助教、讲师、副教授，贵阳医学院讲师	化学原理	3	1939/2	400	兼总务处主任

（续表）

职　别	姓　名	性别	年龄	籍　贯	简　历	担任课程	担任钟点	到校年月	底薪	备　注
兼任教授	陈维新	男	41	江苏青浦	德国柏林大学特许工程师及工学博士,曾任德国各厂工程师,设计主任及副厂长,瑞士军政部技术署顾问工程师,同济、浙江、衢州船专等校教授,南京工专教务主任	德文(上)	3	1949/8	3.80	
兼任教授	陶桐	男	45	江苏无锡	美国芝加哥大学硕士,曾任佑宁药厂副厂长,安徽大学同德医学院教授	物理化学(上)	4	1941/8	3.80	
专任讲师	钱白水	男	32	江苏奉贤	本校化学系毕业,曾任大东人造树脂厂技术员,上海市立第一女中教员,本校助教	普通化学(上、下) 化学计算	11	1946/8	220	
专任讲师	陈子元	男	27	浙江鄞县	本校化学系毕业,上海四维化学农园化学师,上海吉美罐头食品公司工务主任	定性分析(上、下) 定性分析实验(上、下) 工业分析 工业分析实验	11	1946/3	220	
专任讲师	武佛衡	女	30	安徽合肥	本校化学系毕业,曾任台湾省酒业公司酒工厂技士	定性分析化学 定性分析化学实验	5	1946/8	220	
专任讲师	许海涵	男	28	江苏吴县	本校化学系毕业,曾任信谊化工厂技师,复旦中学总务主任兼数理教员	无机化学 无机化学实验	5	1947/7	220	
专任助教	余炳森	男	28	浙江遂安	本校化学系毕业,曾任中国化学厂研究员	普通化学实验 定量分析实验 工业分析实验 管理仪器药品	48	1948/8	160	

（续表）

职别	姓名	性别	年龄	籍贯	简历	担任课程	担任钟点	到校年月	底薪	备注
专任助教	陈维杰	女	22	福建莆田	本校化学系毕业	普通化学实验、定量分析实验、工业分析实验、管理仪器药品	48	1949/9	160	
土木工程学系										
主任	王兴	男	40	江西吉安	美国康乃尔大学博士，曾任中央、重庆等大学教授	工程力学（一、二）	10	1945/9	540	教授兼
专任教授	孙绳曾	男	49	江苏宝应	美国密西根大学研究院研究，曾任江苏建设厅工程师，复旦等校教授、系主任，复旦教务长	钢骨混凝土结构、设计、房屋设计、钢架桥设计	13	1936/2	600	中途离校五年半
专任教授	薛卓斌	男	54	安徽寿县	美国麻省理工大学研究院土木科毕业，曾任美国纽约铁路公司助理工程师，美国费城门礼问工程师青岛港工程师，上海卢浦局副总工程师，交通大学教授	实用流体力学、水文学、治河工程、水力发电	12	1950/8	560	
专任教授	裴冠西	男	55	江苏吴县	美国密西根大学土木工程学士，曾任交通大学教授，复旦大学教授、系主任	结构学（一）、结构设计、木结构设计	8	1950/8	560	
专任教授	李善道	男	37	浙江吴兴	英国伦敦帝国大学研究院毕业，美国哈佛大学博士，曾任上海工务局工程师、设计科长，复旦大学教授	给水工程、污水工程、工程材料	9	1947/2	480	
兼任教授	王之卓	男	42	河北丰润	柏林工程大学工学博士，曾任中央、交通大学教授	最小二乘方、大地测量	4	1949/8	3.80	

（续表）

职 别	姓 名	性别	年龄	籍 贯	简 历	担任课程	担任钟点	到校年月	底薪	备 注
兼任教授	王达时	男	40	江苏宜兴	美国密西根大学硕士，曾任中山、交通等大学教授，土木系主任，工学院院长	结构学（二）	4	1949/8	3.80	
兼任教授	李秉成	男	42	浙江富阳	美国康乃尔大学土木工程硕士，曾任国内各铁路顾问工程师，中国交通部派驻美国华盛顿技术专员兼铁路组组长，现任复旦大学教授	铁路工程（一、二）	6	1950/3	3.80	
兼任教授	俞 徵	男	41	浙江上虞	美国康乃尔大学博士，曾任复旦、光华及湖南等大学教授	土石结构及基础工程	3	1946/8	3.80	
兼任教授	钱钟毅	男	35	江苏无锡	美国 Iowa State College 博士，曾任国内各铁路正工程师，现任交通大学教授	道路工程设计、道路工程	4	1950/2	3.80	
兼任教授	黄家骅	男	48	江苏嘉定	美国麻省理工大学（MTT）建筑院毕业，曾任美国芝加哥杜威尔墨芝建筑师事务所设计员，国内建筑公司建筑师主任、建筑师经理、技正，中央、之江等校建筑系教授、系主任	徒手画、建筑原理	5	1950/9	3.80	
兼任教授	汪定曾	男	39	湖南长沙	美国意利诺大学建筑工程硕士，曾任重庆、中山、交通等大学教授，中央银行建筑师，上海市工务局营造处处长，上海市人民政府都市计划委员会副主任	房屋建筑	4	1950/9	3.80	
专任讲师	常春涛	男	34	江苏泰兴	本校土木系毕业，曾任泰兴育华中学、武进仲明中学、力行中学教员	工程画（一甲、一乙、下）、投影几何学、工程材料试验、机械画	14	1946/8	220	

（续表）

职　别	姓　名	性别	年龄	籍　贯	简　　历	担任课程	担任钟点	到校年月	底薪	备　注
专任助教	应兆康	男	23	浙江鄞县	本校土木系毕业	各课程实习及改卷等	54	1949/8	160	
专任助教	李明昭	男	26	江苏南通	本校土木系毕业	各课程实习及改卷等	54	1950/8	160	
专任助教	周允明	男	22	上海	本校土木系毕业	各课程实习及改卷等	55	1950/8	160	
化学、土木工程系共同必修课程										
专任教授	施孔成	男	54	江苏崇明	北京大学算学系毕业，曾任北京、北平、东北等大学及北平农业专校教授	微分方程 微积分（上甲、上乙、下）	17	1948/8	520	
专任讲师	程齐贤	男	27	江西南昌	本校数理系毕业，曾任贵阳大夏中学、仁怀联立师范，四川江津窑业学校教员，江西省立工业专科学校讲师	普通物理（上甲、上乙） 应用数学	12	1947/9	260	
专任讲师	徐士高	男	37	江苏常州	本校数理系毕业，曾任本大学助教	普通物理（下） 物理实验（上甲、上乙、上丙、上丁、下甲）	10	1942/8	220	中途离校四年半
工业化学专修科										
主　任	夏　炎	男	38	湖北鄂城	本大学毕业，曾任南通学院、上海临大等校副教授，本大学讲师，副教授	高分子化学 有机定性分析 有机定性分析实验 生物化学	10	1939/9	400	化学系教授兼
测绘建筑专修科										
主　任	程良生	男	38	湖北鄂城	本大学毕业，曾任江苏省公路局工程师，金城华府等建筑公司主任技师，各中学教员，临时大学副教授，本校讲师，副教授	平面测量（一）（二） 路线测量及土方	13	1938/8	400	土木系教授兼

（续表）

职　别	姓　名	性别	年龄	籍贯	简　历	担任课程	担任钟点	到校年月	底薪	备注
教育学院										
院长	黄敬思	男	54	安徽芜湖	美国士丹佛大学文学士,哥伦比亚大学哲学博士,曾任青岛大学、师范大学,中山、安徽、中央等大学教授	中国教育史 教育原理 教育调查	8	1927/8	600	教育学系教授兼,中途离校校十四年
教育学系										
主任	杜佐周	男	56	浙江东阳	美国爱俄华大学教育博士,曾任武昌、中央、厦门等大教授,教育系主任,暨南大学秘书兼总务长,英士大学校长	教育测验与统计 学校行政 教育心理(上) 西洋教育史	11	1935	600	中途离校约九年(教授兼)
专任教授	程时煃	男	62	江西新建	美国哥伦比亚大学师范学院教育硕士,北京师大教授,教务长,女子师范大学、中央、中正等大学教授	教育行政(一、二) 中国教育史(上)	9	1926/8	560	中途离校二十二年
兼任教授	张耀翔	男	54	湖北汉口	美国哥伦比亚大学硕士,曾任国内各大学教授,现任复旦大学教授	普通心理学(上) 发展心理学(上)	4	1928/9	3.80	中途离校一年
兼任教授	朱有巘	男	42	浙江黄岩	英国伦敦大学皇家学院研究,法国巴黎大学研究研究,曾任国内各大学教授,系主任	中等教育研究 苏联教育研究	6	1947/8	3.80	中途离校二年
兼任教授	沈百英	男	54	江苏吴县	江苏省立第一师范本科毕业,曾任商务印书馆编审员,商务印书馆附设尚公学校校长	小学各科教材教法	3	1945/8	3.80	
兼任教授	赵廷为	男	51	浙江嘉善	北京师范大学毕业,曾任安徽、中央等大学教授	中学各科教学法	3	1948/8	3.80	中途离校一年半

（续表）

职　别	姓　名	性别	年龄	籍　贯	简　历	担任课程	担任钟点	到校年月	底薪	备　注
兼任教授	钟道赞	男	56	浙江浦江	美国哥伦比亚大学师范学院教育博士，曾任北京师范大学等大学教授，厦门、安徽中央大学院等大学教授，诚明文学院教育系主任，中华职业教育社副总干事	中等技术教育	3	1950/8	3.80	
社会教育系										
主　任	许公鉴	男	51	江苏南通	本大学毕业，曾任浙江省立中学师范校长、主任，教育部社教工作团团长，江苏及四川省立教育学院，国立社会教育学院及复旦、中央等大学教授共二十余年	群众文化馆实施法 教学实习（上） 群众教育概论 扫除文盲教育	11	1932/8	480	中途离校十二年半（教授兼）
兼任副教授	卢世鲁	男	42	福建南平	本大学毕业，曾任复旦大学讲师，副教授	电化教育	3	1937/2	2.80	中途离校二年半
兼任副教授	方金镛	男	42	福建莆田	本校社会教育系毕业，曾任大夏图书馆主任，编目主任，讲师，上海市立师范专科学校教授	图书馆学（上）	2	1933/2	2.80	中途离校十年
兼任副教授	王元美	男	36	湖北武昌	北京燕京大学毕业，曾任前国立剧专及前上海市立师范等校教员，现任上海人民艺术剧院创作工厂编剧	大众戏剧	3	1950/9	2.80	
师范专修科										
主　任	陈伯吹	男	41	江苏宝山	本大学教育学院毕业，曾任中华书局编译馆及中华书局编审及复旦大学、国立幼专等校教授	世界教育史 教育概论 普通教学法	9	1938/8	480	中途离校六年半（教授兼）

（续表）

职　　别	姓　名	性别	年龄	籍　贯	简　　　历	担任课程	担任钟点	到校年月	底薪	备　注
兼任教授	陶绍渊	男	47	江西九江	美国芝加哥大学理科硕士,曾任光华大学附中社会科学系主任,国立师范学院,西南联大,复旦及圣约翰等大学教授	中国地理	3	1946/8	3.80	
兼任教授	董任坚	男	50	浙江杭县	美国康乃尔大学硕士,曾任天津、南京,上海及美国各大学助教、讲师,教授,主任,教务长及师范专科学校与复南儿童社总编辑	教育心理学 普通心理学	6	1927	3.80	中途离校约七年
兼任教授	宋成志	男	42	浙江临海	本大学毕业,清华研究,曾任各大学副教授	教育概论	3	1946/1	3.80	本校附中校长
兼任教授	张文郁	男	36	安徽歙县	菲列滨国立儿童训练学院研究,曾任暨南大学实验学校,福建长汀永安等校高中教员,龙岩师范教务主任、代理校长,国立幼师,江西立风艺专,复旦大学等校讲师,副教授,教授	初等教育	3	1950/8	3.80	
兼任教授	苗迪青	男	43	河南济源	日本东京高等师范文理大学研究部毕业,曾任清华,北京,中国,河南,东北等大学教授,国际科学社副社长	地学通论	3	1950/8	3.80	
兼任讲师	马虚若	女	35	江苏青浦	王瑞娴音乐馆钢琴科肄业,国立音乐院钢琴科毕业,曾任商务尚公小学教员,王瑞娴音乐馆教师,暨大师范专科教员,市立师范教员,儿童教育月刊及小学教师月刊特约编辑	琴法与乐歌	4	1950/3	2.20	

（续表）

职　别	姓　名	性别	年龄	籍　贯	简　　　　历	担任课程	担任钟点	到校年月	底薪	备　注
商学院										
院　长	何仪朝	男	41	福建闽侯	美国华盛顿大学文科学士,商科硕士,曾任暨南、东吴、沪江等大学教授,光华大学商学院院长兼华银行系主任	货币与银行(上甲、上乙)(一)	9	1938/8	600	工管系教授兼
会计学系										
主　任	周覃绥	男	40	安徽桐城	英国爱登堡大学商硕士,曾任华新水泥公司财务部经理,上海财经学院教授暨南、厦门、中山、西南联大及东北等大学教授	会计学(下)会计报告分析成本会计(上)审计学(上)	13	1948/8	520	教授兼
兼任教授	柴作楫	男	38	沈阳	国立东北大学毕业,曾任贵州及东北大学教授,上海财经学院教授	本期赴北京学习		1943/2	3.80	中途离校三年半
兼任教授	龚清浩	男	42	江苏崇明	美国意利诺大学,西北大学硕士,曾任上海交通、东吴,沪江、光华教授	高等会计(上)	3	1942/2	3.80	
兼任教授	顾福佑	男	34	江苏嘉定	立信会计专科学校第一届毕业,曾任苏民职业高校商科主任,同信会计师事务所主任会计师,新闻报馆常驻会计顾问,勤工及华东造纸厂财务处长	专业会计	3	1949/11	3.80	
兼任教授	唐启宇	男	55	江苏扬州	美国康乃尔大学农业博士,曾任东南、中山、中央大学教授,复旦大学农学院院长,南通学院院长	统计学(上、上、下)	9	1950/8	3.80	
专任副教授	李贤瑗	男	34	江苏南京	本大学毕业,曾任本大学助教讲师	商算(上甲,上乙,下)	12	1942/8	320	

（续表）

职　别	姓　名	性别	年龄	籍　贯	简　历	担任课程	担任钟点	到校年月	底薪	备　注
专任讲师	周士桂	男	30	浙江海盐	交通大学实业管理系毕业，曾任大康银行会计，信谊药厂总账	会计学（上乙，下乙）	8	1947/8	300	
专任讲师	梅　华	女	28	湖南汉寿	本校银行系毕业，曾任本校助教	会计学（上甲，下甲）	8	1946/10	220	
兼任讲师	郭栋材	男	33	广东番禺	本校商学院毕业，曾任麦伦中学教员	高等会计学实习（上）会计学（上）	5	1948/10	2.20	
助　教	劳树德	男	22	江苏川沙	本校会计系毕业，曾所建信会计师事务所总务	改阅课卷，本院教学助理	48	1950/8	160	
银行学系										
主　任	蔡文熙	男	47	浙江崇德	美国威斯康辛大学硕士，曾任持志学院，中法，上海法商学院及沪江，东吴暨南，光华等大学教授	企业理财 中外金融市场 市场研究 国际汇兑	12	1940/8	600	教授兼
兼任教授	石抗鼎	男	40	江苏淮阴	中央大学商学士，曾任诚明文学院，新中国法商学院及东吴，光华等大学教授	银行实务 银行会计	6	1938/8	3.80	
工商管理学系										
主　任	何仪朝	男	41	福建闽侯	见前			1938/8	600	院长兼
专任教授	朱志泰	男	33	浙江杭县	美国密歇根大学硕士，曾任复旦，光华等大学副教授，新中国商学院经济学院教授	工商发展史 工商管理 人事管理 材料管理	9	1949/2	360	
兼任教授	关可贵	男	50	广东开平	美国加利福尼亚大学硕士，暨南，复旦，上海商学院，光华，沪江，东吴等大学教授	保险学 工厂管理	6	1938/8	3.80	

（续表）

职别	姓名	性别	年龄	籍贯	简历	担任课程	担任钟点	到校年月	底薪	备注
兼任教授	沈奏庭	男	47	浙江余姚	美国本雪文尼大学研究院肄业，曾任国内各铁路公路运输处长、专门委员，国内各大学教授及系主任	运输学（上）	3	1949/8	3.80	
兼任副教授	吴鹏飞	男	41	浙江余姚	本大学商学士、东吴大学法学士、夏旦大学文学士，曾任商务印书馆编辑，复旦及本校讲师	企业组织与管理（甲、乙）、商算（上）	9	1945/9	2.80	
兼任副教授	唐云鸿	男	36	四川开县	大夏大学商学院毕业，曾任通惠实业银行主任、副经理、总经理兼上海分行经理，重庆立信会计学校、敬业商专讲师	仓库学	3	1950/9	义务	
会计专修科										
主任	周覃绥	男	41	安徽桐城	见前					会计系主任兼
法学院										
院长	张伯篯	男	47	湖北黄梅	苏联中山大学政治经济系毕业，曾任各大学教授、系主任	本期因病请假休养		1939/8	580	经济系教授兼，中途离校一年
经济系										
主任	姜庆湘	男	38	浙江瑞安	日本大阪商科大学研究，曾任桂林国际新闻社东战场战地特派员，各报社主笔，中山、广西、重庆等大学教授	新民主主义理论与实践、国民经济计划原理	6	1949/8	520	教授兼代
主任	韩闻狷	男	42	江苏镇江	法国南锡大学经济学博士，曾任上海商学院、暨南、光华、法商学院等大学教授及本校系主任	财政学（上）、核算与监督（上）、农业金融、税收各论	12	1937	600	

（续表）

职　别	姓　名	性别	年龄	籍贯	简　历	担任课程	担任钟点	到校年月	底薪	备注
专任教授	屠修德	男	37	浙江诸暨	南开大学经济研究所硕士,曾任本大学讲师及副教授	本期赴苏州革大政治研究院学习		1940/2	440	中途离校一年,兼教务处注册主任
兼任教授	吴藻溪	男	46	湖北崇阳	日本早稻田及东京帝国大学毕业,曾任国立编译馆编译,西南学院教务长,社会教育学院教授	政治讲座 生产经济	4	1950/2	3.80	
兼任副教授	勾适生	男	44	河北天津	南开大学毕业,曾任重庆求精商专及光华大学,国立社会教育学院教授,上海商学院教授	统计与调查(上) 经济统计	6	1948/8	2.80	
兼任教员	史存直	男	47	安徽合肥	日本东京帝国大学毕业,曾任各中学教员,上海市立育才中学校长,前文化工作委员会对敌宣传组上校组长,前改造日报编辑,读书出版社编辑	工资问题研究 劳动保护	6	1950/8	2.20	
法律学系										
主　任	刘焕文	男	44	湖北天门	国立北平大学毕业,曾任新中国商学院法学院教授	民法总则原理 土地政策法令 刑法分则原理 婚姻法,商事法,物权法原理	14	1942/9	460	教授兼
兼任教授	林我朋	男	43	江苏丹阳	上海法政学院及法官训练所毕业,曾任中央信托局法律顾问,东吴,光华等校教授,本校法律系主任	民法债篇总则原理(上) 刑事诉讼法原理(上) 债法各论原理(上)	9	1946/2	3.80	

（续表）

职别	姓名	性别	年龄	籍贯	简历	担任课程	担任钟点	到校年月	底薪	备注
兼任教授	李良	男	53	云南华宁	朝阳大学法学士,司法储才馆毕业第一,曾任震旦、光华、上海法政学院等校教授,上海法政学院法律系主任	民事诉讼法原理(上) 新司法制度与组织	5	1945/8	3.80	
兼任教授	向哲浚	男	55	湖南宁乡	美国耶鲁大学文学士,华盛顿大学学士,曾任国际军事法庭中国代表首席检察官,北京、交通、中央及北京法政大学教授	国际公法(上) 国际私法(上)	5	1949/8	3.80	
兼任教授	施霖	男	63	浙江杭县	浙江法专门学校毕业,曾任上海法政学院、法政学院,同济等大学教授,复旦大学教授	诉讼实习(上)	1	1940/7	3.80	中途离校一年
兼任教授	沈锷	男	47	河南开封	本大学毕业,执行律师业务十六年,曾任本校讲师,副教授	赴北京新法学研究院学习		1938/1		中途离校二年
专任副教授	潘世宪	男	41	湖南醴陵	日本九洲帝国大学文学部国际问题研究所研究员,曾任前国际问题研究所组长,新亚通讯社编辑主任,民国学院教授	本期请假		1949/1		
政治学系										
主任	王绍客	男	48	江西上饶	法国都鲁斯大学法学博士,曾任朝阳、河南、之江、光华、东吴、复旦等大学教授	行政法原理(上) 中国政治思想史(上) 行政学(上) 世界政治(上)	12	1934/9	560	教授兼
兼任教授	孙晓楼	男	48	浙江杭州	美国西北大学研究院法学博士,曾任国立劳动大学、上海法学院教授,东吴大学教务长,朝阳学院院长	劳工政策法令	3	1950/9	3.80	

（续表）

职 别	姓 名	性别	年龄	籍 贯	简 历	担任课程	担任钟点	到校年月	底薪	备 注
兼任教授	桂崇基	男	54	江西贵溪	美国哥伦比亚大学研究院,美国全国行政研究所研究,曾任广东大学政治系主任,复旦、中央等大学教授	中国外交史(上)	3	1950/9	3.80	
兼任教授	胡永龄	男	44	江苏奉贤	荷兰海牙国际法学研究院,法国巴黎大学法学院毕业,曾任上海法政学院,法学院,光华大学等校教授,法商学院院长	西洋外交史	3	1950/9	3.80	
畜牧兽医学系										
主 任	王兆麒	男	57	江苏无锡	美国奥华华瓦大学兽医博士,曾任南京兽医院长,江苏省立第三农业学校教务长,兽医系主任,代理校长,东南,圣约翰,南通学院,上海兽医专门等校教授,上海市人民政府卫生局专员	解剖学 解剖实习	4	1950/8	3.80	教授兼
兼任副教授	蒋孝义	男	30	上海	南通学院农科毕业,雷士德研究院研究,曾任圣约翰大学农学院讲师,南通学院农场场长,讲师,副教授	生物学 生物学实习	3	1950/3	2.80	
专任助教	黄福麟	男	25	江苏吴县	南通农学院毕业,曾任上海真如万来实验农场场长,浦东正谊中学教员	解剖学及生物学实习助理工作 农场实习指导	48	1950/8	160	兼农场助理
各院科共同必修课程										
专任教授	夏高阳	男	36	浙江鄞县	中华大学毕业,曾任上海商业专科学校教授,农工党上海市委秘书长	新民主主义论(甲、乙)	9	1950/9	400	

（续表）

职别	姓名	性别	年龄	籍贯	简历	担任课程	担任钟点	到校年月	底薪	备注
专任教授	吴斐丹	男	43	浙江义乌	日本早稻田大学研究院及东京帝国大学研究院研究,曾任东方语文专科学校,中央大学,上海财经学院教授,复旦大学经济系教授兼系主任	政治经济学(上、下)近代经济学说史(上)高等政治经济学(上)	12	1950/9	480	
兼任教授	祝百英	男	48	浙江鄞县	交通大学电机系四年级肄业,苏联红色教授研究院研究,曾任法政学院,上海商学院,暨南、中山、东吴、沪江、交通大学教授	政治经济学(上甲,上乙)	6	1950/9	3.80	
兼任教授	严北溟	男	45	湖南湘潭	长沙雅礼大学毕业,大学教授,政治教授,现任复旦大学教授,社长,大学报社总主笔,	辩证唯物论	3	1950/8	3.80	
	陈友伟	男			见职员名册	社会发展史	3			兼教务处教导组主任
专任助教	查汝勤	男	24	江苏宜兴	本校土木系毕业	政治课程教学助理工作	48	1950/2	160	
专任助教	孙仁冶	女	26	江苏无锡	本校经济系毕业	政治课程教学助理工作	48	1950/2	160	
专任助教	周子东	男	26	江苏青浦	本校教育学院毕业	政治课程教学助理工作	48	1950/2	160	
专任教授	苏希轼	男	49	江苏宜兴	本大学毕业,曾任复旦、贵州等大学教授,本校史社系主任	基本英文(上甲、上乙)	6	1933/8	500	兼代图书馆主任

（续表）

职别	姓名	性别	年龄	籍贯	简历	担任课程	担任钟点	到校年月	底薪	备注
兼任教授	侯学成	男	65	山东恩县	美国哥伦比亚大学硕士,曾任协和书院代理院长兼教授,河北省立工业学院教授,前中国大学理工学院院长	基本英文(上乙)	3	1949/3	3.80	
兼任教授	陈醒菴	男	62	江苏吴县	美国审特别尔大学硕士,曾任清华、武汉、浙江、暨南、河南等大学教授	基本英文(上,下)	6	1930/9	3.80	中途离校十一年
兼任教授	吴超麐	男	46	江苏宜兴	本大学文学士,曾任南开、西南联大、湘辉学院等校教授	基本英文(下甲,上丙)	6	1947/9	3.80	
兼任教授	李垒堂	男	60	上海	俄国圣彼得堡大学铁路工程师研究院毕业,曾任莫斯科总领事馆副领事,驻芬兰公使馆代办,中东铁路理事会工程师	俄文(一、二、三)	9	1949/8	3.80	
兼任教授	余超原	男	48	湖南永州	中央大学毕业,曾任湖南农工商学院教授,国立税专、新中国法商学院教授	基本国文(下甲,下乙)	6	1948/7	3.80	
兼任副教授	谢燕卿	男	44	浙江鄞县	本大学毕业,曾任陕西省教育厅主任秘书,各中学教员,河南省幼稚教育练所讲师	基本国文(上乙)	3	1947/2	2.80	
专任讲师	黄震	男	41	江苏靖江	本校体专科毕业,曾任中学体育主任,江西正风中学体育主任,厦门及中正大学体育讲师	体育	22	1948/8	300	
专任助教	胡志绥	男	26	浙江鄞县	中央大学师范学院体育学系毕业	讲授普通体育 指导课外活动	48	1948/8	160	

大夏大学一九五〇年度第一学期职员名册

一九五〇年十一月编

职　别	姓　名	性别	年龄	籍　贯	简　　历	担任具体工作	到校年月	底薪	备　注
校长室									
校　长	欧元怀	男	58	福建莆田	美国哥伦比亚大学硕士，西南大学博士，曾任厦门大学教授、教育科主任、总务长，光华大学教授，本校副校长等职	全校教学行政	1924	600	
主任秘书	孙尧年	男	38	江苏常州	本校文学院毕业，曾任贵州省立高级工业学校教员，本校秘书兼文学院讲师等职	主办文书、人事并兼校委员会秘书	1939/8	320	中途离校五年
秘　书	黄彦起	男	37	福建福州	本校法学院毕业，曾任贵州教育厅科员，主任，本校讲师等职	办理文书、人事及统计	1945/1	300	
文　书	郑王年	男	29	江苏南通	本校政治系毕业	文　书	1949/2	170	
教务处									
教务长	吴　泽	男	39	江苏常州	见教员名册	领导教务			教授兼
注册主任	屠修德	男	37	浙江诸暨	见教员名册	协助教务长处理教务处内部工作			本期赴革大学习
副注册主任	张承炽	男	41	安徽合肥	见教员名册	协助注册主任处理教务处内部工作并兼夜校课务			副教授兼

（续表）

职 别	姓 名	性别	年龄	籍 贯	简 历	担任具体工作	到校年月	底薪	备 注
文 书	姜志纯	男	49	浙江江山	本校毕业,曾任各中学教员,科主任,教导主任,本校助教,讲师及教务处文书主任等职二十五年	文 书	1931/8	300	中途离校十三年半
书 记	曾志逸	男	28	湖南衡阳	湖南省立克强学院肄业	缮写	1948/9	110	
成绩组（教务处）									
主 任	蒋曰衢	男	42	江苏盐城	本校高师科毕业,曾任盐城,群英,时化等中学教员,本校文书,大夏周报编辑	主办学生成绩	1931/2	280	中途离校十四年
副主任	钱冠英	女	42	浙江嘉善	本校高师科毕业,曾任小学教员,师范学校教员,教导主任等职十余年	协助办理成绩工作	1948/8	240	
书 记	欧振荪	男	24	福建莆田	福建省立仙游师范毕业,曾任福建莆田望江小学教员	登记成绩	1948/9	100	
课务组（教务处）									
主 任	尤石湖	男	28	江苏盐城	本校政治系毕业	主办课务	1947/8	200	
书 记	盛珍宜	女	33	江苏常州	常州县立女子师范学校毕业,光夏商专毕业,曾任常州私立西郊小学教员	办理学生请假缺课	1948/9	100	半职半薪,中途离校半年
书 记	沈孝芬	女	34	福建福州	福建省立师范学校毕业,曾任福建省闽侯县政府及卫生院办事,贵州省立图书馆干事,本校图书馆馆员	办理学生请假缺课	1945/2	120	半职半薪,中途离校半年
雇 员	洪聚棠	男	25	浙江嘉兴	本校师专肄业,曾任嘉兴安民报社校对三年	办理教员请假缺课及其他课务	1947/7	85	

（续表）

职别	姓名	性别	年龄	籍贯	简历	担任具体工作	到校年月	底薪	备注
印务组(教务处)									
主任	林超	男	49	福建莆田	福建协和大学肄业,曾任福州美丰银行及亚美洋行英文秘书	全校油印及蜡纸缮写打字工作	1928/10	340	
教导组(教务处)									
主任	陈友伟	男	31	广西陆川	本校史学系毕业,曾任本校助教,历史学会学刊助理编辑,上海市立吴淞中学高初中教员,教导主任等职	协助教务长拟订教学计划及学委会计划工作	1947/8	240	中途离校一年半
体育组(教务处)									
主任	黄震	男			见教员名册	主持体育教学行政			体育讲师兼
图书馆									
代主任	苏希轼	男			见教员名册	主持馆务兼任编目工作			教授兼
馆员	黄淑英	女	36	广东中山	本校化学系毕业,曾任本校助教,讲师	图书出纳及整理	1938/2	260	半职半薪,中途离校半年
馆员	莫如珠	女	27	广西桂林	本校经济系毕业	图书出纳及整理	1945/8	200	
书记	袁桂珍	女	31	浙江慈溪	华东女中学毕业,曾任培明小学教员	出纳兼缮写	1947/9	100	半职半薪,中途离校半年
雇员	吴元林	男	43	安徽合肥	浙江吴兴病院门诊室外科医助	管理参考阅览室	1930/9	85	中途离校三年
雇员	龚永年	男	28	江苏无锡	无锡中学肄业	缮写工作	1946/2	85	
总务处									
主任	张瑞钰	男			见教员名册	主管总务	1938/2		教授兼

（续表）

职 别	姓 名	性别	年龄	籍 贯	简 历	担任具体工作	到校年月	底薪	备 注
事务组（总务处）									
副主任	王宝兰	男	32	江苏盐城	本校政经系毕业，曾任贵州龙里四县联立师范事务主任，贵州省立苏水中学教员	主办事务	1945/8	200	
事务员	古飞鹏	男	41	广东梅县	本校肄业，曾任粤东盐务管理局各办事处收递服务，贵州教育厅各科员等职	保管物品并兼办全校户籍	1945/7	160	
事务员	吴济沧	男	40	江苏宜兴	本校经济系毕业，曾任中学教员，国立江苏医学院及本校职员兼讲师	办理市区夜班事务	1947/2	200	中途离校半年
书 记	陈嘉明	男	34	江苏吴县	前苏州中学毕业，曾任无锡惠纶纺纱厂事务员，经济部接管岩井茶厂会计	办理本校邮政代办所工作	1947/12	85	
雇 员	童汉川	男	31	安徽合肥	正谊中学高中毕业，曾任嘉山县卫生院事务员，天津新康石粉厂会计	采购物品	1948/8	85	
雇 员	张德和	男	32	江苏阜宁	淮阴师范肄业，曾任阜宁合兴小学、上海江淮小学教员，盐城景鲁中学办事员	缮写兼务工作	1948/8	85	
雇 员	赵昆山	男	49	安徽怀宁	私塾肄业	信件收发	1926/7	70	
雇 员	符云娟	女	38	上 海	宝山师范肄业	电话接线工作	1947/8	80	
雇 员	成蕙君	女	20	江苏南通	南通小学肄业	电话接线工作	1948/5	70	
出纳组（总务处）									
主 任	贺益游	男	53	湖南长沙	曾任本校会计，湖南省农业改进所会计室科员	主办出纳工作	1924/11	280	中途离校六年半
助理出纳员	郁 贤	男	28	浙江嘉善	立信会计学校桂林分校毕业，曾任嘉善县政府会计	协助办理出纳工作	1949/9	140	

（续表）

职　别	姓　名	性别	年龄	籍　贯	简　　　历	担任具体工作	到校年月	底薪	备　注
医务室（总务处）									
主　任	林云修	男	46	福建莆田	前医生署审查合格医师，曾任东兴伯堂医院医师	负责诊疗工作及本室行政	1930/8	280	
馆　员	欧阳祺	女	35	福建福州	福建私立文山女子中学毕业，中央高级助产学校特科毕业，曾任江西省立浮梁医院护士主任，上饶医院护士长，福建省立高级助产学校附设产院助产士等职	配药及助理诊疗工作	1949/3	150	
馆　员	冯芝瑛	女	27	浙江宁波	中德产科学校毕业，曾任上海市卫生局防疫总队及东南医院护士	同上	1947/12	150	
会计室									
主　任	钟孟春	男	29	广东蕉岭	本校会计系毕业，曾任本校财务处出纳	主办会计	1947/7	200	
会计员	龚质纯	女	30	湖南长沙	本校银行系毕业，曾在西南公路局会计组工作三年	记账	1947/8	200	
会计员	陈俊德	女	29	安徽怀宁	安徽省立政治学院毕业，曾任安徽省企业公司及安徽、南京税务局会计员，安徽省立霍山师范附小校长等职	记账	1947/8	200	

编后记

　　大夏大学是华东师范大学的重要前身之一。到目前为止,为研究大夏大学,档案馆、校史党史办依据馆藏档案,先后发掘和编撰出版了《大夏大学编年事辑》、《大夏大学:90年90人》、《大夏文萃》和《王伯群与大夏大学》系列史料汇编,该系列汇编主要以大夏大学校史为重心,从历史、人物、文化三个层面进行研究探索,深入解读大学档案中蕴藏的科学、文化、教育等精神遗产,逐步形成了一个立体的档案编研和校史研究谱系。

　　纵观大夏大学二十七年办学历程,从赁屋设校到中山北路300亩广袤校园,从申江之滨,一迁庐山,再迁贵阳,三迁赤水,辗转大半个中国,依然弦歌不辍,其艰苦卓绝的奋斗精神,正是近代中华民族求解放、求独立、求发展的真实写照。大夏大学能发展成为民国时期一所著名的私立大学,为国家和社会培养二万余名栋梁之才,大夏大学的创办人之一欧元怀先生为此作出了重要贡献。

　　1924年,欧元怀先生亲自参与了大夏大学的创办,先后担任大学副委员长、副校长、校长等职。1951年,又参与了华东师范大学的筹办,将大夏大学和光华大学改组为华东师大,其后一直在华东师范大学任教。欧元怀先生完整地见证了大夏大学的诞生、发展、迁移、复员与合并,其教育思想、治校理念和办学实践,推动了大夏大学的发展,也成为华东师大宝贵的精神财富。

　　作为档案校史研究人员,我们决定以馆藏档案为基础,通过深度发掘,编撰这本《欧元怀校长与大夏大学》,希望对大夏大学校史研究作一补充和完善。同时,对欧元怀校长治理大夏大学的历史过程作一次总结性的回顾,并表达我们对先贤的纪念和敬意。

　　《欧元怀校长与大夏大学》全书以欧元怀担任大夏大学校长期间(1945年—1951年)的史料为主体,从教育思想、校务治理、经费筹募、教职员管理、学生管理、总务及其他等六个方面,发掘整理原始档案,以确凿的史料,全面披露欧元怀校长执掌大夏大学艰辛而光荣的历史。本书还选编了欧元怀先生的自传和自订年表,并附录了1951年大夏大学移交华东师大的物品、房产清册以及1950年底大夏大学教职员名册,以便读者更多角度地理解欧元怀校长及其治理下的大夏大学。

　　本书由华东师大档案馆馆长、校史党史办主任汤涛全面负责选稿、编排、统稿和审定。档案馆副研究馆员吴李国、校史党史办副主任林雨平负责具体篇目的选校,档案馆包梅芳、俞玮琦、杨婷等参与了本书的部分编辑工作。

　　本书编撰历时三载,在编撰过程中,得到了学校领导的高度重视和支持,党委书记童世骏亲自为丛书作总序。

　　欧元怀校长的后人欧天锡先生提供了部分珍贵的文献和图片,在此特别致谢。

　　为编撰本书,我们曾多次组织召开专题座谈会,得到相关专家教授的指导与建议。姚旻丽、薛利娟、马希洋、王琳琳、卓越等老师和同学参与本书编纂工作,在此深表谢意!

　　本书的出版得到了上海人民出版社的支持,感谢责任编辑薛羽及相关工作人员的辛勤付出。

　　档案编研和校史研究是一个不断探索的过程,由于编者水平所限,书中缺点及错误在所难免,敬请读者不吝指教。

汤　涛

2017 年 6 月

图书在版编目(CIP)数据

欧元怀校长与大夏大学/汤涛主编.—上海:上海
书店出版社,2017.9
ISBN 978－7－5458－1541－2

Ⅰ.①欧… Ⅱ.①汤… Ⅲ.①欧元怀-生平事迹②大
夏大学-校史-史料 Ⅳ.①K825.46②G649.285.1

中国版本图书馆 CIP 数据核字(2017)第 228223 号

责任编辑 王 璇
封面装帧 陈绿竞 余励奋 陈建设

欧元怀校长与大夏大学

汤 涛 主编

上海世纪出版股份有限公司

上海人民出版社 上海书店出版社出版

(200001 上海福建中路 193 号 www.ewen.co)

上海世纪出版股份有限公司发行中心发行 江阴金马印刷有限公司印刷

开本 787×1092 1/16 印张 29.25 插页 2 字数 545,000

2017 年 9 月第 1 版 2017 年 9 月第 1 次印刷

ISBN 978－7－5458－1541－2/K·293

定价 98.00 元